U0926233

读客文化

▲ 希腊谷物女神德墨忒尔派遣一名半神乘着飞车来向人类传授农业技艺。此图绘在一只公元前470年左右的雅典花瓶上，现保存在卢浮宫。

▲ 哈德良皇帝（公元117—138年在位）保卫文明免遭野蛮人侵害。这尊保存在罗马的现代石膏像仿自伊斯坦布尔考古学博物馆里的克里特大理石雕塑。

▲ 一名米诺斯人打扮的年轻男性在跳公牛。这个壁画片段是在现代泰尔艾尔达巴的古埃及宫殿挖掘过程中发现的。克莱瑞·帕里弗在现场对壁画的色彩进行了数字修复。专家认为该画大约作于公元前1473—前1458年。

▲ 最早的一批古希腊人从腓尼基人借鉴吸收来的新文字图样。这只公元前740年左右来自雅典的酒罐的罐肩处刻着："这些翩翩起舞的舞者中的翘楚……"

▲ 两支古希腊重装步兵在管乐声中步入战场，即将短兵相接。这幅图来自公元前640年左右科林斯制作的一只陶罐，展现了当时密集编队战斗的新方式。

▲ 穿越地峡的石板路遗迹，科林斯人于公元前600年左右修建此路以促进东西贸易，并从中受益。

▲ 一座受赛格斯塔（或称埃格斯塔）委托修建但未完工的希腊神殿（公元前5世纪晚期），这个西西里的前希腊城市吸收、整合了邻近希腊定居者的文化特色。

▲ 塔奎尼的花豹之墓：一座公元前48年左右的伊特鲁利亚墓穴，画面展示了男性和女性在宴会中共享长榻的场景。

▲ 薛西斯一世墓的浮雕，画面中的他蓄着胡子，拿着弓箭，站在平台样的宝座上，抬宝座的两排人物代表了帝国统治下的各个族群。

▲ 一艘配备双侧、三层桨手的古代雅典战舰的原比例复制品。这艘名为奥林匹亚的古希腊海军战舰的复制品曾于20世纪80年代下水试航，目前存放在希腊比雷埃夫斯的一个干船坞里。

▲ 狄俄尼索斯之耳，叙拉古最壮观的古代采石场。公元前413年，雅典远征军战败后，叙拉古人将雅典战俘关在其中一个条件恶劣的采石场中。

▲ 公元前400年左右的雅典花瓶，画上的两名演员拿着舞台面具。从大棒和狮头可以看出，左手边的演员饰演的角色是赫拉克勒斯。

▲ 稀有的铸铜矛头，是一支公元前4世纪晚期长矛的仅存部分。上面刻着古希腊文MAK，由此可以推断它很可能是马其顿人的长矛，且是国家制造的。

▲ 公元前2世纪初期的石质喷水头，出土于阿富汗境内的古希腊定居点阿伊哈努姆，喷头的造型是古代喜剧演员的面具。

▲ 希腊诸神与远古巨人大战中的雅典娜。这个场面可能暗喻着公元前3世纪凯尔特人入侵对希腊文明的威胁。该浮雕来自公元前197—前158年的帕加马祭坛，目前保存在柏林。

▲ 西庇阿家族之墓。这幅图中展示的是公元前298年的执政官西庇阿·巴尔巴图斯的石棺上面的两处铭文，以及埋在墓地后方的保拉·科尼利亚的墓志铭。

▲ 执椭圆盾牌的罗马军队大战执圆形盾牌的马其顿人的罕见场景，右下角有一个死去的步兵。这幅浮雕出自为庆祝公元前168年罗马人大胜最后一任马其顿国王而建的纪念碑，目前保存在德尔斐博物馆。

▲ 深得人心的奥古斯都之妻、罗马传统道德的典范利维娅·杜路希拉的大理石像。此处的她身着端庄的罗马主妇服饰，披着一件可以当面罩的斗篷，内袍及地，外套宽松的带袖罩袍，显得更加庄重。

▲ 被称为安提基西拉机械的希腊制造的机械计算器的最大一片残骸，公元前60年左右随一艘装载了希腊艺术品、可能要运往罗马奢侈品市场的货船沉没。

▲ 吕西亚城市帕塔拉（土耳其西南部）的剧院，公元147年由当地捐资者维利亚·普罗克拉修缮并安装了遮阳篷。

▲ 保存在新嘉士伯艺术博物馆里的庞培（逝于公元前48年）头像，可能是他的后代委托匠人为其在罗马的家族墓地所造。庞培的贵族子孙中包括企图夺取大权并在公元69年被杀的卢修斯·卡尔普尼·皮索·福路基·立西尼阿努斯。

▲ 大约公元172年，一个神明张开手臂，雨水奇迹般地从其手臂间倾泻而下，拯救了正在同日耳曼入侵者作战的焦渴的罗马军队。这幅场景出现在罗马的马库斯奥勒留柱（约公元185年）上。

▲ 里昂的罗马竞技场遗址，公元177年，基督徒在这里被投入野兽之口。

▲ 第一个基督教皇帝君士坦丁眼望苍穹。这个巨型雕像的头部如今保存在罗马的卡皮托利尼博物馆。

▲ 公元5世纪意大利拉文纳教堂的闪亮的马赛克穹顶，这里如今因加拉·普拉西迪阿的墓地而为人们所知。

▲ 公元17世纪50年代晚期，路易十四的财务大臣尼古拉斯·福克将自己以海格力斯的形象绘于法国沃勒维孔特城堡的天花板上。

▲ 2017年10月，弗朗索瓦·泰斯特雷在伦敦世贸天阶表演《美狄亚》。

约公元前7000年：
进入新石器时代

约公元前3000年：
米诺斯文明兴起

约公元前3000年：
迈锡尼文明兴起

公元前1183年：
特洛伊陷落，黑暗时代降临

公元前776年：
城邦出现，古风时代到来

公元前776年：
首届奥林匹克运动会举办

约公元前600年：
希腊两大城邦斯巴达、雅典先后兴起

公元前594－508年：
梭伦和克里斯提尼在雅典改革

公元前490年：
希波战争，古典时代到来

公元前478年：
雅典主导提洛同盟

公元前460年：
伯罗奔尼撒战争开始

公元前404年：
雅典向斯巴达投降

公元前330年：
马其顿的亚历山大成为新主宰

公元前323年：
亚历山大帝国分裂，进入希腊化时代

公元66年：
尼禄巡游希腊

古希腊历史大事记

约公元前825年：
第一批希腊移民到来

公元前753年：
罗马建城

公元前509年：
罗马改行共和制度

约公元前450年：
《十二铜表法》颁布

公元前264年：
第一次布匿战争

公元前218年：
第二次布匿战争

公元前214－146年：
马其顿战争

公元前146年：
迦太基、马其顿成为罗马行省

公元前81年：
苏拉独裁

公元前60年：
克拉苏、恺撒、庞培共同控制罗马

公元前43年：
安东尼、雷必达、屋大维统治罗马

公元前30年：
屋大维独掌大权，
埃及成为罗马行省

公元前27年：
屋大维建立元首制，
建立罗马帝国

公元54年：
尼禄在位

公元284年：
戴克里先开创四帝共治，
帝国分四部分治理

公元306年：
君士坦丁一世称帝，
第一位基督教罗马皇帝

公元379年：
狄奥多西一世即位，
将基督教作为国教

公元395年：
狄奥多西将帝国分给两个儿子，
罗马帝国东西部分裂

公元476年：
西罗马帝国灭亡，欧洲古代世界结束

古罗马历史大事记

希腊罗马六千年

[英] 托尼·斯帕福斯 著
Tony Spawforth

胡萌琦 译

海南出版社
·海口·

THE STORY OF GREECE AND ROME

Originally published by Yale University Press

图字号：30-2020-066

图书在版编目（CIP）数据

希腊罗马六千年 / (英) 托尼·斯帕福斯 (Tony Spawforth) 著 ; 胡萌琦译. -- 海口 : 海南出版社, 2020.7

书名原文: The Story of Greece and Rome

ISBN 978-7-5443-9364-5

Ⅰ. ①希… Ⅱ. ①托… ②胡… Ⅲ. ①古希腊—历史 ②古罗马—历史 Ⅳ. ①K125②K126

中国版本图书馆CIP数据核字(2020)第119197号

希腊罗马六千年

Xila LoMa Liu Qian Nian

作　　者　【英】托尼·斯帕福斯
译　　者　胡萌琦
责任编辑　白　多
执行编辑　徐雁晖
封面设计　读客文化　021-33608311
印刷装订　北京中科印刷有限公司
策　　划　读客文化
版　　权　读客文化
出版发行　海南出版社
地　　址　海口市金盘开发区建设三横路2号
邮　　编　570216
编辑电话　0898-66817036
网　　址　http://www.hncbs.cn
开　　本　880x1230毫米 1/32
印　　张　13
字　　数　291千
版　　次　2020年7月第1版
印　　次　2020年7月第1次印刷
审 图 号　琼S（2020）047
书　　号　ISBN 978-7-5443-9364-5
定　　价　112元

如有印刷、装订质量问题，请致电010-87681002（免费更换，邮寄到付）

目录

第二部分　罗马人

序　言
蛮荒与开化：文明的古代观念

2700多年前，也就是公元前8世纪末期，一位诗人讲述了特洛伊围城10年间发生的事件。这首史诗——《伊利亚特》（*Iliad*）——标志着世界上最伟大、最古老的讲故事传统的开始，其影响一直延续至今。正如“故事”这个词本身，该传统也是古希腊人馈赠给我们的礼物。

在此奉献给读者的故事则是我自己撰写的，我希望能用短短一本书的篇幅爬梳那些浩如烟海的史料。凝望这段历史，不仅是为了赞美那个为我们留下荷马史诗以及其他丰厚遗产的远古社会，也是为了理解随后的数个世纪，其间，一股新兴的、势不可当的力量——罗马人——接受并传承了古希腊的文化遗产。

几百年来，古希腊人的生活方式和文化传统依旧潜藏在穿着战靴、守卫着罗马帝国的古罗马军团之中，直至进入基督纪元。多亏了罗马人，古希腊文化的各种遗迹得以留存到中世纪，其中有些甚至一路走到了我们面前。

本书讲述的是一个关于“文明”的故事。在我看来，正是两千多年前的古代希腊和罗马文明奠定了我们今日的辉煌。我的故事说的就是万众缔造文明的过程，与所有故事一样，它也有个开头。

公元前440年左右，一名从事制陶的雅典手工艺人在陶杯上描绘了一个蛇人形象。这只容器如今保存在柏林的一家博物馆里。人像的上半身倒也稀松平常，蓄着胡子，手握权杖，但他的腰部以下却不是腿，而是如蛇一般盘卷着的躯体。希腊人把此类超自然生物称为“龙”（drakōn），这个词也是哈利·波特的劲敌、斯莱特林学院的“飞龙”马尔福（‘Draco’Malfoy）名字的由来。早在绘制之初，陶匠心中便已有了一个清晰的“龙”的原型，他在画中用希腊文标注了蛇人的名字“刻克洛普斯”（Cecrops）。

古代作家们把刻克洛普斯描述成一位传奇的雅典国王。在故事里，他教化了古代雅典先民，创立了婚姻制度——据说此前的雅典人曾纵情于自由性爱。他也教会了古雅典人书写、丧葬、建造城市。为了感激他的馈赠，雅典人在卫城为这位巨蛇王修建了神庙。那里距帕特农神庙（Parthenon）约一箭之遥，直到公元1世纪，雅典先民的后代仍在此举行宗教祭祀。

但这并非希腊人诠释他们从蛮荒到文明之旅的唯一方式。在同一时期，另一些希腊人讲述了一个截然不同的、较为极端的故事。依旧是公元前440年左右，一个春日里，约12 000名雅典人聚集在卫城山坡上一栋特殊的木质建筑里，观赏一种新兴的艺术。这种艺术表现形式的现代定义是：“经些许改造后再现的人类经历。”[1]用我们今天的话说就是——戏剧。

一时间，观众听见男演员们模仿苍老的男声吟唱：“奇异的事物虽多，却没有什么比人类更可敬畏。”[2]即便是从古希腊文翻译过来，雅典剧作家索福克勒斯（Sophocles）的这些词句也显得非同寻常。在一个半神英雄当道的世界里，剧作家的笔却没有屈从于传说人物或诸神的力量，相反，他将文明视作人类的创造。正如接下来的合唱段落里所说，是人类自己教会了自己该如何狩猎捕鱼、如何驯化野兽、如何驱牛策马开荒种地、如何扬帆起航、交流沟通、建造房屋、群居结社、抵御疾病。

这种人类完全凭借自身的能力从原始步步走向文明的希腊思想，或许会令我们现代人惊叹不已。它为我们认识公元前500多年到公元前400多年间希腊社会的面貌提供了革命性的新启示。

如今，我们求助于考古学家和其他研究“古代”各领域的相关专家，去重构人类迈向文明殿堂的最初步伐。古希腊人没有为我们的探索留下任何线索，无论是观念上的还是实践上的。数百年来，他们形成了两种在本质上完全对立的关于文明起源的解释，一种强调超人的干预，另一种则倾向于人类自身的能力。

刻克洛普斯带给远古雅典人的礼物，包含了现代意义上文明的两个常规标准：城市生活和书写。希腊人有个词汇可以描述该状态：hēmerotēs，通常译作“文明”。此处的核心意义在于“开化”，与“文雅的”或“人性的”行为密切相关。希腊人认为，与此相对的词汇是“野蛮”，它既可以指未经驯化的大自然，也可用于形容人类自身。当古人使用这个词的时候，指的可不是城里的狐狸或海鸥，要知道，公元前300多年的时候，仍有狮子在北部希腊出没呢。

卫城博物馆位于雅典市中心。从博物馆精心设计的顶层，参观者可以绕帕特农神庙一周——或者更确切地说，徜徉在这座始建于公元前447年的最恢宏的古希腊庙宇外围的大理石残柱间。望着这些展品，你能真真切切地体会到教科书里关于帕特农神庙的一系列数据背后的工作量与代价。

神庙外围的排水槽下方有一圈精雕细刻的石板，每块石板约4英尺[1]长、4英尺宽，浮雕凹凸1英尺左右。在最初的建筑上，单是这样的

[1] 1英尺等于0.304米。——编者注

石板就有92块——92块！更不用说那行云流水的长卷浮雕和两面山墙上栩栩如生的造型。

这92块石板浮雕所表现的主题由负责该项工程的公民委员会确定，是四则发生在希腊神话时代，关于战争与暴乱的故事。在其中一则故事里，一种神奇的生物——上半身是人、下半身是马——正践踏着一个一丝不挂、身形完美的希腊男性，后者则赤手空拳地奋力还击。另一块石雕上，长着尖耳朵的马人背着一名希腊女孩，女孩正试图从劫持者手中挣脱，衣褶间暴露的娇嫩胸脯将她的困境展现得淋漓尽致。

想要判断古代雅典人如何看待这些题材绝非易事。他们有可能只是纯粹地去享受视觉体验，也有可能由此激发出更深层的思考。基于对更广阔的文化背景的分析，专家们对故事讲述者的主旨有了更多的把握。他们或许希望雅典公民能从这些惊心动魄的画面中读到隐藏在背后的含义。野马人的传说在此作为一种符号，有着某种更深远的象征意味，即文明的希腊式生活宛如一朵脆弱的鲜花，面临着野性力量的威胁。

当帕特农神庙的建造者们投入工作之际，希腊人的生活方式正受到实实在在的威胁，这促使他们开始重新审视自身对文明及其敌人的理解。“起来，希腊人！解放你的故土。解放你的妻儿，解放你父辈的神殿和祖先的墓地。为你拥有的一切而战。”[3]这是另一出稍早的雅典戏剧所描绘的在萨拉米斯（Salamis）战役中召集民众的场景。萨拉米斯岛距雅典不远。彼时，波斯人已夺取了位于如今土耳其西海岸沿线的诸多希腊人殖民地，并企图把整个希腊并入自己庞大的帝国版图之中。由雅典领导的联合舰队则在此战中取得了对抗波斯舰队的决定性胜利。

短短八年之后（公元前472年），《波斯人》（*The Persians*）在雅典剧场首演，该剧夸张地表现了远在伊朗的波斯宫廷收到奇耻惨败消息后吃惊不已的一幕。这位名叫埃斯库罗斯（Aeschylus）的剧作家，按照大众口味为雅典观众呈上了希腊人印象中的波斯敌人。

他在剧中十次让波斯人自称“野蛮人”（barbaros）。这个词在希腊语中最初指的是不说希腊语的人。埃斯库罗斯则迎合潮流，将它作为一个贬义词，即现代词义里的“粗野的”或“野蛮的”，因为希腊人感受到了一股新的、陌生的、非希腊式的威胁——咄咄逼人的波斯帝国。

在剧中，演员们赋予波斯人一系列令人生厌的特征，残暴、奢靡无度、感情用事、奴颜婢膝，都在独裁君主和他那群俯首帖耳的卑鄙臣子身上得到展现。正如那声召唤所暗示的，埃斯库罗斯希望希腊人意识到自己与波斯人截然相反，当然也更优秀。希腊人是自由的，波斯人则是奴隶。这种自由观念同样也出现在如今我们对文明含义的阐述与争辩中。有些人认为，具有自由观念同（比方说）书写和城市一样，是“文明的现代化标尺”[4]。

到了公元前5世纪中期，“barbarian”这个词已经在古希腊人的语境中发展出现代的衍生含义——“野蛮”“蒙昧不化”。帕特农神庙修建者的头脑里萌发了一种愈加强烈的意识：希腊人优于非希腊人，尤其是波斯人。他们似乎赋予了神庙某种胜利纪念碑的含义，以此庆祝希腊军队战胜波斯军队。他们要雕塑家刻画的不是真实的战斗场景，而是能表达某种重要思想的隐喻，即战胜波斯就是战胜威胁着（文明的）希腊生活方式的蛮族。这种叙述方式有助于提升认同感，它不仅在雅典人中间，也在更广义层面的希腊人中间树立起这样一种观念：纵有诸多差异，但对波斯的胜利赋予了他们一个共同的身份。

就在石匠和雕塑家致力于建造帕特农神庙的同时，另一件在新颖程度和持久影响力方面丝毫不逊色的作品，正在某位故事讲述者的脑海中酝酿成形。作家希罗多德（Herodotus）来自古希腊城市哈利卡纳苏斯（Halicarnassus）。这座港口城市如今的名字叫博德鲁姆（Bodrum），位于土耳其西南海岸。希罗多德生活在公元前5世纪中叶，他的鸿篇历史巨著是同类作品中现存最早的一部。

希罗多德以尊重的态度、客观的笔触描述了希腊文化和邻近的非希腊文化之间的差异。他意识到，每一个人类社群都会本能地认为自身是最优秀的。

> 如果让所有人都来从各类风俗中选出他心目中最好的一种，在反复思量之后，每个人都会把自己的传统放在首位，每个人都坚信自身的那一套是眼下最好的。除了疯子，没人会觉得这种想法有什么可笑。[5]

这种文化相对性和多元化的思想显得希罗多德的见解超越了时代。他秉笔直书，主张希腊人应当感谢非希腊人。他认为，希腊字母是由腓尼基人（Phoenician，希腊人用这个词称呼居住在地中海沿海，从今天的叙利亚到以色列北部地区的人）传入希腊的。语言学专家亦证实了希腊字母源自腓尼基语。希腊字母beta（β）不仅与腓尼基语中的对应字母bēt形似，其名称也由此而来。

这种对外来文化的开放心态以及对技术传播的认可乃是古希腊人的特质。即便在公元前5世纪初希波战争期间，希腊人对“野蛮人”的态度也比后人想象中开明得多。大英博物馆里保存着另一件雅典陶器，是制作于公元前480年左右的贮藏罐。罐子的一侧画着一个吹笛子的年轻人，他的希腊式短袍外面套着一件做工考究的格子花纹无袖坎肩，这种精美的外套正是出自波斯人的设计。如此看来，即便在与波斯入侵者浴血奋战的同时，雅典公民也依旧欢迎来自东方的时尚。

由此可见，古代雅典人对世界的看法是多元的。如今很多人的确能够进行双重思考，具体取决于他们身处何方以及在同什么人交流，换句话说，因语境而异。就此而言，历史学家若笼而统之地去归纳概括“古希腊人”的性格、态度或价值观就会显得不太妥当。然而，古希腊人自己偏偏这么做了。他们把自身视作一个共享某些文化特征的族群。有些希腊人早在希罗多德时代便形成了这种集体身份认同。希罗多德记录下了这种现存最早的“希腊”定义：“全体希腊人在血缘和语言上的纽带，他们共同的神庙和祭祀，以及类似的生活方式。”[6]希罗多德并没有指出是什么造就了这种广义上的希腊社会。他也不认为希腊人之所以为希腊人是因为他们属于一个单一的政治体。在他生活的年代，也就是公元前5世纪，希腊人散居在数百个彼此不同且常常处于交战状态的城邦里。希腊文明绝非由大型政治构架所定义。

即便如此，希腊文明的确在“传播”。就在我写作本书之际，一场无休止的巡回展览正在世界各地上演——欧洲、北美、澳大利亚、日本……古老的展品辗转不息。

这些物品之中有一块石器，它原是某个公共喷泉的一部分。雕塑家将它刻成一个怪诞的面具，就是古希腊喜剧演员佩戴的能遮住整张脸的那种，这样一来，从曾经装着弹簧的口部喷涌出的便不是连珠妙语，而是清冽甘泉。

这件物品一定在古代社会发挥了其应有的作用，体现着希腊文明的两个特征：既作为公共供水装置，又传达了人们对希腊戏剧的渴望。倘若这个喷水口来自雅典，倒也不足为奇。不寻常的是，法国挖掘者是在今天的阿富汗北部边境地区发现它的，那片考古现场被当地人称为阿伊哈努姆（Ai-Khanoum）。

这个石雕喷水口说明，公元前2世纪初期，过着古希腊生活方式的人们必定曾在这片崎岖不平的中亚地区居住过。根据其他考古发现我们可以判断，公元前300年左右，希腊人追随马其顿的亚历山大（Alexander of Macedon）远征亚洲的脚步来到这里，同时也带来了他们的风俗。他们的后代留在了这片遥远的土地上，直到公元前150年左右该定居点被来自北方的游牧民族摧毁。

因此，古希腊人既是旅居者也是移居者。他们在很多关于先民扬帆远航前往三大洲——希腊人把他们所知的这三个洲分别命名为欧罗巴、亚细亚和“利比亚”（Libya，也就是北非）——建立城市的故事里（并不都曾真实发生过）都赞美了这种特性。他们把这些基地称为“家园外的定居点”，阿伊哈努姆是其中最远的一个。这是希腊文明“传播”的一种方式。

此外还有一种方式。在现代西西里有一处旅游胜地，是座保存完好的希腊式庙宇。该庙宇原是为古城埃格斯塔［Egesta，或称赛格斯塔（Segesta）］而建，于公元前5世纪动工，但从未完工。如今，那些壮丽的多立克式廊柱孤独地矗立在连绵的山丘与田野之间。此遗址的特别之处不仅在于审美，也在于它的修建者并非希腊人，而是原住民。

埃格斯塔人之所以会被希腊生活方式吸引，是因为在西西里的这个区域，他们与希腊定居者比邻而居，见到喜欢的事物便心向往之，就像早期希腊人借鉴腓尼基字母一样。西西里的希腊移民未必是在主动“传播”他们的生活方式，相反，显然是埃格斯塔人被希腊文化中的新鲜事物吸引而主动选择去接受。

与古希腊人毫无种族关联和“传承”关系（用我们今天的话说）

的邻近社群最终接受了希腊生活方式的方方面面，包括希腊语。希腊文明的这种“传播”取决于非希腊社群的选择。在此过程中，古希腊文化的独创性和技艺成就必然是魅力所在。

有些学者在希腊文明的这种“传播”方式与现代全球化——一个描述用文化交换的方式促进国际交流的词汇——之间找到了某种相似。有些人则看到真正的文明超越了原创者的地域局限而成为“超文化”[7]的可能性。

巴黎的索邦大学是全世界最古老的大学之一。该校开设了若干门关于“法国文明”的课程，教授“法国文化的不同方面”。既然法国人把自己国家的文化定义为“文明”，那么，说“文明”这个词本身其实是在相当近期才由法国人发明的，你或许就不会觉得奇怪了。那个创造了“civilisation”一词的18世纪作家的头脑里一定盘桓着一组相关的拉丁语——古罗马人使用的语言——词汇，且都与罗马观念中的公民（civis）及其对社会（civilitas）的责任有关。

公元前的最后两个世纪里，罗马人征服了大部分说希腊语的地区。在此过程中，他们与希腊文明的核心不期而遇，并且吸收、借鉴和改良自己所见的一切。希腊文明之所以能成为我们上文提到的古代“超文化”，罗马人居功至伟。

这种文化转移的过程在历史中非常罕见。毕竟，罗马人在政治上统治着希腊人，且对自身久经沙场考验的军事优势颇感骄傲。在他们的多民族帝国中，没有其他哪个从属民族的文化传统能让罗马人稍稍动心，更别说让他们想要模仿了。希腊人的文化遗产，若不是在基督纪元的最初几个世纪里对罗马人产生了不可抗拒的吸引力，决不可能保存下来并发展到其后的高度。

不同于希腊人用讲故事的方式去探讨hēmerotēs，罗马人并没有与

“文明”对应的术语，因此很难把握他们对该问题的态度。好在，伊斯坦布尔考古博物馆的一间陈列室为我们研究他们的思想演变提供了一些线索。该展馆为参观者准备的视觉资料，展示了某个时期罗马帝国统治阶层对文明及其与罗马皇帝之关系的看法。

一尊大于真人尺寸的大理石塑像，身着帝国最高统帅的盔甲，一只脚踩着被俘的敌人，那俘虏穿着长裤，显然是野蛮人。这尊雕像的含义体现在这名罗马皇帝的胸甲装饰上。装饰的古体风格显示出它的悠远年代，上面刻画的女神身着铠甲，巍然而立，她身边一侧是蛇，另一侧是猫头鹰，那是雅典的保护神雅典娜的标志。当然是她！一定是她！雅典娜的脚下还有一头母狼，正在给两个幼童哺乳。

不知名的雕塑家在此创作的图像与帕特农神庙的浮雕一样，带有一层对我们而言隐秘的，或至少是含蓄的意义。在罗马传说中，这头狼哺育了襁褓中的双生子罗穆路斯（Romulus）和雷穆斯（Remus），而这对双生子据说正是罗马的缔造者。此处的雅典娜似乎象征着雅典。在罗马人眼里，她所代表的这个希腊城市远远超过其他所有城市，这里既是文明生活之基——比如农业和法律——的发源地，也孕育了希腊文明最绚烂的花朵——人文学和科学。

皇帝脚下那个穿着长裤瑟瑟发抖的人物表明，罗马人也继承了希腊人对“野蛮人”的偏见。这位罗马皇帝［哈德良（Hadrian），公元117—138年在位］在世期间，也就是公元2世纪初，帝国边境之外依旧生活着危险的蛮族。

现代人在谈到文明时往往不愿按照“开化”程度的高低对人群划分等级。但罗马人的观念与希腊人一脉相承，对此并无顾忌。有心也好，无意也罢，罗马统治者借助野蛮人的概念，找到了在多种亚文化并存的罗马帝国里促进身份认同的方法，即强调全体民众的非他者属性。这尊雕像就是一件宣传品。它的“信息”受众似乎是受过教育的阶层，尤其是那些自视为公元前5—前4世纪的雅典文化的传承者。

这尊雕像旨在向这些个体重申罗马皇帝对其文化价值的认同。他那富于侵略性的姿态暗示着，他会使用武力去保护这些价值免遭外来侵犯。这样的场景为课税、军团的存在和帝国的统治提供了正当理由。此类雕像或许最能体现罗马人对国家与捍卫文明的同质认识，但形象本身却是尚武的、暴力的，甚至多少有些“野蛮”。

哈德良出身于一个富有的意大利家庭，一家人定居在西班牙。与罗马社会里处于那个等级的大部分人一样，他自幼饱受希腊文明的熏陶。他对希腊文化及其价值的热情可以从某个晚期罗马作家的文中略见一斑，后者用奉承的笔调将哈德良描绘成一个智者和艺术奇才：

> 他完全沉浸在雅典人的研究与风俗中，不仅掌握了他们的语言，也习得了其他技艺：吟唱、弹奏七弦竖琴、医药、音乐和几何学。他擅长绘画，能用青铜或大理石创作雕塑，几可比肩波留克列特斯（Polyclitus）和欧弗拉诺尔（Euphranor）那样的大师。他在该领域各方面的造诣之深，实乃人间罕有。[8]

哈德良在位的时期正值18世纪的罗马帝国史学家、英国人爱德华·吉本[1]所谓的人类“最幸福、最繁荣”的八十多年（公元98—180年）。不过如今的很多学者宁愿显得更谨慎一些。他们或许会指出，

[1] 爱德华·吉本（Edward Gibbon），近代英国杰出历史学家，著作有《罗马帝国衰亡史》。——编者注

罗马帝国里几乎没有我们今天意义上的“社会公正”可言，更不用说还存在大量奴隶。吉本口中的“繁荣”只有少数帝国精英才能享受。尽管如此，罗马帝国仍然存续了数百年。

> 能有什么比当前包围着我们栖居世界的邪恶更危险？看啊，野蛮不化的人横行在他人的土地上，将它们据为己有，我们的文明生活方式被野性难驯、徒有人类外表的兽类摧毁。[9]

这段希腊文挽歌的作者是个基督教修士，名叫马克西姆斯（Maximus）。他的出生地如今叫戈兰高地（Golan Heights），当时是罗马帝国的领土。这段文字作于公元640年左右，彼时距哈德良将那片土地命名为“巴勒斯坦”（Palestine）已过去五个世纪。马克西姆斯的文中暗示了东方一股既野心勃勃又骁勇好斗的新势力——决心征服罗马帝国的穆斯林哈里发。公元637年，阿拉伯大军占领巴勒斯坦的耶路撒冷，马克西姆斯的家乡从此不再属于罗马。

彼时，罗马帝国已不再是横跨地中海的王国。公元324年，位于博斯普鲁斯海峡（Bosporus）的君士坦丁堡（Constantinople）成了帝国的新首都。罗马人无力继续维持在西欧的统治。自公元370年开始的大规模迁移为一个新的“中世纪”世界奠定了基础。

本书聚焦于古代世界。我将要讲述的这些故事大致上按照编年顺序展开，全都围绕着两个古老的、相互重叠的社会——希腊和罗马——的源起与发展。正是这两个社会给我们留下了“古典文明”的宝贵遗产。本书是为那些对该话题有足够兴趣，但对古典学或古代史缺乏背景知识的读者所写。

由于主题宏大，我在讲述时不得不有所拣选。本书侧重为那些直到今日依旧影响着我们的古老的文化创造，提供一个最新的历史背景介绍。这些文化创造既包括希腊的艺术作品、剧院和所谓的第一台计算机（我们将在第十六章谈到），也包括罗马帝国的住宅与城镇，我们从这些遗迹中可以一窥足令当代人惊叹不已的高品质生活。

本书也着墨于希腊罗马与周边族群的创造性交流，这种交流往往促进了文化创新。这其中既包括第一批希腊城邦（公元前7—前6世纪）文化繁荣背后的来自东方的影响，也包括业已接触了希腊文明的罗马人对该文明的接纳。上述交流的规模之大、程度之深，堪与——比方说——日本的明治维新（1868—1912年）相提并论。

在世界历史上，几乎所有伟大的文明都伴随着以这样或那样的形式呈现出的令人不安的矛盾，即文化交流的高度成就与国家层面的对人性的压抑。在这一点上，古代希腊和罗马社会往往会采用在今人看来显得残酷的处理方式。此外，这两个社会也战事连绵。本书避免采用一种美化的视角，比方说，像维多利亚时代的人们那样一提到古希腊和罗马必是“光荣”与“伟大”[1]。那些人固持着自文艺复兴以来形成的欧洲式思维，对希腊和罗马文明过分尊崇——换句话说，他们把希腊和罗马文明奉为“经典”。

尽管如此，（我认为）作者应该表明自己的态度。我坦承，在重述这些混合文明的非凡故事之际，的确深深折服于古希腊和罗马的成就。

[1] 出自爱伦·坡《致海伦》：“光荣属于希腊，伟大属于罗马。”——编者注

第一部分

希腊人

第一章　希腊文明的曙光

石器时代，分布于世界上不同地区的一些族群学会了如何种植可食用的植物，不再依赖野外觅食。他们也开始对狩猎来的野生动物进行驯化、饲养，于是无须再随着猎物迁徙，可以在一个地方长期停留下来。第一批定居社会就这样出现了。由于种植可以比狩猎采集养活更多人口，所以这些最早的农业社会的规模日益增长。他们需要一种更复杂的方式进行自我组织。

人类行为的这一变化意义重大，因此在现代被赋予了一个专有名词：新石器革命（Neolithic Revolution）。过去，历史学家一直认为这是个令人欢欣鼓舞的变化，是朝向更文明的状态进步的阶段。不过，这种进步并非一帆风顺。事实上，考古学家们现在发现，早期农民们的日常饮食较先前反而不那么健康。以谷物为主的食物不如大多数狩猎采集方式得到的食物那般多样，更容易造成某些营养元素的缺乏。

老实说，如今并不是每个人都认可人类的命运理应是从“野蛮”到“文明”的“进步”的观点。石器时代的社会在当今世界依然存续着。有些人指出，我们不应该因为亚马孙土著或澳大利亚原住民没有“进步”到世界上其他人所谓的文明阶段就认为他们比较悲惨或低下。另一些人从较少受到西方价值观影响的生活方式中同样找到了道德价值。

总体而言，古代希腊人对上述问题的看法简单得多。他们的传说清晰地表明，在古希腊人眼里，农业乃是伟大的神恩，是仁慈的神祇私下里向他们传授的技术。这位谷物女神叫德墨忒尔（Demeter）。此外，雅典娜教会希腊人种植橄榄树，狄俄尼索斯（Dionysus）教他们酿酒。至于农耕时代之前的生活，按照公元2世纪的一名希腊作家的描述，“既艰苦又简朴，同山野生活没什么区别”[1]。

1968年，在希腊南部海岬的一个洞穴里，美国考古学家发现了石器时代的洞穴人遗骨。男性，不到30岁，显然死于头部撞击。他的族人将他埋葬在洞内一个简易墓穴里。考古学家们将木炭灰与从树木年轮得到的信息进行比对——这种技术叫作碳-14测定——得出他的死亡和入葬时间为公元前71世纪晚期。

如今，去法兰许提洞穴（Franchthi Cave）参观已经非常方便。那里有一条木栈道，介绍板上给出了关于发掘现场的信息。考古发现显示，石器时代居住在这里的部落靠猎鹿为生，也采集诸如开心果、燕麦和扁豆等野生植物。他们的私人物品非常有限，比方说，只有一串贝壳项链。

考古学家找到了一些用黑曜石——一种由火山熔岩形成的类似于燧石的岩石——打磨的简单工具。质量最好、含浮石微粒等杂质最少的黑曜石工具出自爱琴海基克拉泽斯群岛（Cyclades）的米洛斯（Melos）。处理黑曜石的过程与现代燧石加工课里教授的差不多。在此类课程中，热衷古代户外知识的人可以学到正确敲打燧石块的技术。通过切削、打磨和脆化，最终目标是把石头弄成小薄片，并加工成原始刀片的形状。

用这种手工方式加工的黑曜石材质，其被打磨过的新鲜表面会吸收水分，在石头上形成一层“外皮”。通过测量“外皮”的厚度可以推算出工具的制作年代。正是借助这种方法，考古学家们提出，法兰许提洞穴的狩猎采集者早在公元前8500年左右就已经使用黑曜石工具了。

这意味着，这些洞穴人可能也是航海者，或与其他敢于借助简易桨船泛舟爱琴海的人有过接触。这种原始的航海业也因为爱琴海岛屿丛生、彼此依依可望而得到长足发展。风平浪静的日子里，他们相邀着去海上探险。地中海地区的文化交流以及古希腊文明殿堂所带来的一切重要影响，都可以从这里找到真正的发端。

古希腊作家把农业发明前的人类生活称为“前特里普托勒摩斯（Triptolemus）生活”。据古希腊神话记载，这名承担起传播种植知识使命的传奇人物，乃是统治着如今雅典周边地区的国王的儿子，而他的老师正是女神德墨忒尔。位于加利福尼亚州马利布（Malibu）的富丽堂皇的盖蒂博物馆，收藏有一只来自雅典的陶土花瓶，（大约在公元前470年）工匠在这只瓶子上描绘了一则当时脍炙人口的故事。年轻的特里普托勒摩斯坐在有翼马车上，双手抓着谷物的茎部。德墨忒尔和她的女儿在一旁为他送上祝福，注视着他驾车远去。

考古学家们揭开了播种耕作在希腊起源的真相。有考古学家指出，这一起源背后，是人类寻求改善物质生活条件的基本驱动力。塞斯克罗（Sesklo）是塞萨利（Thessaly）地区广阔而肥沃的平原上的一个现代乡村，位于希腊中部爱琴海沿岸，德尔斐（Delphi）以北。如今，参观者可以看到四下开阔的郊野，灌溉良好，地势平缓，这意味着土壤的排水能力强。因此，最初的农民们在此耕作时并不太难。同时，他们在劳动中也借助了各种石质或骨质的基本工具。

在塞斯克罗的一处人造小山丘上，考古学家发现了这些农耕先民的定居点遗迹。这些人最初用木头和干泥巴修建简易住宅。他们在附近的山坡上种植小麦和大麦，饲养绵羊和山羊，也知道如何制作陶器。这个族群生活在公元前6000多年，鼎盛时期曾遍布方圆32英亩[1]——相当于纽约哥伦比亚大学主校区的大小。但该定居点的人口密度比较低，尚达不到城镇的规模，据估计，即便在人口最多的时候也不过500人左右。

我们无从得知早期的古希腊农民究竟是如何学会了这门新技术。从基因序列判断，他们养殖的绵羊和山羊、种植的谷物都不是希腊本土品种。DNA（脱氧核糖核酸）证据表明，这些家畜和谷物来自如今的土耳其地区。或许是那里的农民在向西迁移的过程中带来了动物和种子。

凭借这些发现，考古学家们试图探究希腊早期农民的思想状况。从逐水草而栖的狩猎采集到定居农耕，生活方式的巨大改变定会造成心理上的影响。从目前保存在雅典农业考古博物馆里的塞斯克罗出土文物可以判断，当时人们的生活依旧非常简单。由于尚未发明陶钧，那些早期陶器若按照现代标准来看可谓相当粗陋。

博物馆里也展出了一些陶土塑像。它们及其他类似的展品显示了希腊早期农业人口对表现女性形象的热衷。这些女性雕像有的赤身裸体、婀娜丰腴，臀部、大腿、上臂和腹部饱满得近乎夸张。艺术史学家认为，这些“维纳斯”（Venus）形象象征着女性特质。还有些学者更以这些神秘造像为证据，称“新石器时代的观念”对女性本质的推崇达到了不寻常的程度。他们指出，出于对伟大女神的崇拜，在族群的真实生活中，女性的地位相应地也很高。

石器时代男性的社会角色并不清晰。居住在塞斯克罗的族群在小山丘顶修建了石墙。有些考古学家认为，这些石墙的目的在于防御。就此推断，塞斯克罗的男性可能是战士，他们的工具也不仅仅要用来捕猎野兽或切割肉食。考古学家们已在希腊的这一农耕平原地区确认

[1] 1英亩等于4046.86平方米。——编者注

了数百个石器时代的部族，他们之间或许是和平共处，或许是为有限的农耕资源不时你争我夺。

来自塞斯克罗的另一项发现是一个小小的陶塑房屋模型。这个陶土模型大体上就是个方块，四面均有大致呈矩形的开口，显然代表了门窗。稍稍倾斜的屋顶中央也有一个开口，像是壁炉的排烟口。希腊出土的石器时代的陶土房屋模型数量庞大，制造者们并无意于忠实地展现当时的境况，只是痴迷于房屋这个概念。

考古学家们认为，希腊的石器时代延续了约4000年，即从公元前7000年到公元前3000年左右。房屋模型出现在石器时代中期。它们展现了塞斯克罗地区人类社会结构的演变。专家们指出，创建这些社群的先驱们具有集体劳动意识，这同以色列基布兹的初衷差不多；而房屋模型则似乎标志着后来的人们开始背弃集体劳动意识，转而强调个体家庭的重要性。

塞斯克罗最抢眼的一栋建筑建于公元前3000多年，石器时代末期。该建筑位于小山丘制高点的中央，有石头地基、晒砖坯墙和（原先的）木质屋顶。来访者要先穿过门廊才能进入一个大致呈方形、带有矩形陶土壁炉的厅堂。陶土地面上有些洞，曾立着三根支撑屋顶的柱子。

考古学家们在平原的其他地方也发现了来自同一时期的类似建筑。它们有可能是公共议事厅。另一种观点认为，这些房子或许是族群中顶层家庭的住所。倘若如此，那么该时期就将是希腊史前史上的一个关键时刻，它标志着小型等级社会的出现。当时有些家庭可能在农耕中取得了更多的收获，或在贸易交换中更为成功。

塞斯克罗出土的文物中还包括不少于两把的铜质斧头，其制造年代同样可以追溯到公元前3000多年。彼时，希腊的农耕先民已经知道岩石中含有金属，且金属比石头更适合制造工具。工匠们学会了如何在熔炉中熔化岩石或矿砂以提取金属，再将熔化的铜注入模具中制造斧头。史前希腊人从此进入金属时代。

希腊石器时代的农民最初如何获得金属加工的知识，这是另一个史前文明之谜。他们进而学会了如何将其他元素——特别是锡——与铜混合，得到坚硬得多的合金，即我们所说的青铜。如此，人们可以为耕作、建造或军事活动等制造出更强韧的工具。公元前3000年左右，除了紫铜之外，希腊也开始出现青铜制品。

如同获取黑曜石一样，史前的爱琴海人定然也曾为了获取金属而冒险起航渡海，与拥有金属资源的族群发生接触。我20多岁在雅典居住和工作期间，有时会去希腊安德罗斯岛（Andros）放松一天。安德罗斯岛孤悬在爱琴海中部的基克拉泽斯群岛以西，搭巴士和渡轮可以方便到达。考古学家在此处的一块海岬上发现了爱琴海地区最早的岩画。

与狼、豺和章鱼一同出现在画面中的是一艘划艇——用现代眼光来看画得很粗糙，大体上算是带有一列船桨的大型独木舟。这种船可以载少量货物。这幅岩画的创作时期是石器时代末期，彼时，贸易交流开始出现，等级社会也随之形成。由于这种划艇完全靠人力驱动，只有较大的族群才会拥有。

基克拉泽斯群岛是最早的铜矿产地之一。如今前往雅典市中心的高兰德里斯基克拉泽斯艺术博物馆（Goulandris Museum of Cycladic Art）参观的游客可以跨越时光，领略希腊金属制造的黎明期。在博物馆的一楼，一个类似珠宝店的空间里展示了被称为基克拉泽斯小人像的世界顶级藏品。这些人像约莫10英寸[1]高，用基克拉泽斯盛产的白色大理石雕成。有一尊雕像刻画了一个长着椭圆形脑袋的裸体“站立”

[1] 1英寸等于2.54厘米。——编者注

女性，她的腿弯着，膝盖微屈，胸脯隆起，手臂交叉在腹部。大理石平滑细腻的表面显示出雕刻者高超的技艺，令参观者赞叹不已。

这些裸体人像如今作为青铜器时代早期爱琴海“艺术”的宝贵象征，焕发了第二次生命。在博物馆的陈列窗里，它们看上去洁白无瑕，深深吸引了如布朗库西（Brancusi）和恰科默蒂（Giacometti）等现代主义艺术家。不过，考古学家注意到，某些雕像上残留着颜料的痕迹。基克拉泽斯人像曾以花纹和珠宝做装饰，绘制花纹的自然颜料，比如提取自岛上丰富的矿藏的赭石。

高兰德里斯博物馆还展出了一件用新型青铜制成的基克拉泽斯雕像。喜欢此类人像的文身人是青铜时代早期生活在希腊岛屿上的农耕者。他们的全盛期约从公元前2800—前2300年，延续了五个世纪左右。这些人像通常是呈同样姿态的裸体女性，一致的造型说明岛民们已经形成了共同的文化意识。他们驾驶着简陋的桨船劈波斩浪、交流互访。

危险的航行事关生存。为了检测地表发现物（主要是陶土碎片）是否意味着曾经有人在岛上定居，考古学家们对岛屿进行了系统考察。结果显示，该岛可能在青铜时代早期就已荒芜到不足以维持当地人生存所需的地步。岛民们为生活所迫，驶向海洋去寻找同伴。这些人像原本的含义如今依旧令人费解。有一种颇有意思的猜测是，比之于其他形象，裸体的大理石女性最能体现岛民对女性丰饶的生殖能力的崇尚。

基克拉泽斯的南部向这些想要离岛巡游的古代水手展开了一片危险莫测的辽阔水域，由此可以通往希腊的大部分南方陆地。考古学家们通常认为，正是在这里——克里特岛（Crete）——诞生了欧洲的第一个“国家”，即最初的处于中央集权掌握下的、不再仅仅基于亲属和家族关系的复杂社会。

古希腊人中流传着很多关于克里特昔日之辉煌的传说，统统围绕着一个生活在克诺索斯（Knossos）的名叫米诺斯（Minos）的国王：

> 据说，米诺斯是第一个拥有海军的人。他让自己成了今日希腊海（Hellenic sea）大部的主人。他征服了基克拉泽斯群岛，最先在其中大部分岛屿上殖民。他驱逐了卡里亚人（Carians），并任命自己的儿子管理这些岛屿。[2]

上述文字出自活跃于公元前5世纪末期的雅典历史学家修昔底德（Thucydides）之笔。对于19世纪不列颠那些受过良好教育的精英而言，这段对以海上力量和殖民为基础的古代帝国的叙述可谓耳熟能详。修昔底德的记载也激励了一名不列颠业余考古学家前往克里特挖掘关于米诺斯的证据。

大英博物馆里那些来自史前克里特岛的文物中，有不少标注着“亚瑟·埃文斯爵士（Sir Arthur Evans）捐赠”的字样。这个维多利亚时代的小个子、哈罗公学和牛津大学的毕业生，出身于一个靠造纸致富的家庭。1900年，人到中年的埃文斯花钱买下了已由先前的旅行者们认定为古克诺索斯的土地，开始掘地三尺。

他发现了层层累积的建筑遗迹，其年代从公元前1900年左右到公元前1370年左右，跨越近600年。这些遗迹属于青铜时代中晚期一栋庞大的多层建筑，其中心是个大院子，并配有用陶土做管道、以石头铺渠的复杂精妙的排水系统。这栋迷宫般的庞然大物所从属的遗址在其漫长的续存期内曾反复被毁又重建。考古学家把反反复复的破坏与重建归结于地震的影响，这在克里特及其邻近岛屿相当常见，仅2014年一年中，克里特就经历了45次地震，几乎平均每周一次。

埃文斯找到了文字书写的证据以及很多精美的艺术品，包括描摹着身着精美服饰、袒露酥胸的女性的壁画，令后人得以一窥当时的风雅世界。其中一幅壁画展现了身着短裙、年轻健美的男性们跳公牛的场景。这种危险的运动让人们联想起如今在法国西南部热尔（Gers）地区，年轻的斗牛士们通过翻牛背来表现其非凡技艺的举动。古代克诺索斯的公牛形象暗示了当地财富的一个可能来源——畜牧。

埃文斯把古希腊故事和从他所处的国际政治环境得出的假设相结合，用来解释自己的发现。他认为，这个庞大的建筑是座宫殿，是米诺斯及其王朝的政治权力所在。他在遗迹中发现了一些物品，认为可以视作女神崇拜和神殿的证据。因此，他认为米诺斯是集世俗和宗教权威于一身的统治者，一位祭司王。他把这些失落的先民称为“米诺斯人”（Minoans），并毫不犹豫地把他们的生活方式定义为一种“文明”——在他眼里，这也是全欧洲最早能配得上这个字眼的生活方式。结合了对罗马帝国和不列颠帝国的想象，他把米诺斯人未设防的地区——比如克罗诺斯——视为由仁慈的海运帝国主义者主导下的“和平的米诺斯”或“米诺斯和平”。

米诺斯人给我们留下了一些基本问题：他们是谁？来自哪里？埃文斯在“宫殿”之下又发现了更早的遗迹。这些遗迹可以一直追溯到公元前6000多年，石器时代生活在克里特岛地区的农耕者。因此，米诺斯文化或许是基于早期的成就，由本土发展起来的。例如，考古学家们已经发现，早在最早的“宫殿”出现前300年左右，克里特人就用橄榄树的碎枝做木柴。这一发现表明，彼时克里特岛上已经开始生产橄榄油，这些碎枝或许正是来自人工栽培的橄榄树的修剪废料。

促使克里特岛的史前人类文明发展成米诺斯文明的催化剂肯定包括海上交流。在克诺索斯，人们在早期的土层里发现了河马牙齿碎片。这种象牙的古老变种或许最初来源于埃及的尼罗河。

即便没有后来关于米诺斯海军的古希腊传说，青铜时代早期的克里特人在埃文斯所谓的第一个克诺索斯“宫殿”建成前的两三个世纪里，在航海领域的长足发展依然称得上意义重大。直到那时为止，依赖独木舟进行的爱琴海之旅依旧危险重重，必然限制了远距离贸易的范围和频率。公元前21世纪晚期，一个巨大的进步出现了：克里特岛上的居民们开始广泛使用帆船。

证据来自一些像是精心设计的小石块上的大船图案，这种小石块由克里特岛的工匠们打磨而成，既可以给他们的主人当随身佩戴的装饰品，也可以用作图章。船体较深的帆船图案体现了出海船舶的一大进步。克里特岛人和他们的邻居们现在可以航行得更快、更频繁，搭载更多的货物。岛上那些掌控着这种更快的交易节奏的家庭或族群也获得了更多的财富和权力。

继埃文斯的工作之后，考古学们已在克里特各地发现了米诺斯“宫殿”、城镇、“别墅”、山地神殿和墓葬。除此之外，他们还在基克拉泽斯的圣托里尼岛（Santorini）发现了掩埋在火山灰和浮石之下的宛若庞贝古城的定居点。该发现包括米诺斯式样的房屋和大量独具特色的克里特陶土容器，这些容器曾用于运输和存储克里特的橄榄油和葡萄酒。看来，米诺斯的繁盛同样基于农业和对剩余物资的开发利用。

1990年，奥地利人在埃及北部的一处考古现场挖掘出了数千件米诺斯风格的壁画残片。在此之前，考古学家们早已确认埃及文字和艺术作品中提到的“克弗提”（Keftiu）就是米诺斯人。这些梳着米诺斯式发型、身着米诺斯式短裙的人给法老哈特谢普苏特（Hatshepsut）及与她共同统治的图特摩斯三世（Thutmose Ⅲ）带来了礼物。米诺斯人和他们鼎盛时期的生活方式就这样给地中海东部居民留下了深刻印象，包括当时该地区的强国埃及。

或许，最能说明米诺斯社会相对“先进”的证据莫过于他们对书写的使用。大英博物馆里有一件精美的、带有为安装手柄预留的孔洞的青铜斧头，斧身侧面刻着两个语言符号。这个记号在古代世界非常罕见。埃文斯将其命名为线形文字A（Linear A），因为它是由连接的线条而非特殊图画——比方说埃及的象形文字——构成的。由于船运带来的东西方接触，米诺斯人遇到了近东的古老发明——书写。于是，转变发生了，米诺斯人接受了外来文明并化为己用。

尽管不断努力，专家们至今仍未破译线形文字A，更不用说解读它背后的语言含义。考古学家们倒是更有信心解释米诺斯人如何使用这种记号。那些刻在陶土“纸张”上的长文件里包括数字和名单，看上去像是账目、业务记录之类。还有特殊记号用于表示“橄榄”和“葡萄酒”。这些产品成批成批地储藏在若干米诺斯“宫殿”里。埃文斯在克诺索斯发现了一连串18个矩形储藏室，内有150只巨大的陶土坛子，每只都约莫一人高。

关于米诺斯时期的克里特，最神秘之处恐怕要数那些“宫殿”。对于埃文斯提出的君主居所的解释，如今很多考古学家都表示质疑。随着“宫殿”说法的过时，专家们更倾向于称之为“庭院建筑”，这个名字恰当地突出了克诺索斯及克里特其他地区此类建筑中心铺设的庭院。

米诺斯艺术中缺少对统治者的描述，因而无法为“宫殿”说提供支持。在同时代的东方君主制政体中，艺术工匠大多服务于神祇和君王。在埃及底比斯（Thebes）西部由哈特谢普苏特女王建造的宏大的巴哈利神庙（Deir el-Bahri）里，随处可见的雕像全都指向一个共同的主题——女王。埃文斯把克诺索斯建筑群中的一处命名为“王室”，因为他在其中一面墙边找到了一张用雪白的石膏矿石精心制作的、带有雕花高靠背的椅子。但今天的考古学家认为，这间屋子是用于举行宗教仪式的，或许曾有一位米诺斯祭司端坐在这张“宝座”之上。

克诺索斯“宫殿”究竟做何用途，线索就隐藏在大英博物馆陈列米诺斯陶罐的搁架之间。这些陶罐多为酒具，其中最精致的一些杯子壁薄而易碎，优雅的黑色衬底之上，陶匠又增添了红色或白色的装饰。它们是卡马瑞斯（Kamares）陶器的代表，是用来自克里特的新发明——陶钧——做出的上好制品，主要用来饮酒。此类器皿成批成批地保存在那些带庭院的建筑里。考古学家们单单在克诺索斯的一个地方就发现了150多只打翻在地的杯子，大小不一。

这些器皿中，有一类特别奢华，是石雕的公牛头颅。工匠把头部镂空，再用一块单独的石“盘”与之相连，封住颈部。为了增强视觉效果，他们用水晶石做成眼睛，或用金叶片衬托鼻子。这些牛头可不只是装饰品，其顶部和底部都留有便于持握和倾倒液体的小洞。此外，牛头均已破损，口鼻部大多缺失。考古学家推测，它们是在使用后被故意从鼻部敲碎的。

有些读者可能会很自然地联想到如今希腊一种渐渐退化的风俗，即在庆祝时打碎盘子和杯子。考古学家们猜测，那些“宫殿”中央的庭院或许是举办公共盛宴的特别场所。处于米诺斯社会顶层的人们会定期聚集在这里，以宴饮的方式加强彼此间的联系。牛头容器则体现了互动的程序和礼仪。在伦敦同业公会的集体宴会上，赞颂杯、演讲、音乐和游行，俨然是这种共餐仪式褪了色的现代版本。

这一切欢歌宴饮或许说明，米诺斯的领导者需要某种社会凝聚剂来降低群体间发生冲突的概率。在研究了米诺斯的兵器之后，考古学家们大多抛弃了埃文斯的“和平的”米诺斯人的臆想。倘若米诺斯人携带武器的目的仅在于举行典礼或作为身份的象征，而从未用在威胁、立法和暴力场合，则那些青铜匕首、刀剑、箭矢的数量未免过于庞大。

关于克诺索斯的另一个不解之谜是它在史前时代中期的突然灭亡。公元前1450年左右，该岛的不少建筑曾遭受严重损坏，另一些米诺斯庭院则彻底被毁且没有重建。然而，彼时的克诺索斯仍然是政治中心。考古学家无法确定它的末日何时到来，或许是之后三代人的时间，也就是公元前1370年左右。克诺索斯受到了最后的重创，再也没能复兴。

克诺索斯的权力之轮走到了尽头。大火烧毁了最后一批2000多块刻有线形文字的泥板。但发现这些泥板的埃文斯认为，上面的文字不同于我们上文提到的那些文字，且形成年代较晚。他把这两种文字分别命名为线形文字A和线形文字B。与前者不同，我们已经可以辨识B类线形文字。

1952年，曾经的战时飞行员、热情的语言学家兼建筑师、英国人迈克尔·文特里斯（Michael Ventris）得出了一条惊天结论。他确认，线形文字B是一种最早被证实的古希腊语言。也就是说，早期使用线形文字A的米诺斯人说的不是希腊语，线形文字B的使用者说的才是。当时，考古学家们也在希腊大陆上发现了——且仍在不断发现——出自青铜时代的刻有线形文字B的泥板。可见，克诺索斯人在其王国的最后阶段，不仅在文化上，而且可能在政治上，与大陆的联系较之先前都密切得多。

至于青铜时代的希腊大陆是何种景象，古希腊人留下了大量关于两个曾在此统治的敌对王朝的故事，那些故事的年代要一直追溯到特洛伊战争时期。流传至今的古希腊诗人和剧作家的作品让它们成为不朽的经典：希腊中部的忒拜（Thebes）的俄狄浦斯王（King Oedipus）

无意中弑父娶母；伯罗奔尼撒（Peloponnese）的迈锡尼（Mycenae）的阿伽门农（Agamemnon）率领希腊人在特洛伊取得胜利，回到家中却在沐浴时被自己的妻子杀死。

这些传说激励了另一名颇具探索精神的考古学家、富有的德国商人海因里希·施利曼（Heinrich Schliemann）。1876年，50多岁的施利曼在伯罗奔尼撒东北部、曾经的古迈锡尼王国展开了挖掘工作。他的发现是如此轰动，以至于当他将之集结成书时，曾四次出任英国首相的威廉·格莱斯顿（William Gladstone）亲自为其作序。施利曼找到了公元前1550年左右的宝藏，彼时正逢米诺斯克诺索斯王国的全盛期。

如今，这批宝藏是雅典国立考古博物馆的镇馆之宝，其中包括一面带有髭须的男性黄金面具，极度兴奋的施利曼认定这就是“阿伽门农的死亡面具”。与之后20年左右埃文斯在克诺索斯的经历一样，他揭开了青铜时代的一个新文明。此后，考古学家们证实，迈锡尼文明延续了约四个世纪，比施利曼想象的长得多。

20世纪50年代，美国和希腊的联合考察队在伯罗奔尼撒西南部的古皮洛斯（Pylos）继续挖掘于二战前发现的迈锡尼考古遗址。那里为我们展现了公元前13世纪鼎盛时期的迈锡尼文明。在瓦楞铁保护棚之下，今天的参观者们看见的是没什么吸引力的房屋和附属建筑的断垣残壁。建筑群的中央有矩形门廊、前厅和带有巨大的环形壁炉的大厅，由在此发现的酒杯可以推断，当时的人们曾聚在这里把酒言欢。在伯罗奔尼撒半岛的另一端，前来参观迈锡尼和邻近的梯林斯（Tiryns）的游客也能看到带有一模一样的中央布局的建筑，只不过损毁更严重。迈锡尼文化中这种异乎寻常的一致性，有可能暗示着某种统一规划。大部分考古学家认为，这些上等建筑乃是公元前14—前13世纪迈锡尼统治者的王宫。

与米诺斯全盛时期的庭院建筑不同，这些较晚修建的迈锡尼宫殿留下了语言学家能够解读的文字记录。与克诺索斯一样，皮洛斯的毁灭之火也留下了上千块刻着线形文字B的泥板，文特里斯对线形文字B的破译就如同打开了这座迈锡尼文件档案馆的大门。宫廷文书的记录主要是详尽的日常经济活动、对货物的调配和重新分配以及宫廷服务人员的管理。如此一来，这些泥板便向我们展示了皮洛斯如何一步步成为伯罗奔尼撒西南部政治中心的历程。

泥板中也提到一种被称为wa-na-ka的顶级官员。这个词是古希腊词汇anax的古体形式，意思是大人或主人。也就是说，在希腊遥远的历史上，真实存在过古典时期的希腊作家故事中描述的类似于国王的人物。更撩人的问题是，究竟是有若干个wa-na-ka各自统治着自己的领地，还是只有一个wa-na-ka统治着迈锡尼这个超级王国的所有政治中心，一如五个世纪后荷马在《伊利亚特》中提到的，迈锡尼的阿伽门农乃是希腊人的至高领袖，“众人之王”（anax）。

有些迈锡尼文书似乎是通过在自己原本语言的基础上吸收米诺斯克里特的线形文字来创造线形文字B。这两种符号有诸多近似之处。考古学家已发现不少其他证据，均说明迈锡尼大陆和克里特之间有着紧密的文化联系。皮洛斯的俄尔甫斯（Orpheus）壁画中的元素也常常出现在米诺斯的壁画里。彼时的爱琴海上必定曾有过生机盎然的交流。

在土耳其的惊人发现，让我们得以一窥迈锡尼生活方式之下那些危机重重的旅程。1993年，我在土耳其西南沿海巡回授课期间，看见一艘潜水支援船漂浮在乌鲁布伦海角（Cape Uluburun）尖端附近看似平静的海面上，此处大约在度假胜地卡什（Kaş）以东5英里[1]。考古学

[1] 1英里等于1.609千米。——编者注

家们长达10年的水下作业进入了倒数第二季，他们正艰难地探索着一艘公元前14世纪初试图绕过海岬却遭遇灭顶之灾的古代商船。

船上主要装载的是紫铜，重达10吨的铜锭整齐地码放在船舱里。此外，还有约1吨重的锡，这是铸造青铜所必需的原料。检测结果表明，这些紫铜几乎都来自塞浦路斯（Cyprus）。彼时，那里是地中海东部地区主要的铜产地。锡则来自更远的地方，或许是借助驴子从遥远的阿富汗运到了地中海。

其他证据表明，该商船的母港位于今天的黎巴嫩南部和以色列。考古学家们认为，这里居住着被称为“叙利亚迦南人”（Syro-Canaanites）的族群，他们从事海上贸易，是后来的腓尼基人的祖先。船上还发现了一些似乎为私人拥有的迈锡尼陶器和武器，说明当时沉船上也有迈锡尼的希腊人，他们或许是雇佣兵，也可能是密使。一些奢侈品，比如鸵鸟蛋、象牙和一只用埃及象形文字刻着埃及美后娜芙蒂蒂（Nefertiti，约公元前1340年）之名的黄金圣甲虫，暗示着这批货物绝非寻常，乃是一方统治者赠送给另一方的礼物。

彼时并非和平时期。迈锡尼的统治阶层原本是希腊青铜时代的武士。2015年，考古学家在皮洛斯发现了一处几乎完好的墓地，富有的墓主正是当年那些武士中的一员。他入葬时年仅30多岁，随葬品中有用镀金象牙做剑柄的华丽的青铜剑，以及镜子和梳子，这些通常是效力军营又注重外表的纨绔子弟的装备。

大约两个世纪后，也就是公元前13世纪，那些宫殿中的一部分得到了充分加固。古典时期的希腊人对史前迈锡尼庞大的防御工事赞叹不已，视之为巨人的杰作。施利曼在迈锡尼的一个更出名的发现是一只制造于同一时期的约16英寸高的陶制花瓶，目前也保存在雅典国立考古博物馆里。花瓶上画着一队留胡子的男子，从头到脚全副武装。

他们或许真的是前去参加葬礼，就像有些学者推测的那样。即便如此，这些人物显然代表了建造迈锡尼宫殿的武士阶层。

迈锡尼文明为何在某时灭亡，又是如何走向灭亡的，没有人知道真相。公元前1200年左右，灾难横扫迈锡尼、梯林斯、皮洛斯和忒拜，大火将宫殿完全吞噬。那是段大动荡的时期，位于现在的安卡拉东部200英里的赫梯帝国（Hittite Empire）首都古哈图萨（Hattusa）也遭到毁灭。追溯这些遥远的事件，有些专家认为气候变化乃是根本因素。来自加利利湖湖床的岩心样本显示，公元前1250—前1100年左右，荒漠植被种类突然增加，地中海东部似乎经历了一场极其严重的旱灾。

无论怎样，迈锡尼在希腊大陆的崩溃绝对是政治性的。曾经修建了诸多宫殿的政治体系灰飞烟灭了，同它一起消失的还有文献记录、奢华的物品和一个复杂社会所具有的种种标志。从考古记录判断，迈锡尼的幸存者们在其后两三个世纪里过着简单得多的生活。

在那几个世纪里，铁制品在希腊渐渐普及，这具有相当重要的经济意义。希腊铁矿丰富。随着时间的推移，这种本地盛产的战略资源将逐渐削弱旧有的铜、锡远距离贸易体系。古老的传说在迈锡尼遗族中口口相传，逐渐被人遗忘的迈锡尼世界慢慢变成了神话。

除了丰富的故事，迈锡尼人留给后世的遗产还有废弃的纪念碑、一些希腊神祇以及遍布各地的说希腊语的人。史前时期为后来的希腊文明奠定了基础。不过，我们在下一章将要看到，迈锡尼覆灭后几个世纪里，出现的事物却与先前有着天壤之别。

第二章　古希腊人的崛起

古典时期的希腊人对当今考古学发现的迈锡尼文明的灾难性结局一无所知。关于宇宙起源和那段远古时代，他们自有一套神圣的故事。这些我们称为神话的灾难故事发生在混沌之初，包括诸神的战争和大洪水。

追忆遥远的过去，古希腊人把他们的祖先与特洛伊人之间的特洛伊战争视为传说与史实间的分水岭。他们认为，特洛伊位于土耳其西北海岸，靠近达达尼尔海峡（Dardanelles Strait）。此后，古希腊贵族往往自称是参加过当年那场战争的勇士——比如埃阿斯（Ajax）和阿喀琉斯（Achilles）——的后代。古典时期的希腊学者为那场战争设定了年代。其中一种意见认为，特洛伊的陷落恰好发生在首届奥林匹克运动会之前407年，而首届奥林匹克盛会，按照注重历史的希腊人的推算，应该是公元前776年。如此算来，特洛伊的陷落就是在公元前1183年。

自施利曼以来，考古学家们已经在土耳其希沙利克（Hissarlik）找到了据信是古特洛伊的考古现场。他们在此发现了一个青铜时代晚期的重要城市遗址，该城曾被反复摧毁又重建。考古学家们认为，其中两次毁坏恰好发生在考古学确定的迈锡尼王国覆灭前后，也就是公元前13世纪左右，与古希腊人认定的特洛伊战争时间大致吻合。这使得很多杰出的学者相信，特洛伊战争是迈锡尼的希腊人对抗亚洲敌人的真实战争。

上述推论是否正确，目前尚无定论。后世的希腊人也将迁居视为希腊世界形成的重要一环，这个观点倒是有据可考。英文中的“希腊”（Greece）和“希腊人”（Greeks）两个词源于“Graecia”和“Graeci”，而后者乃是高傲的罗马人对希腊人的贬称。公元前5世纪后期，雅典历史学家修昔底德提到了他所知的这片被称为希腊的地区的早期情况：“证据表明，如今这个被称为希腊（Hellas）的国家在古时候并无定居人口；相反，迁居倒时有发生，面对优势外族的压力，很多部族欣然选择离乡背井。”[1]修昔底德认为，第一次大迁徙发生在特洛伊战争之前。他写道，80年后，“多利安人（Dorians）和赫拉克勒斯（Heracles）的后裔成了伯罗奔尼撒的主人”。这些多利安希腊人是外来人口，被后来的斯巴达人（Spartans）自豪地认作祖先。

历史语言学和历史基因学两个领域的专家正致力于充实这些被后世希腊人反复提到的晦暗不明的传说。语言学家们早就指出，古代希腊人的语言与很多现代欧洲语言和亚洲语言——包括威尔士语和现代印度广泛使用的印地语——源出同宗，都来自一种消失的远古语言。因此，完全有这种可能，即后来发展成迈锡尼线性文字B以及修昔底德使用的希腊方言的史前语言，是从其他地方传入史前时期的希腊地区的。

有些考古学家认为，希腊新石器时期最早的农耕人口乃是外来者，他们在公元前8000年左右带来了原始希腊语。但就目前而言，DNA技术在考古学领域的日益发展则指向了另一种可能性。从史前人类遗骸得到的最新基因信息表明，公元前2500年左右，有大规模移民从欧亚大草原和黑海北部进入欧洲。对迈锡尼人DNA的进一步检测有可能帮助我们确定，迈锡尼希腊人的祖先是否就是在这次迁徙中到达巴尔干（Balkans）南部地区的。

在历史上，希腊境内有很多方言，这说明讲希腊语的不同族群是在不同时间抵达希腊的。修昔底德曾轻蔑地称，当时（公元前5世纪晚期）居住在希腊中部、操某种希腊方言的族群“说的土话比周边族群的方言更难懂”。公元前8世纪希腊书面文字重新出现后——关于这个话题我们将在随后讨论——这些方言渐渐进入了历史的视野。石碑、陶器碎片上都可以见到它们的身影。语言学家已识别出其中的五大“体系”，每一种都来自不同地域。

总体而言，同一种语言下之所以会出现不同的方言，且能同时共存，乃是因为该语言的使用者相对孤立地生活在其各自的群体中。我曾经任教的英格兰东北部就是这样一个方言丰富的地区。研究方言的学者们深入到盎格鲁人（Angles）、斯堪的纳维亚人（Scandinavians）等群体中，发现他们的迁徙活动经历了好几个世纪，可以一直追溯到罗马时代。此类移民活动往往也被用于解释古希腊地区方言的形成。

因此，专家们认为，语言学证据与后世希腊人自己关于古代移民的传说是相符的。古希腊人没有“方言体系”的概念，但他们知道彼此间说的希腊语不一样。修昔底德提到，当时“多利安”的后裔们说“多利克方言”。

现代学者定义的这五大方言体系中的第二种被称为“雅典-爱奥尼亚”（Attic-Ionic），这种方言在希腊大陆的雅典人中和爱奥尼亚人中非常常见。在历史上，爱奥尼亚希腊人曾定居在如今的土耳其伊兹密尔（Izmir）西部沿海地区，他们把该地称为“爱奥尼亚”。多利安希腊人把雅典-爱奥尼亚方言中的“e”发成“a”的音，把雅典-爱奥尼亚方言中结尾的“s”读成“r”，如此种种。

考古学家主要依赖陶器碎片来判断迈锡尼覆灭后希腊人的生活状况。在其后的一个半世纪里，陶器制造水准下跌，造型粗陋，好像是出自家庭作坊。在贫困时期，陶器制造者和使用者的生活环境已无需精美的物品。公元前1200年左右的灾难性事件引发的正是这种社会层面的崩塌。彼时希腊的境况或许可以比作17世纪英国哲学家托马斯·霍布斯（Thomas Hobbes）对政治体或联合体中人性丧失的残酷想象："没有艺术，没有文学，没有社团，最糟的是持续不断的担忧以及暴力死亡的危险，生活变得孤独、贫困、下贱、粗野而短暂。"[2]

考古学家们从考古学发现以及出土文物突然呈断崖式减少的事实推断，迈锡尼覆灭之后，曾经的政治体也崩溃了。换句话说，希腊进入了黑暗时代。人口和社群锐减，存活下来的人愈加贫穷，流离失所。直到公元前1050年左右，沉默的陶罐开始讲述一个带着希望的新故事。

希腊考古学博物馆里随处可见一种那个时期独特的陶器装饰工艺，称为几何学纹样。陶器表面画着同心环、回纹、波浪线、圆点等等图案。单凭装饰就能判断出这些陶器背后高超的工艺。该风格形成于公元前1050年左右，它的出现传递了一个明白无误的信号：希腊部分地区已重新具备了定居条件，文化开始慢慢复兴。

在随后的三个世纪里，这种装饰风格在整个爱琴海地区普及起来，并形成了一种共同的文化，有些考古学家将这一时期称为"希腊几何纹样期"。很遗憾，我们对这些纹样的象征意义一无所知，只能假定它不止以单纯的装饰为目的。相关的猜想倒有不少，比方说，同心环和圆代表太阳，或者，整洁的花纹象征着对秩序的呼唤。

公元前1000年左右，希腊的另一端也出现了使用这种陶器的社会。我的第一份学术性工作是雅典不列颠学校下属一个研究中心的助理主任。我清楚地记得，1981年8月的一个早晨，我在办公室里听到一个惊人消息。各种报道纷至沓来，说一处由希腊和英国考古学家共同挖掘的考古现场遭到严重破坏。结果发现，是当地的一名土地所有者开着推土机忙了一整夜，打算在那片地上盖一栋避暑别墅。被勒令停工之前，他本计划着把一栋巨大的古代建筑的中间部分拆掉。

结果，希腊当局将该片土地充公，希腊和英国考古学家对剩余部分小心翼翼地进行发掘。此地就是位于古称优卑亚岛（Euboea）的海岸线上、雅典东北的勒夫坎第（Lefkandi）。如今，走进现代工棚的参观者能看见的只是一堆乏味的泥砖墙遗迹。

不过，参观者们一定不会对这个发夹形建筑的规模无动于衷。这栋庞然大物有46英尺宽、164英尺长——相当于现代足球场长度的一半。考古学家估计，建造者们为此花费了数百日，其初衷就是要博人赞叹。不过，真正让考古学家们吃惊的是它的建造时间之早。根据此地出土的几何纹样生物形状的陶器推测，该建筑建于公元前1000年左右。

它的结构与早期的希腊建筑毫无共性。最近的研究表明，建筑周围可能曾有一圈木围栏，而非较为常见的木质游廊。此处考古现场还出土了一件生物形陶器，上半身是人，下半身是马，它是已知最早的半人马——后世希腊作品中描绘的神话角色——造型。此外，该考古现场的所有发现中最重要的当数建筑中的两处墓葬。

挖掘者们在同一眼地下墓穴中发现了一名土葬的女性和她的伴侣——一名火化的男性。从陪葬品判断，他们的地位相当显赫。陪葬品中包括一把来自近东的象牙柄匕首，以及一些“古董”。一件是塞浦路斯出产的迈锡尼青铜碗，另一件是实心的金护颈，显然出自1000年前的巴比伦工匠之手。

这批惊人的发现仍在被研究人员讨论着。公元前1000年左右，希腊的这一地区曾再度繁荣，且形成了更为复杂的社会，出现了富有的贵族阶层。他们享有命令下层劳工、获取象牙等舶来品的特权。当时的船舶似乎就是利用这些沿岸岛屿卸载（或许也装载）远洋贸易的货物。贵族阶层所拥有的稀世珍宝和繁华葬礼凸显着他们的社会地位。有考古学家推断，这对夫妻生前曾住在这栋发夹形建筑里，最后将它推倒在他们的坟墓之上，相当于从仪式上“杀死了”[3]该建筑。

勒夫坎第的考古发现将我们引向了两首诗歌，它们被视为现存的希腊几何风格时期最后的遗产。我曾任教的那所大学的院部里有一尊蓄着胡须的盲眼老人的半身石膏像，它熬过了年复一年的糟糕日子和学生派对，居然毫发无损。这尊批量制造的现代雕塑再现了古希腊雕塑家对哲人般的盲眼智者荷马（Homer）的想象。早在古代他就已然是个传奇人物，但专家们对是否真的有荷马其人仍意见不一。

那两首被古人归在他名下的诗歌是现存最早的古希腊文学作品，也是整个西方世界最早的文学作品。《伊利亚特》展现了10年特洛伊战争中的重要时刻。《奥德赛》（*Odyssey*）描述了一名希腊勇士经历10年特洛伊战争之后在归家途中的历险。只要想想好莱坞对这两首史诗的重新演绎——最近一次是2004年的影片《特洛伊》——就可知它们在世界文化领域的地位。

我有一本从我高祖父那里继承来的荷马史诗的译本。该书出版于1801年，是本三卷本的口袋书，每卷上都有高祖父行云流水的签名。这个译本曾经非常流行，译者是1744年去世的英国诗人亚历山大·波普（Alexander Pope）。当年他着手翻译荷马的作品时才20多岁。

波普自由奔放的译文大致体现了原作的风格。他气势宏大的英文句如今读来颇有18世纪的传统气息，字里行间多多少少捕捉了荷马为后世希腊人留下的古韵：

女神啊，请歌唱阿喀琉斯的怒火，

那一怒给希腊带来无尽的苦难，
将勇士的英魂
送往普鲁托（Pluto）的冥府；
是谁的遗骸被抛弃在荒凉的海岸，
被野狗吞噬，秃鹫撕咬；
既然伟大的阿喀琉斯与阿特柔斯（Atrides）相争，
这便是主宰一切的厄运，这便是宙斯（Jove）[1]的意愿！4

荷马描绘了一个类似于北欧神话中的传奇世界，在那个世界里，女神、超自然生物与能征善战的人类英雄分享着同一个舞台。这部作品在意识到我们平凡的命运后，流露出痛苦的人性：

凡人好似树上的叶子，
年轻青翠，如今飘零；
化作春泥。5

除了诗文的普世与不朽，荷马也为考古事实提供了生动的描摹。他如此描述英雄奥德修斯（Odysseus）的头盔：

精良的头盔，带着皮革支架
［墨里俄涅斯（Meriones）的礼物］戴在他的头上；
内外衬着整齐柔软的羊毛，
野猪龇着白牙在其上狞笑。6

[1] Jove 直译为“朱庇特”，为宙斯的罗马叫法。此处保留原文。——编者注

考古学家们已经在迈锡尼墓地中找到了若干只这样的野猪牙头盔。在《伊利亚特》中，荷马还描述了在特洛伊城下丧生的希腊勇士帕特洛克勒斯（Patroclus）的葬礼。这段描述与勒夫坎第的葬礼有着相似之处。葬礼包括为死者举行火化仪式，将他的骨骸放入一只特殊的坛子里（在《伊利亚特》中是金质的，勒夫坎第的是青铜的），用特殊的织物包裹遗物（勒夫坎第的葬礼织物是目前发现的年代最久远的古希腊布料），以及陪葬马匹（《伊利亚特》里是四匹，与勒夫坎第的相同）。

在上述例子中，荷马对文物的描述与现实有着相当差距，这种脱节长达三个世纪左右。对此，现代学者提出了一种解释。20世纪30年代，年轻的美国学者米尔曼·帕里（Milman Parry）认为，荷马的诗歌乃是数代人口头作品的累积。早在希腊人尚未有书面作品、只靠口口相传的时代，这些故事的早期版本已被诸多诗人吟唱。这些作品是记忆与即兴创作的结合，诗人们运用固定的表述方式，从而更容易在贯穿全诗的节奏韵律中加入自己的即兴创作。

一代又一代的吟游诗人会带着各自时代的色彩去讲述关于古代早期战争的传奇及结局，让故事更贴合当时的听众。或许，公元前1000年左右的勒夫坎第葬礼上，就有一名吟游诗人为了迎合那些聚集在发夹形建筑大厅里的贵族听众，将按照当地礼仪为贵族夫妇举行的葬礼与帕特洛克勒斯的葬礼相提并论。

在随后的数百年里，荷马史诗对古代世界的重要性无可比拟。众所周知，这些史诗对神祇和凡人的描述，对神力和人类命运的描述，深刻地影响着希腊人对可见与不可见的世界的想象。对荷马诗歌的引用渗透到古人的言谈论述中，就如同近代的詹皇钦定版《圣经》丰富了英语的口头和书面表达。后来的希腊文人一提笔，脑海里就回响起荷马的诗篇。

所有这些之所以有可能对后世造成深远影响，乃是因为荷马的口头诗歌在某时化为了文字。自迈锡尼王国覆灭之后，希腊一直都没有书写记录。近来，研究人员推断，新希腊文可以追溯到公元前9世纪晚期，与如今被欧洲人收藏的三块在埃及发现的铜匾恰好处于同一时期。加州马利布的盖提文物实验室对这些铜匾的真实性进行了检测，发现每块铜匾的正反两面都刻着希腊式字母表。

无论是谁写下了这些字母表，这种古老的希腊字母都与线性文字B有着划时代的差异。靠着生活在地中海东部港口的航海者们为媒介，希腊人认识了腓尼基人使用的字母。在埃及发现的字母表说明，几何时期的希腊世界正通过航海和贸易逐渐地再次与更广阔的地中海世界相连。

彼时，希腊人已经至少有五个世纪没有文字了。腓尼基字母并不完全是我们当代意义上的字母，因为它只包含了辅音符号。出于某种原因，希腊人在借鉴腓尼基符号的基础上加入了希腊语元音发音，极大地丰富了字母组合的变化，最终形成了“一个字母一种发音”的形式。

这批现存最早的新文字表明线性文字B已淡出了人们的视野。雅典的国立考古博物馆内陈列着1871年从一个墓地中发现的一只特别的酒罐。它出自公元前740年左右的雅典陶工之手，罐身上画着当时几乎不再流行的几何纹样。罐子肩部是用新字母书写的文字，笔画显得相当生疏：“这些翩翩起舞的舞者中的翘楚……”[7]第二行文字难以辨认，一般推断是“（罐子）是他的”——也就是说，这只陶罐是胜者的奖品。第一行文字采用与荷马诗歌同样的韵律，而这种韵律所暗示的历史时间正是该陶罐的价值所在。它表明，希腊人在探索新文字的表达形式方面没有浪费丁点时间。有权威人士认为，更大规模地将荷马史诗诉诸文字也发生在该时期，即公元前8世纪后期。或许，当时有名诗人对先前那些庞杂的口头素材进行了加工和整理，或许，他曾被人们称为荷马。

在荷马史诗展现的那个世界里，书写似乎还不是寻常易事。这就意味着，在这些诗歌被用文字记录下来的时代里，新希腊字母依旧是新鲜事物，希腊人运用新字母进行读写的能力仍有待提高。除此之外，荷马史诗中是否还体现了从口头文学到书面文字转化时期的其他现实状况呢？这其中大有值得讨论之处。

例如，有一个片段似乎暗示了此后的希腊政治。《伊利亚特》中的希腊统帅阿伽门农王召集包围特洛伊的希腊军队开会。手执兵刃的贵族维持会议秩序，确保每个人都遵守规矩。阿伽门农在会上发言。接着，一名素来喜欢挑战权威的普通士兵居然出言不逊。他提醒阿伽门农，若不是多亏了本方的将士们，统帅大帐里怎能堆满特洛伊的战利品。

毫无疑问，那是个国王和贵族统治普通民众的社会，每个人都明白自己的身份地位。然而在这一幕里，荷马似乎为读者勾画了一种景象，即贵族和他们的属下共同参与集体政治的可能性，有发言权的不是少数人或一个人，而是多数人。事实上，以特定地域为基础且强调集体生活的协同社会，正是自公元前8世纪起的古希腊新政治的特点。

大约公元前8世纪，希腊人开始记录历史时间和事件，如今的专家们在考证此后的历史时终于可以依靠古希腊人自己的记录。因此，按照习惯上对古希腊历史的划分，公元前8世纪标志着一个新阶段的开始。古风时期（Archaic Period）始于公元前776年，即史料记载中第一届古代奥林匹克运动会举办的年份。

考古学家们已经在昔日的宗教活动场所发现了一些关于集体社会在希腊古风时期出现的有力证据。优卑亚岛，即今天的埃维亚（Evvia），就是个很好的例子。从勒夫坎第考古现场向东南约15英里，现代化的海岸公路直通往一个古代城镇之上建起的19世纪小城厄律特利亚（Eretria）。古代遗址在街头巷尾随处可见。隔着铁丝栅栏，游客们可以看到层层叠叠、结构异常复杂的地基。最上面的一层曾是建于公元前525年的一座希腊庙宇，其下两层则属于一栋形似发夹、一端呈弧形的建筑。

该建筑比庙宇早两个世纪，建于公元前725年左右，用料简陋，墙体仅由干泥砖筑成。尽管如此，这栋早期建筑仍旧非常引人注目，单单长度就大致可做个40码[1]冲刺——一种很常见的美式足球速度测试。当年，它定然是这一带的核心建筑。

考古学家们推测，这栋发夹形建筑与两个世纪后建于其上的多利克式庙宇具有相同的功能，都是为了献给希腊的阿波罗神（Apollo）。就建筑目的而言，它表达了当地人强烈的宗教情感。就实践层面而言，它是神祇的象征，为古希腊的祭祀提供了核心场所。与很多其他文化中的圣地一样，这样的场所会在同一个地点反复重建。

从总体上看，这个庙宇好似本章先前提到的勒夫坎第发夹形建筑的缩小版。我们已经知道，那栋公元前1000年左右的勒夫坎第发夹形建筑属于埋葬在其中的两名贵族。有可能还是他们生前的住所。

早期的贵族有可能也掌管祭祀，在其住所里守护着本地神祇的祭品。有些考古学家认为，厄律特利亚发夹建筑和其他一些公元前8世纪的“最早的庙宇”意味着一次宗教改革。人们仿照当时的贵族宅邸建起新的公用建筑，用于保护属于神祇的东西，也令更多民众得以接近神祇。荷马笔下那个倔强平民的抗议之声好像越来越近，政治意识变革的脚步虽然缓慢，却指向了更广泛的群体基础。

---

[1] 1码=0.914米。——编者注

彼时的宗教风俗为希腊古风时期出现的政治群体提供了强有力的社会凝聚剂。当众多个体聚集在一起，以群体的形式去崇拜其共有的圣所时，他们就参与了现代社会学家所谓的社会构建。由此可见，古风时期的希腊社会作为一个整体必然受到了神圣信仰的影响，且正在形成一种大致相同的宗教模式和众神崇拜。另一处圣地则生动地展现了当时的希腊宗教手段是如何在凝聚民众、融合社会交流方面发挥作用的。

奥林匹亚（Olympia）是希腊人崇拜宙斯（Zeus）的主要圣地之一。公元前8—前7世纪时期，这里是个植被丰富、临近河流的户外活动场所。通过当地的现代博物馆，人们多多少少可以领略它昔日的风貌。博物馆的展品包括成箱成箱的金属制品，其中有很多状如釜鼎的青铜器，三足，可在器皿下生火烹煮食物。

如今，如果你有兴趣，可以通过网站订制一只现代巫婆锅。它看上去普普通通，但如果在其中投入制造商一并提供的特殊酱料，锅就会变得好似有魔力一般。奥林匹亚的古代铜釜的演变与此大同小异。彼时，这样的釜鼎在希腊已存在了很长时间，“三足”（ti–ri–po–de）这个词汇在青铜时代的迈锡尼线形文字B中就已出现。与巫婆锅一样，原本普普通通的烹饪器皿变成了某种特殊的、神圣的东西。奥林匹亚有一只巨大的釜鼎，鼎身宽两英尺有余，釜沿刻着当时的古希腊地方文字，意为“宙斯的祭品”。

这些古老的釜鼎传达着雄浑的气息。很多釜鼎都带有金属附件，且往往是唯一留存至今的部件：有角的公牛或高举长矛的男性武士。这些附件提升了釜鼎本身的价值，让它们显得华丽精美，也因此更加昂贵。荷马在《伊利亚特》中也提到了釜鼎。根据荷马的描述，它们在运动会的筹备过程中扮演着重要的角色，用来象征死去的希腊英雄帕特洛克勒斯的葬礼[1]：

> 首领留下众人，
> 将他们带到一块开阔地；
> 他们围成一圈；接着从船上依次而下
> 一队阉牛、骡子和气宇不凡的马匹，
> 还有花瓶和釜鼎，皆为葬礼上的竞技……[8]

有专家认为，这些釜鼎仪式都是为了祝贺在早期只有男性参加的奥林匹克长跑比赛中获胜的选手。这一古代运动会诞生于奥林匹亚，是希腊“捍卫王权”的贵族阶层的集会。釜鼎从不离开圣所，因为获胜者会将它们留下来作为“宙斯的祭品”献给这位大神。当参赛者为了一场角逐拼尽全力，用荷马的话说，“被死亡紧紧地扼住双手”，真正的希腊贵族会在那一刻成为“伟大的埃阿斯”，想象着自己在荷马的战斗中拼搏。

奥林匹亚位于距伯罗奔尼撒西海岸不远的内陆。如今，这个考古胜地为游船开设了专属港口，再也不似过去那般遥不可及。但在公元前8—前7世纪时期，该地并非希腊的核心地区，交通不便。或许正是这一因素促使希腊各地的贵族定期来此聚会，他们可以在奥林匹亚尽情交际而不必受到傲慢的地方势力的制约。

正如釜鼎上的铭文所示，贵族运动员们为了宙斯的荣耀而竞争，同时也是为了自身的荣耀。有了竞赛、在釜鼎中烹煮牺牲的仪式以及献祭，四年一度的奥林匹亚聚会成了一种宗教活动。奋勇争先的运动

---

[1] 《伊利亚特》中描述了阿喀琉斯为其好友帕特洛克勒举办的葬礼运动会。他认为纪念已故好友的最好方式就是在其葬礼上举办运动会。——编者注

精神是古希腊留给后世的宝贵遗产之一。古代埃及人也从事体育运动，比如从搏斗和狩猎等原始需求中演变而来的赛跑、投掷和摔跤。古风时期的希腊人同样也要搏斗、狩猎，与他们的老邻居们相比，古希腊人即使算不上更富有竞争性，至少也是旗鼓相当。他们文化上的特殊性在于把运动比赛当成一种旨在取悦神祇的虔诚献祭。

反过来看，古希腊人之所以有这样的想法，完全是受到以荷马为代表的一代代吟游诗人的艺术影响。在他们心中，神祇们不仅在外貌上、也在情感上与人类相似。因此，古希腊人理所当然地认为，这些类人的神会中意在竞赛中脱颖而出的人类佼佼者的礼物，也同样会喜欢出自人类工匠大师之手的精美物品。

与平日里相比，在奥林匹亚这样的宗教盛会上，来自不同群体的古风时期的希腊贵族们谈论得更多的或许是散布各地的希腊语使用者之间的共性。贵族们往往非常看重血统。我们可以从荷马笔下的希腊勇士清楚地看出，出身高贵是他们那个阶层的特点。名叫格劳克斯（Glaucus）的勇士就是个很好的例子，此人公开炫耀自己的五代祖先都是国王和伟大的武士。当古风时期的希腊人说起广义的希腊身份时，很自然地会把希腊人划分成不同的家族谱系。

“海伦（Hellen）的后代，好战的国王多洛斯（Dorus）、克苏托斯（Xuthus）和伊俄勒斯（Aeolus）纵马驰骋。”[9]这句话出自一首创作于公元前700年左右、现已失传的希腊古风时期的诗歌。诗人赫西俄德（Hesiod）在诗中梳理了当时的神祇与英雄谱系，妙笔生花地着力赞美了那些迷人的女性，称多亏了她们旺盛的生育力，这些家族才能香火绵延。

事实上，古风时期的希腊人认为自己来自同一个谱系，是由单一民族分化成的若干支系，有着共同的祖先海伦。正如上文引述的，海伦诞下了多洛斯，后者则是多利安希腊人的祖先。这首失传的诗歌中还提到克苏托斯的儿子——伊翁（Ion），是爱奥尼亚希腊人的祖先。

由神话人物衍生出家族谱系的方式绝非希腊人独有，亚当和夏娃就是个很好的例子。对于古希腊人（Hellenes）而言，他们传奇的家族树同样有着神圣的根源。海伦的父亲正是宙斯本尊。

奥林匹亚的那些釜鼎表明，古风时期的希腊世界正变得越发富足。除了经济发展，社会结构也变得越来越复杂。尽管存在有权有势的贵族，但古风时期的希腊人多以地方社群为单位，扩大决策群体的呼声日益增强。与此同时，很多希腊定居点都显现出自治共和体的特征，颁布法律、发动战争，并在其他诸多方面表现得如同一个微型国家。

从地理上看，定居点的核心区域好似一幅政治拼图，涵盖了希腊大陆的河谷与山地、爱奥尼亚和爱琴海诸岛，以及土耳其的西海岸。古希腊人对此类定居点有个专有名称，通常翻译成“城邦”（city-state或citizen-state）。“政治”（politics）一词正是来源于古希腊词汇。接下来，我们就该说说这个polis——希腊文明的熔炉。

第三章　新事物：第一个希腊城邦

我20多岁的时候曾在古斯巴达附近的一处考古挖掘现场当志愿者。每天破晓时分，导师都会开着吉普车带研究生们去乡间的半山腰。车只能上到这里，接下去，我们就穿过一片茂密的、藏匿着毛毛虫的黄色大戟类植物徒步走到考古现场。

到了那儿，我们所有人，甚至视力最不济的人，都对眼前所见惊叹不已。挖掘现场位于沿着大河谷绵延的小丘之巅。瞬时，我们脚下便出现了一片灰绿色的橄榄树的海洋。河谷对岸不远处耸立着白雪覆盖的雄壮山脉。凝望着大自然的鬼斧神工，不止我一个挖掘者开始习惯性地浮想联翩，浑然忘了本该收拾自己这个小小的发现。

山顶，古老的砖石环绕着一堆天然岩石，这就是我们的劳动成果。我们正挖掘一个斯巴达圣殿遗址。自公元前8世纪后的六个世纪里，古斯巴达人一直不辞辛苦地来此纪念荷马笔下特洛伊战争中的主角、在他们心目中占据着重要地位的一对夫妇。公元前7世纪的一名祭拜者献上了一只娇小可爱的青铜香水瓶，上面用本地文字刻着“墨涅拉俄斯（Menelaus）的海伦”[1]。斯巴达人认为，这里就是被特洛伊王子抢走的斯巴达国王之妻、美丽的海伦的墓地。根据荷马的讲述，正是特洛伊王子的这个举动给了希腊人进攻特洛伊的正当理由。

在斯巴达人看来，海伦和墨涅拉俄斯的故事不只是个美丽的传说。考古学发现显示，在古风时期，这一代的居民曾在若干个他们心目中远古英雄的墓地献祭。希腊人信奉神祇，也相信世上有半神——他们是远古时代光荣死去的勇士，若得到合适的礼品和献祭，便会在阴间帮助凡人。因此，这种行为具有宗教意义。男性半神的通称翻译过来就是“英雄”。此外，还有“女英雄”。

学者们认为，这体现了古风时期新兴的希腊社群对与本地早期居民攀亲带故的渴望。这些社群或许以一个或更多村庄为中心，居民以务农为主。周边土地上的作物、牲畜、野生动物和自然资源为他们提供了衣食住行所需。

有专家提出，公元前9—前8世纪的希腊人口迅速增长。此处涉及一个颇有争议的问题：考古学家在希腊某些地方发现，那一时期的儿童墓地数量显著增长，且婴幼儿的死亡率似乎与人口的增长成比例。这个问题非常复杂，在此难以展开细说。

倘若人口增长造成了土地资源压力，势必会增加社群保护其领地的动力。面对周边外来者对某片土地权利的主张，本地居民可能会在祖先墓地的祭祀活动中“表演”那些据说是曾经生活在此的先民们的传统。这其中传达的信息是：“我们是原住民。”

另一种可能性是，暴力入侵者试图通过尊崇昔日的地方主宰的方式对该地的原住民实施怀柔统治。这种假设符合斯巴达人的情况。他们自称是多利安希腊人的后代，在特洛伊战争之后迁居到伯罗奔尼撒。根据后世希腊人的记述，这些多利安人曾使用武力对抗当地居民。通过选择在方圆数英里之内相当醒目的地点来崇敬墨涅拉俄斯和海伦——特洛伊战争时期当地的多利安统治者，后来者也可以试着与早先的居民建立起关系。可以说，这一招类似于“大棒加胡萝卜”政策。

公元前650年左右刻在石头上的一段古希腊铭文首次记载了某个城

邦（polis）和当地政务的运作。与数百个希腊城邦中的大多数一样，克里特岛的古德莱洛斯（Dreros）在希腊历史的长河中显得既微小又无足轻重。它更像是一个控制着周边河谷的大村庄，如今则只剩下漫山橄榄树。

虽然在当时，拥有若干公共建筑和一个集会广场的德莱洛斯算得上庄严雄伟，但绝对不是现代意义上的“城市”，也不具备相应规模的人口。德莱洛斯的自由民或许从来没有超过几百人，其中有20至40人可以算作富人和贵族。此地之所以能引起考古学家的浓厚兴趣，主要是得益于它坐落在克里特东部山区岩石林立的半山腰上，因而保存相对完好。

清开古老的蓄水池，考古学家们发现了一块刻着铭文的灰色巨石，上面记载着本地政府的一项决定：

> 愿天神保佑（？）[1]。城邦已做出如下决定：某个男性成为秩序官（Kosmos）后，在任期满后的10年之内不能再次出任该职位。否则，无论此人以秩序官的身份做出何种判决，都应受到质疑。此外，他将终生失去从政的权利，他以秩序官身份实施的任何行为均无效。秩序官、达米奥依（Damioi），以及城邦20人会议都应起誓。[2]

这段铭文使用了与古风时期的诗歌不同的行文方式，不像能将听众带入超自然世界的诗韵，而更像散文。简洁明了的平铺直叙符合铭文的特征。这是一条成文法，是现存最早的古希腊成文法。

[1] 此括号内为铭文磨损无法辨别的字迹。——编者注

由铭文可见，公元前650年左右的德莱洛斯是一个自行立法、实施自治的小共和体。它对处理争端和任命公共官员有一套明确的、常规的安排。此类公共官员称为秩序官，在固定任期内充当法官的角色。该法律可能是应权力滥用事件而生。或许，曾有一名贵族秩序官牢牢把持审判权，没有按规定将权力交给继任者。

这项法律旨在通过惩罚和剥夺出任公职资格的方式来遏止此类行为再次出现。德莱洛斯的民众大概都支持该项法律，将其视作阻止地方贵族过分膨胀的方法。贵族们或许也赞同，因为它确保了公职的有序交接，满足了他们的政治野心。书写使得这个微不足道的共和体能将共同决议刻入不朽的石头，让所有识字的人都能读到，从而显得更持久、更庄重。

古希腊历史上的各个时期都笼罩在战争的阴影之下。反映各城邦间关系的古老传说均与战事有关，这绝非偶然。希腊文书记载，很早以前在优卑亚近海岛屿上曾发生过一场大战。最早提及该战争的文字是一段对创作于公元前7世纪、业已失传的诗歌的引述，通过它，我们可以大致推测战争爆发的时间。引述没有提到平民士兵射箭或投石，而是描述了贵族的剑术，称“那些善使长矛的优卑亚贵族训练有素”[3]。两个世纪后，雅典历史学家修昔底德也写到了早年的战争：“几乎所有的战争都是两个城邦之间的单打独斗，唯独早年发生在卡尔西斯（Chalcis）和厄律特利亚之间的战争是个例外，希腊其余城邦都分别加入了双方阵营。”[4]这位古代历史学家在此暗示，那些同克里特的德莱洛斯相比规模较小的希腊城邦，除了与两大城邦中的这个或那个结盟之外，几乎没有其他选择。这种状况将在后来的古希腊历史中反复重演。他暗示，卡尔西斯人和邻近的厄律特利亚人之间的战事乃是因一块争议领土而起。希腊第一次“大战”之前发生在邻近城邦间的区域战争，大约也都是出于同样的原因。现代学者对希腊古风时代初期人口增长和作为领土象征的墓地崇拜——例如斯巴达的海伦和墨涅拉俄斯之墓——的解释，符合处于争夺有限的优质土地资源压力下的农业社会的图景。

基督元年前后的一名希腊地理学家更细致地描述了那场战争中的贵族角色。他在研究中读到了大批诗人聚集在卡尔西斯“参加安菲达玛斯（Amphidamas）的葬礼”[5]的事情。安菲达玛斯曾让厄律特利亚吃尽了苦头，后来在一次夺取利兰丁（Lelantine）平原的战斗中丧生。如今，你仍可以去那片平原游览。我们在上一章提到过优卑亚岛，它在希腊早期历史中具有重要地位。借助现代交通工具，从雅典到此地只需一小时。由厄律特利亚出发，沿着岛上绵长的西海岸驱车向北19英里左右，穿过一片肥沃的平原，就到了如今岛上最大的城镇哈尔基达（Chalkida），成片的住宅和商业建筑坐落在古卡尔西斯遗址之上。

至于那片平原，如今遍布葡萄园、橄榄树、谷物地和果蔬农场。毫无疑问，这里就是昔日的利兰丁。在古代，这片土地足以养活大量人口，值得人们为之而战。

古代作品中也提到了当时的作战风格：两名武士徒步白刃交手。强大的卡尔西斯的安菲达玛斯好似荷马史诗里的伟大英雄，亦如帕特洛克罗斯那样享受了盛大的葬礼。这留给我们一种印象，当时——公元前7世纪的某个时候——参战的优卑亚两大城邦都以贵族为主导。贵族为保护本地社群而战，当地人则以土地和食物作为回报——至少在荷马的作品中是这样描述的。

众所周知，在人类历史的长河中，战争往往会加速变革。位于罗马的一家博物馆里陈列着一只由科林斯（Corinth）的陶匠制作的彩绘陶罐。科林斯是个富有的希腊城邦，控制着连接伯罗奔尼撒与希腊中部的地峡。大约公元前640年，那里的一名彩绘艺人有意识地描绘了两支希腊军队的前锋刀兵相对的震撼细节。双方阵地上，成排成排的战士以密集队形伴着号角的曲调前进。他们手执巨大的圆形盾牌，肘部套在盾牌手柄里，每一排士兵都组成了一堵层层叠叠的盾“墙”。

不少历史学家认为，这幅作品描绘的是公元前7世纪在希腊大陆上出现的新式作战风格。它将渐渐取代曾经盛行在利兰丁平原的以贵族为核心、单个英雄比拼的旧作战方式。重装步兵是新战术的核心，不同于安菲达玛斯，这些人出身普通阶层。利用置于身体左半侧的盾牌保护身旁战友暴露在外的右侧身躯，新一代武士们表现出团队合作精神，这在实战中可以真正起到挽救生命的作用。在战场上行动一致的人们，解甲归田后也可以在政界发出同一个声音。

社会矛盾在古风时期的一些希腊城邦中不可避免地激化了，虽然其中记录最完整的例子未必是最具代表性的。大约就在科林斯陶艺达到鼎盛的同时期，一个名叫梭伦（Solon）的雅典人在政界和诗歌领域开始发出耀眼的光芒。他的部分诗作经由其他古代作家的引用得以留存至今。在这些诗文中，梭伦夸耀自己在公元前594—前593年担任首席执政官期间成功地解决了城邦的社会争端：

> 我给予庶民充分的利益，对他们的荣誉无损亦无增；我确保有权有势者不会遭到不恰当的对待。我亦挺身而出为双方提供保护，不让任何一方不公正地凌驾于另一方之上。[6]

后世的雅典人因土地改革而铭记着梭伦，但他们无法真正理解梭伦的成就，因为那个时代是如此遥远。他们对神秘的“减负”措施有所耳闻，据说该措施减轻了一个同样遥远得令人费解的群体——“那些不得不支付六一税的人”——的痛苦。彼时，农民为了获得保护须向本地贵族支付报酬，且该做法经过几代人的时间已经成为固定惯例，以每年产出的六分之一作为税收缴纳。或许，梭伦废除的就是这种惯例。无论确切的情况如何，我们都可以从梭伦的举措中感受到古风时期雅典有产阶层的重要性和该阶层曾经的严厉作风，也能看出他们的松动是如何使得某些政治权利逐渐扩展至下层民众的。

古风时期雅典城邦的内政为我们带来了另一个注定要流传百世的词汇。希腊“僭主”（tyrannos）指的是违背宪法的统治者。有些专家将他们与现代独裁者相比。从古代作家的叙述中可以看出，僭主在古风时期的希腊层出不穷。梭伦之后，僭主统治雅典长达半个世纪。

一如古风时期典型的政治角力，有一名雅典僭主在众多野心勃勃的贵族及其支持者的较量中登上了权力的顶峰。此人名叫庇西特拉图斯（Pisistratus），是昔日的战争英雄。他设法说服雅典民众让自己拥有私人卫队，接着领兵占领雅典卫城，将这片岩石林立的地方变成了自己的独裁堡垒。此后，他虽一度被对手放逐，但终究回到雅典二度成为僭主。

同历史上大多数强势者一样，僭主也是传奇般的人物，关于他们总是有很多精彩故事。根据一则古老的逸闻，庇西特拉图斯和他的政治伙伴们将一名异常健美、高挑的雅典女性打扮成全副武装的女神雅典娜。接着，这名女神的模仿者登上庇西特拉图斯驾驶的双轮战车返回雅典，就好像他带着女神的祝福重回权力之巅。“传令官跑在他们前面，并在他们入城时高声宣布：‘雅典人，衷心地欢迎庇西特拉图斯吧。雅典娜赐予他超越所有人的荣耀，并亲自带他回卫城。’”[7]

雅典娜是雅典人的保护神。在当时，也就是公元前560年左右，她那位于卫城的神庙香火不绝。这个故事展现了当时人们的宗教态度。

庇西特拉图斯在行动中既没有援引任何雅典宗教权威，也不觉得自己的做法对女神有任何不敬。宗教仪式可以出现在公共生活的方方面面。不过，这个故事也表明，宗教文化可以被政治领袖操纵。庇西特拉图斯在宗教上很务实，认为日常生活的意义就在于帮助雅典人适应周遭不断变化的世界。

富于想象力、勇于创新是古风时期希腊城邦的特点。庇西特拉图斯闹剧之后二三十年，一种别出心裁的新思路为另一个希腊城邦带来了引人注目的结果。这个叫萨摩斯（Samos）的古城邦与雅典一样，是彼时领土较大、较为重要的三十几个城邦之一。在后世古希腊人的印象中，那里不乏各类新鲜事物，其中之一是一条巨大的隧道。修建隧道的工匠们分别从山体两侧开始挖掘，在中途会师，成功挖通了半英里多长的人工通路，将泉水引入古城。

2015年的一天，我坐在东爱琴海小岛萨摩斯的一家希腊小餐馆里，同餐馆的主人聊起这项古代工程。这名曾经的工程师不只表现出本地人的自豪，更解释了古代萨摩斯人是如何从山巅自上而下利用水平面确定两个起始端的。他们可以随着工程的进行在山体上钻孔以确认隧道的坡度和垂直率。他的看法是，如果你知道该怎么做，这项工程就相对比较简单。因此，萨摩斯人的天才之处在于首创。总得有人先想出这种办法。

从现代城镇毕达哥利翁（Pythagoreio）驱车，用不了多久就能到达古萨摩斯人的圣殿遗址。几个世纪以来，当地人和外来者都在这里崇拜女神赫拉（Hera）。被时光和后世的古代砖石夷为平地的废墟隐藏着另一个人造奇迹的痕迹——赫拉神庙。由于建在沼泽地上（希腊人认为沼泽地与赫拉崇拜相关）公元前575—前550年的早期神庙不久便发生了结构性坍塌。最后一次修建过程中，古代工匠们重新利用了早先的石墩。

如今，参观者仍能通过其中一个石墩领略到当年完美的水平凹槽切割。这种精准唯有使用机器方能达成。萨摩斯的建筑师发明了车床，可以一边旋转工件（比方说石墩）一边让锋利的工具在工件侧面进行切削。此项新发明成了传世之作。根据一名显然被这种车床深深折服的罗马作家的记述，该机械装置如此精巧，就连孩子也能亲手操作。

先前的萨摩斯神庙之所以倒塌，乃是因为它是一次野心勃勃却又难免错误的尝试。神庙的占地面积大约与一个足球场相当。132根林立的柱子每一根都有长颈鹿的两倍高。为了撑起这个空前庞大的结构，古希腊建筑师和石匠们不得不克服各种从未遇到过的问题，工程中的创新尝试让建筑工地变成了实验室。

早期的希腊哲学家们生活在萨摩斯附近。近来，该岛和土耳其之间窄窄的海峡为移民提供了一条进入欧洲的危险重重的近路。如今的土耳其西海岸在公元前6世纪时是爱奥尼亚希腊人的家园。他们富庶的城市，尤其是米利都（Miletus），孕育了最早一批西方思想家。

关于古希腊思想，20世纪的英国哲学家伯特兰·罗素（Bertrand Russell）如是说：

> 他们（希腊人）发明了数学、科学和哲学；他们是最早放弃用编年史形式记录历史的人；他们大胆地推测自然界和生命的终极，不为任何传统信仰所束缚。那一切如此难以置信，直到不久前，人们仍只能瞠目结舌、满怀敬畏地谈论着古希腊天才。[8]

罗素将古希腊人誉为西方哲学史的奠基者。他也注意到古希腊人不再用超自然生物和力量解释万事万物，并意识到此举带来的长远影响。如今，想要理解那些世间罕有的希腊哲人的先锋思想绝非易事。一名荷兰学者近来翻译了第一篇希腊哲学文本的仅存片段：

事物由何处生
亦由何处灭，
这便是万物的秩序；
它们依次执行着判决——
对罪行的惩罚——
循着时间的法令。[9]

这段文字的作者阿纳克西曼德（Anaximander）是米利都人。公元前546年时他年届六旬。罗素认为，阿纳克西曼德对宇宙本质做出的论述表达了“公正的概念，即不逾越永恒不变的界限”。另一个几乎同样难回答的有趣问题是，阿纳克西曼德以及其他早期哲学家阐述其科学、理性的推断的初衷何在。由于邻近地区那些更古老的文明社会中并没有发生这种哲学转向，专家们便在古风时期的希腊文化和社会内部寻找诱因。

德莱洛斯的铭文法或梭伦的改革都不是威权主义的措施，而是古风时期的雅典微型共和体经过某种形式的公开辩论后确立的规定。如果发言者必须公开呼吁人们支持他们的提议，那么他们很可能也不得不面对各种可能的反对意见——比方说同样来自贵族们的反对，并且他们还要基于理性给出论证。

古风时期的建筑师和工程师的实践发明或许也是激发人们“创造性”思维的一个因素。运用哲学思维的米利都人是否是从东爱琴海的那些宏伟建筑中获取了灵感？在这些早期希腊思想家看来，“理论”问题和实践问题的解决方案可以融会贯通，正如希罗多德讲述的那个关于为国王和他的军队设计渡河方案的故事：

> 大营中的泰勒斯（Thales）用这样的办法让流经军队左侧的河流也流过军队的右侧。从军营上游的某点开始，他挖了一条半圆形的深沟，这样，河流就脱离了古老的河道，流入军营后方的沟渠，绕过军营后再汇入先前的河床。一旦河流被分成两股，军队就可以从任意一侧渡河了。[10]

在阿纳克西曼德的时代，还有一项发明彻底改变了希腊世界。大英博物馆里陈列着一批最早的希腊硬币。其中一枚是一块指甲盖大小的贵金属，上面刻着一头凶猛的狮子。这枚硬币大约于公元前550年在阿纳克西曼德的家乡米利都铸造成形。爱奥尼亚的希腊城邦从他们的东方邻居吕底亚人（Lydians）那里借鉴了这一发明。关于吕底亚人，我们将在下一章再谈。自此，爱奥尼亚的城邦迅速开始大量铸造面值较小的硬币，硬币进入了人们的日常生活。

虽然与如今相比，当时用来铸造硬币的金属与硬币所代表的价值更为接近，但新的货币制度仍要求使用者能将硬币理解成纯粹抽象的价值尺度。首批希腊硬币的使用者们必须得理解“存在”（硬币本身）与“表象”（其代表的价值）的区别。

结果，硬币的使用对早期希腊人的认知发展产生了冲击，因为它要求人们意识到一种截然不同的潜在事实，一种抽象的、无形的现实。这反过来又影响了那些试图以单一的、无形的理论为基础去寻求宇宙新解释的早期哲学家的潜意识。

也有人试图寻找第一次哲学思潮与古风时期希腊宗教本质之间的联系。希腊宗教不著文本，古希腊人从来不相信那些任性的神祇给道德行为定下过什么规矩。古希腊宗教中也没有强加的神性，用现在的话说，没有关于自然本源的“神创论”描述。事实上，撇开神话不谈，希腊宗教并没有多少关于世界本质的内容。这种宗教体系让希腊人得以相对自由地去探索生命和宇宙。

我们在此要简单讨论一下希腊人争强好胜的性格，这种性格从他们对运动会的喜爱中可见一斑。在修建神庙的萨摩斯人心中，竞争对手就隔着窄窄的海峡与他们依依相望。正如我们刚刚提到的，他们献给赫拉的第一座神庙倒塌了。但他们立即着手重建，且规模更大。重建的庙宇——它的一根立柱如今依旧矗立不倒——在尺寸上略微超过对岸爱奥尼亚海滨的以弗所（Ephesus）在不久前建起的超级神庙，这绝非偶然。

古风时期的萨摩斯人和以弗所人曾加入修建神庙的疯狂竞争。2014年，一名伊利诺伊州的共和党参议员抱怨说，芝加哥没有一栋摩天大楼的高度能跻身全球前十，再也算不上世界级的大都市了。希腊人对修建神庙的第一次狂热就好似如今摩天大楼竞赛的古老版本。

从表面上看，每个古代城邦在文化上都与邻近的城邦类似——大体相同的种族、语言等等。因此，为了树立一个社会的集体身份认同，为了能声称“我们是萨摩斯人，不是以弗所人”，即便是同样的事情也得采用不同的方法，当然，要做得更好。若我们更细致地观察，便会对希腊社会中地方身份的多样化而惊叹。例如，古科林斯人有自己独特的一套希腊字母，崇拜本地版本的众神，形成了自己的法律等等。古风时期的希腊在政治上由众多分治的小城邦组成，这一状态本身就是创造和革新的动力。

大英博物馆为古希腊丰富的物质文化遗产开辟了一间巨大的展厅。将藏品按照地理位置分类放置，其共性背后的多样性便展现出来。同时，它也直观地凸显了古希腊人共有的探究精神。如果说这间展厅有什么主角，那就是出自古希腊各地陶工之手的陶器。

每个制造中心似乎都在大致相似的技术、造型和装饰主题框架下发展出了不同的风格。几百年后的一名罗马作家认为，“雅典人科洛厄布斯（Choraebus）是第一个制造陶质容器的人”[11]。那些来自雅典的陶器的确显示出他们在这门古老的希腊手工业中不容置疑的优势。

20世纪80年代，一个轰动性事件让一向安宁团结的古希腊陶器研究领域炸了锅。两名英国学者声称，雅典制陶业生产的这些精美物件只不过是模仿业已失传的、由金匠为“高端”贵族阶层制造的黄金和白银容器。气氛瞬间紧张起来，因为在一些人看来，这是对雅典陶匠和装饰艺人艺术原创性的攻击。我记得在伦敦召开的一场研讨会上，辩论双方剑拔弩张，其中一方有名学者甚至带了一只录音机，记录下另一方发言人的讲话，俨然如警方聆讯一般。

尽管如此，前来参观这些精妙绝伦的雅典陶器的人们依旧可以真切地感受到彼时彼处古人们奇特而繁复的审美：红色背景衬着黑色人物图案，或者反过来，黑色背景红色人物；画面中的男人全副武装，女人身着织物；人物的腹部、肩部、嘴唇和足部附有插入说明；主题可能是众神和传说，也可能是当时的市井图。

仔细检视这些展品，观众或许会震惊于绘工对人体——更确切地说，通常是衣不遮体或完全裸露的年轻男性躯体——的明显迷恋。对男性外貌的公开仰慕是古希腊文化的特点，对此，我们这一代人的态度似乎比上一代人略开放些。我们生活在一个男性美的世界里，这个世界对男性躯体美过度宣扬，因而也越来越容易对男性躯体形象感到不安。

大英博物馆的展品显示出受商业驱动的古雅典陶器绘工们是多么渴望提高技艺。这里有一只公元前510年的水罐，罐身一侧，黑色背景之上描绘了一群近乎赤裸的男性；另一侧描绘的四名男性从现代眼光看来则更写实，有着红褐色的躯体和黑色的头发。这种“红纹”技法在当时是一大创新。

另一个有趣之处是，这些陶器绘工的人体描画技巧随着时间的推移有了长足进步。可以推断，公元前6世纪某些地区的某些绘工曾带着难以抑制的好奇，开始留意观察现实生活中的人体姿态和裸体形象。在庇西特拉图斯提供给雅典人的公共水房里，水罐上绘满了红色躯体的男性图案。其中三个是年轻男性，赤身裸体。绘工描画了他们推罐子、扛罐子、用罐子盛水的动作，来展现不同体态下的肌肉线条。

通过这个小小的场景，我们或可窥见其背后蕴含的古希腊文化中更大的特质。这个特质有时候被称为“人性”。在此，它表现为希腊人对探索和表达人类经验的巨大兴趣。不过，我们需要格外小心，因为对某个群体的正面概括往往会趋于理想化，而负面概括则容易陷入模式化。若认为古希腊人全都比——比方说——古埃及人或古巴比伦人更注重“人性”，那无疑是荒唐的。比较合适的说法是，希腊文化更偏重以人为中心或“人本位”，也就是说，更倾向于将人类视为宇宙中最值得关注的实体。

虽然古希腊人的一些行为方式在如今可能会被很多宣扬人权的人斥为野蛮。奴隶在古希腊社会中相当普遍。但古希腊思想家、作家和艺术家对人类本性和文化产生了浓厚兴趣，而非仅仅关注神性的世界，这在当时却是相当罕见的。相比之下，古埃及等邻近地区的文化则更加关注后者。

介绍了这些陶器制品，本章还不能画上句号。博物馆的文字说明将这些陶器标注为杯、碗、罐、坛等等，换句话说就是古代陶质器皿，它们为我们了解古风时期希腊社会生活提供了线索。上述器皿乃是为一种特殊的社交聚会所准备，这种聚会称为“会饮”。到了公元前6世纪，雅典陶工设计出了新器皿，专供古希腊贵族圈子里渐渐形成的社交场合使用。

会饮用酒的烈度须遵从惯例，这也是主人的职责所在。葡萄酒倒入碗里兑水稀释。酒具在众人中的传递是会饮的重要环节，传递顺序必须由左至右，与伦敦绅士俱乐部里通行的从右向左传递醒酒壶的方式不同。此类聚会可以一直持续到夜晚。与会者的妻子和女儿不能参加，妓女和清秀的男童则大受欢迎。

酒具上描绘的大多是喧闹混乱的群体场景，有醉酒也有纵欲（博物馆通常不会展出带有后一种图案的器皿）。就此而言，古风时期的希腊似乎是个男权社会。如今的媒体给“夜晚浪荡子”故事添加的标题多多少少能表现这些生动的古代图画：“纵酒狂欢的年轻人在街头斗殴”“喧闹的学生宿舍”“生动的性行为”。

不过，古今有别：会饮丝毫不涉及与女孩或者与男孩行放荡不端之事的男性欲望。交谈才是聚会中的重要环节，尽管往往是安排好的、有竞争性的，或许同18世纪巴黎沙龙上那些令人炫目并让新加入者叹服无比的演说差不多。对于年轻贵族而言，会饮和沙龙一样具有积极意义，不失为一种教育。一个名叫色诺芬尼（Xenophanes）的诗人专门创作了具有教化功能的、适合在此类场合朗诵的诗歌：

现在地面已洁，手与杯已净，
混酒器已备好，盛满了欢愉，
手中的酒杯亦斟上……

但在这样的聚会上，人们首先要满心欢喜
用神圣的故事和纯洁的话语赞美众神。
祭酒与祷告之后，我们或有力量去做正确的事，
因为那才是真正要做的头一件事。
畅饮开怀并不为过，
只要年事已高者可以独自回家。
众人之中他应受到赞美，
他在酒后将凭着记忆与精力
去讲述那些高贵的事迹。
请不要歌颂提坦和巨人的古老传说，
也不要讲混乱的民间轶事，那种故事丝毫无益；
给予诸神应有的敬意方为善举。[12]

这首作于公元前6世纪的诗歌明确了会饮中的行为规则。来宾应当适度饮酒、尊重神祇、朗诵关于高尚行为的诗篇，却不应讲述诸如食子的提坦克洛诺斯（Cronus）等巨神的故事。年轻人通过这种方式倾听年长者和优秀者的言谈，这样一来，聚会就不只是娱乐，也是修身。

古风时期的希腊之东有一个古老得多的非希腊世界，希腊人也许就是从那里的人们的宴会方式中得到启发，形成了组织会饮的规则，他们或许还借鉴了近东地区以斜靠姿势进餐饮酒的风俗。从更大层面上看，希腊古风时期出现的革新似乎说不通，除非他们已拜倒在外国旅行者和外来文化的魅力之下，一如先前的米诺斯人和迈锡尼人那样。因此，我们应该更全面地探讨一下古风时期的希腊世界与他们的邻居之间的联系。

第四章　像克洛伊索斯一样富有
——早期希腊人和东方

一名在古希腊家喻户晓的诗人写下了这样的诗句：

> 你等待着航海季节的到来，开动飞快的船只出海，满载货物，带回收益，正如你我的父亲，莽汉帕耳塞斯（Perses），曾迫于生计随船远航。有一天他越过茫茫大海来到这个地方，定居在赫利孔（Helicon）附近一个破败的小村庄，阿斯克拉（Ascra），冬季严寒，夏季酷热，终年艰难。[1]

通常认为，赫西俄德活跃于约公元前8世纪。诗人在这里将自己描绘成一个位于如今土耳其西北海岸的希腊城邦的移民之子。贫穷迫使父亲踏上了冒险之旅，最终在希腊大陆的边远乡村定居务农。

如今，从雅典驱车不到两个小时就能到达那个昔日的阿斯克拉古村落。一旦驶出首都郊区，旅行者们便发现自己来到了风光迥异、带着深厚乡土气息的别样希腊。随着汽车驶入雅典北部的波俄提亚（Boeotia）地区，土壤变成了深褐色，完全满足现代化棉花种植的肥力要求。

波俄提亚的阿斯克拉是个内陆小丘，它所处的山谷如今几乎空空荡荡，只有高大的赫利孔山巍然矗立。赫西俄德笔下的兄弟要从这里将农产品经由石子小道运往最近的港口绝非易事，而那个港口本身也只不过是个激流汹涌的入海口。

至于赫西俄德想象中的兄弟所从事的贸易，仍有不少未解的谜题。它是往来于邻近社群间的短途运输，还是冒险深入地中海的长途航行？他的货物是搭载在别人——比方说腓尼基人——的船上，还是有自己的货船？他是以市场为导向、售卖剩余产品的农夫，还是以自给自足为主、只是为了交换某些商品——比方说新的金属工具——才偶尔行商的庄稼汉？

尽管有这些无解的问题，这首诗歌描绘的确确实实是阿斯克拉农人扬帆下海的事情。首先，有一两艘船曾载着年轻移民的父亲从小亚细亚（Asia Minor）来到阿斯克拉。希腊各地距地中海均不超过60英里。除了极糟糕的年代，希腊的古代居民总是有机会接触外面的世界，与外国人交往、旅行、见识异域的物品。

除了完整的花瓶，大英博物馆里还展出了大量希腊陶罐的碎片。其中一块超过3英寸长的碎片上绘有一行展翅高飞的鸟。这片迷人的陶片来自东地中海地区一个最具争议性的考古现场。20世纪30年代，大英博物馆在欧朗提斯河口（River Orontes）附近发起了挖掘工作，该地位于今天的土耳其东南部，靠近叙利亚边境。如今这里已没什么值得参观，只剩下掩映在一片橘子树林中的小土丘。

挖掘者们把阿拉伯语中的“阿尔米那”（Al-Mina）译为“港口”。他们在此发现了古代仓库。出乎意料的是，这里也有大量古希腊陶器，其中很多来自一个读者们已经非常熟悉的希腊岛屿——优卑亚，制造年代约在公元前9世纪后期到公元前8世纪。那队像鹅一样的飞鸟或许正出自优卑亚陶匠之手。

这些希腊陶器均经由海路抵达。由此可以推断，阿尔米那和几何纹样时期的古希腊人之间发生了某种远距离交往，船只必然定期往来，将爱琴海地区与土耳其南岸、塞浦路斯和地中海东部相连。彼时的希腊部分地区再一次融入了远洋贸易的世界。

考古学家认为，阿尔米那是一个多民族混居的贸易点，一个古希腊的大集市。那里很可能有希腊人居住，他们通常使用自己的陶器。因此，非希腊陶器的存在就意味着这里也有其他民族，包括沿同一海岸线向南不远、以航海为主业的人们。

我们已经不止一次地提到腓尼基人。腓尼基人是希腊人对他们的称呼，在《旧约》中他们则被称为迦南人。为了建造船只，他们从本地雪松林中找来最结实、最挺拔的木材，那片地方就是如今的黎巴嫩（Lebanon）。腓尼基人富于开创精神，不乏经验丰富、随时准备扬帆远航的水手。他们的足迹遍布地中海地区，所到之处无不留下明显的痕迹。

在克里特南岸的科莫斯（Kommos），考古学家们发现了一座近东式样的宗教圣殿以及很多腓尼基陶器。科莫斯的这片沙滩如今因裸体主义和古代搁浅的大船而声名大噪，昔日则是巡游在公海上的腓尼基水手最中意的停靠地。他们在远方主要停靠点均设立了定居点，例如位于今突尼斯（Tunisia）的迦太基（Carthage）和西班牙南部的加迪斯（Gadir/Cadiz）。他们专门从事白银等贵重商品的远距离贸易，对可能存在的风险提供高价赔偿。

一般认为，希腊人创造的新字母文字源自腓尼基人的文字。新文字的出现与陶器开始运往阿尔米那恰恰发生在同一时期，该贸易点可能就是希腊人与东方人进行文化交流的场所之一。这些交流远不止于希腊人对腓尼基文字的改造。学者们已经开始使用“东方化”这个术语来表述希腊手工艺人与进口物品——比方说金属制品——的东方艺术风格的相遇。自公元前8世纪晚期起，对一些装饰图案的迷恋促使希腊工匠吸收借鉴东方的艺术风格，将其融入到自己的工艺品中。

大英博物馆里陈列着一只小小的陶质香水瓶，瓶口好似龇出的狮牙，还用画笔勾勒出蓬松的鬃毛。这只小瓶子出自公元前640年左右的科林斯人之手。不同寻常的瓶口设计，其灵感源于从近东进口的镶嵌着动物头颅的金属碗。此类瓶子在古风时期的希腊贵族中大受欢迎。受到永恒的消费规律驱动，生产较廉价陶器的本地工匠开始模仿异域器皿的装饰，以满足较低端的希腊市场需求。

毫无疑问，古代近东地区的商品和思潮对古风时期雅典发展中的文化生活产生了深刻影响，而且这种影响早在希腊史前时期就已出现。由于有力证据零零星星，而新的发现和线索总是触手可及，学者们便尝试着以此推测这些影响究竟有多么深远。希腊人的宰牲献祭仪式就是个很好的例子。

“万军之主、以色列的上帝这样说：你们将燔祭加在平安祭上，吃肉吧。”[2]这句话出自《旧约》的《耶利米书》（*Book of Jeremiah*），是希伯来《圣经》中反映动物献祭在古犹太崇拜的中心地位的众多段落之一。下面这段文字译自在基克拉泽斯的基亚岛（Kea）——也就是古凯奥斯（Ceos）——发现的古希腊铭文：

> 现任的首席执法官要付150德拉克马给承担献祭任务的人。无论谁承担这个任务，都要向执法官保证会按照律法规定提供献祭盛宴。他必须献上一头成年公牛和一只成年绵羊。如果以猪为祭品，则该猪不得超过18个月大。城邦公民、受城邦邀请的人、居住在此的外国人和自由民以及所有向克雷西亚（Coressia）城邦纳税的人都可以参加盛宴。晚餐、葡萄酒、

水果、坚果和其他种种食物应有尽有，还有生重不少于2米纳斯的肉食以及部分献祭牲畜的内脏。首席执法官和财务官必须亲自检查牲畜、称量肉食，并主持献祭（等等）。[3]

在古代，这个大约50平方英里的希腊岛屿上有不少于四个小城邦，克雷西亚是其中之一。同其他希腊城邦一样，克雷西亚人每年定期举行宰牲献祭。正如上文提到的，献祭之后可能会举办盛宴，公民和其他受邀参加者都能平等地分享献祭牲畜的肉。

古代以色列人和古希腊人在各类仪式上的诸多相似点还包括：要有可以生火的室外祭坛，献祭牲畜以人工驯化的物种为主，要焚烧部分祭品作为对神的供奉，以及人们自己在盛宴上消费肉类。在希腊，对仪式的强调还体现在带有露天祭坛的神庙的各扇门都要整齐划一，好让圣殿内的神像见证室外祭坛上那些动物的命运。

用动物献祭在人类历史中由来已久。单凭考古挖掘发现的动物骨骼，考古学家很难断定其死亡原因究竟是被屠宰还是被献祭。不过，越来越多的考古学家已达成共识，认为在今天土耳其东部和叙利亚的新石器时代定居点发现的动物骨骼或可证明，人类盛宴源于祭祀仪式。这种仪式随后向各地传播。很显然，迈锡尼希腊人就曾举行动物献祭。一段用线形文字B书写的铭文列出了准备用于献祭——或许也会用在盛宴上——的动物种类。

为神祇焚烧部分祭品的做法是后来希腊仪式中的特有程序。它究竟是从迈锡尼宗教中继承来的，还是在稍晚时期才逐步形成的，考古学家仍未达成共识。一名生卒年代不详、大致活跃在公元前1世纪的古希腊塞浦路斯作家留下了一段记述，说的是塞浦路斯传奇国王皮格马利翁（Pygmalion）时代的人们是如何因焚烧祭品的风俗而偶然尝到了烹饪肉食的滋味：

> 之后，在焚烧祭品的过程中，一块肉掉落在地上，祭司捡起来，烫到了手指，他不由自主地把手放进嘴里，好缓解灼伤的疼痛。于是，他尝到了烤肉的味道，想要大快朵颐一番。[4]

这则古希腊传说讲述了一个发生在神话时代的事件，可惜听上去太美好，让人很难相信它的真实性。即便这个故事符合近东地区动物献祭风俗在史前时代向西传播的现代观点，将它作为史实资料也不符合历史学方法。

如果史前希腊献祭仪式中并非一开始就有焚烧祭品的环节，那么距叙利亚海岸约62英里的塞浦路斯岛很可能就是该做法的发祥地。很多在塞浦路斯工作的考古学家根据他们的发现推断，迈锡尼王国覆灭之后，来自爱琴海的希腊移民以及来自地中海东部的人们，在这个岛上定居下来。该岛于是成为两种不同文化的交汇地带。

阿尔米那以东就是美索不达米亚（Mesopotamia）。这是个富饶的地区，两条大河流经该地，先后孕育出了苏美尔（Sumerians）和巴比伦（Babylonians）古文明。它的中心、宏伟的巴比伦城（Babylon）位于今天的巴格达（Baghdad）以南50英里处。一名来自距土耳其海岸约3英里的爱琴海岛屿来兹波斯（Lesbos）的希腊诗人提到，公元前7世纪，古风时期的希腊人曾到访过中东地区。这名诗人歌颂了他的兄弟在美索不达米亚战场上的英勇事迹，说他在那里"以巴比伦盟军的身份作战时"[5]杀死了一名身材魁梧的武士。不过，诗人对兄弟的"雇佣兵角色"却避而不谈。

这点零星证据让我们得以瞥见几乎不为人知的关于希腊人和美索

不达米亚人之间文化交流的图景。公元前6世纪初，米利都的泰勒斯已经成长为极富创造力的工程师。根据历史学家希罗多德的记述，泰勒斯也预言了“白昼突然间变为黑夜的时间……与实际发生的时间相符”。[6]历史记载的日食时间与天文学数据一致，均指向公元前585年5月28日。

不少专家认为，无论这个故事背后的真相怎样，归根结底，令希腊人能够预言天文现象的观察力、技术和数学的能力来自巴比伦。巴比伦人对天体运行的兴趣深厚且由来已久。彼时，他们的学者已经具备分析和推理能力。古风时期的希腊人与这些思考方法的相遇可能在更大的层面上催生出了第一批希腊哲学家。

有专家提出，很早以前，正是巴比伦人的故事推动了希腊诗歌的书面化，成就了荷马史诗。古美索不达米亚的宏大史诗讲述了一个名为吉尔伽美什（Gilgamesh）的男性英雄的故事。据说，这个英雄在哀悼朋友恩奇杜（Enkidu）之死时表现得像头失去了幼崽的痛苦母狮：

> 像头被夺去了幼崽的母狮，
> 他来来回回不停踱步。[7]

荷马在描述英雄阿喀琉斯哀悼朋友帕特洛克勒斯时也用了类似的比喻，不同的是，母狮变成了雄狮：

> 这雄狮，带着被刺痛的怒火
> 呼唤着他的幼崽，咆哮声传遍沙漠。
> 阿喀琉斯是如此悲伤……[8]

美索不达米亚诗歌与希腊诗歌的一致性显而易见。此外，专家们还找到了其他类似之处，恕无法在此一一列举。通晓多国语言的商人们在阿尔米那或塞浦路斯相遇，围炉而坐，一边用优卑亚的杯子喝酒，一边讲述着彼此的故事。就这样，在公元前9世纪或公元前8世纪，来自中东的古老传说进入了希腊说故事人的素材库。这样的想象是否显得太过牵强？

一旦进入有历史记载的希腊古风时期，希腊人和东方人之间文化交流的证据就比比皆是了。以举世闻名的阿布辛贝（Abu Simbel）遗迹为例。1968年，工人们拆除了这个古埃及神庙，将其搬迁至尼罗河上游一处不会受到新阿斯旺（Aswan）大坝洪水侵扰的地方。大约在公元前593年，有人在巨大的拉美西斯二世（Ramesses Ⅱ）——七个世纪前的神庙建造者——雕像的小腿部位刻上了五行波浪形的古希腊文字：

> 当普萨美提克斯王（Psammetichus）来到象岛（Elephantine），那些与西奥克勒斯（Theocles）之子普萨美提克斯同船抵达的人写下了这些文字；他们沿克尔基斯（Kerkis）逆流而上，直到无法再前行；波塔辛托（Potasimto）率领着那些说外语的人，阿玛西斯（Amasis）率领着埃及人。[9]

这段石刻是为了纪念希腊人以雇佣兵身份加入后来的法老普萨美提克斯麾下。这帮希腊人的首领似乎侨居在埃及，因为他的父母给他起了个埃及名字，他后来追随的法老也是如此。彼时，埃及仍是个强大而古老的国家，法老普萨美提克斯是当地第二十六王朝的统治者。

富饶的尼罗河谷也吸引了古风时期的希腊商人。大英博物馆的希腊古风时期展品中有一只由碎片精心拼接修补复原的陶质储藏罐，罐子上画着曲折的图案和爱奥尼亚字母，显然是希腊风格。

所以，罐颈部有用埃及象形文字拼写的第二十六王朝第二位法老、公元前589—前570年统治埃及的阿普里埃斯（Apries）的名字，就不能不令人惊讶了。这只埃及化的希腊陶罐是一个多世纪前由英国考古学家在距尼罗河汇入地中海的入海口约50英里的一个小岛上的古代希腊商人定居点发现的。

此地被希腊人称为瑙克拉提斯（Naucratis），意思是“船力”，属于古风时期希腊城邦的十二强集团。他们得到法老允许，在此设立贸易点，用埃及商品交换希腊商品。据希腊历史学家希罗多德记载，最受埃及人欢迎的希腊商品是葡萄酒。

这反过来意味着，古风时期的希腊某些地方拥有了更成熟的酿酒业。这种酒可能产自希腊东部岛屿萨摩斯和希俄斯（Chios）。岛上的居民不仅协助建立了瑙克拉提斯，而且制造出适合长途船运的储藏罐，每只都能盛好几加仑[1]的液体。

古代最著名的女诗人也描述过这种远洋贸易。萨福（Sappho）是希腊来兹波斯岛土生土长的居民。2014年，一名牛津大学的学者公开了一段令人费解的萨福诗歌残篇。这首写在埃及莎草纸上的诗提到了她兄弟的生意：

> 但你不停地叨念卡拉克索斯（Charaxus）将至（或已至），他的船上满载货物……[10]

---

[1] 1加仑等于4.546升。

这个卡拉克索斯在希罗多德讲述的一则趣事里也出现过，那则故事间接反映了公元前6世纪瑙克拉提斯贸易点鼎盛时期人们是如何赚钱和花钱的。根据希罗多德的描述，卡拉克索斯曾花重金为一名“极富性魅力的”奴隶洛多庇斯（Rhodopis）[11]赎回自由，她原来的主人专做性生意，把她带到瑙克拉提斯像个“女冠军”那样工作——希罗多德如此委婉地说。获得自由之后，洛多庇斯留在那里，以职业和财富为自己赢得了声望。

性工作者和性生意在古代社会中与如今一样根深蒂固，也同样有着双重标准。希腊人对从事性工作的女性抱有偏见，洛多庇斯对此嗤之以鼻，并决定拿出自己十分之一的财产向德尔斐的阿波罗神献祭，以“保存她的记忆”。希罗多德后来称自己亲眼见过那个祭品——一大堆铁质烤肉扦。

卡拉克索斯们的船只定期航行在地中海上，也起到了文化传播的作用。大约就在建立瑙克拉提斯的同一时代，古风时期的希腊人开始制造石质纪念雕像。这些雕像说明彼时的希腊人日益富庶，也对世界的永久性越发有信心，因为长久正是石头最突出的特性。

纽约大都会博物馆里有一件现存最早的古风时期雕像的放大复制品。这尊大理石人像高6英尺，是个裸体的青年，装饰着小珠子的长发一直垂到肩膀。为了雕刻这尊石像，无名的雕塑家或许曾向埃及人求教。古希腊人认为，是埃及人发明了将一整块石头化作人形的技术，他们自己的雕塑家则借鉴了该技术，即动手雕刻之前先在石料表面画上格子，构思好形象。

很多专家认为，若没有埃及人的技术或从矗立在尼罗河畔的埃及大纪念碑得到的灵感，古风时期的希腊人就不可能完成从木质建筑到石质建筑的转变。在现代叙拉古（Syracuse）的老城中心，隔着围栏，参观者可以看到已知最早的希腊新式建筑的遗迹。

这个西西里的希腊阿波罗神庙的每根立柱都由重达35吨的整块石头雕刻而成，似乎设计师觉得，只有这种尺寸的巨石才能撑起石质的上部建筑结构。在其中一级台阶的立面，希腊铭文依然可辨，那是某个建造者在炫耀自己如何“雕刻立柱——精美的作品”[12]。他似乎对自己取得的成就感到难以置信。该神庙的修建者们很有可能使用了埃及人的切割、提升和安装技术来处理巨石。

有证据表明，希腊人于公元前600年左右开始制造硬币。历史学家希罗多德认为，这一发明与小亚细亚岛屿上的邻人不无关系。希腊人称他们为吕底亚人：“吕底亚人……是我们所知的最早铸造硬币并使用金银货币的人，他们也是最早从事零售贸易的人。”[13]

吕底亚铭文中的确提到过早期的硬币“瓦外特”[14]（walwet）。通常认为，这个名称是公元前610—前560年在位的吕底亚国王所起，希腊人称他为阿利业特斯（Alyattes）。尽管希罗多德暗示吕底亚硬币用于小额零售业务，但目前所知的面值似乎都相当高。或许，阿利亚特斯和其他吕底亚国王铸造这些硬币是为了向军队支付酬劳，正是在这些军队的帮助下，野心勃勃的吕底亚人征服了位于土耳其西部的大片领土，令其沦为朝贡纳税的属国，希腊的爱奥尼亚便是其中之一。

自王朝建立以来，吕底亚国王们越来越富有。大英博物馆的希腊古风时期展品中有一些来自位于土耳其西海岸爱奥尼亚的希腊城市以弗所的物品，包括一截神庙立柱的残片，上面刻着两个希腊字母：一个“K”（kappa）接着一个“P”（rho）。这是一个名字的首写字母：KPOIΣOΣ[15]。此人如今被称为克洛伊索斯（Croesus），是吕底亚的末代国王，于公元前6世纪80年代晚期登上王位。以弗所人在公元前6世纪50年代修建的女神阿耳忒弥斯（Artemis）神庙的每一根立柱都来自他的帝国金库。

时隔久远，我们已经无法说清吕底亚人和希腊人在发明铸币方面是如何相互影响的。但在其他领域，吕底亚人的财富同样在近邻希腊人的生活方式中打下了深深的烙印。古风晚期的希腊诗人曾提到一名与萨福同样来自来兹波斯岛的希腊音乐家，他在小亚细亚大陆的吕底亚上流社会中崭露头角。据说，这名音乐家“在吕底亚盛宴上听了美妙竖琴的拨弦之后”[16]，以这种亚洲乐器为模板发明了里尔琴。

一如18世纪的欧洲人对法国风尚亦步亦趋，古风时期的希腊贵族也热衷于效仿吕底亚人的风俗。另一名古风时期的希腊诗人描述了他的家乡、位于土耳其西海岸的另一个爱奥尼亚城市的富人们“从吕底亚人那里学来的精致方式”。“他们身着紫色斗篷前往中心广场，不下1000人，都在自吹自擂，炫耀着秀丽的长发、带着怪味儿的香水……”[17]

柏林的阿尔特斯博物馆为我们了解那些考究绅士的衣着外貌提供了线索。博物馆里有一个无头的大理石青年雕像，是德国考古学家在大爱奥尼亚的中心城市米利都附近发现的。[18]众所周知，古风时期的希腊雕塑家常常会展现裸体的年轻男性形态，但这尊公元前530年左右的青年雕像却既非裸体，也没有精美的肌肉线条。相反，他体态丰腴，像煞有介事地穿着一直拖到脚面的长袍。宽大的织物点缀着暗红色的花纹，显然是用了希腊人和腓尼基人从某种地中海贝类中提取的昂贵染料。希腊人把这种颜色称为“紫菜色”（porphyra）或“紫色”。在这尊雕像中，华丽的衣着与肥胖的身材象征着财富与地位，说明上层社会接受了“吕底亚式”的享乐观：要让生活值得一过。

希腊人也把性商业化归咎到吕底亚人的风俗上。若干个世纪后，一名希腊作家写下了关于古风时期的希腊僭主统治萨摩斯岛的故事：

> 克利尔库斯（Clearchus）说，萨摩斯的僭主波利克拉特斯（Polycrates）毁在他放纵的个人行为上。他向往吕底亚人的温柔乡，于是仿照萨狄斯（Sardis，吕底亚首都）那片被称为“甜蜜拥抱”的地方，在萨摩斯城内修了小巷，又弄出臭名昭著的“萨摩斯之花”，想要媲美“吕底亚之花”……萨摩斯狭窄的小巷里挤满了妓女，确确实实地激起了希腊人的享乐主义和奢淫无度，而“萨摩斯之花”则是些格外漂亮的男男女女。[19]

临近本章结尾，让我们回过头来审视贸易在古风时期希腊经济生活中的影响范围和重要性。我曾幸运地得到希腊军队的善意准许，进入松木飘香的军事学院。该学院位于连接着伯罗奔尼撒半岛和希腊中部的地峡之上、现代地峡运河之滨。

上校命令极不情愿的卫兵为我开门，之后，义务兵将我们护送到一个露天教室。一名年轻的军官以军人的风格给我们做了介绍，他站在讲台上，大声命令着一名挥舞着教鞭的更年轻的下属。他身边那块巨大的告示板上刷着一段黄色的、尚且说得过去的英文：

> 铺路这项技术工作是为了避免环伯罗奔尼撒航行。船只用滑板从萨罗尼科斯湾（Saronikos Gulf）运到科林斯湾（Corinthian Gulf）。公元前600年由科林斯的僭主、古代贤人佩里安德罗斯（Periandros）建造。

越过军官的肩膀，我们看见一条弯弯曲曲的石路一直伸向远方，这就是我们此行的目标：一条保存完好的古代公路。就在军官用军人的笃定介绍着这个话题之际，我听见我们的队伍里有人小声质疑。古风时期的科林斯人真的发明出什么办法，可以用常规方式将整条船抬出水并拖行将近4英里，越过高出海平面260英尺的地峡？使用某种类似于原始轮子的装置，每艘木船在运输途中即便可以避免小事故，却仍要承受相当大的应力，更不用说每次运输还要动用大量牲畜和人力。

即便如此，古风时期的科林斯人定然有某种紧迫的理由要攻克这条大坡度石头路的技术挑战。如今的专家们认为，这主要是为了货物运输。人们可以在地峡的一端卸载下货物，然后用牛拉轮车运到地峡的另一端，装载上另一艘船只。科林斯人修建这条带沟槽的路，或许是因为他们想吸引有能力支付通行费的商人用这种方法来运输高价值、小吨位的商品。

即便是如今，水手们依旧不敢小觑伯罗奔尼撒南部海岬强劲的逆风。正如希腊谚语所云，“与马利亚海角（Cape Malea）保持十英里，躲开格罗索海角（Cape Grosso）十里又十里”[20]。至于乌鲁布仑海岬，早在青铜时代就给古代领航员提出了重重挑战。古风时期的希腊船只通常沿着平静的海岸线航行。人们不辞劳苦地修建科林斯石路，正说明让装载贵重物品的船只避开致命海岬是多么重要。

运输费也凸显了彼时长途贸易在经济上的重要性。古希腊人相信，科林斯人的财富很大部分来自海运贸易。这个城邦横跨地峡，东西通达，用一名古代作家的话说，“一边直通亚洲，另一边通往意大利”[21]。现在，我们该将目光转向古风时期希腊人在西方的活动了。来自希腊本土的移民在那里创造了独特的希腊式生活，他们与周边的非希腊邻居发生了密切接触，有时和平相处，但更多的时候火星四溅。

第五章　大希腊人——西方的希腊移民

20世纪70年代我在斯巴达的考古博物馆工作时，博物馆入口处立着一尊赫拉克勒斯的古代石雕。这位半神特点鲜明，极易辨认：浓密的络腮胡，有节的木棍，以及他在完成其中一项伟业时杀死的那头狮子的皮。从艺术角度而言，这尊雕像并没有什么特别之处。尽管如此，它仍能提醒古代斯巴达人，远古时代，他们的家园就是由赫拉克勒斯那些漂泊的后裔——赫拉克勒斯族（Heraclidae）——建立起来的。

很多希腊城邦都流传着关于远古时代的城市创立者带领迁居的先民们安家立业的起源故事。史前时期的希腊似乎是块移民之地，人来人往。迁居对于古风时期的希腊人也是家常便饭。后世的传说提到了那段时期里一些希腊海外定居点的建立时间，其中最早的可追溯到公元前734年。彼时，希腊移民的足迹已达黑海沿岸、法国的科特达祖尔（Côte d'Azur）、西班牙的布拉瓦海岸（Costa Brava）以及如今的利比亚。

在这些边远定居点中，最繁荣、最能体现早期希腊文明的当数意大利南部和西西里。这两块如今被墨西拿海峡（Strait of Messina）分开的地方在古希腊人眼中是个整体。一名与基督同时代的希腊地理学家将这一区域称为“大希腊”[1]（Great Hellas），拉丁语写作“Magna Graecia”。此处的“大”不是“伟大”的意思，而是指在原本希腊的基础上延展。

贸易是希腊人扬帆西进的原因之一。现代伊斯基亚（Ischia）是那不勒斯湾（Bay of Naples）中的一个岛屿，面积大约相当于三分之二个根西岛（Guernsey）。依旧是上文那名地理学家，将这个岛命名为皮提库萨（Pithecusae）。他还提到，这些希腊移民最终迫于“地震、火山喷发、海啸和热水喷涌”[2]而搬离此地。如今，这个火山岛上热泉遍布，肥沃的土壤为青葱的花园和热带作物提供了养料。古代在此定居的人们应该可以实现食物自给，不过，他们将贸易作为主业。

考古学家们利用近500个古代墓穴的挖掘成果，构建出了一幅公元前8世纪数千名不同种族的人们混居于此的场景。他们之中有来自优卑亚和科林斯的希腊人，有在陶罐上刻着近东地区铭文和宗教符号的人，还有一些或许是来自大陆、使用意大利式样胸针的人。如此看来，与阿尔米那一样，皮提库萨也是希腊与非希腊文化的交会地。

皮提库萨的出土文物中有一只公元前720年左右的陶杯，这只由碎片黏合复原的器皿如今保存在当地的博物馆里。杯身侧面的诗文称此杯子为“涅斯托耳（Nestor）的美酒杯”[3]。这段铭文是现存最早的希腊文字之一，引述的似乎是《伊利亚特》中提到的那只属于皮洛斯国王涅斯托耳的金杯典故。

自1954年出土以来，很多（不是全部）学者都认为酒杯上的诗文是个玩笑，是古风时期的宴饮中那些慵懒地靠在卧榻上的希腊狂欢者们常常开的玩笑。有人大胆地提出，正是经由公元前8世纪在皮提库萨与东方人的交往，希腊人首先是无意中见识到，进而全然接受了近东人不正襟危坐，而是斜靠着吃喝的特殊风俗。

在西西里的卡塔尼亚（Catania）和叙拉古之间，向东的主干道经过一个工业区，越过此地就是一处几乎无人问津的考古现场。它位于一片平缓的、伸入海中的岬角之上，侧面是河口和沙滩，适于船只停靠。参观挖掘现场的时间宜在春季，勃勃生长的茅草经过修剪，满眼葱绿足可改变人们因《豹》（*The Leopard*）的作者、西西里的朱塞佩·迪·兰佩杜萨（Giuseppe di Lampedusa，卒于1957年）而对西西里夏日产生的干枯印象。他在那本书中写道："光秃秃的山坡在太阳下泛着黄色，没有一棵树，没有一滴水。"[4]

与希腊大部分地区相比，西西里土地相当肥沃。绵延的内陆小丘覆盖着肥沃的棕色土壤，种植着成片成片的谷物，还有果园、葡萄园和橄榄树。在古希腊人心目中，西西里乡村比希腊南部富饶得多。西西里的希腊人不仅可以实现粮食自给自足，还可以在水草丰足的土地上大量饲养马匹，令雅典人心生嫉妒。要知道，拥有一匹马对于古希腊人而言就像如今驾驶劳斯莱斯一样风光。

在这片特殊的岬角地带，考古学家们发现了一处带围墙的古希腊定居点。此地不像岛上的现代乡镇那样街巷交错、狭窄蜿蜒。建筑和道路按照规划好的方式以网格状铺陈开来，环拱着一个呈不规则四边形的作为公共广场的中心空地。

根据出土陶器判断，该定居点兴建于公元前8世纪晚期。后来的希腊作家们也提到过此地，说它叫麦加拉（Megara），是最初那些背井离乡的先民用距雅典不远的家乡的名字——老麦加拉——来命名的。

古代作家将人们背井离乡的原因归于社会冲突和对麻烦制造者的驱逐。他们也提到一些迫使人们寻找新土地的自然因素，比如旱灾和饥荒，以及人口过剩。西西里的开垦潜力恰好可以缓解上述环境和经济压力。公元前8世纪时期希腊大陆的人口增长亦是一种可能。

公元前8世纪晚期，希腊大陆的麦加拉人或许仍处在走向"城邦"的阶段：制定政治制度、建立共同身份等等。事实上，我们无法确定他们当时是否有组织迁居的行政能力，移民很可能是人们的自发行为。我们对古希腊大陆那个与现代麦加拉同名的城市所知寥寥，但考古学家推断，它西边的近邻科林斯，在公元前8世纪时仍只是若干村落的联合体。因此，从这里出发的移民在抵达西西里时或许不仅对于如何建立政治共同体毫无概念，而且在如何规划定居点或如何分割土地方面也没有可以借鉴的经验。

据史籍记载，这批移民有一名领袖。抵达西西里后，他们尚未找到合适的立足之地便遭遇种种厄运。他们一度加入了北方另一个较早到达的移民社群，但随着彼此间关系破裂，麦加拉人被赶了出去。几经徘徊，一名当地统治者终于引导移民们进入岬角地区，并拿出自己的部分土地供他们栖身。

几代人之后，这段往事被记录在案，但这些文献的准确性却无从考证。以那名看似热情的当地统治者为例：这些新来的、装备精良且很可能相当年轻的希腊男性是否曾为他效力，抑或恰恰相反，用武力威胁了他？不过，诸多细节的确暗示了这批富于冒险精神的移民初来乍到时面对的难题：在对当地几乎一无所知的情况下确定适宜居住的地方；与有竞争关系的移民群体先合作、继而对抗；与本地土地所有者进行协商。

叙拉古的考古学博物馆收藏着从希布拉（Hyblaea）的麦加拉——即西西里的麦加拉——挖掘出的最令人惊叹的考古发现。那是一尊呈坐姿的女性石灰岩雕像，头部已缺失。她用手臂和斗篷环护着两个婴儿，并从衣服上的两个圆形开口处为他们哺乳。拼合这尊雕像的数百个碎片来自麦加拉的一个公墓，说明该雕像必然曾是某个墓穴的标记物。至于制作时间，大致可以从雕刻风格判定为定居点建立后的两个世纪，也就是说，它与公元前6世纪晚期的希腊雕塑不无关系。

这种对女性旺盛的生殖力——轻松应付同时哺育两名婴儿的挑战——的赞颂在希腊艺术中着实罕见。希腊大陆的雕塑家们通常喜欢描绘少女、战斗着的亚马孙女战士、面对强暴威胁的女性或完美无瑕的女神。这个不寻常的主题选择很有可能反映了西西里本地文化的社会价值观，以及对这块希腊飞地的人口繁衍的考量。基于考古现场的房屋规模和其他因素，考古学家们推测，该地在建成后的数百年间，人口可能从最初的200人左右跃升至2000人甚至更多。

因此，这里又出现了一个有趣的问题：移民来的希腊女性和本地原有的女性在定居点初建期的人口发展上各自扮演了怎样的角色？可能性有多种，从以家庭为基础的“链式”迁居到后来的“性殖民”，移民们有意识地与原住民后代通婚，从而确保新来者不会被当成外人受排挤。专家们对从希腊迁居到西西里和意大利南部的移民中的特殊案例进行了估测，认为新来者与原住民间通婚不无可能，但其发生范围和程度尚难确定。

关于本地统治者希普隆（Hyblon）向新到来的移民伸出援手的古希腊传说在西西里也有类似版本。希腊人定居点西边那片风光如画的丘陵乡野，如今是徒步爱好者和动植物爱好者的天堂。这里有一种被本地人称作“赛达莱得”的植物，对蜜蜂有很强的吸引力，或许，该地区自古盛产优质蜂蜜的名声便是缘于此。

考古学家在这个名为潘塔里克（Pantalica）的地方发现了一大片凿有石窟的石灰岩峭壁，根据2007和2008年的勘测，这些石窟多达4000个左右，其中有墓穴也有居所。此地位处河谷高台之侧，易守难攻。古希腊人把生活在这里的前希腊人称为“西舍尔人”（Sicels）。有传说称，他们本身也是移民，由意大利乘木筏而来。

默干提纳（Morgantina）是西西里东部一个内陆定居点的古称，距海岸约37英里。这片古文化遗址管理良好，值得一游，不仅有壮丽的埃特纳火山（Mount Etna）景观，还出土了一些极有趣的文物，如今保存在附近的山城阿伊多内（Aidone）。该地博物馆的一大看点是用大理石雕刻的两尊女性坐像的头、手和脚。这两名女性很可能是当地神庙中供奉的女神，已经遗失的身躯部分则可能是用较廉价的材料制成。雕像面部显现出公元前6世纪的希腊雕刻风格，带着所谓的古风式微笑，即彼时雅典雕塑中那种看似喜悦而又神秘的表情。

因此，这些雕塑或许意味着，默干提纳是希腊移民的另一个定居点（虽然远离他们喜欢的海边）。另一项考古发现则指向了一个更模糊的线索：在此进行挖掘工作的美国考古学家们，在一只从雅典进口的陶质酒杯的足部发现了四个希腊字母“ΠΙΒΕ”[5]，即“pibe”。

古希腊语中并没有这个词汇。专家们认为，它必然是借用希腊字母拼写的西舍尔土语，其意思可能是个命令语式：“喝！”倘若它是古希腊词汇，且是书写而非雕刻在杯子上，那可能就只不过是当时的雅典器皿绘工画在宴饮用杯上的玩笑式命令。无论使用此杯的当地人是谁，结论几乎是肯定的：这个铭文证明，西西里原先的居民们接受了外来者——希腊人——的社交点缀品。

其他考古发现还包括一组建于公元前10—前9世纪的布局杂乱、带有篱笆墙和茅草房顶的长条形小屋。到了公元前6世纪，该地的文化出现了新趋势，包括我们刚刚提到的那些例子。居民们也开始采用更先进的希腊式建筑技术，比如用干泥砖筑墙、用陶土瓦片做屋顶等等。

当不同的民族或部落群体互动产生了“跨文化”的风俗时，学者们称之为“混杂”。若没有历史文献，我们很难理解默干提纳发生跨文化交流的事实。即便西西里的非希腊人与希腊新移民和平交往，这个过程本身仍会给原有的居民带来冲击，且并非所有人都能平等地享受这种“混杂”身份。例如，当地消费的希腊陶器和希腊葡萄酒都要依赖进口，定然价格不菲。

希腊新移民和老居民之间的关系错综复杂。希腊作家记录了两个部族之间的战争传说，虽说我们没有理由认为这些争斗对希腊人的西西里定居点的繁荣造成了巨大阻碍。古风时期，西西里南部海岸线上最富有的三个希腊定居点都曾经历与非希腊人之间的战争。这三个定居点自东向西分别是盖拉（Gela）、阿克拉加斯（Acragas）和赛利努斯（Selinus）。

如今，后两个古定居点因成片的公元前6—前5世纪时期的恢宏的希腊式庙宇而吸引了大量游客。这些遗址既是该地在希腊殖民时期富饶繁盛、人口众多的最佳证明，也展现出移民们对自身的关切。有学者估算，赛利努斯控制着一片超过1000平方英里的沿海平原，其面积相当于两个现代洛杉矶。与其比邻的阿克拉加斯则是希腊化西西里的“财富之地”，肥沃的低地盛产优质马料，以及占出口贸易大头的橄榄油和葡萄酒。

希腊移民在西西里这片土地上积极寻求生存空间的行为，似乎是他们同前希腊社群发生武装冲突的原因之一。很久之后，罗马时代的一名希腊作家记述了公元前6世纪发生在僭主法拉里斯（Phalaris）统治下的阿克拉加斯人与被希腊人称为“西卡尼”（Sicani）的当地人之间的故事：

> 在阿克拉加斯人攻打西卡尼人的过程中，法拉里斯发现用包围封锁的方式无法攻占他们的城市，因为当地人储存了大量谷物。于是，他与他们缔结了一份和平协定。他的军营中有一些谷物，他同意将这些谷物留给西卡尼人，条件是等

他们的谷物丰收后要等量奉还。西卡尼人欣然同意了这些条款，接受了谷物。接着，法拉里斯秘密贿赂了西卡尼人的谷仓管理员，拆除了谷仓的部分屋顶。结果，雨水从漏洞中灌入谷仓，浸烂了谷物。待到丰收，法拉里斯根据协定收到足量的新谷物。但西卡尼人偿还了谷物之后，发现陈谷物已腐烂。饥饿令人口锐减，他们被迫放弃了自由。[6]

有些读者或许会对这个古希腊传说中的明显矛盾之处感到困惑，我也同样不解。如果被围困的西卡尼人已经有足够的谷物库存，他们为何要从撤退的阿克拉加斯人那里得到更多？关于法拉里斯的此类在现代人看来荒诞不经的故事还不止这一个，他的铜牛当数古代世界里最臭名昭著的东西。这种中空的动物躯体上有一扇门，鼻子上有管子可以发声。将受害者关入牛身并在下方点火，铜牛就成了刑罚工具，据说法拉里斯就是这么使用它的。不过，公元前1世纪40年代的一名西西里希腊人声称，同样的铜牛在他那个时代依旧在使用。

这两则故事都会让人们觉得法拉里斯既聪明又残酷。我们在上一章提到，古希腊有一类被称为僭主的统治者。他就是西西里岛上最早的僭主。在西西里的希腊人社会中，此类军事独裁者层出不穷，且从古风时期一直延续到公元前221年罗马征服西西里之时。

据说，法拉里斯在担任地方行政长官期间于一场政变中通过诡计攫取了权力。他占据了阿克拉加斯的要塞，将一群奴隶武装起来，并利用宗教节日大肆屠杀自由民，将妇女和儿童扣作人质。接着，他发动战争，意在扩大阿克拉加斯的领土，邻近的内陆原住民则因此失去故土。

至于帮助法拉里斯登上权力顶峰的本地因素则要另做分析。结合他所处的时代背景，他在发动政变时担任地方行政官这一事实说明他是贵族，本有机会升至政界的显赫地位，但可能由于阿克拉加斯的人口以古希腊标准来衡量相当庞大，贵族阶层的人数也相对较多，他凭借出身登上高位的野心最终落空。

西西里的部分希腊定居点存在明显的贫富差异，社会矛盾尖锐。法拉里斯或许从较贫困的希腊移民中获取了政治支持，后者则寄望于能够得到他的关照，比方说得到更多土地。至于用恐吓作为攫取权力的手段，我们可以从如今的独裁者身上看出，这一招着实有效，至少是在一段时间内。青铜怪兽又岂止公牛？

邻近的赛利努斯是希腊定居点中最西侧的一个。在如今的参观者眼中，这里最令人惊叹的景观或许当数古城中心外那座巨大的神庙废墟。该神庙之庞大，以至于竟未能完工，但大片的瓦砾足见它当初的规模。在这里，意大利考古学家们发现了更多可以说明当年移民之富有的证据。

根据一段曾经装饰在庙宇内侧门廊上的希腊铭文记录，赛利努斯的男性为了感谢神祇帮助他们赢得了一场无名战争，奉献上共计60塔伦的黄金[7]。如果赛利努斯的1塔伦与雅典的1塔伦大致相当，则这些黄金超过1吨重。

西西里的希腊庙宇高调地展现着移民们对故土宗教实践的传承。距赛利努斯不远的现代城镇卡斯泰尔韦特拉诺（Castelvetrano）的博物馆里陈列的一个铅条，上面的文字讲述了关于本地移民宗教观念的类似故事，尽管其展现的宗教思想有所不同。这块金属经过雕刻（更确切地说是刻画）上面的古希腊文极难理解，有的地方甚至无法辨认。20世纪80年代，这件文物保存在美国马利布的盖蒂博物馆。因为意识到其上的铭文对于古希腊宗教史有多么重要，该博物馆于1991年主动将其归还给意大利。

铅条上最有趣的几行文字描述了杀人者如何能被代表着蒙冤受害者的复仇恶魔——也就是鬼魂——净化。净化仪式颇似英国作家丹尼斯·惠特利（Dennis Wheatley）的现代魔幻小说。为了抚慰归来的亡灵，受困扰的人们必须献上动物牺牲，然后用盐在祭坛周围画出界线，洒上水并离开。既然此地是希腊人控制下的西西里地区，政治冲突有可能引发内部暴力，赛利努斯人似乎的确会受此类鬼魂困扰[8]。更令人惊讶的是，这种鬼魂信仰实践出现在官方记录中，显然是由市政当局推动的。

尽管如此，这些宗教信仰和实践都是希腊式的。彼时，也就是自公元前7世纪晚期首批移民在此建城之后约五代人的时间，赛利努斯仍然保持着原本的希腊宗教文化。铭文的关键之处在于提到一个带有宗教意味的姓氏"梅里齐乌斯"（Meilichius）。这虽是个希腊姓氏，但有专家认为，它的来源同摩莱（Molek）——古地中海东部地区的神，在《圣经》中被称为亚扪人的摩洛（Moloch of the Canaanites）——隐隐相关。该问题在此无法得到解释，虽然赛利努斯人在西西里西部的邻居不仅有其他希腊移民和土著居民，也有被称为腓尼克人（Phoinikes）——古希腊人称之为腓尼基人——的地中海东部人。

赛利努斯以西，现代高速公路中断了，前方约20英里处，一片乱石林立的盐床勾勒出一湾平静的海滨环礁湖，环礁湖中央那个仅有100多英亩的小岛就是古摩提亚（Motya）。该地为腓尼基人的贸易点提供了他们最喜欢的海上保护。腓尼基商人定期航行在西地中海，从摩提亚出发则可缩短他们不得不暴露在公海上的时间。随着这片始建于公元前700年左右的飞地上的人口规模逐渐增大，腓尼基人不得不建起数层高的塔楼。最终，该地即便不能说变得如曼哈顿一般，也颇似（用一名历史学家的说法）意大利文艺复兴时期的城市。

公元前6世纪，另一块截然不同的腓尼基飞地降临西西里。从岛屿西部的高地向南望去，你或能看到约90英里开外突尼斯的邦角（Cape Bon）尖端。腓尼基人在建立摩提亚定居点之前，已经在这个如今叫作突尼斯湾（Bay of Tunis）的海角西侧的半岛安顿下来。希腊人称此地为“卡尔其顿”（Karchedon）。后来的罗马人则称其为“迦太基”，并把该地居民称为“布匿人”（Poeni或Punes）。到了公元前6世纪中叶，迦太基人在地中海这一区域的力量已不可小觑。

地中海东部的航海者们的兴趣在贸易，不在建城。尽管现代人不相信，但迦太基人似乎的确是既想控制航线也想控制领土。根据罗马时期的记录，早在公元前6世纪中叶，迦太基人就侵略并占领了西西里部分地区[9]。当然，我们不应不加批判地相信后人关于迦太基人野心的说法。在后面的章节里我们将会看到，罗马曾与迦太基打了三场艰苦卓绝的战争。一个自古便有军事野心的“国家”敌人形象正符合罗马人的叙事要求。

话虽如此，确实有希腊历史学家提到迦太基人和赛利努斯希腊人之间发生过一场战斗，很多希腊士兵倒在了城墙下。这一时间不明的事件或许发生在公元前6世纪。我们将在下一章看到，迦太基人与彼时（公元前508年）新兴的意大利签订了协议。根据一名古代作家的记录，该协议提到“迦太基人控制下的西西里部分地区”[10]。到了同罗马人打交道的时候，迦太基早已将该岛西部视作自己的领土。

在德尔斐的考古学博物馆里，参观者可以一睹希腊最杰出的雕塑之一。我曾经和一名艺术家朋友一起站在那尊青铜雕像前面，那是他第一次见到这尊雕像。他完全折服于雕塑家对细节的超凡关注，比如，对脚部血管的表现，青年脸上浮现出的宁静的美，以及一丝丝金属睫毛。

这尊战车御者雕像的出资人是名来自西西里的希腊富豪，他想以此纪念自己的车队在德尔斐人为崇敬阿波罗而举办的四年一度的四马战车赛中获胜。雕像基座的铭文刻着资助者的姓名。原来，他乃是公元前5世纪七八十年代西西里最有权势的家族一员。

在一代人的时间里，这个家族的四兄弟像统治一个王朝那样通过紧密联盟共同控制着西西里的希腊定居点。四兄弟中为首的盖隆（Gelon）首先在盖拉攫取了军事大权，继而占领了东海岸的希腊城市叙拉古，将那里作为自己的基地，把盖拉让给了一个兄弟。在盖隆之前数代，定居在叙拉古的科林斯人已经占有了大片腹地，并将其分成小块，当地贵族也因此被称为“地块分享者”。该地区是极佳的天然港口。由此出发，一条沿着海岸的航线连接了意大利东南部与从如今的普利亚（Puglia）至希腊西部近海岛屿之间的公海。

几兄弟帝王般的豪举还包括与其他西西里僭主联姻，以及耗费巨资在更广阔的希腊舞台上展现其文化领域的卓绝形象，德尔斐的战车御者雕像便是其中一例。反过来，僭主们也将从希腊到东方世界的一众文化名流吸引到了西西里。

这一系列事件说明，定居西西里的希腊贵族的文化取向始终跟随着其祖国——也就是其家族源出之处——的旨趣。它也说明了希腊人居住的西西里地区的贵族文化何以能与当时希腊其他地区媲美，尤其是当岛上的政治力量和文化潮流被野心勃勃的僭主及其宫廷掌握之时。

西西里的希腊人斥巨资吸引寻找资助的希腊艺术家，这是人尽皆知的，与此相对，古风时期的西西里希腊文化究竟有多少创新则是个复杂的问题，恐怕得花上一本书的篇幅讨论。在此，我们只能寥寥数笔带过。可以肯定的是，西西里的希腊文化曾有过辉煌之时。

公元前6世纪那些土生土长的语言大师里有一位名叫斯泰西科

拉斯（Stesichorus）的希腊诗人，他以原创长诗的方式重述了希腊神话。据说，后世鼎鼎大名的雅典剧作家埃斯库罗斯和欧里庇得斯（Euripides）笔下的神话篇章也受到他的影响。与悲剧作家一样，希腊喜剧作家亦是诗人，他们（就像莎士比亚那样）以诗文的形式组织人物对话。公元前4世纪的雅典哲学家柏拉图将另一位不太知名的西西里作家誉为“最杰出的喜剧诗人”[11]。这位埃庇卡摩斯（Epicharmus）很可能也影响了公元前5世纪的雅典喜剧，我们将在下一章讨论。

在视觉艺术方面，以神庙为例，若用现代审美眼光来看，西西里的神庙无一比得上帕特农神庙。但古希腊人更注重的是建筑的规模而非外观，就此而言，西西里的神庙绝不输于帕特农。阿克拉加斯的希腊人在公元前6世纪晚期修建的奥林匹亚的宙斯神庙得到了三个世纪之后希腊大陆作家的赞誉，称其“规划和规模在希腊建筑中首屈一指”[12]。这无疑是对其规模和设计的双重认可。

如今，阿格里真托（Agrigento）的博物馆有一间专为此非凡建筑而设置的巨型大厅，里面展示了修复后的神庙残余部分中最惊人的设计。那是一组约25英尺高的裸体男性形象，每一尊都由很多小石块构成。这些雕像不知怎的被组合成这种（早已坍塌的）结构。这正是其独创性所在，但现代考古学家仍无法就其确切的意向达成共识。

盖隆时代之前，从没有外来势力觊觎西西里希腊人的财富。但在盖隆统治时期，西西里的希腊人第一次遇到了来自海上强敌的实实在在的威胁。西西里北部的一个戏剧性发现活生生地重现了当时的情况。本世纪初，意大利考古学家发现了一大片成年男性墓地，整整齐齐地安放了不少于65具尸体。这些尸体均带有暴力创伤痕迹，其中一具骸骨上还留有一片矛头。

这个小小的发现将时间指向了公元前5世纪初，也让人们联想起公元前480年的一场大战。此处考古学现场位于巴勒莫（Palermo）以东25英里，毗邻高速公路。迁居来的希腊人在面朝大海的峭壁上建起了他们在该地区唯一的基地。以希腊定居点命名的希米拉（Himera）战役就发生在峭壁脚下，而群墓所在地定然曾上演过最激烈的搏杀。

战斗的一方是从西西里岛西岸经海路而来的迦太基大军，他们的战略意图似乎是向西西里西部扩张。当地的希腊人由盖隆统治，其岳父、阿克拉加斯的僭主，于公元前483年控制了希米拉。战斗的另一方就是这名岳父率领的大军以及由他的亲戚率领的叙拉古增援部队。在持续了一整天的鏖战中，希腊人烧毁了迦太基人停靠在岸边的船只，击溃了军心涣散的敌方，歼灭、俘虏无数。结果，迦太基人暂时不敢垂涎西西里。

盖隆及其家族迅速将击溃非希腊入侵者的消息传遍了大希腊。法国考古学家在德尔斐也发现了盖隆的胜利纪念碑基座。根据古代作家的描述，基座之上原本是高大的立柱，顶端有黄金三足鼎和希腊胜利女神像。

据说同一天，在雅典附近的萨拉米斯海峡，一支希腊联合舰队在对抗由薛西斯（Xerxes）“大王”率领的波斯无敌舰队的海战中取得了决定性胜利。一年之后，一支希腊联军在希腊中部高原击败了波斯入侵者的残余部队。为了纪念这场胜利，希腊联军在德尔斐竖起一尊金鼎，同样立在高高的柱子顶端，好让所有人看见。鉴于盖隆在此献祭的目的是自我标榜，因此可以认为，他的三足鼎的铸造时间晚于希腊本土人献祭的那尊。他希望借助这一真真切切的比照，将自己击败迦太基人的伟业与希腊击败波斯人的事迹相提并论。

盖隆在希腊世界里吹嘘自己的成就还有另一个动机。根据历史学家希罗多德的记载，希腊本土曾派使者向盖隆请求军事支援以对抗薛西斯，并尊他为“西西里之主”[13]。据说，盖隆答复使者说，他很乐意提供帮助，但希腊联军要由他指挥。骄傲的斯巴达人无法接受这个条件，使者只能无功而返。

希罗多德接着讲述了另一个故事，让我们更好地了解盖隆这名冷静精明的政客，以及他为何在波斯人溃败后展开“公关攻势”。听说一支波斯军队踏入希腊领土，盖隆派出三艘载满钱财的快船驶往德尔斐。他下令船只在那里等待战争结果，如果希腊人赢了，就把钱财带回来；如果波斯人赢了，就将钱财送给波斯人。希腊人的团结精神不过如此。

带着希米拉的战利品和俘获的劳力，盖隆家族在西西里的希腊城市中展开了新一波公共工程建设。在随后的公元前5世纪，西西里岛居民如同处在世外桃源，直到外界再一次将贪婪的目光投向他们的财富。

希腊移民居住的西西里地区在早期的希腊海外定居点中独占鳌头。历史学家们并不认为该岛移民的文化有较高的独创性，但却为他们留下的物质遗产惊叹不已。普遍认为，就财富而言，西西里的遗产超过了除利比亚之外的所有已知的希腊海外定居点。

在班加西（Benghazi）以东约130英里的富饶的沿海地带，有个叫作昔兰尼（Cyrene）的地方，来自古代希拉（Thera）——即如今的圣托里尼岛——的多利安希腊移民生活富足而平静，他们修建了希腊式庙宇，似乎并未受到该地先前居住者的打扰。

后来，西西里被近邻北非和意大利控制，生活在这里的希腊人就不再那么幸运了。这三个毗邻的社会既受到希腊人的影响，也彼此相互交流，对古地中海文明发展起到了决定性的作用。接下来，我们就要仔细了解一下这三个社会。

第六章　遭遇（西方）邻居

定居在北非迦太基的腓尼基移民后裔逐渐组建成一个较先进的社会，拥有了书面语言和某种类型的文学作品。讲求实际的罗马人对他们的一本农业指南书籍推崇备至[1]，将其从腓尼基文翻译成罗马人使用的拉丁文。不过，由于迦太基人融入了另一个没有留下书面记录的古老文明，因此除了以短小铭文为主的部分文献，迦太基的文字资料几乎荡然无存。如今，我们只能借助希腊和罗马作家的作品去想象那如梦如幻的迦太基。

正如我们所知，生活在西方的希腊人早在古风时期就已对迦太基人心存忧虑。迦太基的阴影不仅从未散去，反而在六个多世纪里不断增长，直到有朝一日对罗马构成了威胁。这一点我们将在后面的章节谈到。希腊和罗马作家们的故事奠定了迦太基人在如今人们记忆中的形象。

由于罗马人在公元前146年就消灭了原本的迦太基人，而希腊和罗马社会则一直存续到基督纪元时代，因此，这些故事看上去可能像是“胜利者”书写的历史。古代作家关于迦太基人的那些最具争议性的论断为19世纪的法国作家居斯塔夫·福楼拜（Gustave Flaubert）小说中的虚构场景提供了素材，这部以古迦太基为背景的小说题为《萨朗波》（*Salambô*），出版于1862年。

此刻，一个受了惊骇、面容因恐惧而苍白扭曲的人将一个孩子推上前；接着，可以辨认出巨人手掌间的那个小黑块——它沉入了开口处。祭司俯下身……一曲新的颂歌喷涌而出，庆祝着死亡的欢乐与永恒的再生。[2]

福楼拜在此想象出将儿童“包裹在黑罩中”献祭的场景。文中的巨人是腓尼基神的雕像，这名神祇对应着希腊万神谱中同样喜欢吞食人类幼童的克洛诺斯，后者吞食了自己的孩子，只有宙斯幸免。福楼拜的灵感似乎得自希腊西西里一个名叫狄奥多罗斯（Diodorus）的古代作家，后者同样描写了迦太基雕像的姿态：雕像的双手伸出，向下倾斜，“每个落入其手的孩童都会滚进烈焰翻腾的洞口”[3]。

其他希腊和罗马作家也提到过迦太基人的献祭，显然，该做法在地中海一带广为人知。尽管听上去像是带有强烈敌意的政治宣传，但这种古老传统的真实性已被考古发现证实。1925年，考古学家在迦太基发现了一片献祭场，献祭场的不少石块上用腓尼基文字刻着迦太基人的献祭辞，标记出存放火葬婴儿骨灰的陶瓮的地点。考古学家也在这里找到了绵羊和其他动物的骸骨，由此可以大致认定，此处乃是献祭场，而非墓地。

从此处以及地中海地区另外10个同样被认定为腓尼基定居点——包括西西里的摩提亚——得到的考古发现在现代学者中引发了一场激烈的辩论。焚烧过的骨骼和刻有“mlk”的铭文无可辩驳，在腓尼基语中，这个词汇的意思显然是牺牲品，从而证实了希腊和罗马作家记述的传说。

从铭文判断，奉上祭品的主要是男性，但偶尔也有女性，他们献出自己的一名亲生骨肉以立誓言或作为对神祇的感谢，而且可能仅仅发生在紧急状况下。在摩提亚，意大利考古学家们根据火化的骸骨估算，每年只有一对孩童会被作为牺牲。至于该宗教实践的源头，可能可以追溯到铁器时代早期从地中海东部迁居来的腓尼基人。《圣经·旧约》里则提到，类似的仪式出自迦南人，确切地说，出自亚伯拉罕（Abraham）[4]。

如今，绝大多数人会将有意焚烧活人的举动视作野蛮行径[5]。然而，用当代标准去判断远古时代的迦太基人却是毫无意义的。风俗是宗教信仰的一部分，因此也是道德准则的一部分。这种做法并没有减损希腊人和罗马人在其他方面对腓尼基人的迦太基之羡慕。

他们对迦太基政治的稳定赞赏有加[6]。公元前4世纪晚期，希腊哲学家亚里士多德特别指出，迦太基的普通民众似乎对他们自己的管理体制相当满意，他称，事实表明，他们从未诉诸群体暴力，也从未拥戴过某个僭主。罗马政治家西塞罗（Cicero）则肯定了掌控迦太基大权近六个世纪的统治阶层的“判断力与素养”[7]。自始至终，贵族集团似乎都有强大的影响力，尤其是在迦太基军事指挥的任免方面。希腊和罗马社会上层集团同样喜欢采用这种政治领导的形式。

由故土西迁的腓尼基人主要从事商贸活动。希腊人认为，他们对定居点的选择正是基于这一考量：岬角和近海岛屿——例如西西里的摩提亚或迦太基——既适合作为与当地人进行贸易交流的站点，也适合充当长途海运的停靠点。在希腊人眼中，迦太基就是财富的代名词。这些财富大部分源自商贸，既有海运和售卖经营所得，也有在迦太基人领地上为出口而生产的商品利润。

在彼时的商贸交流中，有一种商品未必是最有价值，但对于今天的人们而言无疑是更容易辨识的，那就是农产品。考古学家在陶质双耳细颈瓶[8]以及其中的残留物中找到了农产品贸易的痕迹，这些陶瓶是为海运装载货物而手工批量制造的。对这些考古发现的分析显示，自公元前7世纪起，迦太基出产的双耳细颈瓶中盛放的可能是橄榄油、葡萄酒、腌制的鱼和猪肉。在西班牙西海岸、法国南部、撒丁岛（Sardinia）、西西里、意大利南部以及北非的某些地区，都可以找到迦太基双耳瓶的踪迹。来自迦太基占撒丁岛时期的水下考古发掘物则显示，这些双耳瓶还被用来盛放切成小块的绵羊肉、山羊肉和牛肉。

考古学家们认为，早在公元前7—前6世纪，迦太基的腓尼基移民就已掌控了定居点周边的肥沃腹地，即如今的突尼斯郊区。一名古希腊作家从三个世纪后（公元前310年）一支入侵军队的视角对这片土地进行了独特的描述：

> 他们行军必经的郊野被划分成各类花园、菜园和种植园，汩汩溪流通过小水渠被引入园中，灌溉着每一片土地。乡间农舍鳞次栉比，风格奢华，全都经过粉刷，足以显示出房主的富有。农舍里娱乐享受之物应有尽有，可见当地居民长期生活安宁，积累了丰富的物资。田间种着葡萄、橄榄树和密密匝匝的各种果树。从这片平原上四下望去，牛群和羊群悠闲地吃着草，邻近的草甸上则牧马遍野。[9]

这段描述清晰地表明，当时，富有的迦太基人中不仅有商人，也有地主，后者在乡间农舍里悠然而居。当罗马人将28卷本的迦太基农业专著译成拉丁语时，他们所渴望的正是这种带来了田园诗般富饶与繁荣的农业智慧。

恰巧，上面这段描述与迦太基双耳瓶残留生物标本所显示的公元前310年迦太基乡村腹地的农产品完全吻合。这些农产品大部分为迦太基人自己食用，也有一部分要用于供养迦太基军队。

让我们来看看公元前480年的情况。根据一名希腊历史学家的记述，迦太基人曾从撒丁岛——而非其母邦——派出商船，为在希米拉战役中被叙拉古的盖隆击败的入侵军队提供粮食[10]。他还在同一文中提到，撒丁岛在彼时已成为迦太基的领土。

古希腊人认为，迦太基统治者直接介入了其治下的农事活动。学者们能知道这些，完全是后世一个不知名的希腊作家的功劳。他写了一本“逸闻”汇编，这个既为了娱乐大众也为了晓谕世人的传说文本为我们保存了以下信息：

> 如今，（撒丁岛）不再富庶，因为在迦太基人统治期间，岛上所有可做食物的果树都被毁坏，居民如果胆敢种植此类树木，将受死刑惩罚。[11]

倘若这段文字可信，那就意味着，迦太基统治者一度试图使用铁腕手段，以牺牲撒丁岛上其他作物为代价来提高粮食产量。考古学家在现代撒丁岛乡村展开了田野调查，以期获取古代人类的活动迹象，然而他们发现的陶片却并不能为上述猜想提供佐证。[12]

古陶片的分布情况暗示了当地农业管理的多元化，而非同质化。在岛上的某个地方，或许有类似于采邑庄园的“大户人家”，而其他地方则有很多自由拥有中小规模土地的耕作者。因此，关于迦太基为了获取所需资源而采用苏维埃式中央计划农业经济的观点，虽令人眼前一亮——如果确实如此的话——却尚未得到证实。

为了保护贸易利益，迦太基人与其他地中海国家签署了正式协议。在公元前2世纪的罗马仍能见到这些早期（公元前508年）外交文书的拉丁文本，不过根据希腊作家波利比乌斯（Polybius）的说法，“古代语言和当今罗马语的差异”给理解那些文书制造了障碍。

波利比乌斯的历史文稿保留了一段友好协定的内容，从中可见，迦太基人希望保证自己同外国人——此处是指罗马人——开展贸易的地方免遭侵犯。另一些协定还禁止沿非洲海岸航行的罗马船队向西越过所谓的“贸易角”——或许就是迦太基东北方75英里处的邦角。

迦太基人的另一件武器是海军。希腊历史学家希罗多德曾提到参加科西嘉（Corsica）海战的一支迦太基舰队。当时，居住在该岛的希腊人船只“骚扰、掠夺”往来于地中海这一地区的迦太基商人，此举激怒了迦太基人。海战以希腊定居者们被迫放弃科西嘉、逃回意大利南部而告终。

这场海战发生在公元前535年左右，在历史学家们眼中，它是迦太基人在西地中海建立海上霸权的重要一步。不过，迦太基人的胜利绝非凭一己之力，他们再次展示出早年建立“国际”关系的才能，让这场战役成为深受科西嘉地区希腊海盗困扰的海运贸易从事者的共同事业。某个说意大利语系语言的部族出动了60艘船只与迦太基人并肩作战，他们最为今人熟知的名字是伊特鲁里亚人（Etrusci）。

距我现在所在的英格兰南岸最近的“伊特鲁里亚人”生活在此地以北约220英里处。在被并入特伦特河畔斯托克（Stoke-on-Trent）的城郊之前，这里曾有一个隶属斯塔福德郡（Staffordshire）的小村庄，叫伊特鲁里亚（Etruria）。如今，这里仍有一所伊特鲁里亚小学、一座伊特鲁里亚会堂，甚至还有一条伊特鲁里亚街。历史上，英国中部地区爆发的这股子“伊特鲁里亚热”源于一名英国陶器生产商掀起的时尚潮流，此人叫约瑟夫·韦奇伍德（Joseph Wedgwood），他在那个新兴小村庄里开了一家新工厂。

那是1770年的事。彼时，恰逢一名意大利古文物研究者出版了博大精深的巨著《伊特鲁里亚瓶画》（*Etruscan Vase Painting*）。18世纪的考古研究人员在如今的托斯卡纳（Tuscany）发现了大量带有装饰画的古老器皿。该地区大致从罗马直到佛罗伦萨（Florence），曾是古伊特鲁里亚人的故乡。这些花瓶在富有的欧洲人中成了珍贵的藏品。而对于那些买不起真品的人，韦奇伍德的工厂则提供了根据古老造型与装饰风格生产的现代仿制品。他将自己的生意模式概括成一句拉丁文宣传语，翻译过来就是"伊特鲁里亚艺术的再生"。

对于研究古代史的人而言，欧洲近代史中这段小插曲的价值主要在于捕捉了公元前6—前5世纪时期的古伊特鲁里亚贵族的文化偏好。有人假设，既然这些古代陶瓶出土于古伊特鲁里亚墓穴中，因此必然出自古伊特鲁里亚人之手。但早在18世纪，便有敏锐的学者对此提出了质疑。

到了19世纪中叶，专家们已经确认，这些瓶子乃是进口到伊特鲁里亚的。从风格和工艺来看，此类橙黑相间的陶器出自古希腊陶工之手，且远远不能满足古伊特鲁里亚贵族的需求。

为了理解以希腊人为代表的外来人为何想同古伊特鲁里亚人做生意，来到托斯卡纳参观的历史爱好者们不妨去托斯卡纳矿山公园走走。这片面积约420平方英里的保护区内山丘连绵，蕴含丰富的铅、锌、铜、银和铁资源。保护区里不乏采矿的痕迹，有新有旧。

古代伊特鲁里亚人是史料记载中该地区最早从事矿物开采的人。依旧是前面提到的那个汇编"逸闻"的古代作家写道：

> 据说，在伊特鲁里亚有个叫伊塞利亚（Aethalia）的岛屿[现在的厄尔巴（Elba）]，过去曾有人在此开采铜矿，他们所有的铜质器皿都是用这里的铜制造的。后来，再也找不

> 到铜矿了。但很久之后，人们在同一个矿穴中又找到了铁矿，住在这个叫作波普洛尼亚（Populonium）的小镇上的伊特鲁里亚人至今仍在使用这里出产的铁。13

事实上，关于外来商人在伊特鲁里亚海岸交换的是哪些希腊商品，我们掌握的只是一些蛛丝马迹。正如我们所知，希腊先民们在更靠南的伊斯基亚岛建立了定居点，即古皮提库萨。考古学家们在那里找到了进口铁矿石的迹象。

刚刚提到的波普洛尼亚是一个伊特鲁里亚港口城市，位于托斯卡纳西北地区。如今，这里有个考古公园，连绵起伏的原野一直延伸到树木繁茂的海湾，参观者可以想象自己置身于古代铁匠的世界。来自另一个伊特鲁里亚贸易点的惊人发现，则确认了古风时期的希腊商人曾造访这片海岸的事实。

1970年，考古学家们在伊特鲁里亚最重要的古城塔尔奎尼（Tarquin Ⅱ）的港口一处圣所挖掘时，发现了一块尖端略细的石头，竟是一只古代船锚，它原有的主人在上面刻了字，将其留在圣所。这些公元前500年左右刻上去的希腊字母写着："我属于埃伊纳（Aegina）的阿波罗。（—）[1]之子索斯特拉图斯（Sostratus）制造了我。"14

专家们很自然地推断，这名古风时期的希腊船主与拥有同样的名字、来自雅典港口比雷埃夫斯（Piraeus）外的希腊岛屿埃伊纳的成功商人正是同一个人。根据历史学家希罗多德的记载，他是当时所有希腊商人中最成功的，"无人可及"15。

对矿产的控制似乎在创造伊特鲁里亚财富的经济体系中占有重要

[1] 此括号内为船锚上模糊不清、无法辨认的文字。——编者注

地位，但具体情况就好比透过毛玻璃看风景，这也是我们研究古代经济生活时常常遇到的问题。多亏了伊特鲁里亚人的葬礼风俗，以及如今陈列在世界各地不少博物馆中的精雕细作的墓葬品，我们倒是比较容易推测出他们是如何挥霍财富的。

柏林老博物馆的一大亮点来自被考古学家称为塔尔奎尼武士之墓的文物，其中包括一套华丽的武器和铠甲。这一整套装备表明，死者来自那个崇尚武力的社会中的上层，是名战斗精英。有一种说法认为，公元前8世纪后期的“武士诸侯”靠向来此寻找金属资源的外国人收取“保护费”发财。

公元前7—前6世纪，与海外的接触和金属矿产带来的财富似乎以某种方式刺激了伊特鲁里亚公民社会的发展。公民社会的理念想必是伊特鲁里亚的统治者们从古风时期新兴的希腊城邦借鉴而来，其发展结果就某些方面而言也足以媲美希腊城邦。专家们再一次从墓葬风俗中找到了标志着这次转型的证据。

在伊特鲁里亚人留下的遗迹当中，令人印象最深刻的是那些主宰着伊特鲁里亚城市生活方方面面的富有寡头的墓地。在伊特鲁里亚古城卡里（Caere），即如今的切尔韦泰里（Cerveteri），参观者可以沿着供同一家族几代人使用的陵墓街道漫步。这里的气氛令我想起巴黎独一无二的匹克普斯（Picpus）墓园，那里的小路边也排列着法国高等贵族的家族墓地。

墓地体现出伊特鲁里亚社会的两大特点：大家族的奢华生活和女性的“自由”。对此，社会价值观保守得多的古希腊人用惯常的夸张手法给予指责。一名（男性）希腊作家引述了另一名早期希腊作家（公元前4世纪，同样是男性）以为佐证：

> （某某说）伊特鲁里亚人有一项法律规定，所有女性都应与男性一样：女性最关注的是自己的外表，常常当着男性的面赤身裸体地练习体操，有时还结伴练习，因为对她们来说，裸体被别人看见并不可耻。她们不与自己的丈夫共同进餐，而是与随便哪个恰好在场的人一起用餐，为任何她们心仪之人祝酒。她们是宴会上的绝色佳侣。[16]

我们可以从墓地中找到部分真相。塔尔奎尼的伊特鲁里亚墓地建造者对壁画的热衷让人们联想起古埃及的坟墓，因为他们也描绘了体现伊特鲁里亚生活方式的种种形象。修建于公元前480年左右、被称为花豹之墓的墓穴就是极好的例子。整个主墓室的表面都涂着色彩明快的涂料，墓室四壁的条幅画描绘了宴会上的人们成双成对共享卧榻的场景。

伴着乐师和裸体的侍者，这一幕乍看好似希腊宴饮。然而，此处出现的并非雅典陶器画师在酒宴器皿上绘制的那种男性同伴图。伊特鲁里亚壁画中出现的伴侣有男有女，女性穿戴整齐——至少并非一看上去就像希腊艺术中描绘的妓女形象——且似乎同样享受着那一刻的欢愉。这令如今的观看者不禁猜测，她们究竟是谁？是那些男性的妻子，还是“不与自己的丈夫共同进餐”的自由女性？

正如此例所示，伊特鲁里亚文化与外来文化相互交融，但无论是社会实践还是艺术形式，伊特鲁里亚人都秉持取他山之石为我所用的态度。这一点同样表现在他们的文字上。柏林老博物馆里还有一件伊特鲁里亚文物，看上去有点像黏土瓦片，但上面刻有文字。这是现存最早的刻有伊特鲁里亚文字的物品之一。他们的文字源自希腊早期的一种地方语言，而希腊语字母又是从腓尼基字母演化而来。学者们已经破译了部分伊特鲁里亚文字，这块公元前470年左右的黏土瓦片上记录的是伊特鲁里亚圣殿祭司举行仪式的日期。

伊特鲁里亚的多神信仰宗教、那些令人联想起希腊神殿（但又不尽相同）的庙宇以及动物献祭仪式，都与希腊和罗马的宗教文化有着相似之处。几个世纪以来，思想、实践和神学观念定然已在这些比邻而居的社会中传播流转。然而，1877年意大利北部皮亚琴察（Piacenza）附近偶然出土的一件文物（如今保存在该市的考古学博物馆中）却向困惑的今人径直展示了古代宗教仪式中一个古怪而奇妙的方面，而伊特鲁里亚人也因此闻名天下。

这个奇怪的东西是只青铜羊肝，制作得惟妙惟肖，甚至还有凸起的胆囊。肝脏被分割成40份，每一份都刻有伊特鲁里亚文字，为利用真正的肝脏进行占卜的预言者提供了初级指南。当伊特鲁里亚占卜者试图从献祭动物的内脏中解读出神的旨意时，他们要面对的就是这样的场景。占卜者也会通过查阅伊特鲁里亚神学书籍的方式丰富自己的阅历，这些典籍由掌管此类事务的古老家族负责编纂，该做法一直延续到基督纪元前几十年。

我之所以在此提到这项被今人称为extispicy（源自拉丁语，意为“查看内脏”）的技艺，乃是因为它是伊特鲁里亚人留给近邻罗马人的最重要的遗产之一。数世纪以来，罗马人一直倚仗伊特鲁里亚占卜者来帮他们解读令人不安的预兆。这些占卜者，无论是真正的伊特鲁里亚人还是接受过伊特鲁里亚占卜训练的罗马人，都被称为“内脏占卜师”。总而言之，在罗马人的记忆中，伊特鲁里亚是意大利地区的强国：

> 在罗马取得霸权之前，伊特鲁里亚人的势力遍及海洋与陆地。他们控制了两大海域，意大利如孤岛般被围在其中。这一点从名字就可以看出。意大利人依照大众习惯称

其中一片海域为“托斯卡纳海”，又用托斯卡纳殖民地亚得里亚（Atria）的名字称另一片海域为“亚得里亚海”（Atriatic）。17

这段文字出自公元前1世纪晚期的罗马历史学家李维（Livy）。伊特鲁里亚霸业的性质不太容易界定。它显然不是帝国，因为伊特鲁里亚人自己从未实行集权统治，他们虽然在“外交事务”中协调一致，但仍不过是由12个小国组成的联邦而已。

不过，即便伊特鲁里亚算不上“帝国”，其以塔尔奎尼等沿海地区为基地的战舰依旧是个实实在在的威胁，且威胁到的不仅仅是居住在科西嘉的希腊移民。1817年，人们在奥林匹亚遗址发现了一只青铜头盔，它出自伊特鲁里亚人之手，如今保存在大英博物馆里。不过，头盔一侧却刻着三行古希腊文字：“狄诺米尼斯（Deinomenes）之（子）[1]西耶隆（Hieron）和叙拉古人，（将我献）[2]给宙斯，从库迈（Cumae）的第勒尼人（Tyrrheni）（伊特鲁里亚人）[3]缴获的（战利品）[4]。”18库迈是位于那不勒斯湾的希腊人定居点。当地人频受伊特鲁里亚战舰侵扰，曾派出使者向当时希腊西西里地区最强大的人、盖隆的兄弟、叙拉古的西耶隆寻求帮助。西耶隆应允，率舰队北上，在库迈海战中击败了伊特鲁里亚人。他在众多希腊人的见证下将缴获的头盔献于奥林匹亚，此举与其家族的其他成员在希腊本土宗教圣地的所作所为一样，也是为了自我标榜。仰赖一名后世希腊历史学家的记

[1] 此括号内为磨损无法辨别的字迹，由作者补全。——编者注

[2] 同上。

[3] 同上。

[4] 同上。

述，我们得以知道该事件发生的确切时间：公元前474年[19]。

从后世历史学角度看来，西耶隆的头盔标志着伊特鲁里亚势力开始走向衰落。台伯河（River Tiber）将伊特鲁里亚人与古代意大利的另一个前希腊种族分隔开来。同伊特鲁里亚人一样，这些意大利拉丁人的历史可以追溯到铁器时代早期，且在公元前6世纪就确立了种族认同。但与伊特鲁里亚人不同的是，早在西耶隆献祭头盔时，其中一个位于台伯河上游15英里处的拉丁部族便已然凌驾于其他部族之上。

古罗马随处可见的遗迹往往令现代参观者对这座不朽之城赞叹不已。但期待看到12个世纪以来重重叠叠的古典建筑的参观者可能也会心生困惑。这座古城最令人费解的角落是融入公园大道的小丘，那里曾是罗马贵族和后来皇帝们的居住地。仅是看看那些废墟的现代平面图就足以令人眼花缭乱，尤其是可俯瞰圆形竞技场的帕拉蒂尼山（Palatine Hill）东南侧。

如今，一个不起眼的现代遮阳棚保护着考古学家们1946年的考古发现。此处发现本身甚至都算不上建筑，只有几个为了竖木桩子而在基岩上人工挖凿的洞。这是由树枝和黏土搭建的小屋仅存的痕迹，从建筑学角度而言，与高高耸立其上的后世宫殿和庙宇形成鲜明对照。然而，这栋公元前8世纪的小屋却令考古学家们兴奋不已，因为后来的罗马人精心保存了几栋这样的小屋，作为其社群起源故事的证明。

根据基督纪元前生活在罗马的一名希腊作家的记述，他见过其中一栋小屋，其地点与木桩洞发现地大致在同一个区域：

> 罗穆路斯和雷穆斯过着牧人的生活，靠劳动谋生。他们大部分时间住在山丘上，用木桩和芦苇建起小屋。这些小屋中的一栋直到今天仍在，就坐落在帕拉蒂尼山面对圆形竞技

场的山坡上，叫作罗穆路斯之屋。那些负责看护它的人既守护着它的神圣，又要防止人们将它修缮得更宏伟。当小屋因风吹日晒受损时，他们尽可能在修复过程中保持其原貌。[20]

从考古学角度而言，原本的小屋早在公元前7世纪便已不复存在。但罗马人似乎相信，他们的祖先曾居住在这里。一栋建于铁器时代的小屋，因频繁修缮以至于更接近于复制品而非真品，却被后来的罗马人认作“罗穆路斯之屋”，倒也绝非不可想象。

从此例文物管理的早期实践中可以看出，罗马人非常重视本族的起源。因此，罗穆路斯传说内容的那种特殊类型就难免令人惊讶。罗穆路斯和孪生兄弟的出生以及得到母狼哺乳，这些情节或许带有恰到好处的传奇色彩，但之后的兄弟相残和卑劣行径就不那么光彩了。

罗穆路斯杀死了亲兄弟雷穆斯并在台伯河畔建立了自己的新城市之后，随即宣布该城为一切逃亡者坚固的庇护所。如此一来，他便吸引了周边所有“默默无闻、地位卑微”[21]的人，“无论是自由民抑或奴隶”。斯巴达的上层人称自己是赫拉克勒斯的后裔，雅典人说自己源出阿波罗，罗马政治家西塞罗则将罗马人笼而统之地叫作“罗穆路斯的糟粕”[22]。这个故事意义重大，因为它不仅让欢迎外来者的传统与罗马人的起源联系在一起，而且还赋予该起源一种平民主义的色彩。

另一个起源故事则令现代人感到不适，因为它涉及大规模诱拐未婚女性。成功地将男性吸引到罗马之后，罗穆路斯还需要女性来确保该城的延续。在他的唆使下，年轻男性们利用比邻而居的萨宾人（Sabini）来罗马参加宗教节庆的机会掠走了他们的少女。这些女孩被迫与罗马人成婚。罗马历史学家李维再次为我们提供了细节描述。他写道，她们的“丈夫们”试图“用不可抗拒的激情为借口——这种托词比其他任何托词都更能打动女性的天性”[23]来掩饰集体强奸行为。

如今的历史学家要问的是，当李维选择详述这段情节时，究竟抱着怎样的目的。从现代人的观点看来，这似乎反映出古罗马社会的暴力，甚至是对女性的厌恶心理。但在后世那些听着李维作品被高声朗读的罗马人眼中，萨宾女孩们的遭遇或许恰恰是又一个能够说明罗马人多么愿意与外来者分享其生活方式的例子。根据李维的记述，那些罗马丈夫为了赢取新娘的心，许诺她们会获得罗马“公民身份”。不仅如此，“最最亲爱的人，她们将是自由民的母亲”[24]。

罗马人自认的起源并非全都那么不光彩。罗穆路斯本人出身皇室，这使得最初的罗马人拥有不凡的血统。当他的祖先——同样也是个外来人——率领部族来到这片土地上时，当地统治者“对这群人和这名英雄的名望惊讶不已”[25]。那是因为，这个刚刚来到意大利的人正是特洛伊的埃涅阿斯（Aeneas），荷马史诗《伊利亚特》中英勇的武士、特洛伊的王子。于是，罗马人也将自己视为特洛伊后人。这一谱系说明，罗马人认为古代意大利始终与东方有着某种关联。

后来，罗马人开始自己书写历史。李维的创作期在公元前1世纪后期，他的拉丁文作品是现存最早的由生活在古代罗马的罗马人留下的记录。真正意义上的第一位罗马历史学家只比李维早两个世纪，但其作品已经遗失。当罗马人第一次将自己的历史拼接在一起时，他们对那段历史究竟有怎样的认知？他们从自身的口头传说中吸收了多少？从古希腊作家——后者自公元前5世纪起就对罗马人产生了兴趣——那里借鉴了多少，又有多少是他们凭空编造出来的，当今的学者们无从知晓。

部分早期的历史叙事中带有民俗元素，比方说罗穆路斯被放在婴儿篮里顺水而漂，被一头雌性动物喂养（古代近东地区常见的故事）。另一些观点认为，后人编造的背景故事缺乏事实根据，比方说城市的名字（罗马）来自其建立者（罗穆路斯）的名字。

后世的罗马人还相信，他们最初通过选举的方式选出管理这方土地的国王，罗穆路斯是开国君主，其后还有六名国王。据说，这些国王中有两名是外来者，是来自邻近的塔尔奎尼的伊特鲁里亚人。最后一任国王，骄傲者塔克文（Tarquin the Proud），则因其子强奸了一名罗马主妇引发众怒而遭放逐。

随后，罗马人选择用共和制取代君主制，用两名每年一选的官员（即执政官）取代国王。公元前1世纪，罗马人开始为建国大事确定日期，从每年执政官的记录中反推塔克文王朝崩塌的时间，再以此为基础猜测（只能用猜测这个词）早期君王们的年代顺序和罗穆路斯建立罗马的时间。将他们确定的时间换算成我们如今使用的纪年方式，便有了公元前509年的塔克文之死和公元前753年的罗马建城。

伊特鲁里亚与罗马的关系耐人寻味。塔尔奎尼距罗马仅56英里之遥。无论那些关于伊特鲁里亚人在罗马称王的传说背后的真相如何，我们都可以假定，鼎盛时期（公元前6世纪）的伊特鲁里亚人与浑浊的台伯河对岸的邻居罗马人之间必然存在政治和文化上的联系。

从塔尔奎尼继续向北12英里就是另一座伊特鲁里亚城市瓦尔奇（Vulci）的遗址。这里出土了一件从雅典进口的陶罐[26]，如今保存在慕尼黑的一家博物馆里。这只公元前6世纪晚期的陶器上描绘了特洛伊的埃涅阿斯从特洛伊逃亡的场面。考古学家们还在此地的罗马时代的土层中发现了古风时期的希腊碎陶片。也就是说，在古风时期，罗马人和他们的邻居伊特鲁里亚人一样，也接触到了希腊商品，甚至还有希腊思想。

正如我们所见，到了公元前508年，罗马人的实力已引起了远在非洲的强大的迦太基人的注意，并与之签订协议。罗马人意在保护已然形成的区域优势。迦太基人的行动应“无损”于“（罗马）统治下的拉丁人”[27]。展望未来，这里将是后来的罗马帝国的摇篮。而在那之前很久，爱琴海希腊世界的政治自决就已面临着一个更古老帝国的威胁。我们接着就来说说这个帝国。

第七章　“万众之主”[1]——波斯的威胁

漫步在苏丹艾哈迈德广场，如今造访伊斯坦布尔的游客依旧可以一睹那座古老纪念碑的风采。早在当年被君士坦丁一世（Constantine Ⅰ）从希腊圣地德尔斐搬到君士坦丁堡——伊斯坦布尔（Istanbul）的旧称——之时，它就已经是件古董了。满是尘土的青铜柱熬过了这座城市漫长而喧嚣的历史，依旧矗立在17个世纪前罗马第一位基督徒皇帝安置它的地方。

公元前479年，当它第一次被竖立在德尔斐时，基座上还带有一段很可能是非法添加上去的自吹自擂的希腊铭文。这段文字如此浮夸，以至于当时的希腊人差点儿将它抹去：

> 征服了米底人（Medes）的希腊领袖保塞尼亚斯（Pausanias）为福波斯（Phoebus）（阿波罗）建立此柱。[2]

这些“米底人”是谁？在犹太《圣经》里，“真正的”古米底人乃是预言中向巴比伦人（Babylonians）传达上帝之怒的可怕的代理人：

> 看啊，我必挑动米底人攻击他们。米底人不为银子所动，也不喜欢金子。他们的弓必击碎少年人，他们不怜悯襁

襁中的婴孩，亦不顾惜幼童。巴比伦，列国的荣耀……必如遭神倾覆的索多玛（Sodom）和蛾摩拉（Gomorrah）。[3]

《圣经》中的米底人居住在如今的伊朗西北部地区。或许他们的骇人名声早在古风时期就已传到了希腊，这就可以解释为何古希腊人往往将米底人与邻近的伊朗人混为一谈，后者在公元前6世纪中叶取代米底人，成为来自东方的首要军事威胁。希腊人很清楚这些新来的波斯人是谁，但出于贬损对手的目的，依旧坚持称他们为“米底人”，正如上面的铭文中那样。

如此，希腊人便开启了透过虚幻面纱来观察古代波斯人的悠久传统。2006年上映的好莱坞电影《300勇士》将波斯大王薛西斯塑造成一个嘴边没毛、阴柔颓废的人，而将他的斯巴达对手描绘成健硕（且满面髭须）的硬汉。电影制作者对史实的改编不仅在于名字，还抹杀了现代大胡子爱好者们的伟大先驱。其实，薛西斯及其王朝的其他国王都蓄着又长又华美、用波斯艺术精心打理过的胡子。

归根结底，这部影片传达了波斯敌人的负面形象，而这种形象乃是希腊人在波斯战争——或者，按照希腊人的说法，叫“米底战争”——之后制造出来的。希腊人与波斯人之间的这场大战之所以值得特别讨论，原因之一就在于它开启了一种看待“东方”的“西方”的视角，且这种视角的影响力至今犹存。

自公元前540年左右，波斯人在三位开国帝王居鲁士大帝（Cyrus the Great）、冈比西斯（Cambyses）和大流士一世（Darius Ⅰ）的带领下建立了庞大的帝国，比中国的第一个皇帝建立大一统的秦帝国早了三个世纪。这个新兴的波斯帝国的领土从如今的保加利亚一直延伸到巴基斯坦，其全盛时期的疆域无可匹敌。此番成就是波斯人用赤裸裸的侵略创造出来的。坦率地说，他们的目标就是用武力夺取别人的东西——不仅是财富，还有通过永久地征服民众和土地而得来的收益。

中亚，作为一条既古老又现代的路线连接着美索不达米亚平原和伊朗西部的高地。在这里，波斯第三位国王大流士为彰显自己的荣耀建起了一座丰碑。这幅巨型浮雕刻在峭壁之上，好让众人膜拜。画面上那些被缚的俘虏，或在游街，或被国王踩在脚下。浮雕的碑文并非人人都能看见，因为它的高度距地面超过300英尺。

尽管这段铭文以该地区使用的三种古老文字写成，似乎凸显出交流的重要性，但高耸的纪念碑更像是关于永恒的宣告。以下是碑文的开场：

> 我乃大流士，伟大的国王，众王之王，波斯之王，万邦之王，叙司塔司佩斯（Hystaspes）之子，阿萨米斯（Arsames）之孙，一个阿契美尼德（Achaemenid）。
>
> 大流士王说："我的父亲是叙司塔司佩斯；叙司塔司佩斯的父亲是阿萨米斯；阿萨米斯的父亲是阿里亚拉姆涅斯（Ariaramnes）；阿里亚拉姆涅斯的父亲是泰斯佩斯（Teispes）；泰斯佩斯的父亲是阿契美尼斯（Achaemenes）。"
>
> 大流士王说："因此，我们是阿契美尼德。我们自古便是贵族。我们的家族自古便是王室。"[4]

在此，大流士，古代波斯最伟大的国王之一（公元前522—前486年在位），通过表明自己王室成员身份的方式强调了其王权的正当性。这个古老的统治家族中的一连串名字都指向同一个名义上的祖先：阿契美尼德。这段铭文宣称某个个体的统治基础就在于他属于某个特殊家族——现代术语称为王朝，为血统论提供了早期例证。

对于大流士究竟是真的出身于阿契美尼德家族，还是虚构出这个辉煌的祖先以便掩饰自己在居鲁士之子、合法的王位继承人冈比西斯死后那段混乱年月里篡夺权力的事实，专家们仍有争论。无论如何，只有同样是“阿契美尼德”的男性后代才能成为他的继承人。这一做法延续了150年，直到帝国覆灭。照此看来，大流士强行规定王朝原则的努力似乎对波斯帝国的稳定有所助益。

波斯国王们对帝国有着自己的构想，该构想与古希腊人的政治理念格格不入，这一点，我们从位于如今伊朗西南部的阿契美尼德王室墓地就可见一斑。在一个叫作帝王谷（Naqš-i Rustam）的地方，三位阿契美尼德国王的墓穴嵌在悬崖峭壁之内，每个墓穴的一个立面上都刻着同样的浮雕，画面内容均模仿此地最早的墓穴——大流士本人的墓。

浮雕上的每个国王都站立在有腿的类似于平台的王座之上。王座下有两排人，好像抬着王座在行走，另有两个人扶着宝座的腿。每个人像都附有古波斯文标注，“这是波斯人”“这是亚美尼亚人（Armenian）”[5]等等，各自代表着国王统治下的一整个民族。

还有一则文字说明上写着：“这是亚乌纳人（Yauna）。”亚乌纳人是波斯人对“希腊人”的称呼，该词源于“爱奥尼亚人”，意思是小亚细亚的希腊人，他们也成了波斯的属民。很难想象世上还有什么比这更直白的方式来宣告至高无上的统治者与其臣民间的主从关系。难怪希腊人认为波斯国王的属民都是“奴隶”。

从大流士安息之地向南7英里，有一座城市环抱中的恢宏宫殿，同样出自大流士之手。一名古希腊作家称此城为“天下最富庶的城市”[6]。自该遗址被发掘、宫殿得到部分修复以来，此地就成了古代波斯伟业的象征。

1971年，时运不济的伊朗国王决定举办一场奢华的宴会。他将宾客们召集到一座在波斯波利斯（Persepolis）——这是古希腊人起的名字，意思是“波斯人之城”——废墟之上专门建造的帐篷城内。各国元首享用着来自巴黎顶尖餐厅马克西姆的烹饪团队准备的葡萄酒和佳肴，观看了盛装游行，游行队伍中还有由数千名现代伊朗士兵装扮的阿契美尼德帝国军队。

这个古老的皇家中心进一步向来访者展示了波斯人观念中的王权。雕花托板上盛满帝国臣民们献给统治者的礼物，装点着想必是通往宫殿中心的楼梯。大英博物馆伊朗厅里电脑生成的图像魔幻般地重现了宫殿中心古时的盛况：色彩明快的粉色与蓝色立柱巍然林立，立柱顶端精雕细刻的柱头支撑着金色的椽子。

当年的国王大概就是在这里发号施令，处理日常事务，包括坐在宝座上接受朝觐——在说了那么多关于波斯人征服的事情之后，这或许很叫人惊讶。大厅富丽堂皇，意在引人赞叹。它的实际功能或许与近代阿拉伯当权者的传统会议厅（majlis）或觐见厅没什么两样，都是“钩心斗角的舞台，是解决纷争、重新确认效忠的场所，但更重要的，是彰显权力的地方。步入地方统治者的会议厅，就让臣民们有了见识权力之重的机会”[7]。对于阿契美尼德王朝而言，臣民中最强大、最需要被提醒不忘自身地位的一群人就是那些波斯贵族。这些贵族家庭的男性成员会成为国王派驻外省的总督、将军，有时还会当上乘龙快婿。

皇家赏赐和奖励制度将帝国利益重新分配给这些权贵，以换取他们的忠心。波斯帝国历史后期，一名如今在土耳其西部参加行动的希腊士兵的亲眼见闻，为我们了解该制度提供了一丝线索。这名士兵与其他希腊人一起劫掠了一个名叫阿思达特斯（Asidates）的人的财产。此人与妻子和孩子居住在那里，身份类似于封建领主：

> 当他们达到时已是子夜时分，塔楼周围的奴隶和大部分动物都跑了，希腊人未加理睬，一心要捕获阿思达特斯本人和他的财物。当他们发现无法攻占塔楼时（因为塔楼又高又大，带有堞口，还有相当强大的守卫军），就试图挖穿塔楼的外墙。墙有八块泥砖那么厚。但破晓时分，他们终于打开了一个缺口。曙光刚刚照进塔楼，里面就有人用牛叉把最靠近缺口的人的大腿扎了个窟窿，接着他们便不停地向外射箭。[8]

我们无从知晓这名波斯贵族是如何在距家乡1500英里之遥的爱琴海边拥有了要塞。归根结底，他的头衔肯定来自居鲁士大帝对该地区的征服（约公元前550年），换句话说，他的土地乃是波斯人的战利品。分封被征服的领土不仅是一种奖励机制，身处伊朗的国王们试图通过分封来鼓励波斯人移居，在偏远省份的属民中建立起忠诚的社会网。

在邻居希腊人眼里，波斯国王富甲天下。一名古希腊人提到了马其顿的亚历山大征战波斯所收集到的财物，或许就是最好的例证："从各地收集来的珍宝……总计18万塔兰特（银子）。"[9]学者们认为这个数字比较可信。一塔兰特约合57磅，这样算来，亚历山大得到的财宝就超过4600吨白银。这些财富很难用今天的价值准确比较。粗略估计，若是放在2011年的美国，大约值37亿美元。

至于财富的来源，主要靠进贡。波斯国王们以军事保护为交换，每年向属民收取贡品。亚历山大劫掠到的只是当时皇宫仓库里剩余的（相对较小的）部分财富。征收贡品是波斯国王委派给各省总督的任务。希腊历史学家希罗多德称，建立该税收体制的乃是大流士。他还说，该举措的结果就是大流士在波斯人中得了“搜刮者”[10]的绰号。

现在，我们得稍事停顿，先来说说希罗多德本人。虽然我已在本书中反复引用他的记述，但必须承认的是，对于他历史学家的身份历来是有争议的。他的记录构成了波斯帝国建立初期的史料主体。波斯人的确有自己的文化，正如我们所见，波斯国王们还曾命人用若干种近东语言篆刻碑文。但在我们已知的资料中却找不到古波斯语文献。同迦太基和伊特鲁里亚的情况一样，现存的关于波斯人的记录乃是由希腊人和罗马人书写的。

要不是波斯，希罗多德可能就不会写作历史，因为波斯为他提供了写作主题，特别是公元前490—前479年希腊大陆与大流士和薛西斯父子统率的大军之间的战争，这几场战争也因此被现代历史学家称为波斯战争。因此，从这个意义上而言，古代波斯人间接地刺激了在希罗多德有生之年仍处于萌芽状态的新型古希腊文化活动。希罗多德将这种活动称为“通过调查去学习”，用当时的希腊文写作“historiē”。他调查的对象不是希腊神话和传说中的远古时代，而是他眼中的希腊近代发生的大事件。

他刚将自己的作品以莎草纸卷的形式交给希腊书商复制销售（公元前420年左右），其他希腊作家就立刻对他的不实写作展开了攻击。后世的古人承认他在历史写作发展中的地位，公元前1世纪时的杰出罗马人可能会奉他为“历史之父”[11]，但此时此刻，他们仍把他视作一个糟糕的历史学家。

出现这种情况，部分原因在于古代历史学家们往往争强好胜、彼此相轻。此外，希罗多德生活的那个时代，书面记录少之又少。很多古代社会，包括希腊，仍然严重依赖口口相传的方式。因此，希罗多德的很多（即便算不上大部分）信息的质量都取决于采访技巧。

从有利的一面看，在他从事写作的那个年代，关于波斯战争的故事仍广为流传，因此很多资料都是二手、甚至一手信息。但值得注意的是，他对精彩故事有着显而易见的偏好，尽管这正是他的作品时至今日仍能令人手不释卷的原因之一。另一方面，我们也不能如前人那样，因他相信超自然力量对人类事件的影响而指责他。在他生活的那个世界里，大多数人都真诚地相信神祇无处不在，且积极地参与着人类活动。

除了道听途说、有失严肃或“迷信”之外，人们对希罗多德还有一项更严重的质疑。20世纪晚期的部分专家指出，希罗多德故意编造了一些故事以混淆视听。我们无法在此详述相关的激烈辩论，况且，很多学者并不认可这种说法。的确，希罗多德在开创性地探寻历史真相的过程中受到了有别于今天的古代思考方式的限制，也受制于人类记忆本质的局限，即便是亲眼所见，人类的记忆力仍会在过往事件上出差错。

尽管不能因希罗多德不知道这一点而指责他，但当他依赖于——如他自己常说的——由“当地人”提供的信息时，也不得不面对如今学者们所谓的“社会记忆”，即古老社会里那些通过口口相传的方式流传下来的故事。这些传说没有经过历史学家的考证与推敲，它们的目的与其说是保存历史真相，毋宁说是为了赋予某个社会群体一种身份认同。随着时间的推移，这种“老奶奶的故事”就会蒙上神秘的色彩。亚瑟王的故事或许就是个很好的例子。

鉴于希罗多德记载的历史是现存仅有的关于波斯战争的详述，上面那些“有益的警告”似乎就更有必要了。由于希罗多德生逢大战，他的文本从时间上而言必然是最接近该事件的记录之一。如他所说，或如他在作品中暗示的那样，他能够从战争亲历者或认识他们的人那里直接获得信息。从另一方面讲，他的记述有如神来之笔，为后人留下了亲历者的名字和事迹，令战争的场面栩栩如生。

至于希罗多德文本的可靠性，我赞同该领域的一名专家、我的前大学同事的观点：

> 你越深入研究他（希罗多德），就越能够肯定，他关于波斯两次入侵希腊的记述里几乎没有能被证明的错误，而且，你会不断地发现，他记述中的敏锐观察和分析远比你最初想象的多得多。[12]

2015年，我带领一群历史爱好者来到雅典东北约25英里处的现代马拉松（Marathon）考古学博物馆后面一条杂草丛生的田间小路。爬上一段又短又陡的山坡，现代马拉松平原便尽收眼底。视野正中有一个棕色的小丘。这个由古代雅典人堆砌的土丘下埋葬着与波斯军队恶战一天后倒下的192名死者的遗骸，这里或许是当年战况最惨烈的地方。

希罗多德描述了交火的情景：

> 波斯人看见（雅典人）冲过来想接近他们，觉得雅典人肯定是疯了，他们只有寥寥少数人，既没有骑兵也没有弓箭手。那些野蛮人当时就是那么想的，但雅典人一往无前的战斗方式却因此载入史册。他们是我们所知的最早采用冲锋方式攻击敌军的希腊人，也是第一批敢于直面身着米底人装束的人，在那之前，哪怕是提起米底人的名字都会令希腊人胆战心惊。[13]

放眼望去，平原的尽头是沙滩环护的海岬，波斯大军的舰船就曾停靠在那里。希罗多德说，波斯人在雅典人的追击下逃回海滩，雅典人则试图放火烧船。希罗多德在此刻画了一名英雄形象，一如他在讲述故事时常做的那样："欧福里翁（Euphorion）之子塞涅吉鲁斯（Cynegirus）倒在了那里，他在攀住一艘船的船头雕饰时，手被斧头斩断。"[14]

平原尽头，在我们脚下的小丘与海岸线之间，曾有一条通往雅典的古道。昔日，雅典信使从雅典狂奔140英里前往斯巴达求援，其后，斯巴达援军就是沿着这条小道姗姗来迟。后来，也正是由同一条小道，另一名信使带着胜利的消息跑回雅典。如今的马拉松赛便是为了纪念此事。

马拉松战役（公元前490年）的导火索是希腊大陆的两个城邦——其中一个是雅典——向土耳其西部地区一个反抗波斯人统治的希腊城市提供军事支援，因为双方都认为，既然雅典人也属于希腊的爱奥尼亚"分支"，彼此便是亲族。然而，对于波斯人而言，雅典介入小亚细亚事务的做法显然是无事生非。

反叛爆发在大流士统治时期，彼时，距居鲁士征服希腊爱奥尼亚已过去一代人的时间。波斯军队最终在米利都港口外的一场海战（公元前494年）中击败希腊人。那一次，建造和驾驶波斯战舰的主要是腓尼基人，他们已成了波斯的属民。波斯大军随后将希腊哲学鼻祖们的家园米利都夷为平地。根据希罗多德的记述，正是爱奥尼亚城的首领们激起了这次反叛。

马拉松战役之后，波斯人退回到海上，不久便乘船归去。大流士死，其子薛西斯继位，继续其父未竟的征战。希罗多德记述了一次会议，会上，两名波斯亲王—— 一个是薛西斯的叔叔，另一个是他的堂兄弟——向新王提出了建议。这个小插曲生动展现了波斯阿契美尼德王朝家族企业式的运作方式，颇似如今海湾国家的统治家族。

根据希罗多德的记载，薛西斯入侵希腊的首要原因与薛西斯的父亲大流士用古波斯语刻在伊朗纪念碑上的铭文所体现出的波斯皇家思想一致——为波斯人受到的伤害复仇："我不希望有人会伤害他人；我也不希望伤害了他人的人能免于惩罚。"[15]大流士的这番话也刻在他的墓碑上。或许有人将波斯王室的这些理论告诉了希罗多德。此外，在希罗多德看来，薛西斯进攻希腊还有其他原因，即进一步扩大波斯帝国的版图，为君王获取更大的荣耀。伊朗的皇家铭文中关于阿契美尼德统治的夸张描述也使得这些动机非常可信。

于是，战争的车轮再次启动，而且此次的规模更大。薛西斯打算亲自统率大军。波斯人准备入侵的消息不胫而走，希腊各城邦对此反应不一。根据希罗多德的记载，各城邦都询问了神谕——古希腊人进行风险评估的传统手段。

希罗多德称自己如实记录了德尔斐的阿波罗神庙女祭司给雅典特使的含含糊糊、模棱两可的回答。雅典人应该信任"木质的墙"，"从敌人那里撤离"（也就是说"溃退"），但同时也要意识到"总有一天，你将和他面对面"。神谕这样结尾：

> 萨拉米斯的祭司，待到谷物播种或谷物丰收时，
> 你将给女人们的儿子带去死亡。[16]

可想而知，雅典人对神谕的理解意见不一。后来，一名有心发展雅典海军的政治领袖——他的名字叫地米斯托克利（Themistocles）——说服众人，说"木质的墙"指的就是战舰。受到这番解读的激励，团结一致的公民们下定决心奋起作战。接着，雅典和其他有类似想法的城

邦——包括当时希腊大陆上陆军实力最强的斯巴达——派出代表召开会议，他们宣誓搁置彼此间的争议，组建一个陆军和海军联盟。

公元前480年春，薛西斯和他的大军通过一座专门建造的浮桥渡过达达尼尔海峡进入欧洲。希腊联军决定尝试扼守北方因热泉而得名的“温泉关”（Thermopylae），以阻止波斯人进入希腊中部。与此同时，他们派出联合战舰在附近海峡的入口处拦截波斯舰队。如果薛西斯的舰队——包括补给船——想要继续支援陆军，就必须通过该海峡。

如今，从温泉关到雅典城北开车只需两个小时。公元前480年，这里是个易守难攻的关隘，一边是山，另一边是沼泽和海洋，最窄处只有50英尺宽。由于海面的退缩，此地当年的战略意义在如今已难以想象。

希罗多德讲述了一支5300人的盟军小队是如何在斯巴达国王列奥尼达斯（Leonidas）的指挥下坚守阵地的。尽管在人数上只有波斯军队的一个零头，但希腊联军仍可以利用有限的空间来阻止薛西斯优势兵力的部署。接下来发生的情景，借用希罗多德的话说，为斯巴达勇士在古代世界赢得了近乎神话般的地位。

起先，一名波斯侦察兵潜入希腊阵地。他惊讶地发现，斯巴达人正平静地梳理着长发，赤身裸体地锻炼。一个叛变的斯巴达人向同样感到难以置信的薛西斯解释说，斯巴达士兵总是在生死关头梳理发辫。希腊人击退了波斯人接二连三的进攻之后，当地一个想得到奖赏的希腊人趁着夜色带领波斯人翻越山路，出其不意地出现在希腊军队后方。

次日早晨，得到消息的列奥尼达斯命令大部分希腊士兵撤退，只留下1200人。他带领这些人以及自己的斯巴达卫队战斗到底，因为就此放弃是“不合适的”。他们“用刀剑、用双手和牙齿”殊死搏斗。此役之后，希腊人在此竖起丰碑，题写了一首短诗（如今这里有一个复制品）以纪念战斗到最后两人的斯巴达勇士：“陌生人，去告诉斯巴达人，我们服从了命令，长眠于此。”[17]希腊舰船一听闻战况便立刻撤退。波斯人毫无阻碍地挥师南下，在希腊圣地烧杀抢掠，还强奸女性——根据希罗多德的记述。雅典人（很可能是有准备地）撤空了城市和村庄，将妇女和儿童送往伯罗奔尼撒。波斯军队占领并焚烧了雅典卫城。

盟军舰队在萨拉米斯岛岸边的水域重新集结，此处就在如今的比雷埃夫斯之外，与希腊大陆之间仅隔一条弯曲狭窄的海峡。希腊联军将桨帆船停靠在岸边，在岛上安营扎寨，大家都赞成撤退到附近连接着伯罗奔尼撒半岛与希腊中部的地峡。希罗多德笔下那个诡计多端而又巧舌如簧的地米斯托克利告诉希腊同胞不可如此，否则盟军舰队就会将波斯军队“引向”伯罗奔尼撒。就这样，他轻松地说服盟军舰队团结一致、留守原地，等待波斯舰队的到来。

薛西斯的舰队绕过苏尼昂角（Cape Sounion）直抵雅典大陆西海岸。当晚，波斯船只在萨拉米斯和希腊大陆之间的海峡两端布阵，包围了希腊帆船。次日早晨，扎营的希腊军队回到水上。薛西斯从大陆上的一个有利位置观战，满以为会取得一场大捷。然而事实上，波斯人遭遇了决定性的失败。

根据希罗多德的记载，主要原因在于前方的波斯舰船试图掉头躲避希腊舰船的攻击。接着，他们迎面撞上了“想在国王面前大显身手的”[18]己方新一波进攻船只。薛西斯的到场反倒为他的军队带来了厄运，希腊人一定乐开了花。希腊人有效利用了狭窄的水道，它虽然一度令希腊船只身陷重围，但也让波斯人无法施展自己的优势兵力。

根据希罗多德的说法，薛西斯起初并没有决定接下来该怎么做。他担心希腊人会直逼达达尼尔海峡、切断浮桥，令他身陷欧洲。他也觉得自己已经达成了出征的首要目标，惩罚了雅典人，雅典城如今已是冒烟的废墟。于是，他带领残余舰队撤退，但在此之前，他接受了一名波斯将军、同时也是他的侄儿的建议，从尚未尝到失败滋味的波斯陆军中挑选出最精锐的部队，继续完成余下的战事。那个冬天，他的侄子马多尼乌斯（Mardonius）留在了希腊北部亲波斯的希腊人中间。

也就在那个冬天，马其顿人（Macedonians）在希腊事务中首次登场。彼时，马其顿，这个位于如今希腊北部的古老国家还是波斯的附庸。该国的世袭统治者在大流士时代向波斯效忠，并将女儿嫁给一名具有阿契美尼德血统的王子，从而确认了自己附属国的地位。马多尼乌斯派这个波斯属国统治者的儿子兼继承人去和雅典人谈判，“其中部分原因是波斯人与他有亲缘关系”[19]。雅典人拒绝和谈。这可是需要勇气的。因为毫无疑问，他们肯定已被告知，波斯是这场争斗中的巨人，最终必将获胜。

此时，希腊联军正面临四分五裂的危险。伯罗奔尼撒的希腊人想在地峡筑起屏障以求自保，斯巴达人似乎对庆祝一年一度的阿波罗庆典更感兴趣。然而最终，他们信守合约，派出5000名年轻人跟随本章开头提到的斯巴达王室成员、自命不凡的保塞尼亚斯参战。得到消息的马多尼乌斯从已经二度被占领的雅典撤军，临走前再一次纵火烧城。

如今，从雅典开车去古普拉提亚（Plataea）只需要75分钟。驶离通往地峡的高速公路，一条古老的小路蜿蜒向北穿过当年的古雅典边境，越过一个山口，然后进入起伏的农田。普拉提亚是这一地区古城邦的名字，马多尼乌斯当年就是在此安营扎寨，因为该地的地形有利于他的骑兵部队。这里游客罕至，但本地希腊人并未遗忘当年的战事。我曾见过他们为纪念公元前479年那场战斗在古城墙上留下的精美花环。

由斯巴达人率领、雅典人参与的伯罗奔尼撒军队当年就走在我刚刚提到的那条小路上。按照希罗多德的描述，战斗异常混乱，希腊人四分五裂，被波斯骑兵攻击，他们祈祷、献祭、等待着内脏占卜师宣布好消息。希罗多德指出，东方人着装轻便，而希腊步兵身披重甲，这使得前者落入了决定性的劣势。

就这样，斯巴达军队成功地直逼马多尼乌斯并杀死了他。波斯人被迫掉转方向，其中一部分人走上返回达达尼尔海峡的漫漫长路，更多的则躲在营地的栅栏后面。雅典人“凭借勇气和不懈的努力”[20]率先攻破栅栏。营地成了屠宰场，被希腊人斩杀的敌军数以万计。

斯巴达损失91人，雅典阵亡52人。希腊联军在德尔斐用战利品铸成顶端带有金质三足鼎的青铜柱献给阿波罗，柱基刻着本章开头提到的保塞尼亚斯的铭文。留在家乡的斯巴达人听闻此事，欲将铭文抹去。

几个世纪以来，古希腊人一遍又一遍地传颂着公元前490年对抗波斯军队和薛西斯的惊人胜利。在马拉松、萨拉米斯和普拉提亚战役之前，希腊人一直以为波斯人是不可战胜的，单单是波斯军队的人数就令他们胆寒。希罗多德说公元前480年薛西斯的侵略军超过250万人。专家们对此表示质疑。但不可否认的是，入侵者在人数上占有压倒性优势。

希罗多德明确指出，薛西斯的入侵分裂了希腊人。正如他所说，有些希腊城邦迫于需要而站在波斯人一边，其余的也乐意效仿。当他谈到是什么激起了这些城邦抵抗的决心时，他着重强调了一个非常重要的理念，一个彼时刚刚出现在古希腊作家作品中的词汇：“自由”。这个概念意味着脱离外族统治，且似乎得到了各城邦的积极响应。根据希罗多德的记载，薛西斯对此大为不解，并不屑一顾地称之为“他们的自由”[21]。

希罗多德认为，斯巴达人和雅典人在此扮演了关键的角色。作为希腊陆上和海上的主力军，他们会失去的“自由”是否最多，尚可争议，但他们的反抗令人印象深刻。列奥尼达斯率领的军队早在出发前就明知冒着死亡的危险，这也是他只挑选已有子嗣的士兵的原因。所有人都指望斯巴达人做出表率。公元前479年，直到保塞尼亚斯出发迎击马多尼乌斯之后，伯罗奔尼撒的其他希腊城邦才派出自己的队伍。

至于雅典人，他们的战舰——以及出身下等阶层的桨手们——是如此重要，以至于他们要倒向波斯人的威胁竟可以如胶水般维系着希腊联盟。希罗多德说，很多希腊人自此开始对雅典人不满，我们将在后面的章节谈到。因此，希罗多德在谈到对波斯战争的看法，指出雅典人和他们的战舰才是胜利的关键时，他深知自己冒着怎样的风险：

> 因此，若说雅典人是希腊的救星，那是千真万确。是雅典人掌握着战争的天平，他们加入哪一方，哪一方就一定会占上风。雅典人选择了保卫希腊人的自由，挺身呼唤那些尚未屈服于波斯人、有责任在神祇的保佑下赶走波斯国王的城邦共同作战。[22]

波斯人的进攻终结了古风时期东方希腊城市的文明之花。对波斯人的胜利则令希腊大陆成为希腊政治力量的中心。就雅典本身而言，击败波斯人在政治和文化两方面都起到了振奋人心的作用。现在，让我们来近距离看看雅典和斯巴达这希腊世界的两大主角，以及他们在胜利后各自不同的命运。

第八章　同中存异——雅典和斯巴达

20世纪50年代，美国考古学家在现代雅典市中心重建了一座被毁的古迹，即柱廊（Colonnade），或称阿塔罗斯柱廊（Stoa of Attalus）。如今，这栋建筑的地下室被用来保存和研究从邻近的古雅典广场或市政中心发掘出的文物；而世界各地的游客们熟知的一层则是精品文物博物馆。

这栋重建的古迹曾在1995年遭到英国作家、喜剧家南希·米特福德（Nancy Mitford）的嘲讽："那堆死气沉沉的大理石废墟中的所谓'阿塔罗斯'柱廊，其实根本就是霍默·A. 汤普森（Homer A. Thompson）先生的柱廊。"[1]指导了柱廊精准修复的加拿大古建筑学专家霍默·汤普森是位渊博的学者，那些被质疑的、略带蜜糖白色的大理石也同样用在了帕特农神庙的修建中。

2014年的一个炎炎夏日，我的美国朋友、考古学家安（Ann）和她的丈夫兼助手理查德（Richard）带领我进入柱廊地下室的阴凉洞天，向我展示了他们手头的工作。他们正在仔细地检测挖掘出的碎陶片，据信，这些陶片来自古雅典广场最有特色的部分——唯一一座呈完美圆形的建筑。[2]

如果将古雅典的民主政体比作一艘船，这栋圆形建筑——古雅典人称之为Tholos——就连接了瞭望台与船桥。负责城邦常规事务的50

人团就是在这里享用由国库资金提供的公务餐。他们中有三分之一的人也每晚在此就寝，以便处理任何突发事件。

50人团是遵循特殊宗旨选出的。首先，权力要掌握在较多人手中，而非让寥寥数人独断专行。他们的执政期不长。古雅典的一年分成10个月，50人团一个月的任期一到就会由另外50人接替，如此轮换。他们所有人都来自同一个群体——500人议事会。议事会的议员也由公民轮流担任，任期一年，之后便由另外500名公民接替。

其次，议员由公民抽签选出。以这种方式托付议员的政治责任的确不寻常，但抽签的目的就在于随机性——谁能当选全凭运气。抽签方式在古雅典民主政治中被广泛运用，表明所有合格公民效力城邦之机会均等的思想在古雅典深入人心。美德固然重要，但在实践中却有可能让那些凭借富有、私立教育、社会关系等等——或在他人看来是凭借特权——获得"美德"的公民占了优势。

说到古雅典民主制度的来源，无疑要追溯到在古代作品中有明确记载的公元前508—前507年以前。彼时，古雅典的贵族们在政治上明争暗斗，一个名叫克里斯提尼（Cleisthenes）的贵族无意中利用"把民众拉拢进自己的圈子（hetaireia）"[3]的策略赢得了支持者。希罗多德在书中也用"派别"和"派系"来指代这种圈子。法语词汇nébuleuse有一条释义指的是法国大革命以前那些大领主身边的社会圈子，"民众以支配与依附的复杂关系围绕着一个领头人"[4]，与该词有几分近似。

克里斯提尼接下来的所作所为在一本古希腊书籍中有所记载。这份来自埃及的莎草纸手稿描述了公元前330年的雅典政治以及更早期的历史。根据记录，克里斯提尼对古雅典政治进行了一整套改革。

大致说来，他按照已有的乡村一级登记中心的记录，将居住在雅典治下方圆930平方英里区域的全体雅典人组成一个正式的公民体。接着，为了打破旧有的土地权益及其地方关系，他将各地的注册中心重新混合，按地域划分成10个新的公民部族。每个公民部族选派50名议员进入现有的议事会，从而将议事会成员扩展为500人。

克里斯提尼的另一项创新同样值得一提，尤其是，考古学家已借助发掘出的数百个刻有姓名的碎陶片生动地解释了该程序的运转方式。“米太亚德（Miltiades）之子西蒙（Cimon）带着埃尔皮尼丝（Elpinice）离开。”[5]西蒙出身名门望族，其父曾率领雅典军队在马拉松战役中获胜，他本人则是一名出色的海军指挥官，并在普拉提亚战役之后的近四分之一个世纪里叱咤政坛。然而，陶片上的字迹却指出要将西蒙逐出雅典。

他未能逃脱古希腊“陶片放逐”制度的惩罚。古雅典人通过将名字刻在陶片上进行集体投票的方式决定是否放逐某名官员。如果计票的陶片不少于6000枚，且大多数陶片上都刻有该官员的名字，他将被放逐10年。据纸莎草手稿记载，克里斯提尼起初以陶片放逐制度作为雅典民众摆脱潜在暴君的保障手段。但不久，“它也被用来剪除其他权力过大的人”[6]，换句话说，成了政治斗争的工具。

在西蒙的案例中，“陶片上的涂鸦”则又多了一层人身侮辱的意味。埃尔皮尼丝是西蒙深爱的妹妹——爱得太深了。按照数百年后罗马时代的一名作者记载，据说她和她哥哥的关系绝对算得上乱伦。来自公元前460年的陶片显示，这些有关性行为失当的流言在埃尔皮尼丝在世时就已传得沸沸扬扬。在民主政体那种针锋相对、刀光剑影的氛围之下，性影射恰恰为她哥哥的政敌提供了弹药。

由克里斯提尼树立的民主制度是一项长久工程，旧有的贵族权力结构不可能一夜之间就被瓦解。让我们把目光转回到我朋友正在检测的那些碎陶片上，对此类物证的勘察为我们提供了窥探古代雅典民主执政制度的各种新视角。

以这些公元前460—前450年间制造的罐子为例，它们昔日的使用者正是那些通过抽签进行民主执政的雅典公民。这些人代表着不同的社会背景，其中包括需要自食其力的雅典人。我的朋友们千方百计地将这些碎片拼合，拼成至少22个陶制酒杯，发现这些酒杯有一个异乎寻常的共同点：其中大部分杯子——即便不是全部——都同样大小，容积约半品脱[1]。

平等主义不只体现在此。用这些标准大小的杯子饮酒的官员们在进餐时也遵循平等原则，他们不像希腊贵族那样斜靠在带软垫的长榻上，而是围成一圈，笔直地坐在圆形会议厅里靠墙摆放的长椅上。

为了理解这种显然是经过精心设计的形式背后的象征意义，且让我们来看看同一地区的另一种官员进餐风格。从此处向北几百码的地方，美国考古学家发现了在共同进餐过程中被打破当作垃圾丢弃的陶器。不过，曾在这里进餐的显然曾是上层贵族，特别是另一群同样花着民主雅典的公共开销、每年轮换的官员——10人执政官。

执政官是古风时期雅典的高级官员，由被选出的贵族担任。雅典的民主制度确立之后，执政官的权力受到限制。不过，在制造这批陶器的那个年代，也就是公元前460—前450年，执政官的头衔依旧是雅典富豪们的专利。

彼时的就餐者在陶器上随意涂写，于是我们便有机会听到了跨越时空的对话。涂鸦揭示了古老的真相。他们或彼此赞美或相互诋毁，用的正是贵族们在私人聚会上那种同性恋人间打趣逗乐的语调。有一句写着："阿尔凯奥斯（Alcaeus）是个美人。"另一句就好像是在回

[1] 1品脱等于568毫升。——编者注

应反驳：“阿尔凯奥斯是个下流胚。”希腊语中“下流”这个词与“臀部”有关。用这个词的人或许是雅典的“花花公子”，但显然不是个彬彬有礼者。

此外，这些涂鸦刻在器皿的底面和足部，因此，倘若器皿事先已被打碎，读起来就容易得多。涂写这些文字的上流社会的就餐者很可能是用这种方式来取笑陶片放逐程序，自娱自乐。正如我们所知，陶片放逐程序中的一个环节就是公民在碎陶片上涂写名字。

我们在此仔细研究这些古雅典饭桌上留下的碎片的原因在于，它们生动地展现了古代雅典民主成就之下暗藏的社会差异。“民主”一词在古希腊语中写作dēmokratia，意思是“人民的力量”。然而，雅典的民主主义者们不得不常常顾及拥有世袭财富与贵族做派的上层社会的存在。

漫步在雅典国立考古学博物馆的雕塑馆里，就如同穿行在古风时期雅典大地主家族的墓园中。基座上一尊尊昂贵的雕像，有些刻画的是花了数小时休闲时光在体育场锻炼的健硕青年，有些是衣着华美、注定要嫁给上流人士的少女。

雅典没有发生过如俄国1917年革命那样的社会变革。这些家族的后代虽生活在民主制度下，却依旧富有，享受着特权。他们慢慢地主动放弃了旧身份的外在形式。根据雅典历史学家修昔底德在公元前400年左右的记述，一些雅典贵族“不久前开始不再穿亚麻短袍，也不再佩戴他们曾用来束头发的金色蝉形饰针”[7]。

这些人不单单是民主制度的潜在反对者，也是雅典的财富支柱。在没有直接所得税制度的时代，雅典人要靠这些最富有的公民“自愿”掏腰包为某些公共服务买单。

现代雅典普拉卡区的一座精美建筑让我们得以对该体制的运作方

式略知一二。方形的基座，圆柱形的大理石屋体，圆锥形的屋顶，修建吕西克拉特纪念堂（Lysicrates Monument）的这名雅典富人是要以此来纪念——倘若不能说是夸耀——自己为造福全体公民而在一年一度的城邦戏剧节上演的作品大受欢迎。

相对而言，能找到距卫城不远、被古雅典人称为普尼克斯（Pnyx）的荒芜山丘的游客就寥寥无几了。由于侵蚀作用，这里如今已面目全非。在古代，这里有一个向上的斜坡，形成观众席的样子。公民们可以惬意地露天而坐，听取讲台上其他公民发表演说，之后进行举手表决。这就是他们行使民主权利的方式。公民大会是最高权力机构，公民们直接投票决定城邦事务，而不像今天的议会制，完全依赖代表去行使权利。

由于古代雅典的公民选民人数相对较少，这种类似全民公决的大众当家做主的模式是可行的。公元前5—前4世纪时，雅典选民总数在3万到4万之间，他们中很多人并不住在雅典，而是住在附近的城镇和乡村。这些地方有的如今仍可参观。比如说在以波塞冬（Poseidon）神庙闻名的苏尼昂（Sunium），游客们依旧可以走在古老的街巷里，徜徉在属于“苏尼昂人”的古老房屋间。

普尼克斯山上的会堂绝对容纳不下所有公民。考古学家们估计，座席总数约为6000个。这意味着，雅典公民大会往往基于最多占全体合格选民五分之一的投票来做出最终决定。正如西方民主政体普选中出现的低投票率一样，这种矛盾的状况似乎并没有引起雅典人的过分担忧——当然，他们是个小得多、也更同质化的群体。

公元前4世纪中叶，当雅典还是民主城邦时，就有一名雅典哲学家在作品中宣称，这些会议体现出异常平等的精神。柏拉图说，当公民大会需要听取专业意见时，他们就会找来，比方说，建筑师或造船工匠。然而：

> 倘若是其他人，即民众不认可其为技术专家的人试图提出建议，那么无论此人多么英俊、富有或高贵，都无法得到人们的认同。人们只会轻蔑地嘲笑他，把他轰下台……这就是他们处理专业问题的方式。但当人们必须审慎思考关于城邦管理方面的问题时，任何人都可以站出来提供建议，无论他是木匠、铁匠、鞋匠、商人、船长，亦无论他富有、贫穷，出身高贵还是低贱。[8]

在实践中，公民大会的结果往往是与会者听从了那些来自上层社会、有闲暇时间投身公共事务的演说者的意见。修昔底德指出，事实上，公元前5世纪中期曾有一名伟大领袖以“独断统治”主导着这个城邦。

大英博物馆里有一尊罗马时期的大理石半身像复制品，原作雕刻于此人当政时期业已遗失。雕像刻画的这名男性蓄着胡须，成熟庄重，希腊字母拼出了他的名字“伯里克利”（Perikles）。仔细打量这名英俊又威严的完美人物，你可能会对修昔底德的说法深信不疑：伯里克利的政治影响力不仅来自“能力”，也源于“个人声望”[9]，换句话说就是，魅力。

这是现代民主制中常见的悖论。伯里克利绝非芸芸之辈，而是出身名门的雅典贵族。古人视他为公元前5世纪璀璨的雅典文明的设计师。我们在下一章将要看到，在他的统治下，雅典即便不能说成了爱琴海的霸主，至少也可算是主导力量。

后来的作家称赞他用卓绝的文化成就了雅典的伟大。一名罗马时代的作家甚至将他统治时期雅典卫城建起的建筑奇迹——包括帕特农神庙——称为“伯里克利的杰作”[10]。他的时代涌现出一批文化大家，包括受命监造帕特农神庙的艺术家斐狄亚斯（Pheidias）、哲学家苏格拉底（Socrates）以及他的同居伴侣阿斯帕西娅（Aspasia），据说后者在以妓女身份陪伴伯里克利的同时也给他提出了政治建言，颇似18世纪法国国王路易十五（Louis XV）的情妇蓬巴杜夫人（Madame de Pompadour）。

凭借对雅典公民们发表的一篇演说，修昔底德笔下的伯里克利名垂青史。这段演说展现了公元前431—前430年雅典的庄严与高贵。如今，它被称为葬礼演说，因为历史上的伯里克利是在为阵亡的平民士兵举行的公共葬礼上说出了那番话语。

到了这一刻，我们可以向读者更详细地介绍修昔底德了。专家们奉他为希腊和罗马时代最伟大的史家，因为他不仅智慧过人，而且用真实、理性和分析的手法记录了发生在他那个时代的雅典与斯巴达之间的大战。他认为，书写人类命运的乃是人类自己，而非上帝之手。与现代批评家不同，在研究历史的价值问题上，他相信历史可以照亮未来，同样的或相似的事件“在全人类的尺度下”有可能重现。

不同于如今一些写作历史体裁作品的作家，修昔底德有一套明确的写作方法，这套方法在2500年前的希腊堪称一大创新。他声称自己采访了战争事件的目击者，但同时也坦率地意识到，人们对于同样的事件会有不同的描述，令确认真相成了“难题”。他承认，即便是亲耳听到演说的人也很难回忆起演说中的确切用词。

当他让书中的历史人物说出演讲词时——将军们在军队前的慷慨陈词或辩论者在政治会议上的唇枪舌剑——他的方法就令对其史笔之准确性推崇备至的现代仰慕者陷入了尴尬，因为除了自己的记忆之外，对于那些未能亲耳听闻的演说，他也依靠现场观众的回忆。他还说过，大体而言，在历史作品中加入演讲，既是为了让真实的话语流传，也是为了传达那种境况下“合适的”言辞。

后一个目的暗示着，即便修昔底德知道实际的演讲内容，仍有可能对其中部分进行了改编。这就造成了一个无法解决的难题，尤其是，我们无从得知葬礼演说是否反映了历史上的伯里克利真实的所思所言。不过我认为，修昔底德不至于让自己的记述与当时在场的雅典人的记忆全然相悖。

在歌颂那个雅典士兵为之献身的城市时，修昔底德笔下的伯里克利赞美的是它的民主色彩，包括“在解决私人纠纷时平等对待每个人”[11]的城邦法庭。雅典人竭尽全力确保其司法体系中的陪审团不会受到财富与权势的干扰。他们向担任陪审员的公民支付报酬，并发展出一套精心设计的制度，通过陪审员“票”的方式将陪审员随机地分配到特定的法庭。所谓的陪审员“票”就是刻有公民姓名的铜条，如今在博物馆里保存着不少。

修昔底德笔下的伯里克利提醒人们，不要忘记民主制度里每个人的政治机会。得益于我们早先提到的抽签制度，“贫穷”不是担任公职、服务城邦的障碍。另一方面，民主制度也助长了精英主义，因为“优秀的”[12]公民可以凭借美德提高自身在城邦中的地位。

有鉴于此，在修昔底德笔下，伯里克利的通篇演讲都贯穿着一个如他本人那样的男性公民形象。公元前5世纪和公元前4世纪的雅典可能是最注重全体公民的古代社会。然而，当时也存在相当多没有选举权的居民，女性公民就是其一。修昔底德的伯里克利只提到她们一次，就是对在场的阵亡士兵的母亲和妻子们的话：“如果你们能恪守自然为你们的性别设定的标准，你们就是值得赞美的；如果她们不会成为男人们的谈资——无论是好是坏，则她们也是值得赞美的。”[13]这个伯里克利说的究竟是什么意思？罗马时代的一名作家——相比于我们，他在时间上与伯里克利近得多——如此注解：“好女人的名声应该和她本人一样，闭门不出。”[14]即便我们无法确定这个“伯里克利”——更不用说真实的伯里克利——对此做何感想，有一个事实不可否认，即雅典人与同时代的其他由男性主导的希腊社会一样，认为女性不适合参与政治决策，因为她们生来就该深居简出。这种想法在古代希腊人中非常普遍。大约就在那一时期，希腊医学家开始构造虚假的生理学理论作为解释：女性的身体潮湿而松软，从根本上有别于、且逊于男性坚硬而干燥的身体。

当然，在雅典相当普遍的奴隶就如同雅典公民的私人财产和牲畜，也不享有政治权利。与现代民主国家一样，雅典的外国居民同样被排除在参政议政的行列之外。当时住在雅典的很多登记居民——希腊人称他们为“外邦人”——通常是被这个繁华城市的商机吸引来的商人和工匠。土生土长的雅典人往往觉得他们自私自利、缺乏公民意识，虽然肯定不是所有人皆如此。雅典人小心翼翼地守护着雅典公民的身份。根据伯里克利的规定，只有亲生父母皆是雅典公民，其子女才能获此身份。客观地讲，在这种掺杂了雅典公民身份及相应的特殊利益的狭隘民主之下，移民们很难心甘情愿地将公共福祉置于个人利益之上。

雅典西南约140英里，从地峡出发的高速公路穿过山岳起伏的伯罗奔尼撒半岛中部，没入一片群山环抱的绿色谷地。自然环境的优美更衬托出昔日栖居此地的古希腊人生活方式之严苛，且此番鲜明对照自古便为人们津津乐道。这里就是斯巴达人的故乡。他们自公元前5世纪起便与雅典人展开竞争，后来更是发展成公开敌对。

这些一路向西高耸入云的山脉中最壮观的当数泰伊格图山（Mount Taygetus），连绵的山峰之巅覆盖着皑皑积雪，直到五月方才消融。古时，这里曾有熊出没。为了了解古代斯巴达人，我们的目光必须越过这些巍峨的山峰，投向遥远的另一侧。

如今，卡拉马塔（Kalamata）是这一地区的中心。正如以多汁的橄榄命名的现代城镇所暗示的那样，伯罗奔尼撒半岛西南部的农田地力肥厚。在小城西北约24英里处，如今的橄榄产区括帕纳吉村（Kopanaki）附近，希腊考古学家于20世纪80年代发现了一个公元前6—前5世纪时期的古代农场。这栋矩形建筑颇具规模，长约100英尺，分上下两层。此处考古遗址后来不复存在，只有卡拉马塔的博物馆里还保存着一些当时的文物，包括用于储藏农产品的大陶罐碎片。

倘若这一切听上去索然无味的话，那么专家对农场类型的认定一定能让你兴奋起来。专家们认为，这里有可能是由奴隶耕作的大型庄园的中心区域，类似于美国内战前的南方种植园。“种植园主”是斯巴达人，奴隶则被称为黑劳士（Helots）。公元前7世纪的一名斯巴达诗人曾描绘了黑劳士的悲惨生活：“像背着重负疲惫不堪的驴子，他们被可怕的生活所迫，将地球上一半的果实带给主人。”[15]

斯巴达不是希腊唯一剥削底层农耕者的城邦。令斯巴达人显得不同寻常、甚至独一无二的是他们对待这些农奴之残酷。即便在如古希腊那样的奴隶制社会里，斯巴达人的残忍也足以令其他希腊人侧目。

修昔底德描述了一桩发生在公元前424年的特殊事件。彼时，约有2000名黑劳士在斯巴达人手中“消失”了，厄运降临在他们头上，只因“他们最勇猛，最有可能反叛”[16]。早在公元前4世纪甚至更早，希腊人就对年轻的斯巴达武士趁着夜色四下游荡、随意杀戮黑劳士的做法有所耳闻。[17]他们有时在光天化日之下也会公然杀人，因为那时他们可以轻而易举地识别和挑选出在田间劳动的体格最健壮的黑劳士。

古人们自己也不知道斯巴达人是否始终如此对待黑劳士。关于古斯巴达的很多方面，学者们都无法确定，但相关争论不能在此一一展开。修昔底德记述了公元前464年泰伊格图山脉两侧爆发的黑劳士起义。这样的奴隶起义在古代并不常见，因为奴隶们通常来自不同的地方，经由奴隶市场被贩卖到劳作地，彼此间往往语言不通。

不过，根据修昔底德的记载，此次反叛的黑劳士们拥有一个共同的名字——“美塞尼亚人”（Messenians）。他们是泰伊格图地区原住民的后裔，在被斯巴达人征服以前就自称“美塞尼亚人”。倘若山区的黑劳士的确拥有共同的祖先，且在遥远的古代都曾有过被暴力征服的经历，并在困境中建立起了身份认同，那么这一切就有可能激励他们团结一致、冲破斯巴达的枷锁。

黑劳士反抗的威胁令他们的斯巴达主人惊惧不已。修昔底德对斯巴达人统治下的希腊南部伯罗奔尼撒半岛有着个人认知。他认为，斯巴达的政策“在任何时候都是按照防范黑劳士的需要来安排”[18]。斯巴达人总是忧心忡忡，这不仅是因为唯有依靠黑劳士才能令他们免于田间劳作，也因为黑劳士的数量超过他们。

按照希腊的常规标准，斯巴达算是人口稀少。这里主要指的是身强体壮、能够作战的斯巴达男性。与斯巴达在外界的军事影响力相比，他们的男性人口不足，而且还在不断下降。根据希罗多德的记述，公元前480年时的一名斯巴达人告诉波斯人，斯巴达“约有八千名男性”[19]。到了公元前4世纪中期，根据消息灵通的亚里士多德的记录，这一数字减少到“不足一千”[20]。

一名古代作家描述的斯巴达风俗，如果是出于鼓励生育的目的，倒是说得通：

> 因为在斯巴达人中，这是个世代相传的风俗，三到四名男性共有一个妻子是普遍现象，如果是兄弟，则人数甚至更多。生下的后代属于大家。如果一个男人已经诞下了足够的子嗣，将妻子送给朋友的做法不仅被视为高尚的行为，而且相当常见。[21]

这种风俗可以解释，为何其他希腊人认为斯巴达的生活方式多多少少与大多数希腊城邦截然相反。不过，当斯巴达的辉煌被淹没在历史长河中后，古代希腊人和罗马人对其记忆最深的则是另一件事。

他们称之为斯巴达的“纪律”，即斯巴达战士的兵营生活方式。与公元前5世纪时包括雅典在内的大多数希腊城邦相对业余的公民农夫军相比，斯巴达的军旅生活显得严格得多。修昔底德借伯里克利之口赞美了雅典士兵的业余素质。他说，作为战士，雅典人勇气可嘉。反过来看，这也是由雅典生活方式造成的，就道德层面而言，雅典人的生活方式优于他们的对手。当“伯里克利”提到那些“自幼通过艰苦训练去培养勇气”[22]的不具名的敌人时，听众们立刻便知道他指的是谁。在古希腊，只有一个城邦会训练儿童作战。

这种生活方式的另一个特色就是斯巴达男性用餐的男性俱乐部。作为保有公民身份的条件之一，每名俱乐部成员都要从其由黑劳士耕作的农产品中贡献出一份。但渐渐地，越来越多的斯巴达人没有足够的土地来继续缴纳份额。至于何以如此，哲学家亚里士多德认为，斯巴达公民数量的减少乃是由于斯巴达的继承法使得土地集中到了少数人手中。“结果，有些斯巴达人拥有过多的财产，而有些则太少。”[23]既然贫富悬殊在当今世界也造成了同样的问题，我们或许不该为斯巴达人未能解决经济差距问题并导致公民数量下滑而过度指责他们。与此同时，斯巴达人对黑劳士也有一套严格的“纪律”监管措施。当然，这个城邦最引人注目的特色是对青少年的军事化训练，男孩子一到七岁就被从家里带走参加军训。

有一个考古现场便与这种训练密切相关。从雅典到斯巴蒂（Sparti）——建于古斯巴达之上的现代城镇——的高速公路穿过欧罗塔斯河（River Eurotas）的砾石河滩和城镇郊区，直通中央广场。沿着公路，你能看见褐色和黄色的考古学标志，引导着参观者循小路一直走下河岸右侧一个古老的挖掘现场。

同大部分古斯巴达遗迹一样，这里零落残破，你得充分发挥想象力。坍塌的石块上用古希腊文刻着“吕库古（Lycurgus）的传统”。他是古代立法者，也是斯巴达人心目中规划了其生活方式的智者。至于其他的断壁残垣，除了一大片露天祭坛遗址之外，并无法让我们领略昔日斯巴达信仰中心的生活。

这个祭坛里曾上演着斯巴达青年训练的独特测试：

> 他（吕库古）一方面把从奥西亚（Orthia）祭坛盗取尽可能多的奶酪的行为设为一种荣誉，另一方面又命人鞭笞窃贼，以此表明，一个人若能忍受短暂的痛苦，或可最终赢得名誉与幸福。由此可见，在需要迅捷的地方，懒散往往不仅得不到好处，反会招来麻烦。[24]

这段描述来自一名公元前4世纪的希腊作家，他对斯巴达知之甚深，且有可能目睹过这种从女神奥西亚的祭坛上偷奶酪的活动。参加试练的斯巴达少年必须身手敏捷，既要抢到奶酪又要避开鞭子。由此我们可以窥见斯巴达教育的某些目标：不仅要提倡男子汉的勇气，也要学会隐蔽和狡黠——这可是现代特种部队军人所需的素质。由于少年们是受命行动，因此也学会了服从。此外，一旦任务完成，他们亦能体会到共同经历磨难并生存下来的团队精神。

至于这种教育中是否带有同性恋色彩，古代作家们意见不一。一名亲身到访过斯巴达并对这个城邦推崇备至的雅典人说，斯巴达人把触摸男孩视为“最可耻”[25]的行为。与此相反，公元前1世纪的一个罗马名人认为，斯巴达风俗允许“隔着斗篷（或遮盖物）拥抱和躺卧在一起”[26]，相当于穿着衣服做爱。这名罗马人就是西塞罗，他或许是从当时的一名斯巴达来访者口中得知这些细节的。虽然听上去古怪，倒未必是无中生有。

斯巴达不只是个新兵训练营，至少这不是它的唯一一面。大英博物馆的一个橱窗里陈列着考古学家自20世纪以来陆续从奥西亚神殿发掘到的文物，其中包括数千块残缺的陶土面具[27]，它们是公元前6世纪和公元前5世纪的斯巴达人献给女神的祭品。

这些面具大多带有强烈的戏剧化表情，比方说紧皱眉头，且分为若干类型，如老妇人、年轻人和武士。由于大多较小，不适合佩戴，因此学者们认为，它们乃是献祭者留给奥西亚的面具复制品，而那些真正的演出面具则使用易腐烂的材料——比如亚麻布——制成。至于当年上演的是怎样的剧目，专家们各执己见。

最新的研究认为，斯巴达人在类似滑稽剧的喜剧表演形式中使用了假想的戏剧原型元素：闹剧中戴面具的表演者、夸张的人物和不真实的情节。通过这种方式，斯巴达人对奥西亚的崇拜活动甚至可能推动了古风时期从希腊圣地的面具表演到成熟的剧场演出的发展。不过，我们后面将会看到，最终的转型发生在公元前5世纪的雅典，而不在斯巴达。

关于斯巴达早期的艺术和创造氛围，还有另一些线索。在卢浮宫里陈列的一张莎草纸上，公元前7世纪的一名斯巴达诗人写下了对两名斯巴达美少女的比较：

你没看见吗？
一个是来自帕夫拉戈尼亚（Paphlagonia）的赛马。
但另一个是我的亲戚哈戈斯库拉（Hagesichora），
满头如不朽黄金般的长发，
还有她那银子般的面颊——
我能对你说什么呢？
她是哈戈斯库拉。[28]

古老的证据并未告诉我们斯巴达人究竟在何时、又是如何开启了令他们扬名千古的严酷而刻板的军事化生活模式。或许是在黑劳士反叛的压力之下。而且，这一转变似乎恰逢公元前431年爆发的斯巴达与雅典大战。

雅典人和斯巴达人因同样的希腊血统而在文化上的相似之处往往会被人们忽视。斯巴达人也有一座卫城，虽然不如雅典的那般巍峨。卫城之上也有一座神庙，供奉的是同一个保护神，用斯巴达方言叫作“雅塔娜”（Athana）。不过，当古人们谈到这两大强邦之间那场灾难性的冲突时，往往喜欢视之为二元对立的交锋。我们将在下一章就此详细阐述。

第九章　“空前的灾难”——伯罗奔尼撒战争

大部分前往雅典国家考古学博物馆参观的游客都没有注意到隔壁的另一家博物馆。这家除专业人员外鲜有访客的铭文博物馆里收藏了一系列令人叹为观止的古希腊碑文。

在专家们眼里，该馆的镇馆之宝当数那块约18英尺高的巨石。它几乎触到了天花板，得借助梯子才能阅读顶部的铭文。若是靠近一些，你可以看出整块石头其实是用现代石膏拼接的古代石碑碎片。

这一现代学术界的奇迹乃是美国专家们在1927年完成的，他们共黏合了来自同一块巨型大理石上的180多块碎片。这块大理石很可能来自某处荒废的建筑遗迹，伯里克利时代的雅典人最初将它置于雅典卫城。石碑上的铭文刻着献给卫城守护神雅典娜的贡品目录，在古代，每年都会有石匠爬上梯子新刻一条记录。

这座破损石碑的重要意义在于记录了进贡者的身份。正如我们所知，希腊盟军在公元前479年的普拉提亚战役中让薛西斯的残余部队遭受了决定性的重创。此后，波斯人依靠战舰继续威胁着大陆东部的希腊人定居点，而盟军则以希腊大陆的斯巴达为主力继续抗击波斯人的先锋。

不过，联合起来的希腊人觉得，指挥普拉提亚之战的斯巴达王保塞尼亚斯的行为开始越发像个暴君，而非统帅。我们在前文提到，正是此人在德尔斐的胜利纪念碑上刻下了那段后来被擦除的自我标榜的铭文。见识了雅典人及其海军对抗波斯人的骄人战绩，同盟决定请雅典人接过领导权。

雅典人看到了机会，当仁不让。为了筹措作战资金，他们规定，希腊同盟各邦或依据其资源缴纳金钱，或提供船只（在一开始）。25年之后，也就是公元前454年，雅典人将同盟金库从位置相对居中的提洛的基克拉迪克岛（Cycladic island of Delos）搬到了雅典卫城的圣所里。为了取悦金库的新保护神，同盟成员同意将每年缴纳资金的六十分之一献给女神。

雅典人让石匠在卫城专门竖起一块石碑，就是为了记录每年的供奉。第一行记录刻于公元前454—前453年，内容如下：

> 迈西普尼亚人（Mecypernians）
> 斯多利亚人（Stolians）
> 波立克尼亚人（Polichnitans）：231德拉克马2奥波。
> 辛吉亚人（Singians）：2（？）2德拉克马2奥波。
> 萨索斯人（Thasians）：300德拉克马。
> 米西亚人（Mysians）：33德拉克马2奥波。
> 叙安格利亚的皮克雷斯（Picres the Syangelian）：（50德拉克马）等。[1]

缴纳供奉的同盟成员所在地动态展示了希腊同盟的势力范围。皮克雷斯是土耳其西南方博德鲁姆东部的地方统治者，他甚至都算不上希腊人，而是卡里亚人。自雅典人接过领导权后四分之一个世纪以来，在雅典将军们的统率下，希腊盟军已成功地令波斯帝国无法插足爱琴海和小亚细亚西海岸，这样的武功几乎可以同早前在希腊大陆对抗波斯人的胜利相媲美。

最大的胜利当数公元前5世纪60年代中期，一名雅典将军率领200艘桨帆船沿土耳其南部海岸线搜寻传说中的波斯军队。他在位于今天的安塔利亚（Antalya）不远处的被希腊人称为欧里梅敦河（Eurymedon）的河口扎营。该河上游水流湍急，如今河上的船工更是以弄潮好手闻名。希腊步兵在此处登陆，给弃船上岸避险的敌人以致命一击。

希腊盟军这一阶段的战略目标是迫使波斯王承认一条其战舰不可逾越的界线，从而将波斯海军阻挡在希腊领土之外。欧里梅敦河以西不远，土耳其南部海岸线突然拐了个弯，形成一个岬角，岬角附近有一连串五个近海小岛，被古希腊人称为"燕子岛"。近年来，笔者曾乘船不止一次经过这片景色优美的地区，但可能是因为季节原因，从未见过燕子，倒是看到了海豚。据说，当年希腊人就选择这些岛屿作为界石。历史学家们无从得知他们是否就这些条款与波斯人缔结了正式的和平协定，但大约就在那个时期，双方停止了战争。

尽管如此，希腊人并没有解散反波斯同盟。公元前454年或公元前453年，当他们在雅典卫城竖起那座巨石碑时，第一行铭文下方的大片空白便引发了同盟中某些人对雅典人野心的担忧。萨索斯人后来的经历证明，脱离同盟绝非易事。

在上文引用的碑文中，第五行提到的"萨索斯人"指的是爱琴海北部一个富裕的希腊岛屿萨索斯（Thasos）的公民。根据修昔底德的记述，他们像其他同盟成员一样曾发誓，只要波斯帝国仍存在，就"永远"留在同盟中。然而，公元前465年左右，萨索斯人背弃了誓言。雅典人立刻派出战舰登陆该岛，将萨索斯人围困了整整三年。被困者最终投降，雅典人强迫他们签署了屈辱的条款并重返同盟，还雪上加霜地逼迫他们缴纳逾期的年贡。

雅典人对待盟友的方式开始越发像帝国统治者对待属臣，这种态度还体现在另一个方面。一个世纪之后，一名雅典作家回忆了雅典人曾如何“在狄俄尼索斯节的舞台上当着全场观众的面”[2]炫耀同盟款项的。他所指的是同盟代表们每年春季送往雅典的稀有金属。在外邦人看来，这种一年一度向全体公民的展示可能更像是在宣示雅典的实力。

在那些了解波斯帝国内部运作方式的希腊人眼中，雅典的这种做法与同盟一心抵抗的帝国行为并无二致。波斯人也喜欢炫耀收缴的贡品。伊朗西南部波斯波利斯的波斯王宫里就有表现游行场面的装饰画。那些抬礼物的人是国王的属臣，他们按照种族列队，抬着各自土地上的出产站在“万王之王”的面前。

根据后世作家们的记述，雅典人开始将同盟的战争经费悉数放进自己的腰包。事实上，他们把这笔钱当成了雅典城的收入。那是公元前5世纪中叶，在伯里克利的领导下，雅典人热衷于美化自己的城市。这种通过文化作品追求“软实力”的做法在现代也屡见不鲜。伯里克利富有创造力，他是缔造者，也是帝国主义的拥趸。

这一做法的结果——尤其是伯里克利时代雅典卫城的那些精美建筑——构成了现代人眼中辉煌的希腊文明的核心部分。但雅典公民的个体经济贡献，无论是农夫、商人还是其他人，绝不可能是该成就的唯一财富来源，甚至连主要财富来源都算不上。

伯里克利的政策在雅典人中引发了分歧。根据一名古代作家的记述，公民大会上出现了反对的声音，从我们如今称为“伦理”的角度斥责对同盟经费的滥用行为：

肆意侮辱和对暴政的屈从无疑有损于希腊的形象。我们用强制征缴的战争经费为自己的城市涂金抹银，在世人看来，我们就像个淫荡的女人，正往自己的衣柜里塞进昂贵的大理石、神像和价值连城的庙宇。[3]

这些后世记述绝非只是在重复雅典民主制度庇护下的伯里克利的政敌们的攻击。公元前447年，雅典人开始修建帕特农神庙。雅典碑文上的逐年记录表明，修建新神庙的资金来自雅典官方收取的同盟年供[4]。

挥霍同盟金库的行为显然没有经过同盟成员的协商同意，但据说得到了伯里克利本人的明确支持：

伯里克利对民众说，他们不欠同盟提供的抵御野蛮人的战争经费；“他们没有提供一匹马，”他说，“没有提供一艘船、一名重装步兵，只出了钱；这些经费不属于提供者，而是属于接受者，只要后者提供了相应的物资装备。”[5]

把同盟经费花在公共事业上的做法强化了雅典在希腊同盟中的主导地位，也进一步增加了雅典相关利益者的财富。这些人中包括军人，尤其是来自下等阶层的桨手——虽然并非全都是雅典公民。他们靠在雅典桨帆船上卖苦力换取酬劳。

这些战船如今按照拉丁文译为三列桨战舰，是一种单桅木船，船头带有尖利的青铜撞击器，船身两侧各有三排船桨。与很多人一样，笔者也曾登上一艘停靠在比雷埃夫斯干船埠的现代复制版三列桨战舰，这里在古雅典时代就曾是战舰港。在20世纪80年代的下水测试中，尽管年轻的桨手们使出浑身解数，这艘精雕细琢的复制品仍不能以古希腊原型的最快纪录（每小时10英里左右）行驶超过几分钟。

由此可见，与所有海上强国（无论是古代还是近代）一样，雅典舰队依靠的是季复一季、年复一年的持续训练换来的精湛技巧。这种磨炼令水手们不仅能执行起航、停泊、前进、倒退等常规操作，还能完成一系列需要高超技巧的行动，比如（用古希腊术语按字面翻译过来）“驶入并穿出”，即一队战船驶入一队敌舰，然后用船首的铜尖撞击敌船无遮无挡的两侧。

大体而言，越是贫困的雅典人，参与民主管理越是积极。伯里克利订立了向担任雅典法庭陪审员的公民支付报酬的制度。这些陪审团规模很大，通常有501名成员，在一定程度上防止了被告行贿，确保审判更加公正。如此一来，伯里克利可能也强化了当时的某种观念，即雅典在同盟中的统治地位与城邦民主不无关系，哪怕此举令城市的财政收入越发混乱，并使得同盟成员无从得知他们支付的经费去向。

通过推动公共事业，伯里克利将相关利益者从本地进一步扩展到整个海上帝国。大英博物馆里陈列的一段碑文记录了公元前5世纪时参与卫城新神庙修建的建筑师、石匠、雕塑师、木匠等的工钱。可以看出，他们都是雅典挪用同盟资金兴办公共事业的潜在受益者。这些工匠中既有雅典市民，也有外来居民或外邦人，还有雅典的奴隶主，后者可能用得到的工钱来支付给修建神庙的奴隶。

雅典人似乎丝毫没有意识到其他城邦对自己的反感。在伯罗奔尼撒南部，斯巴达人及其盟友越发不安地关注着雅典人的野心。他们也有一个军事联盟，比以雅典为首的那个早得多。公元前6世纪，斯巴达在伯罗奔尼撒地区的希腊城邦间订立了一个永久协议，目的是在斯巴达的领导下共同抗击敌人。

根据历史学家修昔底德的记述，在一次斯巴达公民大会上，来自伯罗奔尼撒同盟科林斯的使节们怀着对雅典的不满，对比了斯巴达人与雅典人的性格差异，终于让斯巴达人意识到雅典的威胁：

> 你们从来没有考虑过你们将不得不与之对抗的雅典人的处事方式，没有意识到他们与你们是多么不同。他们喜欢革新，对一切新计划都既能快速构想又能迅速执行；而你们很保守，只想小心翼翼地保住自己已有的，从不主动出击，甚至到了火烧眉毛的关头也一动不动。他们的胆量胜于实力；他们甘冒精明人不愿冒的风险；他们即便身处厄运也满怀希望……他们冲动激进，而你们徘徊不前；他们永远行在路上，而你们总是待在家里。[6]

斯巴达人不愿冒险离开家乡或许是因为担心黑劳士在后方反抗。但最终，他们决定诉诸战争。修昔底德认为，倒不是盟友的演说促使他们做出这个决定，更多的是因为他们的确担心雅典人“及其日益增长的实力”。于是，持续了一代人的时间、波及大部分希腊城邦的大战爆发了，古人称之为伯罗奔尼撒战争。

与特洛伊战争一样，这场战争也借古希腊文学作品名流千古。[7]修昔底德和荷马在后世人眼中都如泰山北斗，既有高超的文学造诣，也有崇高的人文精神，此外，尤其是修昔底德，更展现出其对治国方略和军事指挥的洞见。就某种意义而言，描述伯罗奔尼撒战争就是展现修昔底德本人——这位迄今为止最重要的古代史学家。

根据修昔底德的记载，在头一个10年间，斯巴达人及其盟友年复一年地侵犯雅典城周边的农田，以便扰乱雅典的农事活动。当时，雅典的一出喜剧中有个角色就表达了雅典农民对敌人这种策略的感受：“我打心底里讨厌斯巴达人，愿波塞冬掀起地震，将他们的家园倾覆！我的葡萄藤也被砍了。”[8]雅典人的对策是退守城内。他们早在上一代人时就谨慎地扩建了城墙，使之既能很好地保护城市，又能通往比雷埃夫斯港。连接雅典城与港口的通道是两段相距200码、平行而建的干泥砖墙，长约4英里。由于能够安全地抵达港口，雅典人在必要时就可以依靠海军提供进口食物和补给。

当时的希腊人对疾病的认识还停留在初级阶段，没有人能预见到将所有雅典人集中到城内而带来的健康风险，就连伯里克利也以为雅典只是在打一场获胜概率很高的战争。曾经住在乡村的雅典人不得不挤进棚屋，忍受着夏日的闷热。修昔底德详细描述了战争第二年从港口蔓延到整个城市的致命的流行病。他写道，这场疾病让“男性像绵羊般死去”。他细致地描绘了疾病的症状，可惜经过多年争辩，我们仍无法将它与任何一种现代疾病对上号。

他提到，疾病可以由人传染给动物，也可以在人之间传播，也就是说，是一种接触性传染病。这一观察结论与当时的希腊医学理论相悖，后者错误地运用了地理环境因素，将疾病传播归咎于劣质空气。修昔底德用历史学家的眼光看到了传染性疾病传播的医学真相，而这个真相直到19世纪才被西方医学界完全接受。到瘟疫结束时，城里的大部分居民要么已死亡，要么获得了免疫力——修昔底德提到，幸存者有可能再次感染疾病，但症状会轻得多。公元前429年，伯里克利也被疾病夺去性命。

城墙内的雅典人躲过一劫，甚至开始恢复元气。公元前415年的短暂停战给了双方喘息之机，在此期间，雅典人展示出他们重建帝国统治方式的能力。米洛斯的基克拉迪岛位于爱琴海中部，居住在那里的多利安分支自视为斯巴达人的亲族，因此虽屡受雅典同盟舰队侵扰，却始终没有加入同盟。于是，雅典人以同盟军的名义派出舰队。雅典使节与该岛的行政长官和寡头统治者会面，试图劝说他们加入雅典同盟，否则便要施以颜色。

修昔底德记述了那场辩论。在辩论过程中，雅典人鼓励米洛斯人随时打断他们的发言并提出问题。雅典使节指出，雅典无法容忍米洛斯的中立，因为这会令雅典在同盟者眼中显得弱势（也就给了不满雅典主导的盟邦以反叛的借口），尤其鉴于米洛斯只不过是个弹丸之地。他们还说："你们和我们一样清楚地知道，通常而言，只有实力相当的邦国之间才能就权利问题讨价还价，强国可以为所欲为，弱国只能逆来顺受。"[9]这种强权至上的古老信条或许令如今形形色色的开明人士不悦。不过，它依旧在世界历史的舞台上演，只要有国家行为出现的地方，就有这种逻辑存在。根据修昔底德的记述，雅典人满以为自我保护的本能会令米洛斯人屈服。倘若如此，他们一定深感失望，因为米洛斯的统治者们回应说，不战而屈会让他们感到羞愧，他们宁可心怀希望、祷告诸神，捍卫自己的自由。

修昔底德或许想借米洛斯人的态度给被胜利的喜悦冲昏了头脑的读者提出警告，于是，他继续讲述了接下来发生的事情。雅典人及其盟友封锁了米洛斯城镇，强迫岛民投降，接着又"杀死了所有俘获的成年男性，将女人和孩子卖作奴隶，随后遣500个移民占据了该岛"[10]。

修昔底德在其他地方也提到，雅典人同样是这场非理性战争的受害者，认为他们乃是被政客的花言巧语所蒙蔽。位于现代叙拉古的那令人叹为观止的人造洞穴为我们生动讲述了雅典人远征西西里的情况。这个巍峨的山洞因回声吸引了不少游客，被人们称为狄俄尼索斯之耳，是古人经年累月开采大理石矿而形成的。

在该地区其中一座采石场里，叙拉古人曾在此关押了至少7000名士兵，都是从误入歧途的雅典舰队上俘获的。那是公元前413年。修昔底德着重列举了这个监禁地在他看来异常残酷之处——烈日，憋闷，叙拉古人提供的食物不足果腹，囚犯饥渴难耐，死去的囚犯尸体发出恶臭。他用这段描述为整场战争中“最重要的行动”[11]——即两年前雅典人派兵远征西西里——画上了句号。

修昔底德对作为政治家的伯里克利大加褒扬。他认为，伯里克利之后的那些不称职的雅典领导人该为这场“愚蠢的错误”负责。由于缺少其他资料，我们很难判断他的结论正确与否。从修昔底德的分析来看，雅典人的灾难提供了另一个教训，让人们意识到政客的公开演说有可能在无意识中酿成苦果。

首先，对物质利益的渴求让雅典人对富饶的西西里岛屿动了杀心。他们打着帮助西西里盟友——埃格斯塔的非希腊人——反抗邻近敌国的旗号出兵。修昔底德补充说，除了被利益驱动，年轻的雅典男性们还怀着“扬帆远航、领略异邦风物的渴望”[12]。如今这个时代的应征入伍者中，也不乏抱有类似动机者。

按照修昔底德的记述，雅典人曾在公民大会上聆听各路雅典名流发表演说，就这个大胆的计划展开辩论。修昔底德提醒读者警惕那个来自雅典精英阶层的年轻又俊美的阿西比亚德斯（Alcibiades）：“极有军事野心，一心想征服西西里和迦太基，想凭借战功名利双收。”[13]无论修昔底德的这番评价是否公正，有一点可以肯定，即此类人在如今的西方政坛不乏其例。

在阿西比亚德斯发言之前，一名叫尼西阿斯（Nicias）的年长政客曾试图劝说雅典人放弃军事行动，他担心同胞们野心过于膨胀，想要占领整个岛屿。他认为这个计划会让人们疏于对付真正的敌人——波斯人，并不点名地批评那个提倡该计划的年轻人“沽名钓誉”，“为了一己私利让国家去冒险”[14]。

阿西比亚德斯接着反驳了上述批评，发表了支持远征行动的演说。他的言辞如此雄辩，他本人也感受到雅典人对征战前所未有的渴望。尼西阿斯不得不在会上做二次发言。修昔底德写道，这一次，他试图用诘问的方式劝阻雅典人。他谈到了军事风险，指出如果想要远征成功就必须有更多人马、花费更多金钱，希望雅典人在权衡了更大的开销和不确定的回报之后会放弃整个计划。

然而，他的发言恰恰收到了相反的效果。雅典人将他的话理解为，只要派遣更庞大的军队就可以确保胜利。于是，计划得到“大多数人的热情支持”，“少数不赞成的人也因担心投反对票会让自己背上不爱国的名声，保持了沉默”[15]。远征军出发了。在此，修昔底德展示了对大众心理的洞悉。

雅典人抵达西西里，包围了叙拉古人的城市。叙拉古人虽属于希腊人，但与米洛斯人一样，也是多利安人的分支。他们得到了亲族斯巴达人的支援，比雅典人原先想象的难对付得多。随着军事行动一步步陷入泥潭，雅典指挥官——正是尼西阿斯——错失了返回家园的最后机会，他和手下因月食踌躇不前，因为当时的希腊人普遍相信这种天象是个坏兆头。当远征军最终从陆路撤退时已然意志消沉。由于干渴难耐，士兵们一见到河水便忘了纪律。叙拉古人在他们不顾一切奔向水源时展开了屠杀，幸存者沦为奴隶。

雅典人在西西里遭遇的灾难在希腊世界里引起了巨大反响。每个城邦都在重新考量该如何对待遭受重挫的雅典。斯巴达人嗅到了不远处胜利的气息。他们改变了策略，不再如往年那样偷袭雅典领土，而是在雅典城东北仅11英里的地方建起一座要塞，长期驻兵。雅典人的村庄损失惨重，根据修昔底德的记载，甚至失去了全部牲畜。

更有甚者，在斯巴达占领期间，“超过两万名奴隶——其中大部分是技艺娴熟的工人——背弃了”[16]雅典主人。当时，雅典境内有一技之长的奴隶主要集中在南部地区。如今，游客走进现代城镇拉夫利翁（Lavrion）郊野那片宁静、松木飘香的山丘，就能见到一处与卫城的审美截然相反的古雅典遗迹。

这里有一个带栅栏的古代隧道入口，成堆成堆的矿渣，用于收集雨水的巨型工业蓄水池，业已毁坏的、曾用来洗矿石的设施，洗过的矿石将被送进熔炉加热，以便从矿床上分离出贵金属。在附近的考古学博物馆里，教师向雅典的小学生展示着在本地发现的粗糙碑文，上面醒目地用雅典希腊文刻着“边界”一词。这些石头标志着雅典曾将开矿权授予个人。

可能在孩提时代见过尼西阿斯本人的雅典作家色诺芬（Xenophon）提到，这名不幸的西西里远征军指挥官曾经拥有1000名“会开矿的”奴隶。他向运营采矿场的公民出租这些具备专门技能的劳动力，并从中谋利。因此，斯巴达人的驻军不仅扰乱了雅典的农业生产，也切断了雅典财富的另一个主要来源——银矿。

斯巴达人还有更令人意想不到的一招。早年，雅典同盟成功地解放、收回了一度处于波斯人统治下的土耳其西部的希腊人定居点，这令将合法性建立在统治“众邦、众民”之上的世袭王朝大失颜面。彼时的波斯国王、薛西斯之孙大流士二世（Darius Ⅱ）觉得，是时候命令该地区的总督让这些希腊人重新缴纳贡品了，换句话说，就是让该地区重受波斯统治。

斯巴达人当年曾和雅典肩并肩抵御过非希腊仇敌，但如今，为了战胜雅典人，他们与昔日敌人结了盟。斯巴达同意把爱奥尼亚交给曾被雅典打败的波斯。作为回报，波斯则向斯巴达提供军事援助和充足的财富，以建立、维护一支能与雅典一较高下的舰队。

公元前405年，雅典人日渐稀少的资源受到了最后一次重创。斯巴达舰队指挥官莱山德（Lysander）俘获了一支在达达尼尔海峡欧洲一侧搁浅的雅典舰队。此次灾难之后，斯巴达人切断了从今天的克里米亚（Crimea）和乌克兰（Ukraine）经水路到达比雷埃夫斯的物资供应线，雅典同盟剩余的粮食渐渐耗尽。莱山德率舰队逼近雅典，城内饥饿的雅典人还记得当年落入雅典之手的米洛斯人的命运，做好了最坏的打算。

在女性吹奏的长笛声中，斯巴达人及其盟友捣毁了雅典的防御工事，宣读了胜利者的条款。但他们并没有摧毁雅典。在当时那种情况下显得多少有些出人意料的是，他们声称，无法忘记这个城市在波斯战争期间为希腊人做出的伟大贡献。雅典人被夺去了帝国的权力，但生存了下来。

经历了整整一代人的起起伏伏，包括另一场希腊世界的大战，得到波斯人支持而获胜的斯巴达人主导了希腊大陆的政治和军事。这一时期似乎见证了或加速了斯巴达的社会转型。在伯罗奔尼撒战争期间，原本保守封闭的斯巴达人开始习惯走出家门。他们见识了财富遍野的叙拉古、希腊北部的奔腾大河以及奢华的波斯官员随从。斯巴达的统治者们对世界有了更多的接触和了解。

关于斯巴达击败雅典之后几十年间发生的事情，雅典作家色诺芬为我们提供了最好的信息。根据他的说法，斯巴达人现在有了权力的概念。登上顶峰的斯巴达人不再满足于居家节俭地过日子，而要远游他乡做生意。有些人开始炫耀自己的财富。手握大权的人“被阿谀奉承腐化”[17]，为外邦效力——可能是接受贿赂的委婉说法。

此番道德控诉未必是空穴来风。色诺芬有一些担任高官的斯巴达朋友，对斯巴达知之甚深。他眼见着斯巴达精神的衰退，对自己记录下的这些变化痛心疾首。尽管如此，要对整个社会下道德判断总是难免失之偏颇。色诺芬有可能只是受了一些保守的斯巴达友人的不满情绪影响。现代历史学家感兴趣的是，随着斯巴达人变得更“世俗”，富人间的社会地位竞争是否出现了新的形式。

当时一名斯巴达女性取得的成就凸显了富有的斯巴达人卖弄的行为，我们从中或许还能看出保守派对该现象的反应。不少古代作品都提及，一个名叫希妮斯卡（Cynisca）的斯巴达公主曾于公元前4世纪90年代在奥林匹亚两度赢得四马马车赛的冠军。

她甚至竖起了胜利纪念碑，夸耀自己是“全希腊唯一赢得此等桂冠的女性”。拥有马车队并参与马车比赛是富人的游戏，比方说如今的伊丽莎白二世就喜欢马术，而希妮斯卡的确富可敌国。

希妮斯卡在奥林匹亚留下的碑文让她看上去俨然一个女权主义者。在古希腊人看来，斯巴达女性所享有的社会自由远远超过希腊其他地区的女性。但后来有传闻称，希妮斯卡是奉王兄阿杰西雷斯二世（King Agesilaus Ⅱ）的命令参加这项冒险运动的：

> 见到有些公民因拥有赛马就摆出一副自命不凡的架势，他便劝说妹妹希妮斯卡参加在奥林匹亚举行的马车赛，因为他想让希腊人知道，这种事情不能代表男子汉的优势，只要有钱、舍得花，谁都能做到。[18]

这则传闻绝不应当被忽略。倘若确有其事，那么希妮斯卡的所作所为就只不过是服从哥哥的命令而已。保守的阿杰西雷斯此举的目的在于，通过希妮斯卡的获胜来说明，借助骑手间接取得的胜利并不能让赢家拥有更多的男子气概，从而抑制斯巴达富人为赛马一掷千金的欲望。

斯巴达社会的分化不仅出现在上层。多亏了色诺芬的内幕信息，历史得以记录下一次失败的武装暴动——人数占优的斯巴达底层社会密谋反对少数拥有完整权利的斯巴达精英公民。色诺芬罗列了斯巴达社会中的各类弱势群体，他们全都“想将那些完全公民生吞活剥”[19]。

正如我们在上一章所见，曾受过军事训练的完全公民如今享受着斯巴达霸权带来的经济利益，绝不愿改变这些令他们高居社会顶层的不平等的财富分配方式。然而，继承法一方面让部分家庭变得异常富有，同时也使得另一些斯巴达人的财富日见缩水。

由于无力支付共餐份额，一些斯巴达人被迫放弃了公民身份，为社会所排斥。当权者的力量似乎足以阻止国内冲突。但此外还有一个危险，即斯巴达的公民军队人数不断下降，已经到了不可能从决定性的失败中恢复元气的地步。

这正是公元前371年所发生的。一支斯巴达军队离开伯罗奔尼撒半岛，远赴雅典以北的波俄提亚捍卫斯巴达的霸权，结果遭到重创。其他希腊城邦在战场上击败斯巴达人的情况本就非常罕见，但更令人们惊讶的是斯巴达随后的土崩瓦解。斯巴达的军事力量没能从那次惨败中恢复。美塞尼亚黑劳士和伯罗奔尼撒同盟的其他城市抓住机会，推翻了斯巴达的霸权。

日后成为哲学家的亚里士多德当时年仅13岁。他后来分析道：“仅仅一场战斗的冲击对斯巴达而言已是不能承受之重；她的溃败缘于人力短缺。”[20]斯巴达社会的无比严酷或许可以解释他们何以能在伯罗奔尼撒战争中获胜，也可以解释他们为何没能在接下来主导希腊世界期间让斯巴达文化再度繁荣。与之相比，在斯巴达没落前后，雅典的文化氛围却是另一番气象。在接下来的一章，我将列举一些当时雅典的文化成就和因此被吸引到雅典定居的异邦希腊人，以及令天才们得以熠熠生辉的环境因素。

第十章　审慎的生活和金玉良言

现代批评家们一般认为，继荷马的光辉之后，希腊文化的又一创作高峰始于希腊对波斯的第一次胜利（公元前490年），终于马其顿霸权的崛起（公元前336年）。这一时期涌现出了很多著名的、甚至家喻户晓的人物（比如索福克勒斯和苏格拉底），令那两个世纪的伟大成就为今人所共知。

该时期有时被称为“古典时代”。此处的“古典”不只是现代意义上的时代划分方式，它也体现了如今的人们对那一时期希腊文化方方面面的普遍判断。相比于之前和之后，彼时的希腊文化近乎完美。

这种主观评判的权威性部分来源于后古典时代古人的观念，部分承袭自文艺复兴以降的古典文化迷，后者包括所有有意识地从古代作品中获取文学写作、哲学研究、雕塑、建筑设计等灵感的创作者。本章的目标就是要用例子说明，（按传统观念而言）“古典”希腊何以在文化领域当之无愧地享有如此崇高的地位。

古典时代的希腊大体而言等同于古典时代的雅典。自公元前5世纪后期起，便有越来越多的迹象表明，古雅典人的邻居们——既有希腊人也有非希腊人——是如何浸淫在公元前5世纪雅典民主的“革命性的”文化氛围中，甚至偶尔还起到促进作用。大英博物馆就为参观者提供了一个很好的小例子。

我听说过一个真实的故事。曾有位积极倡导将埃尔金石雕（Elgin Marbles）还给希腊的名人来到大英博物馆参观，他走进帕特农文物厅之前的一个同样陈列着希腊雕塑的巨大展厅，误将这里的雕塑当成了名气更大的帕特农雕塑。这个故事或许听来好笑，但如果你看看那间大厅里一排穿着贴身衣物的女性塑像，就完全可以理解他何以犯那样的错误了：她们简直就像是从帕特农神庙中走出来的。

这种刻画女性服饰的特殊方式源自在此前半个世纪修建帕特农神庙的雅典雕塑家。参观者向左转进陈列着帕特农雕像的杜维恩展厅（Duveen Galley），可以看见展厅尽头有一尊损毁严重的女性雕塑。仔细端详，她的衣衫似乎也垂垂地贴在身上。

首次运用在帕特农雕塑中的这种“湿装风格”着实绝妙，相比于完全裸露，该手法不仅更能展现躯体之美，而且可以回避当时希腊文化中不得公开描绘裸体女神的禁忌。负责督造帕特农雕塑的雅典艺术家斐狄亚斯在当今世界与米开朗琪罗齐名，他或许就是这个天才手法的创造者。

正如古希腊的其他方方面面，这种借助衣褶的表现方式在如今早已通过博物馆里的古代雕像或晚近的新希腊风格雕塑而为人们熟知，以至于我们不经意间就会忽略了当它首次出现时带给人们的新鲜与震撼。

在随后一代人的时间里，从事希腊风格雕塑的工匠们不断地模仿来自雅典的这种新手法。之前提到的那间展厅中的雕像来自涅瑞伊得纪念碑（Nereid Monument）——公元前4世纪90年代建于土耳其西南部的一名热爱希腊艺术的非希腊统治者的坟墓。有两则古代逸闻可以说明人们对公元前5世纪雅典人创造的艺术形式的普遍热情。公元前413年，叙拉古人一举击败雅典的西西里远征军之后，很多平安返乡的雅典人都对欧里庇得斯心怀感激、念念不忘。

他们中有些人因凭着记忆排演了他的作品而免受奴役、重获自由；有些人在战后流离失所的时候凭着吟诵他的诗歌得到了食物……[1]

彼时已年近七旬的欧里庇得斯是雅典著名的剧作家。这则故事表明，在文化上紧追潮流的叙拉古人定然见过在西西里上演的他的剧目——与当时所有的希腊戏剧一样，既有对白也有歌唱。几十年后，即公元前4世纪60年代，希腊中部一个城邦的僭主在欧里庇得斯悲剧选段的演出过程中“突然离场”[2]，只因他感动落泪，却又不想让这种动情的表现影响他的“强者”形象。

那座位于希腊中部的特殊的剧场是公元前4世纪修建的众多剧院之一。彼时，雅典的戏剧表演攫住了希腊广大民众的胃口，很多城市都需要新的石质建筑来为这种能够一次吸引一万到一万五千名观众的表演艺术增辉。建于公元前4世纪晚期的埃皮道鲁斯（Epidaurus）剧场就是首批不朽的希腊剧场中最负盛名的一座。

公元前4世纪后期，生活在雅典的哲学家亚里士多德写下了他对雅典戏剧起源的见解。他认为，雅典戏剧是从雅典人为尊崇酒神和狂欢之神狄俄尼索斯而举行的民间仪式中发展而来的：悲剧由赞美酒神的组歌和舞蹈演变而成，喜剧则来自抬着勃起的阴茎模型的色情游行。

正如我们所见，其他希腊社会，包括公元前6世纪的斯巴达，在宗教性演出里都会使用一种在公元前5世纪的雅典戏剧中至关重要的道具——面具。与其他希腊社会不同的是，雅典人将这种戏剧演出的雏形发展成了现代意义上的戏剧，即一种剧作家创作的、由人物对话构成的、以现场演出而非单纯阅读为目的的文学形式。

雅典人首开先河，于一年一度的狄俄尼索斯节期间在城中心举办大赛，评选出当年戏剧的佼佼者。他们为古希腊戏剧的两个主要类型分别设立了比赛：最佳“悲剧”的竞赛始于公元前534年，最佳“喜剧”的争夺始于公元前486年。竞争自然刺激了创新，这一点古今无异。

维也纳保存着一小截按传统方式用纸莎草茎叶制成的古代书卷，上面的几行诗歌出自公元前5世纪的雅典戏剧：

> 多么悲伤，多么悲伤——你母亲的血让你疯狂。凡间的荣华不会久长：可叹啊，它如飞驰的小船上的风帆，始一出海，便被神力淹没在饱含辛劳的厄运之浪。[3]

这段同样出自欧里庇得斯之手的韵文体现了悲剧语言的庄重。但这份成于公元前200年左右的书卷残片的珍稀之处在于，与诗文相配的还有一段乐谱。为此，缮写员在文字上方标注了一套基于字母表编制的记号。也就是说，公元前5世纪雅典狄俄尼索斯剧场里的观众欣赏的乃是某种音乐剧。

专家们由此推断，现存的公元前5世纪戏剧的行文韵律模式——即诗歌的格律——发生了变化，彼时观众欣赏到的可能是一种结合了合唱、咏叹、二重唱、吟唱或吟诵、格律诗朗诵等形式的演出。

表演的场面也堪称壮观。那不勒斯考古学博物馆的一间陈列室里保存着一件令人叹为观止的雅典陶器——一只近2.5英尺高的花瓶，瓶身一圈画着戏剧人物。这件作品的诞生时间约为公元前400年[4]。

画面上的演员都是男性，有的戴着栩栩如生的面具，有的将面具拿在手中。他们身着戏服，扮演赫拉克勒斯的人手持狮皮和大棒，极为抢眼。画面中的另一些人物则是合唱团成员，彼时，这一角色总是由业余爱好者充当，他们穿着带有动物尾巴的衣服，缠着毛茸茸的腰带，像狄俄尼索斯的野性追随者、神话中的森林之神“萨堤尔”（Satyrs）那样拖着硕大的阴茎，其中一些还翩翩起舞。剧作家也出现在画面中，手持一卷文稿。画面中央的位置坐着一个笛手，正吹着公元前5世纪雅典剧场里常见的双管笛。

我在学校时为了应付考试读过古希腊埃斯库罗斯的《阿伽门农》（*Agamemnon*）。小小年纪的我当时并不懂得欣赏这篇讲述因道德罪过而被诸神没完没了地追索“正义之债”的带有深刻道德指向的悲剧，因为诸神总是高高在上、非凡强大。如今，我理解了该作品的伟大之处。

阿伽门农，特洛伊战争中一心追寻荣耀的希腊远征军统帅，为了给希腊舰队求得顺风竟用亲生女儿献祭，因此他必定要为这种渎神行为付出代价。由于沦为臆断公正的工具，他的妻子也必然受到惩罚——在剧中，她为了给女儿报仇，在丈夫时隔10年凯旋之际杀死了他。

这部悲剧是埃斯库罗斯三部曲中的第一部，另两部继续讲述了故事的后半段，以供在戏剧节一同上演。第二部剧讲的是阿伽门农之妻遭到的报应，且更为残酷——她的亲生儿子在阿波罗的安排下为父复仇。第三部戏，埃斯库罗斯用现代式的结尾终结了血亲相煎的可怕循环。在众神的指引下，被遗弃的儿子经受了试炼，雅典法庭的民主公民陪审团宣判其无须承担弑母的罪责。

借助三部曲，埃斯库罗斯意欲通过戏剧化的情节让观众体验恐惧与怜悯。与其他悲剧作家一样，他的一些故事情节取自神话时代家喻户晓的血腥的家族传说。从雅典公民受众的角度考虑，埃斯库罗斯让戏剧的结尾变成了一堂公民课：尽职的公民陪审团所面对的，是艰难的伦理选择。

在我曾经任教的英格兰北部的一所大学里，古典学系每年都有几天开放日，讲师们会给为准备大学入学考试而学习古典学科的中学六年级学生授课。多年以来，最受欢迎的讲座始终是关于公元前5世纪唯一仍有作品传世的雅典喜剧作家阿里斯托芬（Aristophanes）。

有时候讲堂里座无虚席，比方说当全国各地的中学都提出观看由两名讲师模仿古代喜剧演员进行的双人表演时。他们的秘诀是即兴大量运用各种形状、各种型号的道具——晃来晃去的男性生殖器——为阿里斯托芬的幽默奠定基调。在古代，这种道具通常用皮革制作。

相对而言，并非所有的演绎者都能公平地对待阿里斯托芬的性影射，因为有些主题牵涉到同性恋情，比如下文：

> 大家公认，我买了把舒服的椅子，外加个年轻又强壮的侍从，替我搬椅子。只要他一唤，我就坐上去。
>
> 现在一切安置妥当，这里有张折叠椅给你，还有个男孩（可不是阉人）替你扛。要是你乐意，就把他弄成折叠椅！[5]

除了此类黄段子，现存剧本中的另一个特色可能也会让现代读者大吃一惊，那就是对政治的荒诞态度。阿里斯托芬不仅基于时事（尤其是伯罗奔尼撒战争）编造各种阴谋论，还把真实生活中的政客描述成阴谋故事中的角色，辛辣地讽刺那些他不喜欢的人，大肆嘲笑雅典民主的主体——他们基本上都是他的观众：

> （第一个奴隶）：咱俩的主人有一身农民习气，一个乡下胃口，一副火暴脾气，人称普尼克斯山的德莫斯先生（Mr Demos），是个古里古怪、半死不活的小老头儿。上次赶集日，他买了个奴隶叫帕弗拉贡（Paphlagon），是个皮匠，一个大恶棍，喜欢造谣中伤。这皮匠帕弗拉贡摸透了老头儿

的脾气，就蹲在主人面前开始讨好奉承、溜须拍马，拿一点点废皮子哄骗他……[6]

此处的人名“德莫斯”意思是“人民”，代表全体公民。正如我们所知，当时的公民大会就设在雅典的普尼克斯山。“帕弗拉贡”这个角色是个奴隶兼皮匠，巴结讨好扬扬自得的主人德莫斯，以便从中占便宜，这明显是对后伯里克利时代的平民政客克里昂（Cleon）的讽喻，此人是富有皮匠的儿子，曾凭借雄辩的演讲说服公民大会支持他的政见。

在《骑士》（*Knights*，公元前424年）这出喜剧中，随着剧情继续发展，德莫斯的另外两个奴隶设法成功地打败了帕弗拉贡。他到头来失去了主人的宠信，被贬去城门口卖香肠。剧尾，意识到错误的老德莫斯幡然悔悟，摆脱了丑态，变得仪表堂堂。

剧作家在剧场这样的公共场合自由地表达对政治领袖的反对，他的观众不仅包括男性公民，（或许）也包括女性和外邦人。雅典人对这出戏钟爱有加，阿里斯托芬因此在第一场演出后就获得头奖。但戏剧本身并没有让雅典人放弃对真实的克里昂的支持，依旧推选他为高级军事指挥官。

并非所有的现代西方民主国家领导人都能大度地容忍这种公开的政治嘲讽。尽管我们不知道克里昂的反应，但有时候，这位喜剧作家显然是语中带刺。在另一出喜剧里，阿里斯托芬取笑了公元前5世纪后半叶已然在雅典人生活中占据重要地位的智者形象。这一次，他的攻击对象是苏格拉底。剧目首演那年，也就是公元前423年，这位雅典公民年届四旬。

阿里斯托芬把苏格拉底描绘成一个怪人，光着脚板游荡在大街小巷。苍白的面孔表明他长时间闭门不出，与当时喜爱户外活动的男性公民的日晒肤色形成鲜明对比。他是一所学校的校长，在那里，“只要交钱，老师就会教你如何赢得辩论，无论有理没理”[7]。也就是说，这所学校提供的是公共演说培训，希腊人把当时新兴的这门学科叫作“修辞学”。

阿里斯托芬讥讽苏格拉底是个拒绝遵循宗教风俗的自由思想家。剧中的苏格拉底说诸神都是“垃圾”，除了取代了宙斯的新神狄诺斯（Dinos）和云（这出戏的名字就叫《云》）。他告诉一名疑惑不解的学生，这些形态万变的实体乃是女神，学生却不无道理地觉得，她们看上去更像蓬松的羊毛。接着，苏格拉底这个角色使出了提问—回答的教学手法，引导学生推翻了原先的观点。年轻人甚至开始向云彩祷告。

从观众的角度而言，该剧的娱乐价值似乎在于引导了一种公众观点，剧中的苏格拉底不再是真实生活中的苏格拉底，而是个不循规蹈矩的智者。此类人鼓吹不虔敬的新奇思想，吸引易受蛊惑的年轻人来付费学习公共演说的技能。在一些人眼中，这种教学完全是不道德的，因为不正直的公民可以借此本领参与公共生活，使用欺骗伎俩赢得听众的支持，哪怕他的话根本没有道理。

真正的苏格拉底的确是位奇人，但他并不为谋财而教学。他做哲学的方式是深入公共生活，在雅典的大街上和市政广场与偶然相遇的人们交谈。某种程度上，他吸引了很多朋友和追随者，其中不乏年轻人与贵族。这些追随者通常是男性。当时雅典的社会规范并不鼓励有身份的女性抛头露面、在街头巷尾同非亲非故的男性交谈。

谈话乃是哲学家苏格拉底的思想精髓。他会在交谈过程中探讨盘桓在自己脑中的问题，那些问题如今被归入“伦理学”范畴，从根本上说，就是从道德的角度去严肃探究如何才能更好地度过一生。为了达到这个目的，他的谈话技巧的确如阿里斯托芬的喜剧作品中所言，运用了某种温和的交叉检验。

古希腊人把这种交叉问答称为“辩证法”（dialectic），该词源自希腊语动词“交谈”（to converse）。其中蕴含的思想是，通过思考，交谈者最终会得到一个共同认可的关于正直生活的定义，比方说，希腊人公认的关于美德的确切含义。究竟怎样才算“公正的”或“适度的”？一个人如果明白了其中的意思，就没有理由不去过合乎道德的生活。

苏格拉底的独特思想挑战了雅典人的容忍度，于是，有公民以腐化青年和不敬神的罪名对他提起控告。彼时是公元前399年，雅典惨败于斯巴达之后五年，雅典人的自信受到了严重动摇。民主制度摇摇欲坠，苏格拉底与一些政治寡头的友谊或许更令他受到怀疑。

也许这就是阿里斯托芬的喜剧让人们感到刺痛的地方。据说在审判中，苏格拉底面对陪审团公开谴责了将自己送上法庭的“诽谤者”，并特别提到狄俄尼索斯剧场：

> 是你们自己从阿里斯托芬的喜剧里看来了这些事，你们看见一个所谓的苏格拉底被搬上舞台，声称他自己端坐天上，还说了一大通胡言乱语，而我本人对那些东西一无所知。[8]

有501名公民参加的民主雅典最大的一次审判以30票的微弱优势判定苏格拉底有罪。原告提出对他处以死刑。按照法律规定，被告可以提出替代惩罚。富有的友人们愿意出钱，一文不名的苏格拉底则要求用极少量的罚款替代。陪审团选择了死刑。苏格拉底按律饮下毒汁。

苏格拉底能享有如此崇高的身后名，要归功于他的学生们后来的作品。这批学生中有一个富有的雅典青年，叫柏拉图。柏拉图现存作品的一大特点是采用了苏格拉底及其追随者们的对话的形式。其中一篇据说是苏格拉底在审判上的自我辩护，就以古希腊语中指称此类法庭演讲的词汇命名为《申辩》（*The Apology*）。

这篇写于审判之后20年的著名演说似乎将演说者理想化了。坦率地说，柏拉图作品中出现的苏格拉底大多经过了加工创造。同样，柏拉图的作品也模糊了其恩师与其他门生哲学思想的差异。

这些哲学思想中包括一个深邃的道德观念，即哲学生活给死后的生命赋予了希望，换言之就是令生命不朽。在柏拉图笔下，身陷囹圄、等待死亡的苏格拉底在生命的最后关头向学生们讲述了他对死亡的态度。

> 他说："要不是我相信自己将面对其他明智又善良的神明，而且更重要的是，将面对那些已经死去的人，那些比这世上的人更崇高的人，我就该因死亡悲伤。但眼下，你们尽管放心，我正期待着去见那些善良的人，虽然我本不该如此积极地表现出来；但我还是要明明白白地说，我打定主意要去见那些善良的神明。"[9]

柏拉图笔下的苏格拉底接着解释道，在死亡之际，躯体会与它活着时的同伴分离，他把这个同伴称为心灵（psyche）。如果心灵能在肉体享乐之余尽可能保持不受玷污，且引导人过一种用爱智慧之人——即哲人——的道德标准来评判堪称"纯洁""适度"的生活，那么人死后，心灵就能与肉体分离，摆脱死亡的地下王国，踏上通往天国的旅程。英语中通常把心灵这个词译作在人有生之年寄居在躯体里但不属于躯体的"灵魂"。

柏拉图的另一篇对话引出了柏拉图式恋爱这样一个现代概念。这篇对话题为《会饮》（*Symposium*），因为事件发生在一场宴饮上，尽管在场的宾客并没有像通常那样开怀畅饮，而是选择了交谈。对话再次以苏格拉底为中心，主题则是erōs——性爱或欲望。

柏拉图的苏格拉底给出了自己对于这个论题的观点，这也是他从一名女智者那里得到的智慧。她曾告诉他，世间有两种类型的孕育，一种是在男女交往中诞下婴孩，另一种更高级的，是人的灵魂充溢着“某些适合灵魂去孕育、去生产的东西”[10]，也就是智慧和其他美德。美丽的躯体与充满智慧的灵魂邂逅便会开花结果：

> 我认为，它遇到了美，并与之结合，诞下了长期孕育的东西。无论是当他们两相厮守之时，还是虽彼此分离但却念念不忘之际，都一起哺育着共同生产出的东西。[11]

这名充满智慧的女性进而称，这是“恰当的男性之恋”[12]。柏拉图似乎不认为男性和女性之间有可能拥有这种纯洁的、有教育作用的关系。他本人终身未婚。

接着，他举出一则轶事来说明他心目中的英雄苏格拉底在此类问题方面的自制力。在会饮现场，年轻男宾中最英俊的一位不理解苏格拉底如何竟能拒绝他的追求。苏格拉底用充满哲理的话语回答说，最好的爱慕者“试图抓住真正美好之物（苏格拉底的思想），并以美好之物（年轻男性的躯体）作为回报”[13]。

柏拉图的作品始终贯穿着对一种理想社会——即乌托邦——的构想。这种情结源于需求，因为当时希腊城邦中已有的社会类型，包括民主制度，都有缺陷。在柏拉图的构想中，理想社会通过优生学来确保适者生存，它摒弃了家庭，将母亲与孩子分开。国家治理委托给为此目的而经受了严格训练的哲学家，城邦的保护者。柏拉图究竟在多大程度上相信这种极权主义国家的可实现性，专家们尚未形成一致意见，我们在此不做讨论。

与苏格拉底不同，柏拉图在雅典某地建起了一个供志趣相投的人——既有学生也有其他教师——进行私下交流的场所。这个学园在其创建人逝世（公元前347年）后依旧长盛不衰，也是雅典最早的高等教育机构之一。

根据古人对柏拉图生平的记录，他任教的“阿卡德米（Academy）位于郊区，是一片绿树成荫的健身场，以古代英雄赫卡德谟斯（Hecademus）的名字命名”[14]。希腊考古学家们已经确定了这所健身场的位置，就掩埋在如今的雅典城通往西北古代市集的街道之下。

柏拉图在这里展开了自己的哲学研究。虽然尚有一份柏拉图讲稿传世，但他使用的最主要授课方式似乎仍是苏格拉底式的谈话。当时的一名喜剧作家对此大加嘲讽，但他的话也从一个侧面显示出这些论题之包罗万象。它们包括我们如今所说的科学、动物学、植物学，以及实用性研究：

> 我看见学园的体操场上有一群男孩，听见一些我无法描述的奇谈怪论。他们正在给自然界下定义、做分类：动物的生活方式、树木的自然性质，以及蔬菜的种类。他们围着一只南瓜，研究它该属于哪个品种。[15]

有一份古老的名单列出了柏拉图的学生们。有趣的是，名单里除了雅典人之外，还有来自爱琴海各地、西西里和黑海地区的希腊人。看来，柏拉图不仅声名远播，其追随者也相当“国际化”。这些小伙子能够异乡求学，必然有某种经济后盾。名单上还有两个人看起来可能是女性，均来自伯罗奔尼撒。

相传，其中一名女性在读了柏拉图的政治学作品之后便追随于他。她身着男装加入了学园，“在相当长一段时间里隐瞒着自己身为女性的事实”[16]。在公元前4世纪中叶的希腊，具有独立人格的女性的确很难去追求精神生活。不说别的，单单是阿克希奥提亚（Axiothea）——她的名字——感到有必要女扮男装这个事实就说明，社会舆论非常反对希腊女性与陌生男性相处。

另一名来自希腊北部的“国际生”是年轻的亚里士多德。在古代，他被视为柏拉图众弟子中最杰出者，还被人们赋予了一些不知是否真实的个人细节：“他口齿不清……据说腿很细，眼睛小，但他曾经沉迷于时髦的衣服和戒指，还喜欢刮脸。”[17]

20世纪90年代中期，考古学家们在位于雅典的希腊元首宅邸附近挖掘出了一栋古代建筑。该建筑的中心有一个巨大的矩形庭院，约25码见方，庭院一周是带柱廊的走道，之后有不少房间。这是古希腊健身馆的典型布局。

结合建筑所处的位置，考古学家们认定它正是吕克昂（Lyceum），一处类似于阿卡德米的雅典健身场。柏拉图去世后，这个位于城市另一端的公共健身场成了彼时业已成名的亚里士多德的教学地。他在这里创办了自己的高等学府。与柏拉图的学园一样，这所私立学园也在创始人去世后长盛不衰。

亚里士多德在当时和此后的赫赫声名部分源自其研究领域的广博。根据古代传记作者的说法，他写了约550本书，内容跨越如今的科学、艺术和人文学领域。他在友谊、动植物学、气象学、演绎推理或逻辑学、光学、荷马研究、天文学、法律、戏剧等方面同样颇有建树。虽然亚里士多德的研究面之广无人可及，但由此可以看出，在古代，哲学家是研究型的学者。

以下这段文字源于他对动物的观察，谈到了贝壳动物的种类：

> 通常而言，软体动物在春季和深秋产卵，食用海胆是个例外，它们的卵虽然在这两个季节最多，但在满月时和温暖而晴朗的日子里也总是有足够的卵。不过，这个结论不适用于皮拉（Pyrrha）海峡的海胆，它们的产卵季在冬天。[18]

这个“皮拉海峡”如今仍在。它是亚里士多德给从公海进入卡洛尼（Kalloni）咸水湖的漏斗形入口起的名字。咸水湖位于爱琴海的莱斯沃斯岛（Lesvos），古称来兹波斯，亚里士多德在40多岁时曾造访过这里。他先后对这片水域进行了五次观测，想必，他利用住在岛上的日子对那里进行了考察，目睹了渔民们捕鱼。现代意义上的实践研究——比方说这个例子里的亲自观察——显然是他的研究方法之一，即便不是他唯一的研究方法。

每一名研究生导师都知道，学生未必总是同导师观点一致。亚里士多德不赞同柏拉图提出的公共演讲技巧仅仅是技巧的观点。亚里士多德认为，公共演讲自有一套体系，是一项可以传授的技能，也就因而值得哲学家关注。他将这一套体系付诸书面，其中除了陈述事件的正面信息之外，还包括如何让没有受过多少教育的听众接受将要灌输给他们的观点：

> 同样一件事，在友善者和有敌意者，或者愤怒不已的人和心平气和的人听来是不一样的……如果陪审团对被告很友好，就会认为被告根本没有做过不正义的事，或所做之事

> 无伤大雅；但如果陪审团对被告怀有敌意，情况就会恰恰相反……感觉可以完全改变我们对判断的态度，它暗示着痛苦或欢乐——比方说，愤怒、同情、恐惧等等。[19]

在此，亚里士多德考虑的主要是演讲者在法庭上说服听众的需要。在古代，法庭是讲演术运用的主要场所之一。公元前4世纪的雅典，有收取费用、撰写专业辩护稿的职业演说家。根据雅典的法律，被告可以通过亲自朗读买来的辩护稿的方式为自己辩护。

哥本哈根（Copenhagen）的古迹博物馆里陈列着一尊古希腊演说家的全身像。这位满面虬须的人俯首而立，皱着眉头陷入沉思，手臂和胸脯上松弛的肌肉表明了他的年岁。这尊雕像是罗马时期的复制品，当时还有很多半身像也是以这同一尊雕像为原型，刻画的都是德摩斯梯尼（Demosthenes）。

与亚里士多德同时代的德摩斯梯尼是雅典公民，也是公元前4世纪雅典常见的那一类辩才无碍的政治家。他还从事法庭辩词写作。我们在上一章已经看到，罗马人对德摩斯梯尼最为推崇的就是他的辩才。据说，他的口才并非天生。他挑灯夜战创作讲稿。晚年，他向一名雅典人透露了自己练习发音的方法：嘴里含着鹅卵石大声朗诵以纠正口齿不清，通过在跑步或爬山时说话来训练呼吸。他还对着镜子琢磨表情和动作。

不过，德摩斯梯尼在历史上的名声却得自其演讲技巧在政治上的运用。他年复一年地在雅典公民大会上发表演说，就日益严重的外来威胁向人们提出警告。两家博物馆的藏品为我们讲述了这个故事。

考古学博物馆收藏古代墓葬里的人类遗骸并非什么不寻常之事。然而，雅典考古学博物馆一间陈列室里保存的一箱箱人骨却有着特别之处。这些曾经公开（但已不再）展览的骨头上带有明显的伤痕。其中一个伤痕引起了我的特别兴趣。我以前在大学工作时曾管理过一些从英格兰东北部收集到的古物，其中有一件武器可能可以制造出相同的伤痕。

这种特殊的伤痕是经强力击打在颅骨上留下的小孔。造成创伤的武器可能类似于泰恩河畔纽卡斯尔（Newcastle upon Tyne）的北方博物馆里展出的古代长矛的铜头[20]。铜头末端带有小刺，这样一来，即便矛杆在战斗中折断，铜头本身也可以变成一件武器单独使用。尖刺的直径几乎与颅骨上的小孔完全吻合，出入只有1毫米。

这种联系绝非偶然的巧合。首先，尖刺上刻着公元前4世纪风格的希腊字母“MAK”，肯定是“马其顿人”一词的缩写，也就是说，铜头来自马其顿；其次，那枚颅骨属于发生在希腊中部的一场对抗马其顿人的战斗中的希腊受害者，而马其顿正是德摩斯梯尼多次在公众演讲中提到的外来威胁。

发生在喀罗尼亚（Chaeronea）——颅骨即是在此发现——的那场战斗本可成为德摩斯梯尼的巅峰时刻。公元前338年，一支马其顿军队向南进军。消息传来，雅典人心惶惶。德摩斯梯尼在公民大会上发表演说，让雅典人鼓起了勇气。接着，他以使节身份前往希腊中部的忒拜寻求结盟，用滔滔雄辩说服忒拜人及其邻邦加入武装抵抗。在随后的战斗中，德摩斯梯尼又亲身投入联军阵营。

不幸的是，马其顿人彻底击败了希腊人。他们的指挥官是国王腓力（Philip），他的儿子兼继承人、18岁的亚历山大作为助手执掌骑兵。接连不断的军事胜利将马其顿推上了巅峰。马其顿人可能也戏剧化地促进了希腊文明的传播，使其一直远扬到如今的阿富汗。现在，我们该来仔细看看这个北方的超级大国，正是它的迅速崛起终结了希腊历史上的古典时代。

第十一章 “闪电之光”——马其顿的亚历山大

我与亚历山大大帝素未谋面，但见过他的画像，而且很可能是最古老的一幅。我曾获准登上位于希腊北部的维吉纳（Vergina）考古遗址二号墓穴前的木质脚手架，这个脚手架是为了让考古学家研究墓穴立面壁画而搭设的。

所有参观过这座墓穴的人都知道，此处是现代希腊的圣地。管理员会勒令闹哄哄的小学生们保持安静，就像当他们在教堂里喧闹时那样。由于被掩埋在人造土丘之下长达23个世纪，壁画的细节已模糊不清。我知道自己想找什么。壁画正中央有一个粉红色块，那是一名步行的年轻人的衣服。在他右侧的某个地方——磨损得太厉害，已经很难看清——有一个骑马的人。

于我而言，这是莫大的殊荣，能够这么近距离观察这两个人物形象的人寥寥无几。很多专家认为，这座墓穴属于马其顿国王腓力二世。倘若如此，那么占据了墓穴入口上方如此重要位置的壁画的画面中心的这两名猎手，就很可能是腓力本人——骑在马上的长者，和他的儿子兼继承人、年轻的亚历山大——旁边步行的那个。

当时，我还见到了从同一墓穴出土的、陈列在附近塞萨洛尼基（Thessaloniki）博物馆玻璃橱窗里的骸骨。有专家认为这些骸骨可能属于腓力，也正因如此，出于敬意，它们后来不再公开展出，因为很多希腊人将腓力视作国家英雄。

骸骨的主人是一名成年男性，年龄区间与腓力吻合，右眼窝上方有一块伤痕，恰好符合古文献中对腓力所受战伤的描述：失去了一只眼，锁骨折断，一只手和一条腿受伤。撇开其他不谈，这个描述至少说明，在腓力统治了约20年（公元前360／359—前336年）的那个希腊北部王国里，国王首先是战争的领导者，是亲自冲锋陷阵的武士，这也是他最重要的职责。

有一些考古学家和历史学家近乎狂热地笃信这座墓穴就是腓力的。而另一些人则不那么确定，比方说，与图坦卡蒙（Tutankhamun）墓穴的陪葬品不同，维吉纳的出土文物虽多，且其中有不少黄金制品，但并没有指明亡者的姓名。此外，还有一些麻烦的细节——某些从雅典进口的陶罐的年代测定与假设相左。因此，墓主的身份可能不会那么快水落石出。

考古学家们在皇家墓穴附近的高地上发现了一处古代宫殿遗址。宫殿采用希腊式布局，带有两个开放庭院，原本还有二层，可以俯瞰马其顿平原。更重要的是，围绕庭院一圈有用于开宴会的餐厅。有些考古学家认为，这座宫殿的建造者是腓力二世。在古代作家的笔下，腓力常为宴会一掷千金。腓力不仅能征惯战，也是了不起的外交家，深谙热情待客之道。他在宴会上带头做的傻事，让一些以放纵贪杯闻名的希腊人都感到惊诧。

宫殿下面是一座剧院。除了狩猎、宴饮，宫廷生活也不失风雅。在马其顿国王们羡慕的各种希腊技艺中，雅典风格的戏剧是他们最为推崇的。或许在取得喀罗尼亚之战胜利两年之后，就是在这个剧院里，如希腊悲剧里的国王那样，腓力遇到了突如其来的、血腥而丑陋的死亡——被失宠的同性情人刺死。用我们今天的话说，腓力是公开的双性恋者，他的儿子可能也是。

当时，腓力正出席一场有不少外邦使节参加的庆典，来宾既有希腊人也有非希腊人，因为马其顿的地理位置恰好位于被一些南方希腊人视为“蛮荒之地”的几个巴尔干地区的交界点上。宾客们刚刚欣赏了一场不同寻常的塑像游行——腓力将自己的塑像与奥林匹斯山十二主神的塑像放在一起，成了第十三尊神。

大约一个世纪之前，雅典人在帕特农神庙一周的浮雕上把自己与诸神刻画在一起。专家们通常认为，这可能体现了伯里克利治下的雅典的自负：即便是诸神也来拜访雅典。倘若公元前336年的腓力在安排这出充满戏剧性的活动时真的满怀帝王之傲，那么他的确有理由这么做。

腓力在位时期正是王国的转型时期，他就像中国的始皇帝或俄国的彼得大帝。这得益于王位世袭制。腓力家族自称其血统来自外邦，是源出于神的希腊人，是赫拉克勒斯的后裔。根据传说，在远古时代，他们的祖先远征北方，统治了那里的非希腊野蛮人。

这个故事真假难辨。无论如何，构造出如此高贵的家族谱系，或许是为了提高王室在马其顿人和其他希腊人中的威望，一如近代的俄国沙皇们声称其家族可以追溯到罗马帝国。俄国统治者给自己找个异国祖先的目的是想凌驾于土生土长的俄国贵族之上，并得到西方先进国家的认可。早期的现代俄国人被嘲讽为野蛮人，同样，马其顿人也受到一些希腊人的嘲讽。

根据修昔底德的记载，早期的马其顿人基本上都是凭借武力征战异乡的武士，曾是薛西斯大王的属臣。我们之前也提到，有一名马其顿公主曾嫁给了波斯王子。公元前360 / 359年腓力继承王位之时，这个王国衰败不堪，被巴尔干的敌国欺凌，马其顿人内部也四分五裂。纯粹是历史的偶然，古老的王室血脉中出了一个有能力应对危机的强者。

对内，腓力制定了两套政策，有效地保证了马其顿的强国地位。根据古代作家的记载，首先，他创立了一支新军队，这支军队制胜的关键在于采用新颖的武器、战术以及先进的攻城装备；其次，或许也是腓力本人创立了军饷制度——虽然我们对该制度的最初认识来自其子亚历山大，此举激励了贫苦的马其顿农民成为职业军人。此外：

> 腓力常在作战前对马其顿人进行军事训练，让他们戴着头盔、护胫，拿着盾牌、长矛，背着干粮和所有生活必需品，全副武装行军300斯塔德（约合30英里）。[1]

除斯巴达之外，希腊各城邦由公民组成的军队通常不会进行此类堪称现代化的训练，亦不会长年作战。德摩斯梯尼曾警告雅典公民提防腓力的新军事动向："无论冬夏，他不会在任何季节停止军事行动。"[2]腓力的做法不仅打造了一个以战争为主的军事社会，更以革命性的创新赋予其赢得战争的能力，而这二者的结合对于其他国家而言无疑是致命的。

腓力的第二项政策是建立一个基于才干的军官阶层。如此一来，国王不仅有了战场上的领军之将，而且一旦有新征服的领土，还能从这些军官中挑选出受过教育的"绅士"担任外交官和总督。有趣的是，腓力非常欢迎非马其顿人——包括合格的希腊人——进入这一新的精英阶层。

进入该阶层意味着什么呢？在历史上，不乏希望通过为王室效劳而得到统治者赏赐、实现个人晋升的人。在现代塞萨洛尼基以东的三叉形半岛上，人们发现了一段用隽秀的希腊文撰写的古代铭文，描述了腓力对军官阶层的赏赐。

这段铭文涉及腓力将该地区土地分配给一名军官的细节。其中一块封地叫“斯尼”（Sine），另一块叫“特拉佩苏”（Trapezus）[3]。铭文刻于赐地后半个世纪，彼时，该军官的孙子需要后来的马其顿国王再次确认此项皇家封赏。之所以有这个必要，是因为土地归根结底属于王室财产，其保有权的予夺掌握在君主手中，最初受封者的继承人们必须重新得到王室认可。这个制度显然给该阶层的人施加了压力，确保他们不仅在现在、也在将来尽心效力。

至于腓力最初是如何取得这些土地的，希腊城市奥林索斯（Olynthus）的例子颇能说明问题。该城位于马其顿以东，就在上文提到的那个半岛上。我当年来到此地时，被周围连绵起伏的农田深深震撼。两次世界大战之间，美国人曾在此展开考古挖掘，发现了布局整齐的街道和沿街的房屋遗迹，排水系统、浴室一应俱全，希腊人曾在此过着相对舒适的生活。

考古学家们还发现了一些箭头，同样来自马其顿，上面用古希腊文刻着“属于腓力”。公元前348年，腓力攻克奥林索斯，将其从政治版图上抹去。作为征服者，他占有了这里的农田，并将其作为礼物分封给手下的军官。

有些希腊人渴望加入这些强盗之列，也有人感到震惊。“他们不在乎拥有的，只惦记着还没到手的，哪怕已经占领了一大块欧洲土地。”[4]有人愤怒地写道。就这样，在腓力的推动下，马其顿显现出对战争的“全方位”渴望。骑兵想要军饷，军官想要土地，王权需要军事成功去维护：他们都渴望着一场新的冒险。

喀罗尼亚战役胜利之后（公元前338年）[5]，腓力实际上已经成了东至达达尼尔海峡、南抵希腊大陆大部分地区的巴尔干帝国的统治者。他的疆土部分是直接统治或通过委派总督来统治，部分——包括希腊诸城邦——是经由亲马其顿的政权或至少是能审慎合作的政客们进行统治（比如雅典）。他垂涎着更广阔的疆土，将目光投向了东方。

公元前4世纪，波斯帝国依旧存在。虽然没有什么新的伟大征服，但波斯帝国熬过了行省总督叛乱，平定了长期作乱的行省埃及。统治家族牢牢掌握着王位，一代代国王依旧是战争中的强者。阿塔塞克西斯二世（Artaxerxes Ⅱ）是一位成功的统治者，在位长达45年（公元前405／404—前359／358年）。一次，从伊朗北部作战归来的途中，

> 他没有骑马，身背箭袋、手执盾牌，亲自带队步行翻越崇山峻岭。此举令其他士兵们深受鼓舞，他们觉得好像长出了翅膀，减轻了重负，因为他们看见了他的决心与力量。[6]

这种激励方式，古代作家们在写到马其顿的亚历山大时也一再提到。不过，在希腊人看来，波斯的军事力量正在无声无息地渐渐衰落。鉴于接下来发生的事情，他们的看法不无道理。

公元前336年，腓力在遇刺身亡前夕已经派出军队穿过达达尼尔海峡，进入位于如今的土耳其西北部的波斯帝国领土。他还说服了胆战心惊的希腊诸城邦，为他率领的大军提供援助。公元前480年和公元前479年，不敬神的波斯人曾捣毁了希腊人的神庙，现在，腓力以政治家和将军的身份告诉希腊人：是时候为希腊诸神报仇了。

波斯人从希腊撤军之后，雅典人将波斯人焚烧卫城时留下的碎石瓦砾砌进了防御墙里——如今还在——以提醒自己不忘“野蛮人”对圣地的亵渎。纵然时间流逝，但若以为公元前4世纪的希腊人不想复

仇，那就大错特错了。

刺客的匕首将年仅20岁但已成熟老到的亚历山大推上了王位。短短两年，他便用铁腕手段证明自己得了父亲的真传。雅典北方的忒拜人错看了新王，决定起义。亚历山大率领训练有素的军队风驰电掣般挥师南下，12天奔袭300多英里。有人认为，忒拜人的固执令他别无选择，只能围城。忒拜“被攻陷，遭劫掠，夷为平地”[7]。对于这次残酷的行动，现代观点通常认为，为了继续父亲对波斯的战争，亚历山大需要后方有个顺从的希腊。

同特洛伊战争和伯罗奔尼撒战争一样，关于22岁的亚历山大远征波斯的经历，我们如今只能通过古代作家的文字去了解。可以作为考古学证据的各类古老的战争用品——武器、盔甲、帐篷、胜利纪念碑等等，以及诸如军队部署、战场指令等原始记录几乎荡然无存。正如一名罗马历史学家后来写的，亚历山大短短13年的统治宛如“一道耀眼的闪电之光”[8]。

如今留存于世的关于亚历山大的古代作品，全都出自罗马时代的作家之手。他们若非恰恰站在巨人的肩膀上，就定然是埋首在图书馆前人留下的资料堆里。那些未能亲历那段历史的历史学家则又是依赖他们的前辈，如此代代回溯，一直追溯到亚历山大时代。

最早的一批作家中的确有人曾经历过那场战争，或者至少同战争幸存者交谈过，这显然相当重要。不管是因为他们身为希腊人也好，还是受过希腊教育的马其顿人也罢，总之，他们用古希腊文书写。至于亚历山大在亚洲和埃及的新属民，则没有用他们自己的语言文字留下关于入侵和征服过程的记录。

另一方面，由于马其顿王国彻底分化了希腊世界，这些现已失传的最早的希腊作品在提到亚历山大时有很大分歧。早在美国政治评论员创造出“另类事实”这一说法之前[1]，我们就在这里遇上了一个扑朔迷离的世界。无论现存的古代作品对亚历山大的描绘是神乎其神还是坏到难以置信，现代历史学家都能从中清晰地听到国王的支持者或死对头发出的遥远的回声。

学者们煞费苦心地寻求关于亚历山大的历史真相。即便如此，结论总是在很大程度上取决于研究的出发点。早在18世纪，欧洲的饱学之士们就开始争论，亚历山大的征服壮举是幸事抑或不幸，其目的在于寻求荣耀还是掠夺；以不可否认的暴力为代价，他有没有给被征服地区带来实实在在的利益；他对待亚洲人的方式是否影响了印度莫卧儿王朝（Mughal India）的欧洲人；等等。

专家们已经在基本事实上达成了一致。22岁那年，亚历山大率领马其顿军队和一些希腊盟军渡过达达尼尔海峡，迎头遇到波斯大军的抵抗，并在特洛伊附近取得了决定性的胜利。他一路厮杀穿过内陆，于次年（公元前333年）11月抵达土耳其东南部。在伊苏斯（Issus）古城附近，他第一次与波斯王大流士三世（Darius Ⅲ）交锋，后者的军队更为庞大。亚历山大一如往常率领骑兵冲锋，突破了敌人的阵线。大流士驾车逃走。

冷静的亚历山大抑制住追击大流士的诱惑。为了稳定新获取的领土、保护自己的后方，他试图消灭以腓尼基港口——即现在的黎巴嫩——为基地的波斯海上力量。成功地打到海边之后，他随即侵入反感波斯统治的埃及。

通过向亚洲新臣民派驻总督、税吏和驻军，亚历山大建立大帝国

[1] “另类事实”即alternative fact，是特朗普顾问用来辩解的金句，意思是：我并未骗你，而是告诉你另一个不同的事实。出自节目*Meet the Press*。——编者注

的意图已显现无遗。以埃及为起点，他的足迹一路踏过现代叙利亚，然后向东转入如今的伊拉克北部地区。公元前331年10月，在尘土飞扬的美索不达米亚平原上，在古代的高加米拉（Gaugamela）——即摩苏尔（Mosul）——附近，他遇到了率领着一支新波斯军队的大流士。亚历山大第三次赢得了决定性的胜利，大流士再次弃车而逃。

有专家认为，按照传统，波斯国王在战斗中可能更多地充当督战者的角色，他独一无二的身份要求他在战事不利时及时撤退。马其顿人必然将这种王室行为夸大成胆小懦弱的表现。无论如何，大流士是军队的总指挥，在他这个阵营的很多人看来，为了自身安全而临阵退缩的做法显得指挥无方——直到今天看起来依旧如此。换作他的先辈、我们刚刚提到的阿塔塞克西斯二世，可能会有不同表现。

随着大流士的溃退，亚历山大占据了波斯帝国的心脏地带。辉煌的战利品近在咫尺——富饶的皇城巴比伦、苏萨（Susa）、波斯波利斯和埃克巴塔那（Ecbatana）。亚历山大一个接一个地攻占了这些城市，洗劫了皇家金库，最后将数量庞大的财物集中在埃克巴塔那的宝库里，就在如今的伊朗西北部。

公元前330年，亚历山大将波斯波利斯的薛西斯宫殿付之一炬，以便兑现向希腊人公开许下的复仇诺言，随后遣散了希腊军队。但对于他本人而言，离“任务完成”还差得很远。逃亡的大流士已经在政变中被随行人员杀死，亚历山大现在要出发去征讨自封为王的波斯王族成员。

接下来的四年，他苦战于伊朗、阿富汗，又北上进入现在的塔吉克斯坦地区，终于抓住了波斯王。与如今一样，彼时的阿富汗——希腊人称之为巴克特里亚（Bactria）——也战事不断。为了解决这个问题，亚历山大与当地贵族之女罗珊娜（Roxane）成婚。此外，他还在该地区建了几座希腊式的要塞城，让欧洲老兵和当地人混住于内。此举的目的似乎首先在于战略意义：把这里既当作防御堡垒，也作为进一步前进的立足点。

这些土地曾经都属于大流士和他的祖先。公元前326年，亚历山大侵入巴基斯坦。古代希腊人将那片早就被波斯人攻克的地区称为“印度”。被希腊地理学家们的错误信息误导的亚历山大希望能一直抵达他们心目中环绕世界的那片海洋。

然而事与愿违，亚历山大的属下哗变了。他们在一名马其顿官员身上发现了斯尼和特拉佩苏的土地许可令。亚历山大无法说服长期受苦的下属，恼怒之余只得班师回朝。他选择由印度河顺流而下，然后行军穿越伊朗南部，军队在沙漠中面临严重的物资匮乏的难题。

公元前324年，无情的亚历山大回到了古老帝国的心脏地带。他解散了心怀不满的马其顿老兵，从新的亚洲臣民中招募新军。他有一个新计划——入侵阿拉伯半岛。

彼时，那一地区吸引人的还不是石油，现代读者们可能会好奇，是什么抓住了亚历山大的眼球，或者更确切地说，吸引了他的智囊们。对此，古人最好的解释——而且执此观点者不在少数——给出了非理性的和理性的两种动机。前一种动机指向他“对扩大领地的永不知足的渴望”[9]，后一种则揭示了隐藏在马其顿帝国主义表象之下的深刻的经济原因：

> 他们（即阿拉伯人）国家的财富是一个额外的刺激因素——绿洲中的肉桂树、能分泌乳香和没药的树木、能出产桂皮的灌木、长着野生甘松的草地……这里到处都有适合军舰停泊的港口，有适合新定居点蓬勃发展的地方。[10]

亚历山大和他的追随者盯上的正是利润丰厚的香料贸易。然而，公元前323年，就在计划顺利推进之际，即将33岁的亚历山大病倒了。尽管他体壮如牛，这一次却没能康复。很自然，在这个拥有着辉煌胜利、因而也四面树敌的统治者的宫廷里，关于毒药的谣言不胫而走。

我记得，多年以前，我曾受邀出席位于巴尔的摩（Baltimore）的一家美军医院的妙趣横生的会议。此类午餐会完全是出于娱乐目的。会前，实习医生们会被告知某个已故名人的所有细节（除了身份），然后要据此做出医学诊断。

那一次的分析对象是亚历山大。虽然古代作家详细记录了他的症状，但实习生们却无法达成一致意见。有人怀疑是毒药。也有人倾向于经水传播的疾病。鉴于他死在古巴比伦，而该地夹在水流较缓的底格里斯河（Tigris）和幼发拉底河（Euphrates）之间，这种死因推测看起来的确有些道理，尤其是古代作家们提到严重酗酒已降低了他身体的免疫能力。

到亚历山大去世之时，他征服的广大疆域已经从今天的希腊北部一直延伸到巴基斯坦和克什米尔。古典主义学者认为，他有一个长远目标，要让希腊文明在这些土地上落地开花。他本可以依靠希腊-马其顿移民将希腊的城市生活方式带到美索不达米亚平原，带到阿富汗山谷。

事实上，按照最新的研究，此类新城市定居点只有九个，似乎比古代资料中记载的少得多。正如我们所知，亚历山大在有生之年特意在东部边境不太平的地区设置了带有防御功能的前哨。

亚历山大的确受过希腊教育。腓力曾请亚里士多德来辅导自己的儿子。亚历山大的文化气质在很多方面都是希腊式的。他热爱希腊戏剧，行军作战时也带着演员同行。他为军队举办希腊体育竞赛。他身边总是有希腊哲学家相伴。他的枕头底下放着一本荷马的书——有些学者对此提出质疑，的确，这种轶事听起来太美好，反倒显得不真实。他的御用历史学家是希腊人，是亚里士多德的亲戚兼被保护人。据说，亚历山大正是派此人把“从巴比伦得到的资料”[11]送回给亚里士多德做天文研究——这也是希腊文化不断吸收东方古老智慧的证据，而且是经由亚历山大本人直接批准。

年轻的亚历山大似乎也沾染了对波斯宫廷装饰与消遣活动的嗜好。当然，从某种意义而言，他所做的就是今天所谓的建立政治认同。关于这一点，从他不断试图将自己的皇家形象“波斯化”可见一斑。他利用波斯文化去接触亚洲臣民，特别是其中一个关键群体——处于没落帝国政治核心地位的波斯高等贵族。这些人的支持对建立一个以马其顿征服者为中心的新政治共识来说至关重要。

在短短的一生中，亚历山大似乎从未尝试学习波斯语，但他开始穿着波斯王室服饰，开始用手下败将大流士的亚洲风格去主持朝政、召见群臣。他后来又娶了两房妻室，都是波斯公主，还要求约80名军官与出身高贵的波斯人结亲。

古典作家们怀着惊人的兴趣详细描述了这种明显步波斯后尘的“堕落”。很难想出历史上还有什么类似情况——或许唯一可以相提并论的是，1533年西班牙征服者皮萨罗（Pizarro）绞死信奉异教的印加皇帝之后，戴上他的流苏王冠，还指望当地人像侍奉太阳神那样听从他的调遣。根据一名与亚历山大同时代的希腊人的记述，“他命人在他脚前燃起没药和其他香料，一旁的人全都因惧怕而缄默不语或唯唯诺诺。因为他是暴君，根本不在乎人命”[12]。

事实上，在地位崇高的波斯帝王面前焚香、保持肃穆似乎是波斯宫廷朝觐的常规礼仪。叙述中接下去的恶意评价表明，这段话与现代的“另类事实”颇有相似之处。

亚历山大对波斯王室生活方式的个人兴趣究竟有多深，可以从同样出自这名希腊作家之手的另一段含义隐晦的文字中看出来。这个名叫埃菲普斯（Ephippus）的作家称，亚历山大常在晚宴上化装成希腊的狩猎女神阿耳忒弥斯。[13]他扮成执弓箭的女猎手，像希腊艺术中描绘的阿耳忒弥斯那样驾着马车出场。

马其顿宫廷举办节日宴会，希腊人——无论是在舞台上还是日常生活里——打扮成神祇，这在当时并非闻所未闻之事。不过，这名古代作家添加了亚历山大在这种场合下穿着波斯皇家服饰的细节，暴露了他真正的用意。波斯皇家服饰的行头里包括长袍，原来，希腊作家嘲讽的乃是这种男性穿女性化服饰的行为。

另一名希腊作家的叙述为我们推测这种恶意嘲讽背后的原因提供了一些线索。他提及亚历山大在亚洲时学习的驭术和射术，二者均非马其顿王室的传统活动。因此，所谓对阿耳忒弥斯的模仿，其真实的动机可能是，亚历山大这个心急的猎人决定通过学习波斯国王的传统狩猎方式以及衣着打扮——而非阿耳忒弥斯的风格，让自己的“波斯化”达到一个新水平。但即便如此，波斯王室的服饰在希腊人眼里依旧是女人气的。

波斯国王们使用弓箭狩猎。他们驾着马车驰骋在狩猎场，在追逐猎物的过程中可能需要随时上下车，因为杀死猎物的环节似乎是徒步完成的。顶级猎物是动物王国中的王者——亚洲狮。这种动物如今已在野生环境中灭绝，但17世纪的欧洲旅行者曾在巴格达郊外见过它们的身影。

看来，埃菲普斯关于亚历山大的第二段文字扭曲了真相，以便将他塑造成一个在宴会上身着异性服装、亵渎神明的希腊上层社会的花花公子。在有些希腊人看来，这个故事真实可信，因为希腊的上等人有时的确会这么做。至于作者，他的恶意绝非凭空而起。此人因奥林索斯陷落沦为难民，因此有恰当的理由憎恨马其顿王室。

亚历山大或许对波斯统治阶层的习惯有其个人偏好。在爱琴海世界，不单只有他一个人认同波斯的生活方式。古希腊作家们往往会把“好”希腊人与“坏”波斯人刻板地对立起来，但真实生活中的希腊行为模式却展现出更多的跨文化色彩。从雅典瓶饰上我们惊讶地发现，公元前5世纪那些在波斯战争中取得辉煌胜利的雅典人竟然喜欢穿着波斯风格的衣服、使用波斯设计的器皿。就某种意义而言，亚历山大的这种双元文化模式使得他的帝国统治超越了一般的古代征服者。

根据古典作家们的描述，亚历山大还开了另一项历史先河，即要求人们将自己当成神去崇拜。若是放在现代政治领袖身上，这种做法是值得诟病的。人们会想起土库曼斯坦前总统萨帕尔穆拉特·尼亚佐夫（Saparmurat Niyazov），他在首都为自己塑了座能一直随着太阳旋转的黄金雕像，又于1999年以其家人的名字重新命名了全年各月份。相信亚历山大寻求神格化的传说的古典学者们通常对此深感震惊，视之为这位历史人物的污点，甚至进而视之为希腊异教堕落的征兆，认为只有真正的信仰（即基督教信仰）的出现才能改变这种局面。

亚历山大真正的目的何在，我们可以从几段不断引发专家争议的古希腊短文看出端倪。此外，这个问题还涉及对宗教现象的广义解释。年轻的亚历山大本人是否自视为神？他使用这些宗教手段是否是为了强化自己的政治权威？抑或是那些进行崇拜活动的人别有动机？证据似乎再明白不过。亚洲人并没有参与这种个人崇拜活动。相反，决定在亚历山大有生之年就用希腊祭祀礼仪（设祭坛、献牺牲、祷告等等）来崇拜他的乃是一些希腊城市，包括雅典。

读者们可能不明白真实情况何以如此复杂，在此，我且举一个例子。公元前327年，亚历山大在阿富汗北部的巴尔赫（Balkh）冬季营地尝试重新启用觐见礼仪。他试图将波斯风格的朝见礼引入马其顿宫廷。有些下属遵从了，另一些则极不情愿，甚至有人在其他人行礼时放声大笑，轮到亚里士多德的亲戚行礼时，他干脆拒绝。据说，亚历山大当时巧妙地装作没看见。

我们对亚历山大的印象来自笃信这段情节的古典文人。在希腊世界里，这种双膝跪倒、五体投地的礼仪是凡人在神像前才会做出的姿势。因此，很显然，巴尔赫的欧洲随从乃是出于宗教原因才会表现出抗拒。

正如我们今天所见，古希腊作家对此的态度并没有这么简单。他们将该事件描述成某种道德故事，视之为亚历山大在权力和成功的诱惑下走向堕落的重要一步。他如此自高自大，想要被当成神受人崇拜，这就是彼时在数千里之外的很多希腊人的想法。抱着这样的认知，包括雅典在内的希腊诸城打算满足亚历山大的心愿。

关于亚历山大的欲望，希腊人或许并没有想错。坊间还有一种说法，说巴尔赫事件再次被一些幸灾乐祸的希腊人以“另类事实”的方式传播。现代历史学家们早就指出，历史上真实的亚历山大此举的动机可能完全是世俗的。他希望通过降低波斯高等贵族之荣耀感来进一步驯化他们，其方式就是在波斯贵族和欧洲官员阶层（主要是马其顿人）之间建立一种更为平等的假象。亚历山大想在宫廷中形成一个公平的竞争环境。两个群体的精英都要行波斯风格的觐见礼，它象征的绝非波斯神明崇拜。

这一切似乎与当今世界相去甚远。但关于亚历山大的种种争论中有一个方面涉及更普遍的人类利益。亚历山大时代的古希腊宗教观在人与神之间并没有严格界线。雅典知识分子告诉国王腓力，如果他征服了波斯人，“对于国王而言，剩下来的就唯有成神了”[14]。这只是奉承而已吗？抑或是在希腊观念中，“神”这个概念有着当今几大宗教所没有的弹性外延？

有些专家试图从现代行为中寻找解答，哪怕找不到具有完全可比性的，至少有可能从中获得启发。撇开中亚的那些微不足道的暴君不谈，现代世界里同样有对在世领导人的集体崇拜。

2016年唐纳德·特朗普（Donald Trump）当选时，有评论员指出，围绕他的个人崇拜带有类宗教性质。我本人在电视采访中看到，他的支持者们明确表示，在他们眼里，这位领导人不可能做错事。这种领导人物既不遥远也非无形。特朗普先生就真实地存在着，他或许不会回应你的祈祷，但会回应你的推特。

特朗普的粉丝之所以对他深信不疑，乃是因为他们坚信这名领导人能将他们从经济灾难中拯救出来。在古代，强大的国王有能力为民众提供实际的保护，保护民众既不受敌人也不受自然力量——比如歉收和随之而来的饥荒——的侵扰，而正是这种能力使得希腊社会将国王置于与神同等的地位上。在亚历山大开创的这个新世界里，希腊人用称呼某些希腊神明的方式称呼他之后的一些希腊–马其顿统治者：“救星”。

希腊人对亚历山大的崇拜，在多大程度上是他本人积极推动的结果，又在多大程度上是希腊人强加给他的，当今的历史学家依旧在争论。说到历史影响力，由于他的统治期不长，他的帝国模式充其量只能算一项未竟的工程。有些学者认为，他大胆的“波斯化”尝试是个败笔，这种看法未免有失公允。

事实上，我们在下一章将会看到，他真正的历史遗产体现在其他方面。

第十二章　权力的游戏——亚历山大身后的世界

21世纪初，改编自系列魔幻小说《权力的游戏》（*Game of Thrones*）的电视剧轰动荧幕。电视剧的片头展现了一幅酷似不列颠本岛的虚构地图，故事情节则围绕着那个王国里彼此关联的领主、领主夫人等贵族集团展开，他们各自统治着王城之外的领地，为争夺王位展开了武力竞争。

很多历史学家，甚至不少公众，对这个虚构的世界都不会感到陌生。这个世界里的基本组织原则是世袭血统——“史塔克家族”“兰尼斯特家族”等等，在这些血统谱系中演绎了家庭生活里常见的刻板模式或反常行为——狡诈的岳母、不良少年、乱伦的兄弟姐妹。

如果该系列剧表现的社会和政治背景让你觉得似曾相识，那不只是因为在某种意义上，王朝就是家庭生活的缩影，也因为在历史上大部分时间里，世界的大多数地区都是由世袭家族统治的国家。因此，我们很多人多多少少对电视剧里展现的所谓七国等级社会里的宫殿、王位、华丽的服饰和礼仪耳熟能详。

有刀光剑影但无魔法巫术，亚历山大死后动荡不安的古代世界与《权力的游戏》何其相似。在四分之一个世纪甚至更长的时间里，以马其顿国王的军官们为主的各支军事力量在古代近东版图上展开了厮杀。野心最大的人想谋求亚历山大帝国至高无上的统治权，其余的退而求其次，想瓜分一块领土自立为王。

这些军事集团彼此结盟、通婚，当然，也会在战场内外自相残杀。弱者得不到丁点怜悯。这一切都因亚历山大没能确保世袭继承而起。他脆弱的遗孀和遗腹子，以及短暂继承王位的有精神疾病的同父异母兄弟皆被屠杀。

经过了纷乱的行军与扎营、陆战、海战、围城，公元前3世纪的头一个10年，也就是"闪电之光"消失后又过了整整一代人，一幅后亚历山大时代的政治版图渐渐清晰起来。

这个新世界——一般称为"希腊化世界"——的根基极不稳定。如果说万变中还有什么不变的话，那就是任何一块疆土的统治权都在不断易手。对声望和战利品的渴求意味着各支王室军队从未停止对这片或那片土地的争夺。随后的两个世纪里，在如今的土耳其、地中海沿岸和中东地区，政权频繁更迭。

最终，略略稳定的局面随着几个新统治家族出现了，虽然远不能与亚历山大时代相比。希腊化世界不再有至高无上的统治者，而是听命于若干个国王。其中，有三名亚历山大的将军及其后代在王权的交接传承方面做得最为出色。亚历山大儿时的伙伴托勒密（Ptolemy）的王位传了九代。另一名将军塞琉古（Seleucus）的后人中出了十代君王。第三名将军安提戈（Antigonus）的王朝则只延续了五代人，是上述三个国家中最先被罗马人消灭的。

亚历山大之死引发了一场王位继承战，这三个军事家族的先人在战争中各自获取了一块原本属于亚历山大帝国的核心领地。托勒密家族占据埃及；塞琉古家族起先占据叙利亚，接着又夺取美索不达米亚；安提戈家族得到了马其顿。

几大家族在其他利益集团的帮助下继续掌权。苏联入侵阿富汗之前，法国考古学家正忙于在该国北部边境挖掘一处古代的设防城市。从公开的资料和照片可以看出，该城最显著的特色是对防御的强调。城两侧有两条河流交汇。除了护城河之外，还有一道由厚实的砖墙和干泥砖塔楼构成的防御工事环绕四周。城墙之内才是制高点、要塞和地势较低的城镇本身。

此地被如今附近村庄的人称为阿伊哈努姆。当年，这里的居民中显然有一些希腊人。我在序言中提到，21世纪初，一批来自阿伊哈努姆的“珍宝”在世界各地巡展。就在本书写作之际，它们去到了东京。我是在阿姆斯特丹见到这批文物的，其中两件特别引起了我的注意。

一件是我前文提到过的状如希腊戏剧面具的水龙头。另一件是一块当地的石头，上面刻着公元前3世纪的古希腊文。这样的石头居然出现在阿富汗和塔吉克斯坦边界，本身就非同寻常。更有趣的是铭文的内容，不仅有远道而来的希腊定居者的名单，还刻着他们的故乡德尔斐的阿波罗神庙里的希腊先贤名言：“在孩童时代要表现出良好的举止；青年时代要有自制力；中年时处事公正；老年时能提出明智的建议；临终前要无怨无悔。”[1]这条古老的生活准则代代相传。当年，那些做父亲的或当教师的是否曾在这块石头前教导过说希腊语的年轻人？同样在那个地方还有一栋建筑，令你不得不刻意提醒自己是在阿富汗而非希腊。那是一座典型的希腊式体育场，与我们上一章提到的一样，有一个做运动的四方形大庭院，周围是一圈建筑。

公元前3世纪，运动场已成为希腊城市中为有能力负担学费的富裕公民子弟提供中等教育的标准机构。只要有运动场的地方，当地社群中就肯定存在说希腊语、接受希腊文化的精英家庭，哪怕是在古代阿伊哈努姆这样的非传统希腊地区。

我们并不知道该地的古代名称。当初的欧洲人可能是在公元前300

年左右，即亚历山大死后几十年间，借着马其顿帝国军事霸权的余威迁居至此的。塞琉古获得了亚历山大帝国中的这一部分领地，他的一名船长有可能就是这个定居点的神秘开辟者，从同一段碑文中可知，他的希腊名字叫“奇涅阿斯”（Cineas）。法国人在此发现了不少民宅，但建筑风格并非希腊式的，而是东方式的。该地的庙宇看起来也不像希腊庙宇。毫无疑问，当年的希腊定居者及其后代曾与亚洲人生活在一起。

公元前324年，亚历山大在美索不达米亚遣散了约一万名马其顿人，他们中很多人在当兵时与亚洲女性交往，有了孩子。因此，可以肯定，像亚历山大那样与本地人通婚的行为从这一波希腊移民潮出现之初就相当普遍。

来自爱琴海世界的先行者们在亚历山大或其马其顿继承者的保护下来到这些新城市定居，他们希望或要求得到农田作为当初效力军营的回报。公元前4世纪，除了以亚里士多德为首的一批思想家，或许还有不少希腊人都认为，在完美的希腊式国家里，城市集体农田的辛勤劳作应该由外族奴隶承担，就像当年的斯巴达那样：

> 从理想角度而言，那些种田的人最好是奴隶，而非我们的同胞或与我们具有同样精神人格的人（因为这样一来，他们就既可以劳动又不会反抗），退而求其次则应是具有类似性质的野蛮人。[2]

由于缺乏证据，我们很难断定当时在亚洲和尼罗河谷的希腊移民农场中劳作的是否就是类似黑劳士的奴隶。但那里的雇农往往是当地农民，就像如今在阿富汗谷地耕作的普什图人（Qualang

Pashtuns）[1]，或埃及的雇农。

因此，从某种意义上说，这些定居者是经济移民。他们有的是退伍军人，其中包括成千上万为军饷而战的希腊雇佣兵。也有不少人来自希腊内部冲突的失败方，被自己的故乡放逐。对于所有这些人而言，亚历山大的征服为他们带来了新机会，打开了海外的一片新天地，在那里，国王提供的新农场替代了故土被没收的老宅邸。

建立一个城市并以自己的名字命名，这项属于帝王的传统由腓力首开先河。他的“腓力之城”——腓力波利斯（Philippopolis）——就是如今保加利亚（Bulgaria）境内的普罗夫迪夫（Plovdiv）。

塞琉古和他的继承者们更是积极建造新城。他们死后，这些新城镇就以创建者的名字命名，作为对王室的纪念。土耳其最东南端的安塔基亚（Antakya）依旧暗示着它最初的名字“安提阿基亚”（Antiocheia），即安条克（Antioch）——该城以第一位塞琉古王之子安提阿古（Antiochus）的名字命名。

除了起到自我标榜的作用，以王族名字命名的新城在亚历山大看来还具有军事价值。男性公民有应征入伍的义务。国王们也想从土地上尽可能多地收税。他们似乎将王国当成了利润生产地，就好像近代大工厂那样，在总经理的管理下高效运作。

你可以想象一下那些被委以艰巨责任并被给予丰厚回报的铁腕人物。古埃及的莎草纸文献提到了阿波罗尼斯（Apollonius）。此人是托勒密一世之孙的dioiketes，这个头衔源自古希腊动词“管理房屋”，也就是说，他实际上是托勒密三世的“财务大臣”。他的权力范围远远

[1] 在谷地耕作的普什图人被称作Quanlang Pashtuns，在山间居住的普什图人被称作Nang Pashtuns。——编者注

超出埃及，直达公元前3世纪时期托勒密王朝的海外领地，包括塞浦路斯、如今的土耳其南部以及爱琴海北岸。

阿波罗尼斯统治下的埃及还有一些区域管理者，他命令他们采用一切必要手段，比如为灌溉引入足够的水源、听取农民的抱怨等等，从而确保尼罗河谷的所有可耕地都得到充分开垦。作为回报，托勒密国王赐予希腊移民家庭出身的阿波罗尼斯一大片庄园，这片面积超过10平方英里的土地就位于开罗（Cairo）西南部法尤姆（Fayum）的丰饶农业盆地里。

塞琉古和他的继承人们可能将同样的思维方式——一种也许会得到撒切尔夫人赞同的家庭经济学——运用到了城市建设中。除了阿富汗边境地区之外，他们似乎也将这种希腊风格的新城镇复制到了富有但城市化程度较低的地区，比如在波斯帝国时期仍然以物易物、没有流通货币的叙利亚和美索不达米亚。

新兴的城市市场旨在通过向周边农民的交易中引入皇家造币厂的银币来促进现金经济。城市用收回的货币支付王室税收，塞琉古的国王们再用这些银子支付货币化程度更高的地中海地区的开销，尤其是军饷。塞琉古王朝各类军事行动中最频繁的是与托勒密军队在埃及争议边境的对抗。该地区位于如今的贝卡（Beqaa）谷地，是黎巴嫩的主要农业产区，因黎巴嫩的顶级葡萄酒庄穆萨酒庄（Château Musar）而享有盛名。

阿波罗尼斯是一名技术型精英，在今天或许会被归入技术官僚之列。此类人与普通士兵一样，也是托勒密家族和塞琉古家族力图从希腊本土吸引来的移民群体。他们受过教育，懂得如何管理经济，也知道如何监督战略物资的生产，尤其是军事装备。为了更好地吸引这些希腊人移民，早期的国王们试图打造出古爱琴海世界的文化风貌。可以说，为了笼络人才，各王族各显神通，争相建造最辉煌的皇家首都。

亚历山大只在地中海东部建了一座城，即埃及的亚历山大里亚

（Alexandria）。自从1952年埃及的纳赛尔（Nasser）将军“鼓励”当地希腊人搬离该城之后，这里便荣光褪尽、衰败不堪。那些希腊人是亚历山大统治时期第一批希腊定居者的后裔。1995年我到访该城时，老希腊学校荒废的校舍前仍然竖立着亚历山大的雕像。托勒密二世和托勒密三世着力推动了这座在当时仍很年轻的城市的发展，将其建设为希腊式的——在某种意义上就是雅典式的——文化之都。

与罗马时代的伦敦一样，亚历山大里亚的古老过往已被数个世纪以来不断的占领所掩埋，古迹荡然无存，唯余地下墓穴。其中一座墓穴里的希腊壁画给我留下了深刻印象。我记得那幅壁画画的是一棵橄榄树，这种树的果实在希腊人的生活中不可或缺，当年的新移民想必渴望在新家园栽种橄榄树。亚历山大选择这个地方建城，主要考虑的可能是该地成为地中海主要港口的潜力。他定然想到了进出口贸易，以及可以对这些商品征收的关税。

如今，我们主要依靠希腊作家的文字去想象这座古城业已逝去的辉煌。一名来自黑海地区、恰好在最后一任托勒密统治者死后——即公元前30年——住在亚历山大里亚的希腊地理作家如是说：

> 城里有最美的公共区域和皇家宫殿，它们构成了整个城郭的四分之一甚至三分之一。因为，正如每个国王出于对壮丽景象的钟爱都会增添一些公共纪念碑，他们也会在已有的建筑之外自掏腰包新建府邸。[3]

早期的托勒密王朝也在智力资本上大量投入。亚历山大的朋友托勒密一世成立了一所或可称为国立高等研究院的机构。“这座博物馆也是皇宫的一部分；它带有一条公共走道，一个设有座位的柱廊，一间供博物馆学者们使用的公共大餐厅。”[4]

为了令这所“博物馆”更有吸引力，托勒密家族设立了一个图书馆，开始搜集当时最好的希腊作品。公元前3世纪中期，亚历山大里亚的一名希腊学者卡利马库斯（Callimachus）为图书馆编纂了目录，据信，这是世上最早的图书目录之一。

他对这120本书所做的整理是一项开创性的工作，如今被称为文献学，即对书籍进行系统的描述并按照主题进行归类。书目的总标题实际上凸显了该图书馆的使命：“文化各领域的杰出人士及其作品汇编。”作为一名学术研究人员，我忍不住要在此引用两个世纪之后一名希腊学者的批评：

> 很明显，无论是卡利马库斯还是帕加马（Pergamum，一所与之竞争的图书馆）的语法学者都没能准确地介绍他［雅典演说家、撰稿人狄纳尔科斯（Dinarchus）］，此外，他们根本没有研究过他，也没有提到他最杰出的著作。[5]

有了这些设施，亚历山大里亚的学者们做出了全新的研究，其成果迄今仍影响着我们。他们比较了两首不同版本的荷马史诗，评价了各版的差异，经整合修订，编纂出了荷马作品的第一个标准版本。经过数世纪的不断抄写与复制，形成了今天荷马式希腊语经典文本的基础。

不过，从一名罗马医生的论述来看，亚历山大里亚的知识分子们的探索也有黑暗的一面：

> 希洛菲卢斯（Herophilus）和埃拉西斯特拉图斯（Erasistratus）用迄今为止最好的方法做了这项工作（人

体解剖研究），他们把国王监狱里的犯人活生生切开，趁他们没断气前检查原本闭合的人体各部分。[6]

这两名希腊人得到王室资助，在亚历山大里亚行医并进行医学研究。钟情古希腊的人自然不喜欢这样一个不人道的人类活体解剖试验证据。但倘若果真如此——这条记述的真实性目前得到了广泛认可——那么托勒密交给科学家处置的罪犯肯定不是希腊人，很有可能是埃及原住民。在至少部分希腊-马其顿移民眼中，他们是低等民族。

这种殖民心态的存在可以从一封保存在埃及的希腊莎草纸信件中得到证明。一名当地的王室雇员在信中抱怨自己遭到的虐待：

> 他们鄙视我，因为我是野蛮人。因此，我请求您，命令他们把欠我的还给我，并且从今往后按时付给我工钱，以免我因不会像希腊人那样说话（或做事）而死于饥饿。[7]

当然，这封信有可能是个无理取闹的投诉者关于种族偏见的诬告，而且，尽管该信颇耐人寻味，但单凭一纸文件很难公正地描述移民与原住民之间在社会和文化交往上的复杂故事。因此，专家们仍在为找出真相而努力。就像在亚洲一样，当时那里也存在通婚现象，且程度之普遍足以令公元前1世纪晚期的罗马作家声称，“埃及亚历山大里亚的马其顿人……已经退化成……埃及人了”[8]。显然，这也是个带有偏见的论断。

2001年，大英博物馆短期展出了一尊在现代亚历山大里亚城外浅海里发现的巨大的花岗岩雕像。雕像刻画的是公元前2世纪托勒密王朝的一名统治者，他摆着法老惯用的姿势，身着传统服饰，戴着图坦卡蒙王陵墓中那种金面罩。

由此可见，随着时间的推移，托勒密王室与埃及文化的交融将原本纯粹希腊风格的王室形象变成了某种杂合体。想必，当时一些人可能已将此雕像视作托勒密王朝对古埃及文明的致敬。考古学家们认为，这尊雕像当时矗立在亚历山大港入口处的灯塔前，每个从海上经过的人都能一睹它的全貌。

那段关于受虐待的抱怨写于托勒密二世统治期（公元前282—前246年）的最后10年间。这位君王是亚历山大童年好友托勒密一世的儿子，他从父亲手中继承了王位，成功地完成了王权从建国者到后代的交接。在托勒密二世统治期内最值得一提的是他的妻子。直到五个世纪之后，在一名希腊作家眼中，这名王后依旧没能摆脱丑闻的阴影："托勒密爱上了他的妹妹阿尔西诺厄（Arsinoe）并娶了她，这完全违背马其顿的传统，但却得到了埃及臣民们的支持。"[9]

这桩婚姻为托勒密家族后来一连串的近亲婚姻开了先河。希腊作家们认为，托勒密家族在模仿昔日的埃及法老。托勒密和阿尔西诺厄同胞结合，他们的儿子继承父位成了国王。托勒密家族与所有统治家族一样都非常重视王室女性，因为归根结底，权力的继承有赖于女性的生育。既然妹妹的孩子是潜在的继承人，托勒密就通过迎娶阿尔西诺厄的方式来保持继承物的完整。托勒密家族血亲结合的真正原因可能正是出于这种考虑，而非效仿埃及过去的统治者。

阿尔西诺厄本人在历史上也值得一提。另一段保存在雅典铭文博物馆的古代碑文，特别写到了她在政治方面对自己的兄长兼丈夫的影响。碑文中记载了公元前266年雅典公民大会通过的一项提议，说托勒密在与希腊大陆打交道时"遵循了他的祖先和妹妹的策略"[10]。

该提法背后的用意难以琢磨，但这是公开文件中首次明确承认马其顿公主对国家政策的影响力。在莎士比亚的戏剧《安东尼与克莉奥佩特拉》（*Antony and Cleopatra*）中，查米安（Charmian）说起公元前30年王家女主人的自杀，认为此事“做得好，符合公主的身份，无愧于祖上那么多代国王”[11]。她或许还会加上“以及那么多王后”，这样一来就包括了阿尔西诺厄以及这个克利奥帕特拉——最后一代统治埃及的托勒密女王——的母亲。

中世纪早期，亚历山大里亚的皇家宫殿连同托勒密王朝时期亚历山大里亚的其他辉煌古迹一起沉入了海底。想要感受当年希腊统治者们在装点首都时试图创造的炫目效果，我们不妨去参观一下位于土耳其西北部的考古遗址。

公元前3世纪中期，一个较晚崛起的讲希腊语的统帅家族趁着塞琉古王朝处于困境之际自立为王。他们将都城设在一块地势绝佳的壮丽之地，背靠安山岩群山，宛若一座天然堡垒，古称帕加马（Pergamum）[12]。

古人把这个由阿塔罗斯一世（Attalus Ⅰ，公元前241—前197年在位）开创的世袭王朝称为阿塔罗斯王朝。为了安全，统治者们将宫殿建在了山顶。宫殿群不仅包含王室建筑，还有圣所、一座图书馆和若干建造精良的粮仓。如今，游客们漫步在巨大的人造平台和纪念碑的废墟间，不仅可以感受到这项古代工程的规模，还能鸟瞰四周。且正是得益于开阔的地势，人们从远处便能看见这个古老的建筑群。

陈列在柏林一家博物馆里的考古发现为我们展示了阿塔罗斯宫廷的时尚奢华。考古人员在如今只剩残垣断壁的宫殿里找到一些由彩色石头制作的地砖碎片。技艺高超的艺术家用明快的色彩在地砖上创造出一幅小鸟的图案。这种啼声悠扬的鸟儿当年曾作为宠物随亚历山大的军队穿越中亚，如今在伦敦街头也能见到。它全身的羽毛呈绿色、蓝色和红色，是的，我们眼前就是一只用马赛克拼出的亚洲长尾鹦鹉。

另一件截然不同的考古发现则被誉为“世界艺术史上最精美的作

品之一”。如今，你在考古现场仍能看到该作品留下的380平方英尺左右的巨型遗迹。当年，得到奥斯曼（Ottoman）苏丹准许的德国考古学家们把这些大理石残片带回德国，在柏林的博物馆里重新拼装，便有了如今出现在参观者们眼前的恢宏甚至难以置信的景象：壮丽的阶梯攀上平台，两边是超过7英尺高的浮雕，刻着男女混战的场面。

最新的理论认为，这幅戏剧性的画面表现的是众神之王宙斯的天宫。顺着台阶拾级而上，两侧皆是混战的景象，好像一直要打到天国的入口。这场战斗是传说中的一场灾难，宙斯及奥林匹亚诸神受到异常强大的原始巨人族的攻击。最终，万能的宙斯击败了进攻者，取得胜利。

对于当年的帕加马人而言，这则故事的含义或许再清晰不过。野蛮的袭击者代表北方的外族，他们对爱琴海希腊人的威胁已长达一个世纪。一则关于公元前279年希腊中部受到袭击的古老记述表达了希腊人对这个新兴敌人的恐惧：“他们屠杀了所有男性，从垂垂老者到母亲怀里的婴孩，一个都没放过。更令人发指的是……高卢人（Gauls）杀了婴儿，喝他们的血，吃他们的肉……”[13]

希腊和罗马作家对那些欧洲中部的流动民族称呼不一。袭击希腊大陆一年之后，大批高卢人——或称凯尔特人（Celts）——渡过达达尼尔海峡进入小亚细亚。后来，他们的后代放弃了流动劫掠的生活方式，在如今的安卡拉（Ankara）周边地区定居，成了《新约》（*New Testament*）中的加拉太人（Galatians）。

早年，阿塔罗斯一世和他的儿子兼继承人欧迈尼斯二世（Eumenes Ⅱ）因在战斗中击败高卢人而赢得了古土耳其西海岸居民的感激。事实上，正是凭着这些胜利，阿塔罗斯一世才有了谋求希腊国王称号的信心，这意味着他将与昔日的马其顿国王们平起平坐。欧迈尼斯二世（公元前197—前158年在位）下令建造了这座具有露天祭坛的巨型纪念碑。

参观者不难看出混战浮雕中的哪个形象代表了帕加马王。

有些学者认为，帕加马的国王们试图摆出保护者的姿态，不仅庇护自己的臣民，也庇护广义上的“希腊人”免遭“野蛮人”袭击。或是阿塔罗斯一世，或是欧迈尼斯二世，在雅典卫城里竖起了击败高卢人的雕像。鉴于卫城里已有的关于波斯战争的纪念物，比如据说是薛西斯在萨拉米海战中目睹己方舰队溃败时坐过的那把椅子，这名阿塔罗斯国王的做法，有时被解读为将阿塔罗斯击败高卢人的战绩与希腊对抗波斯的辉煌胜利相类比的野心。

无论是阿塔罗斯家族还是其他更古老的王室，似乎都不太可能比亚历山大本人更热衷于在其王国内传播希腊式的生活方式。尽管如此，在这个由说希腊语的王室主导了政治和文化的希腊化世界里，作为一名埃及人或亚洲人，想要出人头地，自然知道该向哪种文化俯首。

学说希腊语是获得希腊身份的关键的第一步。有些希腊本土人开始主张，希腊化归根结底就是希腊教育。在文化上成为希腊人，意味着要精通希腊语。反过来，语言本身也在以某种方式慢慢地发展，变得更易于在不同族群中传播。适用于实际生活的简化标准希腊语开始取代古老的方言。

变革的步伐缓慢且不均。从铭文判断，斯巴达人直到公元前1世纪仍保留着某些多利克方言。在之后的一个世纪里，近东地区受过教育的希腊语使用者开始用所谓的“通用语”来撰写基督福音。

被希腊化的不只是东方，还有西方。2015年，我流连于西西里北部的一个考古遗址，被一块信息板深深吸引了，板上的文字解释了我面前那块古老的马赛克地板上的神秘图案：纵横交错的曲线以及中心部位的小球，描画的是一种独特的古希腊天文仪器。

环形的球面是天空的三维模型。中央的球体代表地球，周围的青铜环形框架代表围绕地球的天体运动轨迹（虽然我们知道这些天体实际上围绕太阳旋转，但古希腊人并不知道）。

发明这架仪器的可能是公元前3—前2世纪时生活在亚历山大里亚的希腊天文学家。再没有什么能比这个仪器更直观地体现后亚历山大时代希腊世界对科学装置的痴迷、当时希腊天文学家的先进，以及希腊化时期的西西里人和托勒密人共有的博学文化了。一直以来，这两个地区被定期沿海岸航行、在必要情况下也泛舟公海的古代水手连在一起。

镶嵌着这块马赛克地板的那栋古老建筑采用的是希腊风格，房间分布在由爱奥尼亚柱廊围成的方形庭院四周。沿着其中一条柱廊，考古学家们在其下方发现了一个长条浴缸造型的蓄水池，不过这个水箱并非希腊式样的，而是腓尼基风格的。

巴勒莫以东约12英里的地方，一个叫作索伦特姆（Soluntum）的古老社群在此建立了腓尼基定居点。公元前2世纪，当那栋融合着不同文化风格的建筑落成之时，该地的居民以及他们的生活方式早已像阿伊哈努姆那样，既有希腊的，也有非希腊的。

彼时，古代西西里岛上最后的辉煌已经逝去。此前一个世纪，该岛曾由一个希腊王族控制，无论财富还是文化皆可与东方宫廷媲美。叙拉古的西耶隆二世（Hieron Ⅱ，约前271—前216年）是希腊西西里诸多铁腕人物中的最后一个。就其军人背景而言，他的王权是典型的希腊化产物。作为一名将军，他成功地击败了狂暴的意大利雇佣兵，赢得了巨大声望，并因此被心怀感激的民众拥戴为王。

在叙拉古，带有最深西耶隆烙印的地方或许当数希腊剧院。这个吸引了众多现代游客的剧院在西耶隆称王时业已存在，但国王对它进行了扩建，因此，游客们今天见到的剧院就被视为他的作品。在观众席中部的水平通道后方，有一些国王指定的贵宾座，上面用大写希腊字母刻着王室成员的名字，其中一个清晰可辨，“菲丽提斯（Philistis）王后”。她是叙拉古贵族，帮助西耶隆获得了该城旧希腊家族势力的支持。

修建此类大型公共工程的前提是国库丰足。距此75英里开外，西耶隆领地的西部边境就是我们已经提到过的古默干提纳遗址。美国考古学家们在这里找到了两座西耶隆时代建造的粮仓。保存较好的那座是个庞然大物，建筑长度超过300英尺，由坚固的砖石砌成，还带有似乎为了承受靠墙堆放的谷物压力而修建的扶垛。

考古学家们推测，西耶隆修建这些谷仓是为了存放当地臣民作为税务缴纳的粮食，因为后世的一名罗马作家曾提到过西耶隆法。这份业已遗失的文件似乎涵盖了西耶隆关于征收农业税的规定。他要求农民将收成的十分之一作为税收上缴。在一名学者的美好想象中，在堆满丰收谷物的打谷场上，税务官和农民们就政府征收的比例达成了“君子协定”[14]。

西耶隆可能对岛上东半部领地的农业状况进行了系统调查。此举与托勒密王朝的政策一样目标明确：要将王室税收的主要来源——土地收益——最大化。最终，来自默干提纳和其他地区粮仓的谷物都将汇集到位于古代叙拉古心脏地带的奥提伽岛（Ortygia）上的王室中央仓库。从这里，西耶隆可以通过出售或赠予的方式将其运往海外。

导游们在叙拉古会面临一项特殊挑战：解释那一整套在所有希腊城市中堪称最复杂、最昂贵的古代防御工事。在今人眼中，这套防御工事最具特色的地方莫过于用来加强主城门保护的巨大堡垒。参观者可以看到当年最先进的设计元素，比如一组用于发射石质炮弹的塔形砖石炮台，也可以漫步在古代军事手册里所说的“安全通道”里——利用这种地下通道，防御方可以在不被围攻方发现的情况下调动军队，同样的策略在21世纪初也被摩苏尔和拉卡（Raqqa）的穆斯林抵抗者使用。公元前413年，当雅典人围攻叙拉古时，这些工事尚不存在。专家们如今倾向于认为，这座被称为欧律阿勒斯（Euryalus）的堡垒是公元前3世纪的建筑，是西耶隆的杰作。根据古代作家的记述，他在城墙上布设了密集的火炮，火力惊人。与当时的其他王室一样，西耶隆也资助希腊科学研究。他麾下有一名学识渊博的叙拉古数学家，叫阿基米德（Archimedes），为他造出了“适合进攻、防御、围城等等一切用途的机械”[15]。

在古希腊一份年逾八旬者的名单中，西耶隆的名字赫然在列，据说，他活到了92岁。在事业初期，这个精明的成功者曾与近邻迦太基人结盟。在久远的公元前480年，叙拉古人就联手迦太基人在希米拉击败对手，控制了整个西西里西部。不过，根据公元2世纪的一名作家记载，西耶隆不久就抛弃了迦太基人，因为他为自己找到了“更强大、更坚定、更可靠的朋友”[16]。

西耶隆的谷物外交为揭示这段新的、稳定的友谊提供了线索。公元前250年，他向在西西里西部围困迦太基要塞的罗马军队运送粮食。13年之后，他亲自访问罗马，为那里的市民带去免费的谷物。公元前216年，他又向罗马送去大批粮食。与罗马结盟为西耶隆和叙拉古带来了好处。正如一名希腊作家所言，“他一生的大部分时间里都没有经历战乱，就像在举行庆典一般”[17]。

在他死后短短几年，叙拉古的命运突然转变了。为了找到突变的原因，我们要将视线转回到罗马人身上。至此，“希腊性”早已不再为希腊人所垄断，也成了一种吸引着非希腊人的文明标志。事实证明，从历史角度而言，罗马人将成为迄今为止拜倒在希腊文化成就脚下的最重要的非希腊人。

第二部分

罗马人

第十三章　“罗马的元老院与人民”

任何社会都是由诸多不同群体组成的，有时，这些群体之间有广泛的共性，有时则不然。2011年，一座希腊化时期的墓穴在经过修复后重新开放，向公众展示了古代罗马共和国时期——即从驱逐国王到公元前30年所谓的共和“覆灭”这段时间——最强大的一支社会群体的价值观。

这个墓穴位于与古罗马墓地大道阿皮亚古道（Via Appia）相连的一座天然凝灰岩小丘之下，由若干纵横交错的地下通道组成。通道的壁龛里曾摆放着至少八具来自同一家族、时间跨度达两个世纪的石棺。如今，参观者在入口处可以看到最古老的那具石棺的复制品（真品保存在博物馆）。棺盖上刻着死者的祭文：“（卢修斯·科尼利）乌斯·西庇阿［（Lucius Corneli）us Scipio］，格涅乌斯（Gnaeus）之子。”在石棺较长的一个侧面，死者曾孙辈中的某个后人（公元前200年左右）又加刻了一首赞美这位祖先的诗句：

> 卢修斯·科尼利乌斯·西庇阿·巴尔巴图斯，格涅乌斯之子，勇敢又明智，才貌双全、气概非凡，他是你们的民选行政官、执政官和审查官；他攻取了陶拉西亚（Taurasia）和基萨乌纳（Cisauna），也就是萨莫奈（Samnium）；他击

败了整个卢卡纳（Lucana），从那里带回了战俘。[1]

罗马人的名字包含很多信息。雅典人只有一个名字，在正式语境中则会连带上其父亲的名字，比如：桑提波斯（Xanthippus）之子伯里克利。而罗马公民称谓的正式写法不仅包括其本人的名字（卢修斯）和父亲的名字（格涅乌斯），也包含家族名字（科尼利乌斯），有时候还会带上祖传的姓氏（西庇阿）。显然，这种命名系统帮助罗马男性建立起了特定父系氏族的身份认同。科尼利乌斯·西庇阿家族那样的贵族们会通过几代人使用同一块墓园的方式来加强这种谱系认同感。

卢修斯的墓志铭是写给罗马人看的。在撰写者的设想中，来来往往经过此处的人会停下脚步，阅读和赞叹这位死者的品格。在这段溢美之词中，有几个很关键的罗马词汇突出体现了这个西庇阿所代表的某种符合男性道德标准的公民服务意识。

西庇阿堪称楷模。他“勇敢”，有“男性气概”，曾以三种公共官员的身份为国效力，其中包括备受敬重、竞争激烈的执政官和审查官之职。最重要的是，他的后代强调他是一名常胜将军，并一一列举了他代表国家征服的位于意大利中部的土地。

借着这个家族陵墓遗迹，一个由贵族的人生观主导的社会清晰地浮现在我们眼前。一代又一代，冠着同样家族姓氏的男性们渴望成为国家最高领导者，渴望率领大军攻城拔寨。他们自幼浸淫在某种道德氛围中，这种道德准则在其他以武士贵族为主导的社会里也很常见。它强调名誉、荣耀和卓绝的男性气概，而这一切都可在公共服务中得到展现。正如西庇阿的墓志铭所体现的，罗马共和国的贵族凭借美德为国效力，而他们的美德也需要得到公众的认可。

这个家族里最后葬于此墓地的是一名女性，据推测，死于公元前2世纪20年代。她的墓碑上是这样写的："保拉·科尼利亚（Paulla Cornelia），格涅乌斯之女，希斯帕卢斯（Hispallus）之妻。"除了她的贵族身份，我们对这个保拉·科尼利亚一无所知。她的家族选择用描述古代自由女性的传统方式——即某个男人的女儿、另一个男人的妻子——来定义她的身后名。虽身为贵妇，墓志铭却如此平淡，古罗马人的传统观念可见一斑。

后世的罗马人倒是记住了大约同一时代、同样来自这个家族的另一名女性。此人也叫科尼利亚，死于公元前100年左右。这位科尼利亚在守寡期间将两个贵族儿子抚养成人，两人都曾在罗马政坛辉煌一时。后世的一名作家称，正是她在幕后斡旋，才成功地说服年轻的盖乌斯（Gaius）放弃了打击政敌的计划。

在彼时白热化的罗马政坛，盖乌斯的另一个政敌将攻击的矛头指向了他母亲。我们不知道他说了些什么，但据说盖乌斯如此反驳："所有罗马人都知道，她不与男人来往的时间比你还长，可你像她那样生过孩子吗？"[2]

相互竞争的贵族间彼此进行性攻击在共和时代的罗马是一种非常典型的政治手段，一如在古典时期的雅典那样。盖乌斯回应的着眼点不仅在于嘲讽对方的同性恋情，也强调了科尼利亚的"美德"。为人妻，她不但可以为自己的生育能力骄傲——据说她生了12个孩子，而且选择了守寡，以保持对已故丈夫的忠诚。身为政坛要人的亲人，她拥有左右公众生活的不寻常的影响力。或许，正是这种身为罗马主妇的质朴赋予了她如此行事的道德权威，即便在她亲生儿子眼中亦是如此。

这些罗马人长什么样？罗马有家比较新的博物馆，叫蒙特马尔蒂尼中心（Centrale Montemartini）。布展者利用一间废弃的发电厂为展厅，将古代雕塑置于机器时代的重重管线之间。与布展环境一样显得格外突兀的是其中一件雕塑作品：一个秃顶的中年男子，手持两个同样是秃顶的中年男性人头[3]。事实上，他拿在手中的那两颗头颅原本应是半身塑像。这尊雕像体现了罗马贵族家庭的一个古老传统，即在家里比较醒目的区域展示其祖先的“头像”。罗马的作家们提到，这些古老的家族往往将祖先的脸谱与家族树放在一起，并用花环装饰衬托出他们的名字。

“头像”可能是用模子拓出来的，与杜莎夫人（Madame Tussaud）蜡像馆的风格类似。无论如何，这种风俗似乎说明了共和时期罗马统治阶层对塑像雕塑家的期待。

若是你有足够的耐心浏览位于意大利北部都灵（Turin）的古董博物馆（Museo di Antichità）的网页，或许可以看到一幅中年尤利乌斯·恺撒（Julius Caesar）的古代肖像[4]。依照现代审美标准，这幅画像上皱起的前额、下垂的面颊、后退的发际线以及严厉的表情都会令人感到不悦。此外，从侧面看，头顶的形状也有些怪异，有个天生的凹陷，就是今天所谓的鞍形头。类似的例子还有很多，无不明确地表现出罗马共和国时期贵族的写实品位，即喜欢对世界展示出冷酷无情的真实面孔。

如果我们仔细分析就会发现，一如历史上其他时期、其他地方的上层阶级，罗马共和国的贵族阶层也是一个杂合体。西庇阿家族和恺撒家族据说属于古老的核心宗系，即老贵族（patricⅡ），他们的祖先可以追溯到王制时代，甚至本身就是国王。后世的罗马早期史作家记录了这些特权贵族与被排斥在政治生活之外的普通民众之间由来已久的社会冲突。

在寻求政治平等的斗争中，拥有武器的平民所采取的极端策略是成批成批地逃离城市：

……他们撤退到城外三英里、阿尼奥河（River Anio）对面的圣山（Sacred Mount）……自发地搭起营地，修筑篱笆沟壕，平静地生活着，除了维生的必需品，他们什么都不拿。就这样日复一日，既不主动挑衅也不回应挑衅。[5]

平民是早期罗马军队的中坚力量，罗马人所说的这些“撤退行动”有点类似于罢工抗议，是两个集团较量中的有力武器。第一次撤退行动发生在公元前494年，结果是民众从贵族手中争取到两个平民行政官的席位。无论平民与执政官之间发生怎样的冲突，这两名每年由“人民大会”选举出来的行政官都不容侵犯。

古罗马人认为，当时的民众压力也带来了民众权利保障的重大变化。遵循一些久已建立的、具有非官方法律地位的风俗，他们的祖先们早在公元前5世纪时便在同一片土地上共同生活。据说，平民们成功地促使这些风俗转变为成文法，并得到公开展示——该事件据信发生在公元前450年左右。根据罗马历史学家李维在公元前1世纪晚期的记载，负责该事务的10名地方行政官明确声明，“所有人的权利一律平等，无论是最高阶层还是最低阶层”[6]。当然，这有可能是后世的美好想象。

原本的12块铜表早已遗失，最初的表述也随之逝去。现代学者们根据后世罗马作品中的引用拼凑出了法规的大部分内容：

折断自由民的骨头，罚300阿斯（罗马币）；折断奴隶的骨头，罚150阿斯。

禁止在他人田地上放牧。

女性不得因出丧而毁损面容或号啕大哭。[7]

正如此处随机列举的条款所示，这些规定都是乡村社会的陈规旧俗。尽管其中很多都已过时，但罗马人赋予十二表法（Twelve Tables）巨大的象征意义。李维完全可以声称，“时至今日，它们仍是一切公法和私法的源头”[8]。

经过约两个世纪的斗争，平民成功地迫使贵族做出一些让步，赢得了与贵族通婚的权利，并可以依法要求年度执政官中至少有一个平民。此前，自国王下台之后，罗马执政官一直由两名首席年度行政官担任。结果，平民阶层中富裕家族的参政开始令统治阶层发生了变化。

到了公元前2世纪，老贵族出身的科尼利亚与平民出身的新贵提比略·塞普罗尼斯·格拉古（Tiberius Sempronius Gracchus）的联姻已没有什么不寻常之处，双方家族里都有人曾担任执政官，登上过政坛巅峰。这是最重要的分水岭。到了公元前1世纪，罗马人开始把执政官的后代称为贵族（nobiles）。

得益于出生率，一个枝繁叶茂的贵族家庭在短短20年间（公元前123—前102年）出了6名执政官。据说，当时有一名罗马剧作家像阿里斯托芬那样在舞台上公开嘲讽罗马的政客，他的讽刺对象就包括这一家人。他暗示说，他们的成功靠的不是美德，而是耻骨间旺盛的繁殖力：

> 奈维乌斯（Naevius）早就在评价梅泰利（Metelli）时写下了诙谐又粗鲁的韵文。“梅泰利家的人生来就是罗马的执政官。”接着，执政官梅特卢斯（Metellus）怒气冲冲地回答，“梅泰利家定会让诗人奈维乌斯尝尝苦果”[9]。

这一幕生动地展现了罗马共和国里自由言论冲突的画面。一方面，普通人用看似极现代的方式进行口诛笔伐；另一方面，傲慢的行政官就像法国大革命前的大领主那样，威胁要对此人身攻击给予暴力报复。

公元前2世纪，一名见多识广的希腊访客写了一篇关于罗马政治体系的说明文章，试图阐释这个令人困惑的问题。他写道，这个体系保持着精妙的平衡，“没有人——哪怕是罗马本地人——能够断言，该体系从整体而言究竟是贵族制、民主制还是君主制”[10]。

这名叫波利比阿（Polybius，公元前118年前后去世）的希腊历史学家按照自己的理解描述了这个在他出生（约公元前200年）之前不久形成的体系。他认为，两名执政官在任期内是国王般的人物：在罗马，他们是“一切的主人”[11]，作为战时的军团总司令，他们对所有下属拥有生杀予夺的大权。

另一方面，他说，若抛开执政官（这种情况相当常见），罗马的体制更像是贵族制。元老院是由富人组成的议事机构，起初一年选举一次，后来（自公元前4世纪晚期）变成终身制，成员包括很多前任行政官。它负责管理国家财务、审判严重罪行、接见外国使节。现代历史学家们着重指出，元老们似乎垄断了民事、军事、司法和宗教，有时甚至完全把持了这些职位，因此，在西方民主制中被视为理所当然的权力分治在当时并不存在。

接着，波利比阿又指出，“人民”也扮演了重要角色。他指的是由行政官召集起来参加公共会议的罗马公民。在涉及死刑的司法案件中，他们拥有最终决定权。他们要就维持和平还是发动战争的问题进行讨论，还要选举任期一年的行政官——这是最关键的职能。就连傲慢的梅特路斯也要仰仗公众投票。即便如此，因为罗马的女性（哪怕是如科尼利亚那样的贵族女性）没有投票的权利，所以这绝非现代意义上的民主。

波利比阿向他的希腊读者介绍了错综复杂的公民大会，我也该谈谈我的看法。在此，我们应该抓住两个要点。首先，在罗马政治里，针对不同类型的议题，有不同的大会。其次，罗马社会倾向于从群体而非个体的角度考虑问题。公民们在大会上很少以个体身份投票，而是往往基于其财富或部族以团体身份投票。每个团体都遵循少数服从多数的原则，一个接一个，直到达到总体多数。这种团体投票制度在实践中意味着，某个团体的选票比其他团体更受青睐——富人优于穷人，“郊县的”优于内城区的。

另一方面，罗马的选举活动相当活跃，公民团体行使投票权的方式虽不能说是全然民主的，但给了普通公民参与的机会。这就是一篇拉丁短文给人的印象。据说，这篇短文是公元前63年某个人给参加执政官竞选的兄弟提出的建议。且不论该作者的见解从何而来，至少看起来，他对公元前1世纪中期的罗马选举政治颇有洞见。

显然，候选人必须全力以赴赢取选票。他们所使用的某些技巧在普选和现代媒体尚未出现的近代英格兰选举中也很常见。候选人会利用代理人的关系网来扩大支持者阵营。面对面接触的重要性无与伦比。候选人要尽可能显得平易近人，所有潜在的投票者都应有机会见到他。与普通人一起出现在竞选活动中时，他应该记得他们的名字，并表现出自己的魅力——在古代，这一套做法就好似如今政客亲吻婴儿的举动。

声誉就是一切。在那样的社会里，公众意见在很大程度上取决于舆论。候选人自然要公开驳斥他的对手。在尽一切可能树立自己的声誉的同时，他也应该注意别人对他的看法，哪怕仆人的闲言碎语亦不可忽视，因为“大体而言，每个变成公众八卦的谣言，寻根溯源都是从家里传出去的”[12]。这句话很有趣，它暗示了在罗马大宅邸里当仆人的奴隶所拥有的力量。

候选人当然要富有，并愿意把钱花在竞选活动上。如果，像在18世纪的英格兰那样，他自掏腰包招待潜在选民，就应该亲自出席。他要努力阻止对手贿赂选民，让对方明确意识到自己正紧紧盯着，并且会毫不犹豫地提起贿赂指控。

类似的内容不胜枚举，此外，还有对“新手”的特别建议。罗马人所说的新手指的是某个家族中第一个成为执政官的人。从古代流传下来的年度执政官名单可以清楚地看出，罗马选民偏爱来自政治世家的候选人。人们耳熟能详的名字总是具有不合理的吸引力，这也是当今政坛——包括西方民主社会——的特色。在彼时的罗马，幕后资助现象相当普遍，大家族周围总是依附着忠心耿耿的追随者，他们是候选人的铁票仓。这种情况带有浓重的王朝色彩。

不过，“新手”时不时能够登上执政官宝座的事实说明，罗马贵族阶层绝非封闭的圈子。从现存资料来看，我们所知最多的“新手”是马库斯·图留斯·西塞罗（Marcus Tullius Cicero）。此人于公元前43年遇刺，享年63岁。公元前64年，西塞罗成功当选执政官。从表面上看，他恰恰符合我们刚刚讨论过的竞选活动的要求。他具备多项受选民青睐的个人素质，更重要的是，他曾在罗马法庭上担任辩护人，练就了公共演说的技巧。

关于西塞罗的政治追求，还有一则更深刻的故事，这个故事也体现了罗马社会的包容性（在相当程度上）。西塞罗家并非罗马本地人，他们住在东南方87英里外一个叫作阿尔皮努姆（Arpinum）的小山上，也就是如今的阿尔皮诺镇（Arpino）。从历史上说，阿尔皮努姆人不是罗马人，他们是邻近的说意大利语的沃尔斯奇人（Volsci）的后代。不过，西塞罗本人一出生就是罗马公民。

罗马人很早就表现出与居住在意大利半岛的非罗马邻居们分享一部分公民权利的意愿，这也符合他们作为通婚者后裔的自我认知。这种做法的目的可能主要是（希望）通过建立这些宜人的定居点中的民众对罗马的忠诚度，来提高自身的军事安全性。最重要的是，他们希望得到实际的回报，希望新公民们能在罗马军队中效力。鉴于新公民并没有在罗马公民大会上投票的权利，人们一定奇怪，他们对于这种承担罗马公民义务而不享受公民权利的所谓荣誉会做何感想。

尽管如此，罗马人并没有排除非罗马邻居们提升身份的可能性。在罗马首次将阿尔皮努姆的男性列为二等公民之后一个世纪，也就是公元前188年，他们给予了这些人完全公民权利。罗马历史学家李维在提及这种地位提升时，使用了拉丁词语“自治市”（municipium）来指称他们以及其他二等公民所在的城镇：

> 对于福米埃（Formiae）、方迪（Fundi）、阿尔皮努姆“自治市”的居民，保民官盖乌斯·瓦勒留斯·塔波（Gaius Valerius Tappo）建议授予他们投票权——此前他们已经有了除投票权外的其他公民权利……该提案得到通过，但规定福米埃和方迪的居民应在伊米利亚（Aemilia）部落投票，阿尔皮努姆的居民在科尼利亚（Cornelia）投票……[13]

很久以后，也就是到了公元48年，很有可能是罗马皇帝本人吹嘘说，罗马对待外邦人的方式胜过古典时期的希腊列强：

> 斯巴达和雅典之所以覆灭，不正是因为他们虽然在战争中表现得强有力，但却把已被征服地区的民众当作外邦人

吗？相反，我们的开国者罗穆路斯是如此明智，他既能在战场上克敌制胜，一旦取得胜利之后，又能立刻像欢迎同胞那样向被征服者敞开怀抱。[14]

公元100年左右的一名罗马历史学家认为，上述言论出自皇帝克劳狄乌斯（Claudius）之口。尽管如今的专家不会完全同意皇帝的这番"事实"陈述，但他的话的确体现了罗马社会长期秉持的一种态度。在雅典和斯巴达的鼎盛时期，这两个希腊城邦的公民总是小心翼翼地维护着封闭社会的特权。相反，罗马人从一开始就找到了将外来者吸纳入本国政治体系的方式。

罗马社会里有一类与众不同的外来者。罗马的自由民们不会把这类人当成完全的人类，而是当作"会说话的工具"。尽管如此，罗马人也赋予他们一定的公民权。

大英博物馆里陈列着一块罗马墓碑，这块石板高不到2英尺，宽度略大于高度。墓碑上描绘了一对深情地紧扣双手的夫妇，丈夫裹着罗马人称为托加袍的宽大衣袍，一副罗马公民的打扮。墓碑侧面刻着拉丁文墓志铭，一段是丈夫的，一段是妻子的。给丈夫的那段写着：

（卢修斯）奥勒留·赫米亚［（Lucius）Aurelius Hermia］，卢修斯的自由民，维米纳尔山（Viminal Hill）的屠户。因命运的安排先我（而去）的她拥有纯洁的躯体和仁爱之心，是我唯一的妻。她忠诚于她的丈夫，丈夫也同样忠诚于她。她没有因自私而抛弃自己的职责。奥勒留，卢修斯的自由女性。[15]

这块在罗马发现的墓碑刻于公元前80年左右，彼时，西塞罗刚刚20岁。不过，我们在此说到的这对夫妇来自一个截然不同的阶层。这名做丈夫的曾是个奴隶，娶了个曾经的女奴，二人都被同一个主人赐予自由。后来这名丈夫干上了屠夫的行当，经营有方，他的后代甚至能买得起这块墓碑。

这绝不是说罗马人对待奴隶的方式没有其他古代社会那么残忍。我记得，若干年前，我在加拿大一所大学的同事的妻子告诉我，她曾参演1960年好莱坞拍摄的电影《斯巴达克斯》（*Spartacus*），该片讲述的是发生在公元前73年的罗马奴隶起义。

影片结尾，一名女子想把自己的婴孩抱给做父亲的看看，这父亲就是起义的领导者斯巴达克斯。为了找到他，她在两排一眼望不到头的钉在十字架上的男人间穿行，直到在某个人面前停下脚步——那就是一息尚存的斯巴达克斯。“我演的就是那个婴儿。”同事的妻子出人意料地说。

这部影片对事实略有改动，斯巴达克斯其实死于最后一战。除此之外，大批起义者被钉十字架的场景确实出自历史记载：

> 由于山里还有大量逃兵，克拉苏（Crassus）继续向他们发起进攻。他们则分成四组继续抵抗，直到最后剩下6000人，悉数被俘，钉在了从罗马到卡普阿（Capua）的大路边的十字架上。[16]

如果这段古代文献属实，意味着有6000个十字架沿着古代大道排列，绵延约118英里，无疑是极其费力又无比残酷的惩罚。显而易见，此举的目的就在于不惜一切代价达到威慑效果。

不过在正常情况下，罗马人对待奴隶仁慈得令人惊讶，当然，这也是为了他们自身的利益。为了减少偷懒现象，奴隶主允许奴隶们积累财富、为自己赎身。赫米亚或许当奴隶时就是屠夫，积攒下足够的钱后，他不仅买到了自己的自由，或许还给未来的妻子赎了身。

如果奴隶主愿意，可以通过一些方式从法律上正式确认奴隶的自由。若获得自由的奴隶是男性，他可以获得部分公民权利，他的作为自由民出生的儿子则可以获得包括投票权在内的更多权利。墓碑上的赫米亚身着托加袍，表明他生前对自己的身份非常自豪，这完全可以理解。罗马市民中有相当大一部分人都是以这种方式获得自由的前奴隶的后代。

西塞罗是体现罗马社会流动性的另一个例子，但与上面的例子相反，他来自社会顶层。他的确有自身的天赋，但也有继承来的优势。他不仅一出生就是罗马公民，而且，正如他本人所言，他乃是罗马“骑士”[17]的儿子。这个术语用拉丁文写作eques，需要稍稍解释。

在英国古老的荣誉体制中，国王的“骑士”不必像骑兵那样去冲锋陷阵，同样，在西塞罗时代，罗马的骑士也无须作战。他们已经成了一个高高在上的世袭社会群体。作为一名年轻的骑士，西塞罗有资格佩戴特别的金戒指，并在托加袍上镶一条紫色的边。

由于骑士们不是元老院成员，因此并不担任公职。不过，作为一个团体，他们在共和国的政治管理上仍具有相当的影响力，尤其是那些通过国家契约赚钱的人。自公元前67年起，骑士们在议事厅里有了专属座席。他们在此表达自己的政治观点，比如，为自己欣赏的政治家助威喝彩。

除了表面上置身于政务之外，骑士们还有一个共同点，那就是财富。就土地而言，骑士的产业至少相当于一个乡绅。同如今一样，他们的第一桶金是在什么时候、如何赚得的，是个颇为敏感的话题。奥古斯都（Augustus）时代的罗马骑士奥维德（Ovid）——此人也是一名诗人——就扬扬得意地宣称自己的财富“不是新近靠运气挣来的”[18]。

他提到了当时“靠血汗钱”[19]发家的新贵骑士，也就是在罗马近期的内战中凭借军事合同发财的人。我们在下一章会对此详述。在阿尔皮努姆——此地在近现代成了羊毛工业中心——这样的社会里，西塞罗的祖先可能就是这些乡绅暴发户中的一员。

来现代罗马参观的见多识广的游客们，若想看看共和时期的古代遗迹，最终很有可能会面对着台伯河边业已风化的圆形建筑。这片遗迹看起来有些比例失调，因为由白色大理石柱组成的柱廊的弧形上层结构和原本的屋顶已不复存在。尽管如此，残余部分仍令人惊叹。

根据建筑风格和材料，考古学家们认为该建筑建于公元前2世纪晚期，是该城现存最古老的建筑之一，昔日里显然是座神庙。以圆形建筑为庙宇的罗马神祇包括赫拉克勒斯（Hercules）。鉴于这栋圆形建筑坐落在老城的牲口市场，很有可能最初便是为这位神一般的超人而建。古罗马的牲口商崇拜赫拉克勒斯，希望他的神力可以保护他们和他们的牲畜，因为铲除邪恶正是赫拉克勒斯之所长。他本是希腊的神祇，罗马人将他的名字拉丁化，成了罗马的神。

回到波利比阿，那位睿智又深谙罗马人生活方式的希腊观察者，我们会发现他对罗马宗教有一些有趣的见解。他在有生之年（公元前2世纪）目睹了罗马的伟大崛起，他关于罗马宗教的评论也随着他对罗马兴盛史的全景式描绘留存至今：

> 我认为，在其他国家会被摒弃的东西，我指的是对神祇

> 的敬畏，正是将罗马维系在一起的东西。无论是在私人生活中还是在公共事务中，神祇在他们心中的地位无出其右。[20]

他以罗马行政官之廉洁为例，在他们中间，极少出现财务腐败现象。他认为，这可能是因为他们非常严肃地对待在神祇面前所做的就职宣言。共和时期的罗马人宗教观念还体现在另一个方面，即征兆或罗马人所谓的“神迹”。我们恰好有一份公元前203年的有趣的记录可以为证：

> 来自各地的征兆在人们心中唤起了新的宗教畏惧。渡鸦不仅扯掉了议事厅上的镀金饰品，而且将其吞噬。老鼠啃坏了柱廊上的金质花环。卡普阿周边地区全是蝗虫，人们却不知道它们从哪里来。雷亚特（Reate）出现了一匹有五个蹄子的马驹。在安纳尼业（Anagnia），起初是间或出现流星，后来一颗巨大的流星当空燃烧。在福路西诺（Frusino），太阳周围出现了细细的光环，接着那光环外又出现了一个如太阳般明亮的光环。在阿尔皮努姆的一片开阔地里，大地塌陷了一大块。一名执政官在献上祭品时发现祭品的肝脏缺了一块。用成年动物献祭可以消除这些噩兆，应由祭司团宣布该向哪些神祇献祭。[21]

读者会发现，这份记录中列举的现象至少有一部分可以得到合理的解释，比方说，阿尔皮努姆人看到的似乎是个天坑。但在罗马人眼中，这些迹象奇特又令人费解，他们将其视为神祇发怒的征兆。解释这些征兆乃是国家官员的职责，他们将会决定以何种方式——如果有办法的话——来纠正错误，安抚神祇（用罗马人的说法就是“让神保持平静”）。

这就意味着要决定用哪种动物献祭（比方说，不是用小犊子，而是要用成年牲畜），以及向哪位神祇求祷。作为国家责任主体的元老们要向执掌宗教的“祭司”寻求专业建议。如有必要，元老们也会召集该领域的专家——伊特鲁里亚的占卜者。

波利比阿解释说，这种敬畏神祇的道德准则并非来自深刻的个人信念，而是罗马当局意识到，宗教力量是一种社会凝聚力：

> 我认为，他们的目的是利用它（宗教敬畏）来约束普通民众。如果有可能建立一个完全由哲学家组成的国家，这样的风俗可能就没有必要了。但鉴于民众都是反复无常的，心怀无法无天的欲望，常常毫无理由地愤怒，带着暴力的激情，因此，唯一能够约束他们的方式就是借助这种神秘的恐惧和震撼的效果。[22]

这是一名受过良好教育的希腊人的成熟观点。在他看来，通过哲学训练来正确地思考和行动远非普罗大众所能做到的，对于他们而言，崇拜神祇便已足够。这也是富有的希腊地主阶层从居高临下的角度对“群众”的认知。这里值得探讨的是，罗马共和国统治阶层的宗教观念是否真的如波利比阿相信的那样，（像他那样）对神能否影响人类事务持怀疑态度，但打算利用大众信仰来实现政治目的。

虽然在今天看来有些不可思议，但以解释征兆为己任的国家祭司的确可以基于征兆来中断公共事务，比如公民大会。正如我们在上文看到的，公元前203年，行政官们自身也要承担宗教职责。

公元前59年，有名执政官不赞成同僚向公民大会提交的某项特别法案。于是，他卸任回家，在余下的时间里运用执政官的权力观察天象。这种活动往往会导致公共事务中止，因此很显然，他的做法带有明显的政治动机。

要不是涉及宗教维度，整件事看起来就好像是在故意拖延表决，一如英国议会议员在议事厅里嚷嚷数小时，以期耗尽会议时间造成无法投票。试图从这个名叫比布路斯（Bibulus）的执政官的行为来推断个体的宗教态度，就如同从威斯敏斯特（Westminster）的冗长演说来判断个体对议会的尊重，或许并不明智。

罗马人李维写于公元前1世纪晚期的历史，逐年记录了古代出现的那些迫使共和国元老们深思熟虑的征兆，其中包括上文引述的发生于公元前203年的事件。现代的古典学者们爬梳了这份现存最主要的关于共和时期的历史资料，以期找出作者本人笃信宗教的迹象。

由于历史学家李维同时也是一名极富创造力的作家，因此，我们不能假定他对宗教材料的处理采用了据实报道的方式。近来研究该问题的学者们常常在他对神迹的描述中看到信徒和怀疑者的双重态度。

美国哲学家威廉·詹姆斯（William James，卒于1910年）对此做了总结，认为该问题与人类“信仰”的本质有关：

> 因此，真实与不真实的区别，信仰、不信仰和怀疑的心理状态，都是完全建立在精神事实之上的——首先，我们对同样的事物会产生不同的想法；其次，当我们思考时，我们可以选择采用何种方式、避免何种方式。[23]

说过了罗马宗教的——或许是一切宗教的——神秘性，尚有另一个典型的罗马行为有待探讨，因为它是罗马帝国成功的关键，由此产生的一切也改变了世界历史的进程。来吧，开战的时候到了，罗马式的战争。

第十四章　调兵遣将——建立罗马帝国

可以说，在现代生活中，征兵很少能够成为公共艺术领域的永久主题。然而在共和时代的罗马那样一个军事化的社会里，情况就大不一样了。公元前2世纪晚期的一座古城露天纪念碑——现已不复存在——的浮雕正是以征兵为题材创作的。

两名身着平民服饰的年轻人站在两名坐着的官员面前，其中一名官员一边听取年轻人的个人信息，一边在成堆的簿子上做记录。一名手执盾牌利刃的步兵侍立在旁。这幅作品[1]描绘的是军事普查的场景，官员记录下的详细信息将决定这些年轻人在罗马军队中的岗位。

关于大理石浮雕中刻画的官吏工作场景的真实性，我们可以从位于斯洛文尼亚（Slovenia）西南高地的普里雅玛（Predjama）城堡的藏品中找到证据。19世纪80年代前后，该城堡的主人开始从邻近一处曾为古代定居点的考古遗址中收集罗马人的兵器。如今，这个博物馆里收藏着各种各样的致命武器，包括带刺的箭头、弹射弩、深受罗马军人喜爱的投掷长矛上的沉甸甸的刀刃以及所谓的燃烧矛，还有一种一端开口的支架，用来填装火球。公元前3世纪末期到公元前2世纪早期，这批在当时相当罕见的武器在罗马人与阿尔卑斯东南部地区部族的战争中被埋葬。

生活在公元前2世纪的希腊历史学家波利比阿曾对使用此类兵器的

罗马军队进行过细致描述。他的记叙中包含种种惊人的细节信息，可见他与消息灵通的罗马上层人物过从甚密。他的记述也涉及他认为希腊读者们会感兴趣的问题——罗马军队何以看起来势不可当。

他对罗马军事纪律的描述定会让希腊人大吃一惊。罗马设有军事法庭。在开庭时，主持审判的官员——

> 只是拿短棒碰一碰那个被定罪的人；随后，所有士兵都会拿着短棒和石头一拥而上。大多数情况下，受此惩罚的人会当场毙命；纵有偶尔熬过这一关的，在经受了酷刑、设法逃出兵营之后，最终也没有希望活下来。他们不能回到家乡，也没有人敢收留他们。因此，一旦落入这种不幸的境地，到头来都只有死路一条。[2]

会被判死刑的罪行包括表现懦弱、偷盗、撒谎和古希腊人所说的“滥用身体”，也就是成年士兵以受方角色同其他男性发生性关系，因为这种行为损害了他作为士兵的德行，可能被视作有损于军队士气。

波利比阿写道，这种严刑峻法所带来的结果就是：

> 有时候，人们即便面对死亡也会坚守岗位，由于他们害怕回家后受到惩罚，决不会擅离职守；而另一些人，那些在战场上丢失了盾牌或长矛或其他武器的人，会不顾一切地冲向敌人，指望能夺回武器，或者能避免屈辱地死于自己的同胞之手。[3]

波利比阿笔下这支显得相当专业的军队是从以氏族为基础的武士

群体一步步发展而来的，他们在早期古罗马人及其邻居间的小规模冲突中承担了大部分作战任务。笼罩着迷雾的早期罗马历史使得年轻的共和国无法从一连串发生在意大利半岛的战事中脱身，也令她在公元前275年时有效地控制了波河（River Po）以南地区。关于这段扑朔迷离的历史，虽然大致的轮廓相当清晰，细节却难以重构。

当时，罗马接连不断地卷入了与说意大利语的邻近国家的战争，有时几场战争还会相互重叠。起先是萨宾人（Sabines）、沃尔斯奇人和伊特鲁里亚人，继而是意大利中部的撒姆尼人（Samnites），混居在那不勒斯湾及内陆的意大利人和希腊人，意大利南部那些说意大利语的民族以及希腊城邦，间或还有外来入侵者——公元前390年，一伙高卢人袭击了罗马；公元前280年，即希腊化时期，来自希腊西北地区的国王皮拉斯（Pyrrhus）又登陆意大利，帮助其希腊盟友塔拉斯［Taras，即塔兰托（Taranto）］对抗非希腊敌人。

在历史上，并非只有罗马人喜欢宣称自己是为“公正”和“虔诚”的理由而战。他们相信，早在远古时代，他们的祖先在开始军事行动时会举行某种宗教仪式。在这种仪式上，一名被称为外事祭司（fetialis）的专业祭司会亲自进入敌方领土，指责对方犯了某种错误，要求予以纠正。如果对方不予理睬，“按照惯例，外事祭司会将一根带铁质尖头或在火中硬化过的木矛带到敌国边界”[4]，然后“当着不少于三名成年男性的面”说完外交套话，“将矛投掷到对方的领土上”[5]。罗马人非常重视这套宗教仪式，无论在与敌人的争执中是否真的占理。因此，虽然祭司投掷长矛的行为暗含着错在对方的意味，但这种传统本身并不意味着早期罗马人只是为了防御才投入战争。

共和国早期和中期时的罗马人似乎一直在打仗。历史学家们仍然不能确定他们主要是在抵御外敌入侵，还是（恰恰相反）相比于当时其他国家更为好战。倘若是后一种情况，他们是否有一个长期的主导策略，比如先荡平意大利，进而扩展到更大的战场。

在“罗马崛起”过程中，有很多代人、很多亲身经历者都对罗马的目标做出过笼统的陈述。也许最保险的做法是假定其中既有防御也有侵略，掺杂了经济利益和对盟友的义务，以及随着接踵而至的胜利而日益膨胀的傲慢。

正如我们在第六章所说的，公元前200年左右，当罗马人开始自己记录历史时，着实还没什么可以书写。现存最早的出自罗马人之手的记录写于公元前1世纪20年代，作者李维堪称那个时代的文化巨擘。他去世后约一个世纪，一名罗马人在给友人的书信中提到了这样一则轶事：

> 你难道从来没读到过吗？有个加德斯（Gades，即西班牙的加迪斯）的公民如此仰慕提图斯·李维（Titus Livius）的名望与声誉，千里迢迢前来只为看他一眼，一旦目睹了李维的风采，他便回家了。[6]

我无法想象今天有哪个历史学家能获得如此的推崇。李维为渴望了解古罗马过往的罗马读者们撰写了一部爱国史，阐释了罗马人之所以伟大的独特美德。他当然无意扭曲事实，但对于美化、甚至虚构事实，他身处的那个社会比如今这个社会宽容得多，更何况，他最终描绘出的是一个与罗马人已有的认知、与他们对罗马“特性”的理解大致相符的诗化的想象。

举个例子，李维讲述了执政官率兵对抗撒姆尼人却遭到惨败的故事。胜利者对罗马士兵极尽羞耻之能事，逼迫他们弯腰从三根长矛下面钻过去，矛的架设方式模仿架在阉牛脖子上的轭：

首先被押到轭下的是几乎半裸的执政官，接着是他的下属，以官阶高低为序；随后是几个军团的士兵，一个接一个。全副武装的敌人站立两侧，不住地谩骂、嘲弄。罗马士兵中很多人被刀剑所迫，有些人因为明显表现出对征服者的愤恨而被当场打伤或屠杀。[7]

在李维看来，撒姆尼人的行为是背信弃义的，但他也承认罗马的指挥着实差劲。此外，自然条件亦对罗马人不利。正如他在描述撒姆尼人伏击罗马军队的地势时提到，那里有个所谓的考丁岔路（Caudine Forks）——如今单凭历史描述已很难确定其位置。李维还提供了额外证据——不少于五次的演讲，有的来自罗马人，有的来自撒姆尼人。他把整个事件作为给罗马读者的一个教训，但同时也为这令人沮丧的故事配上了一个戏剧性的、以牙还牙的结尾，即六年之后的卢克利亚（Luceria）之战：

在罗马人取得的各场胜利中，没有比此次命运的突然逆转更辉煌的了，尤其是，倘若果真如我在编年史中读到的那样，撒姆尼的总指挥官、赫伦尼乌斯（Herennius）之子庞提乌斯（Pontius）及其下属被押去钻牛轭，以偿还当初执政官所受的侮辱。[8]

罗马人扩大势力范围的手段不仅有战争，也有结盟和协定。他们在那几个世纪进行的外交活动甚至可以量化。公元80年，罗马城的一场大火烧毁了不下3000份“关于结盟、签署协定、授予特权等行为”[9]的古代记录。公元1世纪晚期的一名希腊作家给出了一份很可能是真实的协议摘要，该协议签订于公元前493年，协议双方为罗马人和拉丁人：

> 指天为誓，指地为盟，罗马与拉丁诸城间永保和平。既不彼此交恶，亦不引入外敌，不向试图攻击罗马或拉丁诸城的敌人提供便利。如遇战事，倾尽全力彼此援助，平等地共享战利品。[10]

这份颇具启示意义的协议表明，罗马人很早就让盟友参与他们的军事行动，期望他们分担军事压力和风险、分享经济回报。它也展示出罗马人利用这种互助条约让自己插足别国战争以及向盟友提供保护的能力。协议勾画出这样一个未来：彼时，意大利半岛的盟友将为它提供比单一城邦所能提供的多得多的人力。这个未来就是罗马共和国。

罗马人也为我们留下了“殖民”这个概念。公元前4世纪，他们开始增强对被征服的意大利半岛邻国广袤土地的控制。罗马以东约100英里，意大利中部高地上一个叫作阿尔巴福森（Alba Fucens）的地方曾是当时大批殖民地中的一个。如今，这里是阿布鲁佐（Abruzzo）山脉群峰脚下的一片风景区。在那里，你可以看见规划出殖民地未来发展的矩形布局，以及在公元前303年殖民地设立之初建造的多边形石头防御墙。

后世的罗马人西塞罗把这些位于意大利的老殖民点视为“防范潜在危险的适宜地点”，因此起到了“帝国堡垒”的作用[11]。阿尔巴福森似乎正符合这样的描述。它占据着小山上的一处防御工事，罗马人又将已有的一条军事道路一直延长到那里。考古学家们还在周围村落发现了古罗马勘测工作的痕迹。古代勘测员使用简单的工具在被驱逐的原住民的土地上规划出道路网，然后分成矩形地块分给新居民。根据李维的记录，有6000户家庭迁至此地，他们中既有罗马人，也有拉丁人。这些殖民地可以解决土地不足的问题，同时又能满足战略需要。

希腊西北部亚尼纳（Yannina）的一家新近翻修的博物馆里陈列着一些工艺品，让人想起在公元前4—前3世纪统治巴尔干南部地区的亚历山大大帝的继承者们。其中一件展品是一个马其顿式盾牌，上面刻着“国王”皮拉斯（公元前319—前272年在位）的希腊名字和头衔。据说，这面盾牌是公元前274年皮拉斯大败邻近的马其顿人之后缴获的战利品，他将它带回家乡献给宙斯，考古学家们就是在圣所里发现它的。

这名好战的国王雄心勃勃地想要像与他同时代的马其顿国王、亚历山大的继承人们那样，拥有自己的国家和领土。六年前，尚武精神令他回应了来自位于意大利半岛南部的希腊城市——即原先的斯巴达定居点塔拉斯、后来的罗马城市塔林敦（Tarentum）——的请求。公元前295年，罗马人在意大利中部地区获得决定性胜利之后，就将触手伸向意大利南部，对该地的居民造成了威胁。

据说，当塔林敦使者前来游说时，国王想到了特洛伊的陷落，“希望自己也能重演那场胜利：阿喀琉斯的后裔对阵特洛伊殖民者”[12]。皮拉斯家族的确自称是荷马英雄的后代，他在与意大利南部的希腊盟友打交道时似乎也强调了这种振奋人心的血统。同时，他们也一定熟悉关于特洛伊难民在意大利半岛找到新落脚点的希腊传说。正如我们先前所知，这些人之中就包括传说中罗马人的祖先。

皮拉斯起初低估了罗马人，这与希腊人长期以来对“野蛮人”的蔑视不无关系。据说，当他第一次看到秩序井然的罗马军营时惊叹道：“你或许可以叫他们野蛮人，但他们的纪律一点也不野蛮。”[13]在随后的战斗中，双方各有输赢。令皮拉斯气馁的是，罗马人及其盟友似乎有源源不断的后备军，可以轻而易举地弥补战斗减员。或许正是这一点促使他最终放弃了冒险西进，渡过亚得里亚海返程。

11年后，也就是公元前264年，罗马人开始了波利比阿所说的“史上最长、最胶着、最激烈的战争”[14]。在西西里小城卡斯泰尔韦特拉诺的小型考古发掘现场，我亲眼见到了自2004年以来由潜水员和捕鱼网陆续从西西里西北海岸的埃加特斯岛（Aegates）——即今天的埃加迪群岛（Egadi）——打捞上来的令人振奋的战争物资。

这些文物中有一组保存完好的“船鼻”[15]，也就是罗马人安装在战船船首的青铜撞击器，其中一些还带着用于固定在船体木料上的钉子。这一发现帮助考古学家否定了一个现代理论，即罗马人使用的撞击器像蜂刺那样一经撞击就会与船体分离。这批撞击器中有10只带有拉丁文的罗马行政官名字，想必，他们的职责就是“验收”制造商的工作。

出人意料的是，这些低级行政官的名字是在撞击器浇铸之时便有，而非后来加刻的，像是在夸耀，似乎成功督造海军订单便能给他们带来个人荣誉。有两名行政官的名字旁边还有额外的装饰——手执花冠、长着翅膀的女性图案。她就是胜利女神。在这些致命武器上雕上她的形象，其含义毋庸赘言。

波利比阿描述了公元前242年罗马舰队攻下埃加迪群岛的那场战斗。那是他们第三次尝试通过海战来赢得这场持续了22年的战争。罗马人执着地要成为海上强国。他们已耗尽国库，只能孤注一掷地呼吁富人们以爱国主义精神做出牺牲，自掏腰包组建第三支舰队。负责指挥舰队的执政官本人也决心不让这最后一次机会因拙劣的航海技术所毁：

> 他每日操练水手，进行各项演习；由于他对纪律的重视，水手们在很短的时间内就训练有素，能面对各种挑战。[16]

罗马人之所以需要强大的海军，乃是因为他们正与称霸地中海中西部地区的迦太基人作战。波利比阿完整地记载了这场战争。他既同情罗马，又因自己的希腊人身份而多少能够置身于事外，堪称此战的最佳记录者。他回顾了这两个国家历史上长期以来的条约关系，对战争的导火索给出了自己的观点。正如我们在之前的章节看到的，这段历史可以一直追溯到公元前500年前。波利比阿写道，罗马人——

> 眼见迦太基人不仅把利比亚纳为附庸，征服了西班牙的大片地区，还占领了撒丁和第勒尼安海（Tyrrhenian Sea）的所有岛屿。因此，他们担心，如果迦太基人称霸西西里，就会变成最麻烦、最危险的邻居，会威胁到意大利的每个角落，让罗马人陷入重围。[17]

用现代术语来说，这种思维叫作防御性帝国主义。波利比阿认为，正是出于这样的考虑，罗马人才会支持一项不道德的事业：他们帮助了一股不得人心的势力，在西西里东部引发了动荡。在罗马人看来，这些流氓雇佣兵的活动阻碍了迦太基人统治全岛的计划，因此，支持雇佣兵符合罗马的利益，尽管有些罗马人对此还有顾虑。这与现代西方实用主义政治如出一辙。

公元前242年，罗马人在埃加迪群岛的伟大胜利为第一次布匿战争（First Punic War）画上了句号。迦太基求和。罗马要求迦太基撤出西西里，并在20年之内支付一笔数额庞大、但不至于无法承担的白银作为赔偿。战后仅仅4年，罗马人占领了迦太基领地撒丁岛。

他们对这种——用波利比阿的话说——“盗窃行径”[18]的辩解是，迦太基人打算利用这个岛对意大利发动攻击。波利比阿认为，这种落井下石的不公正行为足以激怒迦太基人，成了他们20年后（公元前218年）袭击意大利的潜在原因。那一次，杰出的迦太基将领汉尼拔（Hannibal）精心策划，从迦太基的西班牙军事基地发动进攻，大胆地率领军队在夏季翻越阿尔卑斯山。

罗马人历来把汉尼拔视作可怕的对手。“面对危险，他既有决绝的勇气，亦有了不起的判断力。”李维写道。同撒切尔夫人和特朗普先生一样，他睡眠时间很少。有鉴于此，李维提到的他的那些缺点也许就不足为奇了：“他残酷无情，比布匿人更不守信义；他不关心真理，不在乎圣洁，不敬畏神明，不遵守誓言，没有宗教顾忌。”[19]

第二次战争几乎让罗马臣服。公元前216年，在一个叫作坎尼（Cannae）的古城附近——即如今的意大利东南部普利亚大区，罗马人的运气跌到了谷底。汉尼拔凭借出色的指挥歼灭了由当年罗马执政官率领的八个兵团。根据现代学者的估算，罗马军队损失了数万人，其中包括一名执政官。

如果说这场战事持续时间较长，其中一个原因在于汉尼拔没有攻城部队，也没有进攻城市。相反，他的目标是打破罗马的联盟。他主张释放罗马盟军的士兵，但未能达到完全瓦解联盟的目标。与同皮拉斯交战时一样，罗马拥有更多人口，这使得该城即便蒙受了巨大损失仍能招募新兵进行反击。有一段时间，绝望中的罗马人甚至把十几岁的少年和经过挑选的奴隶也送上了战场。但到了公元前209年，他们已有足够的力量袭击迦太基位于西班牙的驻地。迦太基人吓破了胆，无力或不愿再支持汉尼拔，最终将他召回。罗马人穿过非洲尾随而至。公元前202年，帕比留斯·科尼利乌斯·西庇阿（Publius Cornelius Scipio）在此获得决定性胜利，逼迫迦太基议和。

波利比阿就是在这个时代出生在伯罗奔尼撒的。他在希腊世界里长大成人，罗马击败汉尼拔以及紧接着发生的事情使得这里的人们常常紧张地谈论着罗马的意图。他记录了公元前2世纪希腊人就此问题展开的争论。希腊人认为，罗马看似势不可当的崛起纯属偶然。他对此表达了不同的观点，指出罗马人正为获得“普世权威和统治而大胆出击”，换言之，他们是有计划的。

历史学家们时至今日仍在就罗马帝国主义问题争论着。如果说当时的希腊人对此意见不一，那么现代专家们也不太可能得出什么统一见解。罗马人击败汉尼拔之后采取了一些控制手段，引起了希腊人的注意，我们也可以从中找到端倪。这些手段使得罗马可以向迦太基的马其顿盟友腓力五世（Philip Ⅴ）宣战，后者是希腊化时期国王的典型，一个好战的扩张主义者。

撇开种种带有帝国色彩的迹象不谈，希腊人和其他地中海居民目睹了罗马人如何一步步把从迦太基获得的海外领土变成了行省。首先是原本属于迦太基的那一半西西里岛，接着是撒丁岛。国王西耶隆死后，原本属于希腊的那一半西西里岛也改旗易帜。公元前211年，罗马军队兵临城下，阿基米德倾尽才智也未能阻止希腊首都叙拉古的陷落。再往后，公元前197年，罗马人向西班牙派驻了两名总督。随着总督的到来，向罗马纳贡的日子开始了。

所有这些胜利让罗马人坚信自己的优势，也让希腊人意识到他们并非总是在寻求土地，尤其是罗马人在希腊中部击败腓力五世的那一战。波利比阿试图以此战（公元前197年）为例，向希腊读者解释罗马步兵军团如何居然能够打败马其顿步兵，须知，后者的作战风格可是得了战无不胜的亚历山大军团的真传：排成紧密阵型，用长矛的尖刺阻止敌人。

波利比阿认为，罗马军团的优势在于更灵活。由于队形相对松散，士兵们无论是以他们喜欢的小团队为单位作战，“还是单打独斗”[20]，都有足够的空间挥舞盾牌和各种兵器。鉴于后来罗马军团令人惊异地击败了更多马其顿风格的军队，波利比阿的分析不无道理。

在随后的和平谈判中，获胜的将军提图斯·奎克提乌斯·弗拉米尼努斯（Titus Quinctius Flamininus）展现出了罗马人的外交才干以及对希腊历史的了解。面对希腊要求永久终结马其顿君主制的压力，他指出，保留君主统治符合希腊的利益，因为马其顿武装保护了希腊南部免受北方蛮族侵扰。显然，罗马人并不急着把这副担子扛在自己肩上，也不想这么快帮希腊人除掉眼中钉。

弗拉米尼努斯还以罗马的名义宣布，希腊城市不再受腓力的部队控制。普鲁塔克（Plutarch）描述了希腊爆发的欢庆：

> 夜幕降临，（希腊人）厌倦了围着（弗拉米尼努斯的）帐篷欢呼，接着，他们招呼着、拥抱着遇见的每一个朋友和同胞，开始了觥筹交错的宴会。[21]

实际上，希腊仍处在罗马的“保护”之下。罗马人在三处战略要塞取代了马其顿驻军，表面上的原因——或说借口——是要保护希腊不落入希腊化时代另一个同样野心勃勃的国王手中。

这个国王就是塞琉古王朝的安提阿古三世。那段时间，他和他的军队的活动范围远远超出了位于叙利亚和美索不达米亚的王国核心区域，其意图在于收复先人丢失的小亚细亚和欧洲的领土。弗拉米尼努斯撤走军队后，希腊大门洞开。

安提阿古越过了达达尼尔海峡。罗马人挥师折返，两度挫败这名国王和他的马其顿式军队。罗马要求他从新近征服的蜿蜒山脉以西地区（即现在的土耳其中部）撤离。这对于从亚历山大超级帝国中分裂出来的曾经最大的帝国而言是一次沉重的打击。

希腊人用一代人的时间适应了新的政治版图。如今，主宰者已不是希腊人，行事风格也发生了变化。身处古代缓慢生活节奏中的希腊人并不了解战时的罗马风俗。西班牙出土的一段刻在青铜上的拉丁铭文罕见地记载了罗马人所谓无条件投降的概念：

> 色诺斯（Seanoci）的民众把他们自己以及所有的财物都交给了得胜的将军、盖乌斯之子卢修斯·卡西乌斯（Lucius Caesius），寄望于他的真诚之意……他命令他们交出曾夺取的武器、人质、逃兵、战俘、种马和母马。他们如数上交。接着，得胜的将军、盖乌斯之子卢修斯·卡西乌斯下令释放他们，并将他们投降前所拥有的田地、房屋和其他东西归还给他们。[22]

从铭文中提到的执政官可以判断出当时是公元前104年。罗马的这种“诚意”观念让投降的敌人心悦诚服地、永久地臣服于罗马人的统治之下。这对希腊人而言还是件新鲜事。公元前191年，罗马与安提阿古交战之际，另一个与罗马为敌的希腊国家开始同罗马人和谈。罗马将军的特使突然打断了埃托利亚（Aetolian）代表。波利比阿描述了接下来发生的事情：

> 埃托利亚人进一步掂量了实际情况之后，决定把整件事交给格拉布里奥（Glabrio）将军，交给罗马人的“诚意”。他们并不知道这种说法的确切含义，只是被“诚意”这个词蒙蔽，

以为会因此获得更大的宽恕。但是同罗马人打交道时，将自己交给胜利者的善意无异于在没有任何保障的情况下投降。[23]

公元前189年，罗马人最终与这些埃托利亚人签署协议，他们对主导权的坚持在那份关于埃托利亚附庸地位的直白声明中表露无遗。习惯了和颜悦色的外交传统的希腊人定会大吃一惊，因为声明中的拉丁词汇maiestas的字面意思就是“更伟大”：“埃托利亚的人民应该诚挚地拥护罗马人民的事业和尊严。”[24]

西庇阿在札马之战（battle of Zama）中击败汉尼拔后，心怀感激的罗马人送了他一个表示尊敬的别名“埃弗里卡努斯”（Africanus）。将军们以获胜地作为别名的例子还有不少，比如：亚细亚格尼斯（Asiagenes）、马其顿库斯（Macedonicus）、亚该库斯（Achaicus）、巴利亚利库斯（Balearicus）、德尔马提库斯（Delmaticus）等等，这一连串名字为我们勾勒出了公元前2世纪罗马的主要战场。

罗马人对胜利之名的渴望与西庇阿家族男性夸夸自得的墓志铭一样，都体现了罗马贵族间追逐军事荣耀的竞争。一名公元前1世纪的罗马作家在回首那段历史时，描述了该阶层典型的非凡战斗热情：“他们追逐荣耀的竞争异常激烈，每个人都急切地击倒敌人、爬上堡垒，都渴望有人见证自己的英勇行为。”[25]

历史学家李维把他在罗马贵族家庭中看到的那些先人面具展示斥为伪历史，并将该现象归咎于这种竞争：

我认为，葬礼悼词和肖像下的铭文已使这些记录变得毫无意义，每个家族都在拼命为自己捏造胜利和职位——这种行为定然已给个人成就和公共纪念造成了混乱。[26]

公元前2世纪时罗马与其他国家间的战争在多大程度上是由这些大家族的军事狂热推动的，如今仍未有定论。执政官们先提出宣战请求，接着便得到命令，这个程序可能会让人们觉得二者间必有因果关联。李维提到，弗拉米努斯在希腊取得的胜利令他受到罗马选民的青睐，进而被“推选”[27]为执政官，走上职业生涯的巅峰。

此外，他还享受了“凯旋仪式”[28]。公元前2世纪，打了胜仗的罗马贵族所能获得的最高公开敬意就是这种由元老院授予的、非常稀有的奖励，致敬的形式主要是在罗马大街上举行公开游行。古代作家们指出，获得此种奖励须满足一定标准。据说，其中一条标准是单次战斗中的歼敌数量不少于5000人，且将军能够平安离开战场。这就意味着将军会乘着战车，带着部下一起参加游行。

普鲁塔克在描述弗拉米努斯的凯旋游行时，关注到了另一个能取悦罗马民众的细节——战利品的展示：

> 向民众展示的金钱数量庞大。据图狄塔努斯（Tuditanus，罗马历史学家）记载，游行队伍带着3713磅[1]金条、43 270磅白银和14 514枚印着腓力肖像的金币。[29]

正如这次展示所表明的，罗马人将战利品视作公共物资。掠夺，始终是罗马战争逻辑的一部分。获胜的将军在分配较贵重的战利品时有很大的自由度，他可以给下属额外的现金——这种举动自然深受平民欢迎，也可以将金银交给国库，还可以利用战利品提升自己在公众心目中的地位。

---

[1] 1磅等于0.454千克。——编者注

将军们也会用战利品资助公共竞赛或修建庙宇，兑现战场上的誓言。公元前2世纪，他们开始从希腊带回掠夺到的艺术品，以宣扬自己的胜利。1952年，考古学家在利古里亚（Ligurian）海边的罗马殖民地鲁纳（Luna）遗址发现了一个雕像底座，雕像已不知所终，底座上刻着："我，盖乌斯之子、执政官马尼乌斯·阿西留斯（Manius Acilius），（将此雕像）从斯卡斐亚（Scarpheia）带走。"[30]

此人正是出征希腊的马尼乌斯·阿西留斯·格拉布里奥（Manius Acilius Glabrio）。公元前191年，他洗劫了一个叫斯卡斐亚的希腊城镇，此处也是安提阿古的要塞所在。他的部下定然是将这尊雕像装船运回了罗马。雕像可能来自城里希腊人进行献祭的公共神殿，如今却成了胜利者的奖杯。对于格拉布里奥这样的贵族而言，战利品是他们追逐个人荣耀的另一种武器。

参观德尔斐考古博物馆的游客很少会在雕刻着战斗场景的浮雕前停留，毕竟，这个主题在希腊艺术中太常见了。然而，浮雕上参战者的盾牌却暗示了某些不寻常的东西。有些人使用的是马其顿式的圆形盾牌，有些人拿的则是罗马军团的椭圆形盾牌，后者的覆盖面积大得多，可以护住全身。

这块浮雕曾是一名罗马将军拿来装饰纪念柱[31]用的。此柱高33英尺，顶端是将军本人的雕像。浮雕刻画的是他于公元前168年战胜腓力之子、马其顿国王帕尔修斯（Persus）的事迹。对于前往德尔斐——希腊最神圣的地方之一——朝圣的人而言，这根纪念柱明白无误地标志着马其顿王朝的最终覆灭。

22年之后，为了惩罚伯罗奔尼撒城邦联盟的叛乱，一支罗马军队侵入希腊南部。该联盟是当时希腊大陆上仅存的真正的军事力量。获胜之后，罗马军队随即将希腊城邦科林斯夷为平地。同年，另一支罗马军队以同样的方法处置了迦太基城。尽管这座非洲城市早已不复当年，罗马人依旧错误地——但或可理解地——将它视为实实在在的威胁。

希腊人对罗马人行为的看法一如既往地存在分歧。有些批评家认为，罗马人已被权力腐蚀，一如先前的雅典人和斯巴达人。他们说，罗马人在与迦太基人的最后一战中丢失了古罗马人的荣光，他们使用了“阴谋诡计”[32]，其行径更像个希腊化时期的国王。

波利比阿本人觉得，罗马人的堕落自海外战争始，在那之前，他们曾“保持着自己那套未受玷污的习惯和原则”[33]。他认为，如今，罗马将军接受贿赂已不再是什么稀罕事。尽管如此，波利比阿自己仍然忠于罗马，即便他曾经是罗马的人质。他强烈反对引发了公元前147年罗马入侵事件的希腊政治家。罗马获胜后，他用自己的知识为处理希腊事务的罗马官员服务。这种模式也成了未来罗马统治属民的方式：与那些欢迎他们的人合作。

彼时的希腊人开始公开谈论罗马对“陆地与海洋”的统治。接下来，我们要看看这种转变的副产物——日益深化的内部矛盾。

第十五章　恺撒万岁——独裁者降临

天空湛蓝，海风拂面，波涛汹涌，去过岩石裸露的爱琴海提洛岛的人一定对此难以忘怀。

弃舟登岸，眼前的海岛仿佛一片古老的废墟。大理石碑散落各处，上面的文字依旧清晰。参观者可能会发现，这些文字有时用的是拉丁字母——我们的文字之源。一个上部已不知所终的雕塑底座上，清晰地刻着这样的拉丁文："在提洛岛上经商的意大利人和希腊人（致敬）盖乌斯之子卢修斯·穆纳提乌斯·普兰库斯（Lucius Munatius Plancus）……"[1]早在罗马军队纵横希腊爱琴海之前，这里就已有商人活动，待军队进驻之后，商人们更是蜂拥而至。公元前2世纪晚期，意大利人以扇形之势沿着越来越长的罗马地中海海岸开始了真正的大迁徙。文中提到的"希腊人"可能来自海对岸、意大利南部的老移民点。从葡萄栽培到艺术品市场，这些循着财富而来的侵入者从事着各种行当。为了方便交易，他们小心翼翼地维护着与元老普兰库斯等罗马要人的关系。

公元前166年，罗马人将提洛岛设为自由港，这就意味着经船运由此岛进出的货物不必交税。位于基克拉泽斯群岛中心的提洛岛地理位置优越，四通八达，一时间成了彼时的香港，一处连接东西方的集散地。

尽管爱琴海阳光灿烂，但提洛岛也有阴暗的一面。基督纪元前后的一名希腊作家描述了该地的一项特殊贸易，且罕见地称之为“罪行”：“提洛岛一天之内就可以接收和发送一万名奴隶……造成这种状况的原因是罗马人在毁灭了迦太基和科林斯后发了财，需要很多奴隶。”[2]然而，在此从事挖掘工作的考古学家们却无从断定该贸易的具体展示和交易地点。

地中海东部的海盗是奴隶贸易的重要供应商，他们将受害者带到这个永远不乏买家的大市场。这些奴隶中很多人最后到了意大利。公元前2世纪30年代，一名路过伊特鲁里亚的年轻罗马贵族被眼前的景象震惊了。他本以为能领略自由民耕种放牧的田园风光，没想到却看到了“野蛮人”奴隶[3]。

贵族提比略·塞普罗尼斯·格拉古向罗马公民发表了公开演说，后来又谈到了自己的担忧：“那些为意大利而战、而死的人们……虽然被称为世界的主人，却没有属于自己的一小块地。”[4]古代作家们对这个格拉古特别感兴趣，在他们看来，他针对罗马农业经济开出的药方预示着罗马漫长的动荡年代的到来。

何出此言？根据古代作家们的记述，罗马人从撒姆尼等意大利敌人手中夺取了土地，并将其划分成小块分给移民和其他人。然而，使用奴隶的大地主的农庄越来越大，小农们则受到排挤。失去土地的小农无法满足服兵役的财富标准，也无力养活家庭，随之而来的是，按税额征兵——招募军队的传统手段——变得不再可靠。作家们指出，这一点才是真正令出身将军世家的格拉古担忧的。

如今的历史学家认为，格拉古对罗马社会问题的解读并不准确。关于古代罗马人口规模的陈旧事实和数据，以及考古学家提供的关于乡村贫困人口或农场奴隶营房的不确定证据，在专家们中间引发了热烈的讨论。

可以确定的是，格拉古有心讨好民众。正如我们所知，罗马公民大会的投票程序偏向有钱人和他们所关心的事务。至于罗马穷人——更不用说意大利人了——则要依靠其他方式进行抗议。据说，罗马民众“在柱廊上、议政厅墙上和纪念碑上张贴告示，呼吁他（格拉古）为穷人收复公共土地”[5]。

为了避开反对意见，格拉古利用民选职位，抛开法规细节行事。他力排众议，推行新法规，开启了土地改革的进程。此外，他还一反常例，试图谋求连任，以保护自己不受来自政敌的叛国指控。

接下来发生的事情反映出他的政见在那些身为大地主的贵族同僚中引发了怎样的反对。他自己的堂兄领着一群抱着同样想法的元老及其随从在罗马的大街小巷搜寻格拉古。最终，身着便衣的格拉古与另外300多人死于石头和乱棍之下。格拉古违背了元老院的主流政治观念，动摇了罗马共和国统治阶层长期形成的共识。正如希腊作家蒲鲁塔克在公元100年左右所写的：“据说这是自废除王权以来罗马发生的第一次以流血和公民死亡收场的骚乱。”[6]

这位格拉古[7]有个非常崇拜他的弟弟，叫盖乌斯，比他小9岁，也对改革充满热情。10年之后，即公元前123年，盖乌斯也当选为保民官，继承了兄长未竟的事业。与兄长不同，盖乌斯深谙雄辩之术，知道演说就像是某种形式的戏剧。据说，他是第一个将生动活泼的大学授课方式运用到公众演说中的罗马人，他在讲坛上来回走动，魅力四射。后世罗马人还记得他演说的只言片语，比如：“奢侈并非维持生命的必需品……”[8]这句话或许是在为令保守贵族们心神不定的新观念辩护。他每月向居住在罗马的成年公民发放谷物补贴。此举受到传统派的诟病，但深受没有土地的城市无产者欢迎。原因很明显：若谷物价格因供应紧张而上涨，他们将是第一批受害者。

盖乌斯是位严肃的政治家，言出必行：

> 他以最大的热情投身于道路工程，既注重实用，又讲求优雅。他规划的道路笔直地穿过乡野，没有一丝偏差，路基用沙土夯实，路面以石料铺就。洼地被填平，纵横交错的激流与沟堑上都架起桥梁，道路两边高度相等，沿线各地均整齐美观。9

在意大利开展的这项基础建设是对向贫苦农民重新分配土地方案的支持，该方案由其兄长开启，盖乌斯继之。参与筑路竞标的罗马商人也从中受益。他们属于倾向于寡头政治但表面上并不参政的骑士阶层。

格拉古[1]也利用这个阶层去控制那些滥用权力、贪婪搜刮罗马民脂民膏的元老院行政官。随着罗马在地中海地区领土的扩张，这种利用职权中饱私囊的情形越发严重，因为古代社会并不把我们所谓的腐败当成多么恶劣的问题。不过，崇尚公正的格拉古另有打算。他将原本属于元老院的法庭陪审团职权交给了骑士，让后者负责处理外省人诉罗马行政官敲诈勒索的案件。

无论是有意还是无意，这项改革使得骑士们在因履行公共合同而与元老院行政官发生冲突时有了强大的武器。格拉古进而又做出一个关键性的决定，让骑士有机会参与利润丰厚的税收事务。此举更如同火上浇油。彼时的罗马本质上仍是个只有基本官僚体系的城邦，事务外包使得共和国无须建立专门的税收机构。不管是否有心为之，格拉古的行为点燃了导火索。短短几年之内，骑士阶层作为一股新兴力量

[1] 指的是弟弟盖乌斯·格拉古。——编者注

登上了罗马政坛，与保守的元老们有合作亦有交锋。

盖乌斯·格拉古是个非常有意思的人物，他行事的出发点很可能真的只是恪守原则，而不为党派政治所左右（也就是说，不是一心只想着为兄长复仇）。无论如何，他制定的法规和其兄长的一样，将贵族阶层分成了对立的阵营。当反对派执政官开始着手废除这些法规时，盖乌斯纠集起一群武装支持者。反对派执政官得到元老院紧急法令授权，以同等重量的黄金悬赏盖乌斯的人头。据说，此执政官的一个朋友用长矛挑来了盖乌斯的头颅，但事先挖出了大脑，灌进熔化的铅。

洞悉政坛秘密的不只有格拉古兄弟。提比略·格拉古死后几十年，也就是公元前107年，有名执政官试图用另一种方法解决罗马军队的招募之忧。盖乌斯·马里乌斯（Gaius Marius）没有依赖每年从有产阶层中招募士兵的做法，而是从最贫困的公民中征召志愿兵。此前，统治阶层一向认为穷人不适合当兵，在他们看来，有产者才是国家最好的卫士，在政治上也更“可靠”。

参军的罗马穷人中似乎有不少失去土地的乡村居民，他们是早年那些农民军人的后代，格拉古曾试着拯救他们于水火之中。对这些人而言，在这个罗马扩张似乎永无止境的年代，志愿参军的机会为他们提供了一条摆脱经济困境的出路。彼时的罗马军队正朝着为物质回报而战的职业军队方向发展。长期服役之后，这些人可以指望从将军那里得到一笔退休金。

从罗马驱车向东一小时就到了坐落在山巅的意大利小城帕勒斯特里纳（Palestrina），从这里可以远眺罗马郊外的美景。这里古称普莱内斯特（Praeneste），曾是拉丁人的城市，坐落在古代圣所之上。该圣所规模宏大，其遗迹在这个现代小城中仍相当醒目。

为了达到从远处便能震撼人心的效果，一位不知名的古代建筑师用七层人造阶地、坡道和柱廊铺陈出了这座剧场般的庞然大物。任何参观过科斯岛（Kos）上希腊化时期的阿斯克勒庇俄斯（Asclepius）神殿的人都会记得，那座神庙同样是依山而建，有着巨大的阶梯和宽敞的露天庭院，视觉效果与此地非常相似，好像二者遥相呼应。事实上，这也不是不可能。公元前2世纪晚期，这座福耳图那女神圣殿修建之时，普莱内斯特城里的名门望族也在希腊世界里，他们在提洛岛留下铭文的那些意大利商人中声名远扬。

地中海东面的文化对这个公元前2世纪的拉丁古城的影响也可以从帕勒斯特里纳考古学博物馆的展品中得到体现。该馆的镇馆之宝是一段工艺精湛、充满异国情调的马赛克路面，描绘了托勒密王朝晚期埃及尼罗河畔的繁华生活。显然，有了意大利中间商在地中海贸易与新兴的罗马消费市场间穿针引线，普莱内斯特的上层家庭已经富裕起来。他们一方面在家乡大兴土木建造公共纪念碑，一方面也把财富花费在希腊化时期的希腊风格装饰上，以表达一种骄傲的本地身份认同，这种身份认同不再单单根植于意大利中部传统。

出现在意大利中部城镇的这种独立精神在公元前91年发生了明显转变：

> 120年前，在卢修斯·恺撒（Lucius Caesar）和帕比留斯·茹提里乌斯（Publius Rutilius）执政期间，全意大利都拿起武器反抗罗马人……意大利人的命运与其事业一样，既残酷又公正；因为他们要求得到那个他们为之奋战的国家的公民身份。年复一年，他们在每一场战争中投入了双倍的兵力——无论骑兵还是步兵，然而他们在这个国家里却没有公民权。他们的努力让这个国家无比强大，但国家却傲慢地将

这些同种同源的人当作外来者。这场战争夺去了30多万意大利青年的生命。[10]

这段话出自后世一名罗马历史学家之笔，他的先人虽身为意大利人，但在那场战争中却明显忠于罗马。至于反叛者，他们发行了自己的货币，用硬币上的图案表达对罗马的感受。大英博物馆保存的一枚硬币就是个很好的例子：一头强健的意大利公牛踩着一只无助的罗马狼，狼痛苦地仰天长嚎。

古文献中记载的这场战争的伤亡人数可能不准确，但体现了后人对大规模冲突的记忆。原本极不情愿的罗马人亡羊补牢，于公元前90年和公元前89年先后通过了两项律法，终于承认意大利人拥有罗马公民身份。虽然有部分叛乱者渴望彻底脱离罗马，但该历史学家的祖先准确代表了一个无意对抗罗马、更愿意与其携手的意大利阶层："罗马人慷慨回报了他的忠诚，特别授予他公民身份，并让他的儿子们出任仅有六个席位的地方官之职。"[11]

倘若说意大利城镇的上层阶级曾有意愿开战，那是因为他们中有相当多的人像那两名地方官一样，对以元老和行政官的身份积极投身罗马政坛感到不耐烦。至于罗马人，为何他们虽自认为对值得接纳的新来者敞开了怀抱，但仍难免被担忧所左右，这一点或许不难理解。符合条件的意大利人究竟有多少，准确数字虽不得而知，但很可能不下数十万。

罗马贵族担心这些新公民会扰乱他们长期以来对公投的控制。罗马政客警告说，在这场游戏中，罗马人的位置[12]可能会被新公民取代。由此判断，这其中还涉及一个更深层的担忧，借用21世纪初期英国首相在谈到移民问题时的辞令，就是担心被"淹没"。

受回报激励的职业军人队伍让统治阶层的将领间争夺军事荣耀的传统竞争出现了新的转折。在征服非洲的战争中，同样是这个盖乌斯·马里乌斯，因为麾下低级军官出生入死俘获了一名敌军将领而获得荣耀，进而成为罗马最成功的将军之一。若干年后，那名叫卢修斯·科内利乌斯·苏拉（Lucius Cornelius Sulla）的低级军官本人也成了声名赫赫的将军，并因协助平定意大利盟军叛乱而当选为执政官（公元前88年）。元老院任命他为军队统帅，对付来自东方的新敌人。

尽管年事已高，但苏拉的老对手马里乌斯仍巧妙地让元老院改变了主意。在罗马南方等待新指挥官的军队正是苏拉之前平定意大利叛乱时率领的那支，他已经通过许诺回报赢得了旧部的好感。一到兵营，他便轻而易举地说服这六个军团向罗马进军。他的部下一路大开杀戒。眼见兵临城下，元老们判处马里乌斯及其同党死刑。

随后，苏拉率军征讨希腊化时期另一名野心勃勃的国王米特拉达特斯（Mithradates）。此人是波斯皇族后裔，盘踞在今天的土耳其北部地区，试图以未来领袖的身份号召希腊人和非希腊人武装抵抗罗马的统治，从而达到扩大自己领土的目的。苏拉在希腊拉开了反击战的大幕。

1990年，一群美国考古学家在可以俯瞰喀罗尼亚平原——就是公元前338年腓力大败希腊人的那片平原——的山顶获得了一个意外发现。考古学家们在一堆碎石中找到了一块刻着希腊铭文的石头，上书“英雄荷莫洛考斯（Homoloïchos）和阿纳西达莫斯（Anaxidamos）”[13]。根据当地希腊作家普鲁塔克的记录，这两名英雄乃是喀罗尼亚的公民，在公元前86年曾率领与罗马结盟的希腊军队上山驱逐了一小股米特拉达特斯的军队。之后，苏拉率军在下方的平原大获全胜。普鲁塔克提到了苏拉在山上竖起的胜利碑，碑文正是“用希腊字母”书写。与对手马里乌斯截然相反，苏拉在表彰和奖励下属方面不遗余力。

将米特拉达特斯的军队逐出希腊后，苏拉与他握手言和。随后，他回到意大利，但罗马已被他的政敌控制。苏拉拒绝解散军队，这使得他实际上成了入侵者。他再次向首都进兵，获得不少元老的支持，并被元老院任命为独裁官——过去为应对军事危机而设立的应急领袖职位。

苏拉倾向于通过维护保守派贵族——比如与他联姻的梅泰利家族——脆弱的优势来恢复稳定。这些“最好的人”——他们如此自称——实际上是形形色色反对改革的人，他们想要恢复过去那种能够确保贵族阶层主导权的传统城邦政治体制。

苏拉试图通过施行恐怖统治让他们得偿所愿。仿佛是现代政治清洗的古老版本，他公布了一份不再受法律保护的公民名单，名单上的数百人成了死神的猎物。与此同时，他通过了针对旧宪法漏洞的反动立法。格拉古兄弟曾利用保民官的权力推行改革。现在，苏拉试图严格限制职权来使该职位丧失对平民贵族的吸引力。

苏拉没有忘记自己的下属。漫步在庞贝（Pompe Ⅱ）破败的街道上，游客很快就会注意到一些古老的涂鸦。其中一幅涂鸦的作者甚至拿这个习惯开玩笑：“哦，墙壁啊，我真是惊诧，背着这么多作者的长篇大论，你竟还没倒下。”[14]他们用的是拉丁语。这一点并不像你想象的那么简单。庞贝城最初的居民是罗马的意大利盟友，他们使用的是自己的意大利方言奥斯肯语（Oscan）。公元前80年，作为对庞贝人参与叛乱的惩罚，冷酷无情的苏拉将手下两三千名士兵派驻到庞贝，分给每人一块肥沃的土地——典型的拆东墙补西墙。老居民地位下降，说拉丁语、有罗马公民身份的殖民者成了新贵阶层，并将他们的语言确立为该城的官方语言。一名古代作家说，苏拉当时面临的问题是要在意大利的土地上安置多达20个兵团的老兵，果真如此，很难想象意大利不少地区已有的土地持有模式受到了怎样的影响。

苏拉死后，罗马人依旧生活在动荡不安中。罗马在意大利之外开战，在政治上需要任命有能力的将军来赢得战争，这就意味着，对于那些不愿拘泥于传统政治的野心勃勃的统治阶层成员而言，苏拉的手段仍然有效——讽刺的是，苏拉生前致力于恢复传统政治。苏拉死后8年，也就是公元前70年，执政官们通过立法恢复了保民官的全部权力。正如我们从格拉古兄弟身上看到的，这些权力对于政客而言是越过保守贵族、争取民众支持的潜在武器。

当时有个名叫格涅乌斯·庞培乌斯（Gnaeus Pompeius）的执政官——通常被称为庞培（Pompey），是名杰出的将领。他在公元前1世纪70年代和60年代不断率军征战，获得胜利，赢得了非凡的个人声望，或者用罗马人的说法是“auctoritas”（权威）。他指挥的其中一场战斗一举解决了当时仍然拥有相当实力的米特拉达特斯，迫使其逃往黑海对岸的克里米亚。接着，庞培率领忠心耿耿的大军进兵叙利亚，废黜了最后一代塞琉古国王，将这个曾辉煌一时的帝国变成了罗马的一个行省——叙利亚。庞培令地中海该地区的人们想起了早年来自西方的另一名征服者，而他本人也以此自比。

在哥本哈根宏伟的古文物博物馆新嘉士伯艺术博物馆（Ny Carlsberg Glyptotek）里，你可以细细凝视堪称最独特的一尊罗马雕像。这尊精雕细刻的大理石头像刻画的是一名中年男性，宽下巴，薄嘴唇，额上有皱纹，按照今天的审美标准着实算不上仪表堂堂。令人羡慕的满头秀发另当别论，尤其是前额那几绺富于艺术表现力的卷发。

雕像刻画的就是庞培。古代传记作家普鲁塔克写道：

> 他的头发在前额处微微翘起，配合着眼部优雅的轮廓，

与亚历山大大帝半身雕像有着某种相似，当然，这种相似更多的是神似而非形似。正因如此，在他早年，很多人都用这个名字称呼他，庞培也没有拒绝。15

庞培喜欢这种比较。他当然算得上名将，他的军事成就已经为他在那样一个弱国[1]里树立起了个人权威。但他并不像当时的一些将军那样渴求帝王般的地位。不过，另一名与他实力相当的将军却另有打算。

比庞培略年长的盖乌斯·尤利乌斯·恺撒出身于一个古老的贵族家族，但家境并不宽裕。与庞培一样，他也通过平民路线获取了个人进阶。两人为此一度结为政治盟友，并通过婚姻来巩固这种关系，就好似一对希腊化时期的国王。保守派贵族试图阻挠这对盟友。公元前59年，与恺撒同为执政官的马库斯·卡普尼乌斯·比布路斯（Marcus Calpurnius Bibulus）对此产生了宗教上的顾虑。

恺撒利用保民官的职权推动立法，得到了自己想要的东西——能与庞培在东方的成就相媲美的在西线获得军事荣耀的机会。

所有的高卢人都被分成三种，一种是比利其人（Belgae），一种是阿奎丹尼人（Aquitani），第三种人自称凯尔特人，我们则称他们高卢人。这三种人各有自己的语言，风俗和法律也各不相同。16

这是我在英格兰上学时大学预科班拉丁语考试指定用书的其中一本的卷首语。命题人喜欢这段拉丁文的平实文风，难度也正合适。作

[1] 指塞琉古王朝。——编者注

者是恺撒，讲述的是他在高卢之战取得的成就。为了避免代入个人色彩，他在写作时使用第三人称叙事。

恺撒扩张罗马版图的战场南起地中海沿岸业已征服的狭长地带，北达英吉利海峡，恰好就是今天的法国。在东部，他征服了直达莱茵河西岸的领土，也就是如今的德国西部地区。在他眼里，英吉利海峡并非罗马军队无法逾越的屏障。他曾两次派远征军由海上进攻南部的“不列颠人”（Britanni），一直打到如今的哈福德郡（Hertfordshire）。

恺撒用文字展示了他的军事才能，掩盖了自我膨胀的军国主义，将征服变成了一次无心插柳的帝国霸业——敌人才是挑衅者。至于这场混战的规模，另一名古代作家提供了一些可供参考的数据：

> 他在高卢发动的战争虽然不满10年，但以摧枯拉朽之势攻取了800多座城市、征服了300个国家，在不同时间内与300万人展开激战，其中100万人在短兵相接中被斩杀，更多人成了阶下囚。[17]

如此规模的军事“胜利”在罗马引发了政治轰动。其中之一就是，它将相比之下黯然失色的庞培推进了保守贵族的阵营。这些人对恺撒的实力和意图深感恐慌，威胁要以玩忽职守罪对他提起政治控诉。作为回应，恺撒效仿苏拉的先例，率领胜利之师入侵意大利。

接下去的战争让罗马的内乱愈演愈烈，北非和希腊也被卷进了战场。此时的庞培既要保住自己的政治生涯，也要顾及苏拉几十年前试图维护的共和制度。恺撒追击庞培的军队进入希腊，于公元前48年在法萨卢（Pharsalus）赢得决定性胜利。庞培战死沙场。

当恺撒最终荡平敌手回到罗马时，他像苏拉一样登上了独裁官的宝座。恺撒的独裁风格让保守贵族更难接受。他有自己的祭司，即他的密友马库斯·安东尼乌斯（Marcus Antonius），其职责是监督公众把独裁官当作神来崇拜。随后，恺撒将自己的独裁任期延长至“永久”，显示出独断专权的决心。公元前44年，嗅到了僭主气息的年轻贵族马库斯·尤尼乌斯·布鲁图斯（Marcus Junius Brutus）及其同谋决心恢复他们所谓的自由，在元老院抓住毫无防备的恺撒，将他刺死。

翻开我那本旧埃及旅行指南，我看到了一份来自莲花船舶（Le Lotus Boat）的表格，邀请我评价搭乘该公司的船从卢克索（Luxor）顺流而下到丹德拉（Dendera）的那段旅程。那时，造访尼罗河沿岸的历史古迹还是相当安全的。我一直没填这张表，但愿意给我们那位既风趣又博闻的导游打高分。他带我们参观了丹德拉古庙的一堵墙，上面刻画的是当时的埃及统治者——著名的克利奥帕特拉——献祭神明的场景。

这位托勒密女王拥有其王室的悠久传统赋予她的双重身份。她小心翼翼为埃及子民保留着虔诚的法老形象，但在埃及之外的世界，流通硬币上的克利奥帕特拉形象则是希腊式的，扎在脑后的头发和衣着都体现着亚历山大大帝时代马其顿君主的风范。或许是因为工匠的失职，或许是因为她的特征令艺术家难以捕捉——有些人就是这样——每一枚硬币上的她都不尽相同。

年轻的克利奥帕特拉凭着财富——而非权力——成了罗马举足轻重的金主。恺撒遇刺时，正在罗马访问的她匆忙乘船离开骚乱不安的首都。那些自视为已故独裁者的政治继承人的人发誓要找凶手报仇。对于其中一人而言，这更是做子女的责任：恺撒没有合法儿子作为继承人，因此收养了妹妹的孙子屋大维（Octavian）。恺撒的旧部将他们对恺撒的忠诚转到了打算为父报仇的养子身上，这个精明而早熟的19岁小伙子于是拥有了自己的军队。

一本古代传记是这样描述屋大维的政坛之路的：

> 他发动了五次内战，分别是在穆提那（Mutina）、腓力比（Philippi）、佩鲁西亚（Perusia）、西西里和阿克提姆（Actium）；其中第一次和最后一次是对付马库斯·安东尼乌斯，第二次对付布鲁图斯和卡西乌斯（Cassius），第三次对付三执政之一安东尼乌斯的兄弟卢修斯·安东尼乌斯（Lucius Antonius），第四次对付格涅乌斯的儿子塞克图斯·庞培乌斯（Sextus Pompeius）。[18]

无论行刺者当初是抱着怎样的希望，恺撒死后，元老院的职能并没有恢复，相反，旧有的秩序彻底瓦解了。屋大维发觉自己立刻与执政官马库斯·安东尼乌斯（人们更经常称他为马克·安东尼）产生了竞争和冲突。二人结盟追拿刺杀恺撒的凶手，将他们逼入现在希腊北部的腓力比，一举歼灭（公元前42年）。

此后，屋大维、安东尼与恺撒遇刺时的副手通过合法组建一个所谓的“三执政”，一起填补了政治真空。两个半世纪后，一名罗马历史学家如此描述随之而来的新恐怖事件：

> 在苏拉的纵容下，曾发生过很多人因失去法律保护而被屠杀的事情，现在，这样的事件又一次重演，城里到处都是尸体。很多人在自己的家中被杀，还有不少人甚至在大街上、在集会场所、在神庙附近被杀；受害者的头颅再一次被堆放在演讲台上，他们的尸身要么留在原地，要么被狗、鸟吞噬，要么被扔进河里。[19]

这次大清洗中有名受害者叫西塞罗，他至死维护旧有政治体系，同时对安东尼展开了激烈的抨击。此后，三执政瓜分了帝国。安东尼占据东方，也因此与克利奥帕特拉女王——或者毋宁说女王的宝座——发生了以纯粹政治关系为开端的交往。凭借克利奥帕特拉的干练机敏与个人魅力，这种关系进而发展成了以亚历山大里亚为中心的罗马-埃及联合统治。女王梦想着恢复昔日托勒密王朝在东方的荣光，安东尼则将罗马行省交给了女王，并试图通过对抗美索不达米亚的帕提亚（Parthians）帝国来赢得军事荣耀，可惜以失败而告终。

回到罗马，安东尼的东方政策让身处意大利的屋大维有了发动政变的借口。屋大维指责安东尼的所作所为背叛了罗马。他在意大利获得了足够多的支持，向托勒密女王宣战。身为强大的“埃及女性”，克利奥帕特拉本身就成了安东尼那些有厌女心理的罗马政敌的攻击目标。公元前31年，屋大维的舰队在希腊西北部的阿克提姆海岬决定性地击败了安东尼和克利奥帕特拉。安东尼和他的女王情人回到亚历山大里亚，双双自杀。屋大维将埃及并入罗马帝国版图，而后班师回朝。

也许谁都没有想到，屋大维这样一个纤弱的年轻人居然又活了45年。于是，种种历史因素让他有机会在获胜后把罗马由一个支离破碎的共和国变成了实际上的君主国。他一步一步徐徐而行。这其中有多少是随着时间的推移而变，又有多少是他一开始便已计划好的？这些有趣的问题很难找到答案。

屋大维不仅巩固了自己在罗马历史上无可匹敌的至高地位，而且寿终正寝，并成功地将这份非正式的大权传给了自己的继承人提比略（Tiberius）。提比略在临终前也顺利完成了权力交接。这种处理独裁政体中权力交接的方式意味着，屋大维已经在事实上开启了世袭统治。他是历史上既有运气又有能力来塑造一种全新的、持久的权力体系的领袖之一。这种制度之所以能够延续下去，乃是因为它在很多方面都顺应了时代。彼时，罗马社会的主要群体已为进入世袭君主社会做好了准备。

对于我们而言，非常幸运的是，屋大维在中年时亲笔讲述了自己的政治生涯和成就。此类出自统治者本人之手的关于其时代的记录在罗马历史上非常罕见，但单单这么评价完全不足以体现这份资料的分量。现代土耳其首都安卡拉坐落于昔日的罗马城镇安西拉（Ancyra）之上，城里随处可见的断壁残垣上刻着一行又一行长长的拉丁铭文。标题之后，铭文是这样开头的："19岁那年，我担负起自己的责任，自费组建了一支军队，当共和国受到某个派系的统治压迫时，我用这支军队成功地捍卫了共和国的自由。"

开头这句话语言平实、真切，并且表明虽然所述事件大体真实不虚，但作者有自己的立场。威胁共和国的那个"派系"就是他的敌人安东尼。在反对他的同时，屋大维声称自己是在拯救共和国，通篇将自己描绘成共和国的仆人，而非渴望独裁的将军。

他还提到了本方政治力量的主要来源。"全意大利"意味着，公元前1世纪80年代新公民的后代基本上都支持他反对安东尼和克利奥帕特拉。他详细叙述了自己如何为退役士兵提供退休金，并根据"食物与竞技场"的传统为居住在罗马的无产公民慷慨地提供礼品。按照作者的记录，彼时的罗马人口已超过400万。

他提到，其中一次竞技场斗兽所用的野兽乃是从非洲进口，"约3500头野兽被宰杀"。幸亏从埃及掠夺的战利品为他带来了巨大的个人财富，他才能承担得起如此昂贵的大众消费。

这些群体不太可能在乎共和国的"自由"。面对那些旧贵族成员，屋大维则声称已经"恢复"了共和，并刻意拒绝"独裁官"的职位，因为那正是令他养父栽倒的陷阱。在仿效先人、继承传统价值方面，他还声称自己引领了一场“回归”运动：“我提议通过了一些新的法令，恢复了很多在我们这个时代业已消失的、祖先的典范做法，在很多方面，我本人也为子孙后代树立了值得他们效仿的典范做法。”[20]

为了彰显道德保守主义，屋大维（他放弃了这个名字）掩饰着自己经不住质疑的早年经历（我们稍后会详谈）。他得到了自己的第二任妻子——一名具有传统美德的贵族——的支持。马德里考古学博物馆里陈列着一尊身着罗马上层已婚女性传统服饰的利维娅·杜路希拉（Livia Drusilla）的大理石坐像。虽然没有完全遮盖住生理性别特征，但她罩着面纱，从头到脚包裹在长及地面的宽大衣袍里。这不免让人觉得，经历了令人震惊的暴力和不可预测的内战之后，屋大维和利维娅试图将这种近代的文明定义具象化：

> 正如我们所知，文明的本质是迟钝。归根结底，它只不过是一个精心设计的发明，或者一系列发明，目的在于消除狂热的激情、淫荡的享乐、觉醒的危险、绝望的冲突，一句话，消灭野蛮时代的刺激。[21]

上文出自一名维多利亚时代的作家之手，他还谈论过君主制的“魔力”，即不应暴露在“日光”下的环绕着统治者的神秘元素。在屋大维的例子中，魔力来自他本人和罗马民众共同营造的神圣氛围。这一切始于他接受的一个头衔。正如他谨慎地写道，该头衔并非他擅取，而是被“元老院命令”授予的。“奥古斯都”是个拉丁语形容词，用于指称带有些许“神圣性”的人。彼时，在更坦率的希腊世界里，雅典和其他城市已纷纷开始任命某个公民为“奥古斯都神的祭司”。

在道德征程中，奥古斯都还对一个令很多罗马人感到棘手的问题——他们与希腊文明的互动关系——表明了立场。希腊人曾经是他们的邻居，如今是他们的属臣。这种互动过程不仅确保了希腊文明在罗马统治下得以延续，而且对其在随后几个世纪里的繁荣发展起到了关键作用。事实上，希腊文明在罗马人的文化生活中所留下的印记，远非罗马这个多文化帝国中的任何其他文明可比，以至于，你完全可以把帝国时代的罗马当作两种文化的结合体。下一章，我们就要更全面地考察这种“希腊-罗马”文明的兴起。

第十六章 “凶猛的罗马被俘获了”——希腊的诱惑

大约公元前60年，一艘古代货船在希腊本岛东南端暗涛汹涌的水域中沉没了。两千年后，渔民们偶然中发现了仍散落在海床上的船只残骸。潜水员在沉船现场打捞出一些古代物件，由于长时间的海水浸泡，早已面目不清。经过修复人员艰难细致的工作，这些东西开始逐渐清晰起来：原来，这是艘装载着希腊奢侈工艺品的宝船。

潜水员们发现了大量大理石雕塑，其中包括一件体态俊美、呈摔跤运动造型的男像。他的一侧洁白无瑕，几乎呈半透明，而另一侧则由于千百年来微生物的侵蚀而变得千疮百孔。这件作品原本是件铜质的青年雕像，略大于真人尺寸，雕塑风格比沉船时间早三个世纪。也就是说，当它被装上船的时候，已经是件珍贵的古董了。

船上不只有古董和当时的艺术品。沉船现场发现的一块手掌大小、内嵌齿轮、已被腐蚀的青铜引起了计算机爱好者和考古学家们的兴趣。利用21世纪的扫描仪器，研究人员认定，铜块内部的东西乃是一套连锁齿轮，原本用来控制嵌在木匣两面的表盘和指针。

这个奇特的装置有点像立式座钟，虽然现代媒体的夸大宣传称之为“计算机”，但更准确地说，应该是个机械计算器。当操作员转动手柄，两面的表盘和指针就会像现代印刷台历那样给出天文数据和日历信息，比如日期、日食预测、天体运行位置等。

无论这台精妙的仪器出自何人之手，完成这些零部件的拼装必定需要精湛的技艺和精准度。同样地，我们无从知晓这台装置的设计者的身份，但想必是位希腊天文学家。在我们已知的希腊化时期的希腊发明家中，声名最盛的当数来自财富之都叙拉古的阿基米德。

阿基米德最著名的发明之一是带有运动部件的天球形天文仪器。公元前211年，罗马人占领叙拉古，军队总司令便从所有战利品中选择了这一件据为己有。当上文提到的船只在安提基西拉岛（Antikythera）沉没时，这个天球仪依旧是克劳迪·马塞卢斯（Claud Ⅱ Marcelli）家族的传家宝。将军的后代们将它保存在罗马的府邸中，供好奇的访客们一饱眼福。

阿基米德天球仪的命运让我们完全有理由相信，这艘载着安提基西拉岛机械的沉船本该驶向罗马。

沉船现场为我们提供了一扇窥探文化传播过程的窗，极好地说明了罗马人对希腊文明的热衷。他们喜爱的不仅是希腊艺术，更有科学，刚刚提到这些仪器正是希腊天文学的结晶。彼时，希腊人对古巴比伦人的天文观测已有深入了解。在古典文明史上，这是我们第一次可以详细追踪这样一个广阔、漫长的文化传播过程。

帝国时代的罗马人可以尽情享受征服希腊所带来的文化盛宴，他们也的确是这么做的。位于意大利的另一处考古遗址揭示了此类货物平安抵达意大利港口之后的去向——罗马共和国里有钱有势的顶层人物是希腊文化最重要的消费者。

大约公元前40年，一个不知名的罗马富豪在赫库兰尼姆（Herculaneum）城外的维苏威山（Mount Vesuvius）半坡建造了一栋富丽堂皇的别墅，那一带随即成为罗马富豪们的度假胜地。宽阔的台地俯瞰着碧蓝的那不勒斯湾，带围墙的花园里有柱廊遮挡骄阳，一条微型运河为人们带来清凉。别墅各处装点着精美的希腊雕塑品，其品质足与安提基西拉沉船的艺术品媲美。在意大利漫长的夏季里，一代又一代的房主在此享受海景，还可以命令奴隶为他们朗读图书馆里的希腊书卷。

18世纪的挖掘者在此找到了数百件烧焦的块状物，他们起先以为是木炭或木头，其实是约2000件莎草纸书卷。公元79年，喷发的维苏威火山将炽热的气流、蒸汽和泥浆倾倒在赫库兰尼姆之上，也封存了这些书卷。与此处的雕塑和建筑相比，这个现存唯一的古典时代的图书馆才是这所如今被称为莎草纸别墅的真正宝藏。

该图书馆的部分藏书据信曾为希腊哲学家菲洛德谟斯（Philodemus）所有。他的家乡在如今的约旦（Jordan）。公元前1世纪，抱着找个罗马富人做资助者的希望，他来到罗马，并如愿以偿。至于他的书最终怎么到了这所别墅里则是个谜。无论如何，别墅的某个主人显然热衷于收集希腊哲学书籍。

若想深入了解公元前2世纪至公元前1世纪的罗马贵族阶层对希腊文化的态度，最好的方式莫过于再来说说罗马政治家西塞罗。他留下的大量作品——单单现存的书信就超过900多封——让我们得以详细地重现他的全希腊式教育。

20多岁时，这名年轻的骑士离开罗马，东赴希腊，前往当时最负盛名的学术中心求学。他在雅典和罗德斯（Rhodes）拜入名师门下学习希腊哲学和公共演讲艺术。他不仅能说一口流利的希腊语，还能阅读艰深的希腊文著作。这在公元前1世纪时可是一项颇具挑战性的任务，因为正如我们先前提到的，当时的希腊书面语和日常口语的差异已越来越大。

作为公众人物，西塞罗或许显得自命不凡，但他的思想的确令人叹服。他对希腊的高等教育有着知识分子特有的热情，全身心地投入到希腊研究中，其痴迷程度远远超过了那些富有的罗马别墅主。他避开当时罗马政界愈演愈烈的压力和危险，开始专注于用自己的希腊研究成果著书立说。他是一名极富天分的拉丁作家，且试着利用该才能向本阶层的罗马人普及艰深的希腊哲学论题。他无意同希腊大师们在知识原创性上一较高下，而是着重为讲求实际的罗马人选取更有用、更切身的东西。这种做法究竟算是对大师的致敬，抑或是盗用，智者见智。

对于希腊文化优越性的问题，西塞罗的态度极具罗马特色。他怀着爱国热忱试图证明，尽管拉丁语的词汇量较小，但足以传达出希腊学者精妙的思想。他声称，其实自己的母语至少在某些时候更优越。需要再次强调的是，这种典型的罗马式观点着眼于道德。例如，他指出，拉丁语用convivium这个词指称常规进餐，强调的是群体性（英语中的“宴会”一词也是如此）；而希腊语中对应的词汇symposion则指的是某种更低级的行为——酒会[1]。

在如今这个越来越讲求语言自由的年代，《牛津英语辞典》平均每年要新增1000个词汇，词汇的内涵揭示了社会道德标准的说法听上去或许有些过时。就此而言，尽管——或者正因为——在如今人们的印象中，古罗马人纵欲无度，但彼时的罗马却展现出了复古的强烈道德感。

在这幅不仅是文化传播、更是文化交流的复杂图景中，有西塞罗赴希腊求学，也有希腊人来罗马献艺。希腊哲学家菲洛德谟斯——就是著作藏于赫库兰尼姆图书馆的那位——亲自来到罗马为自己的专长寻找买家。菲洛德谟斯是希腊哲学大师伊壁鸠鲁（Epicurus）的门徒。

伊壁鸠鲁关于享乐的学说吸引了一个名叫卢修斯·卡普尼乌斯·皮索·恺索尼努斯（Lucius Calpurnius Piso Caesoninus）的年轻贵族。有些学者认为，这个皮索，尤利乌斯·恺撒未来的岳父，正是那个不知名的莎草纸别墅主人。

年轻的皮索和菲洛德谟斯成了形影不离的好友。这位哲学家写过一首（流传至今的）希腊诗歌，邀请他的罗马朋友去他的“陋室”共享“母猪乳房和希俄岛的美酒”[2]。这样看来，菲洛德谟斯就好像是个为生活奢华的赞助人提供粗浅哲学服务的弄臣。这首诗同时也凸显了当时——公元前70年前后——罗马贵族和为了寻求资助而聚集到首都的希腊知识分子之间双语交流的轻松自如。

罗马对希腊文明的吸收绝非简单地挪用，它也为希腊人向新主顾们售卖文化资本提供了机会。公元前2—前1世纪，输入罗马的不仅有希腊的工艺品和思想，更有希腊人自身。到了基督纪元前后，罗马已经继亚历山大里亚之后成为又一个新的希腊文化之都。

修辞学对塑造罗马社会的贡献功不可没。正如我们所见，在共和时期，对于罗马政界成员——无论是格拉古还是西塞罗——而言，口才是最重要的素质。他们要定期在法庭、公民大会和元老院里面对广大观众发表演说。

我们早先提到，古希腊人首开传授演讲技能的先河。从风格、动作、主题，到观众的心理状态以及如何抓住观众，他们对此做了细致分析，步步分解，写成指南，开设课程。现在，罗马人开始思考该如何用自己的语言将这种希腊技能应用到公开讲演中去。公元前2世纪，传授希腊式公开演讲艺术（即“修辞学”）的专业教师开始在罗马授业。

对于罗马人而言，这可是利害攸关的事情。“没有什么比声音更能展现一个人的性格。”[3]本杰明·迪斯雷利（Benjamin Disraeli）的这句名言得到了现代研究的支持。无论有意还是无意，如今的听众会从可信度、语言能力、男性气概等方面判断一篇演说。而在很久以前，罗马人就已经形成了关于演说气质的独特理论。

在公民大会上就严肃主题发言的演说家应该符合罗马道德意义上的“好人”标准。这个主张背后蕴含的思想大有来头，乃是出自严肃的罗马政治家老加图（Cato the Elder，逝于公元前149年）。他的名言“好人善言”[4]影响了罗马人长达几个世纪。罗马演说家的言谈既可体现他的“善良”，也可展现他的“刚毅”，因为这二者在罗马人的观念中是密不可分的。

作为一名杰出的演说家，西塞罗本人也留下了关于罗马讲演术的文字。他想以高尚的罗马方式来提升拉丁语公共修辞的道德维度。他相信，好的演说者也应该具备哲学家的素养，因为在缺乏宗教道德教化的情况下，哲学曾经为希腊人、现在也为罗马人提供了自我修行之路。

西塞罗卷入了一场在罗马上演的、关于最佳希腊演讲技巧的论战。在公元前2—前1世纪的大部分时间里，小亚细亚——即今天的土耳其——的希腊文明主导了希腊讲演术。正如我们所知，公元前1世纪时期罗马的头号敌人、米特拉达特斯国王的王廷就在小亚细亚，不仅如此，他还在西海岸城市说希腊语的群体中建立起了反罗马联盟。因此，在公元前1世纪中期喧嚣的罗马政坛，“亚细亚”风格的演讲方式就成了可以被对手攻击的把柄。伟大的西塞罗亦未能幸免。

在此背景下，一群有学识素养的罗马青年开始自称“阿提卡人”，指称的是雅典周边被称为阿提卡的地方。为了与“亚细亚”技巧保持距离，这些演讲爱好者声称自己的演说风格乃是师法古代雅典人。批评者指责“亚细亚式”修辞华而不实；西塞罗则认为“阿提卡式”枯燥乏味。由于没有录音，我们无从对这两种截然不同的风格进行比较。但可以肯定的是，与今天的情况一样，它们对听众的感染力必然同时取决于文化态度和技巧。

有一点非常清楚：最终，罗马人认为最好的公共演说应该是古雅典式的。到了公元前1世纪末期，指导罗马皇帝图密善（Domitian）家族年轻人的演说家指出，“以阿提卡风格说（拉丁语）是最好的表达方式”[5]。

罗马人对同时代的希腊人从整体上抱有偏见：他们夸夸其谈、逃避战争、有恋童癖、生活奢侈、缺乏男子气概。这种主导群体对被征服群体的刻板印象在很多帝国关系中都不罕见。

罗马人倒是倾向于仰慕那些早已作古的希腊人，尤其是伟大的古雅典人和古斯巴达人。毕竟，这些城邦就像罗马一样，不只立足于欧洲，更在战场上（波斯战争）赢得了荣耀，建立起了对其他城邦的统治（雅典帝国和斯巴达帝国）。正如西塞罗指出的，很多罗马人会将希腊取得的“战争荣耀和对他人的统治”[6]与自身联系起来。

罗马的公共演说家们尤其推崇德摩斯梯尼（逝于公元前322年）的雄辩术。正如我们所知，这位雅典政治家发表了一次又一次演说，敦促自己的同胞对抗马其顿的腓力。50多幅罗马时期的德摩斯梯尼肖像足以说明他在罗马深得人心。大都会艺术博物馆（Metropolitan Museum of Art）保存的一幅作品以“严厉、悲伤而决绝的表情”展现了这位伟人的品格[7]，或许正捕捉到了罗马上层人士在以他们所谓的“阿提卡”风格发表讲演时的“情绪氛围”。

罗马人对待希腊文化的矛盾态度在罗马上层阶级中造就了一种带负罪感的趣味。出身大家族的罗马人喜欢在私下里享受这种乐趣。他们躲在乡间别墅里，远离窥探的目光，身边围绕着说希腊语的侍者和希腊奢侈品，甚至披上希腊式衣袍来激发“内心的希腊情绪”。不过，在首都的公共场合，他们则小心翼翼地裹上罗马男性的传统服饰——宽大的托加袍。

公元前最后两个世纪中输入的希腊艺术品大部分被传统精英阶层（也就是罗马的元老们）所占有。随着时间的推移，处于罗马社会金字塔较低层的暴发户们也开始希望得到这些象征着财富与地位的东西——一如人们对贵重奢侈品的通常态度。现存的一篇西塞罗的法庭演讲词里提到，独裁官苏拉（逝于公元前78年）昔日的一个奴隶的住宅里堆满了昂贵的希腊商品，其中包括一些来自被毁不久的希腊城市科林斯的著名青铜器。

罗马上流社会对此类抢眼的青铜图腾有着特别的偏好，尤其钟爱那种独特的泛白的合金色泽。当时最有名的罗马新贵特里马尔基（Trimalchio）家里的桌子上就放着一个来自科林斯的驮橄榄筐的微缩青铜毛驴。此人曾身为奴隶，是个盖茨比式的人物，也是公元1世纪中叶的罗马小说《萨蒂里孔》（*Satyricon*）中一个可圈可点的角色。

罗马共和国时期的城市贫民或许只能在从东方归来的罗马将军（比如弗拉米尼努斯）的凯旋仪式上，在战利品游行的队列中，伸长了脖子、远远地瞅一眼希腊工艺品。不过，意大利南部和地中海东部的希腊文明也以其他方式渗透进了他们的生活。

大体而言，罗马人是从希腊人那里学会了戏剧创作和表演。第一个将希腊戏剧改编成拉丁文本的罗马剧作家生活在公元前3世纪。在随后的那个世纪里，罗马的行政官们常在节日期间举办根据希腊戏剧改编的流行喜剧表演，引得罗马市民蜂拥而至。这些剧本中约有26出得以保存至今。它们都是希腊风格的情景喜剧，包含大量歌曲，因此事实上是音乐剧。又或者甚至可以算作幽默剧，如果在表演过程中，那些笑话直接得一目了然[8]——正如一名学者指出的——总能让观众或捧腹或叹息。

现存剧作中的幽默情节对现代观众而言大多无伤大雅，甚至似曾相识，但也有令人难以接受的。比如（有一出戏里），一个年轻人假装成阉人，以便同他仰慕的姑娘接触……然后强奸她。不过，我们不能因这个情节转变而责怪罗马改编者，“强奸少女”的喜剧创意其实出自两个世纪前的一名希腊剧作家。

罗马戏迷们坐在临时搭建的木看台上欣赏喜剧，也欣赏由希腊神话改编的悲剧。看台的搭建和事后拆除均由主持演出的行政官负责。在喜剧全盛期（公元前2世纪），贵族们竞相推动罗马公共设施建设，但却没有为他们的城市修建一座当时中等规模的希腊城镇都拥有的标准市政设施——精美的石质剧院。

事实上，公元前2世纪中叶时，工匠们曾在罗马城着手修建一栋石质剧院。随后，一名声名显赫的贵族——西庇阿家的一员——在元老院公开指出，这种希腊风格的剧院有违道德标准，不应为罗马人采用。他的意见占了上风，工匠们只得拆毁自己的劳动成果。罗马人对希腊文化的态度始终都是这么矛盾。

公元前2世纪，不断扩张的罗马帝国的城市中心尚未成规模。在巴尔干南部，马其顿的腓力五世（逝于公元前179年）的朝臣们还在嘲笑罗马城没有精美的建筑。相比之下，罗马城外的那些意大利盟友的城市显得壮观得多，比如巍峨的普莱内斯特，也就是现在的帕勒斯特里纳。

罗马城发展到那一步还要过很久。元老们之间的角力阻碍了大型工程的展开。有些贵族热衷于利用修建希腊化时期的希腊风格建筑——比如我们在前一章提到的牲口市场的圆形大理石大厅——来彰显对神明的崇拜，从而赢得选民的支持。不过，此类精美的建筑都是一点点逐渐积累起来的，彼时的罗马缺乏希腊城市的那种总体规划。

普通罗马人则有另外的渠道去感受城市空间的日益希腊化。腓力五世死后几十年，昔日马其顿最杰出的艺术品被移到了罗马，供罗马人随意欣赏。公元前146年左右，罗马推翻腓力王朝之后，一名罗马将军掠走了至少25件由亚历山大亲自在马其顿“国立”圣殿竖起的青铜雕塑。他在罗马修建了两座神庙陈列这些雕塑，并永久向公众开放。

我们在上一章提到，公元前最后两个世纪，不少获胜的将军都以同样的方式回馈罗马城。对这些物体的凝思是否让普通罗马人学会了欣赏希腊艺术？或许，毋宁说这些东西提升了他们的“国家”自豪感。至于那些被征服的人，我听过这么一则心酸的故事，说公元前1世纪的希腊访客看见家乡被盗的雕塑在罗马广场上展出，顿时泪流满面。

赢得内战胜利、独揽大权之后，即将成为奥古斯都的屋大维开始了“国家”重建的浩大工程。鉴于彼时特殊的政治气氛，奥古斯都和他的政治帮手们选择了如今所谓的“潜移默化”的方式，且规模之大，在罗马政坛前所未有。

这种理念听上去或许很技术化，事实上也的确非常现代。操控技术是罗马上流阶层自幼修习的修辞课程的核心。与其他古代社会一样，罗马人也多多少少相信符号的力量，否则，为什么罗马家家户户都有阳具崇拜似的牌匾和护身符？

正如当时的罗马人所感受到的，这名地地道道的君王乾坤独断、圣心难测。没有人知道，奥古斯都为何要在罗马帕拉蒂尼山的新阿波罗神庙里安置50尊希腊神话中的女性雕像，她们是一个名叫达那乌斯（Danaus）的希腊国王的女儿。传说，国王将50个女儿嫁给了死敌的50个儿子，并授意她们在新婚之夜把丈夫杀死。帕拉蒂尼雕像群里也有这名国王的形象，他提剑在手，喝令杀戮。

奥古斯都用另一批大理石女性塑像装点了奢华的罗马新会场。这些被称为卡黎亚女像柱（Caryatids）的雕塑代表了希腊卡黎亚

（Caryae）城里的所有已婚女性。传说，在很久很久以前的波斯战争中，她们的丈夫曾帮助入侵希腊的波斯敌军，做妻子的则要因丈夫的背叛而被迫忍受永无止境的惩罚。

在奥古斯都治下的罗马，新建筑中堂而皇之地展示这些行为不端的妻子，似乎表达了奥古斯都和利维娅力图通过事例说教提升民众道德的意愿，虽然他们自身的结合并不那么道德——奥古斯都年轻时曾强迫已怀孕的利维娅离婚并嫁给自己。尽管如此，奥古斯都后来决心要让罗马社会回归传统的罗马价值观，他颁布严刑峻法惩罚犯有通奸罪的罗马已婚女性，就好像试图将罗马近期的不幸至少部分归咎于"行为不端的"女性。

奥古斯都在政治上的保守态度引发了分歧，据说，相关立法遭到了抵制。不过，鉴于奥古斯都的务实风格，除非他相信公众站在自己一边，否则不太可能贸然采取行动。令人惊诧的是，罗马统治者和他的谋臣们在利用劣妻石像对公民进行教化时，竟不假思索地选择了希腊文化寓意。

奥古斯都在自己的政治声明——也就是所谓的"功业记"（Res gestae）——中大书特书了自己给罗马城方方面面带来的改善：

> 在我的第六届任期内（公元前28年），我在元老院的授权下修复了本城的82座神庙，当时所有需要修复的庙宇，一座也没遗漏。[9]
>
> 我用私人战争收益修建了复仇者战神马耳斯的神庙和奥古斯都会堂。我在阿波罗神庙旁建造了剧院，这块地大多是我从私人地主手中买下的，应以我女婿马库斯·马塞卢斯（Marcus Marcellus）的名字命名。[10]

这定然是一项庞大的工程，既要修复已有的建筑，还要建造新建筑。奥古斯都的城市规划令我们先前提到的其他国家的类似计划相形见绌，尤其是帕加马或更早的雅典。

奥古斯都将罗马城变成了一个更具希腊风格的城市，它不仅赶上了，而且远远超过了邻近的意大利城市，比如普莱内斯特。为了达到这个目的，他重用了一批建筑师和艺术家，这些人要么是接受了希腊思想的意大利人，要么本身就是希腊人。负责新会堂里女性塑像的雕塑家很可能是个雅典人。

从表面上看，这种对希腊人才的依赖的确像是希腊属臣反过来“占领”了罗马。当时的罗马诗人贺拉斯（Horace）曾指出过这种影响，让一些沉迷于希腊式享乐的罗马读者如坐针毡。另一方面，在某种程度上而言，到访罗马的希腊人可能也会感到不安，因为新罗马所呈现出的整体效果是非希腊式的，这些视觉信息传达的是明明白白的罗马价值观。

罗马的废墟依旧向我们传递着那些壮丽的新建筑所蕴含的部分思想，奥古斯都会堂的遗迹依旧令人震撼。对于这座现存的罗马文明最伟大的丰碑，有些学者会说，奥古斯都想要修复或扩建的似乎不是一座建筑，而是一首诗：

> 我要歌咏，那最初的开拓者和他的双臂，
> 他命中注定，从特洛伊海岸流落到意大利，
> 这片神佑的拉维尼安（Lavinian）之滨。
> 从陆地到海洋，他饱受暴风雨的折磨，
> 那是来自天庭的暴力，
> 好让严厉的朱诺（Juno）的无眠的怒火平息；
> 他要历经战火，才能最终建立

这座城市，让祖先的神明
在拉丁乌姆（Latium）安居；
从此有了拉丁人，古老而可敬的阿尔巴（Alba）君王，
在山丘环抱中，建起罗马帝国。
缪斯（Muse）啊，请告诉我！是怎样的亵渎之行
或报复的悲伤，让天庭的女王震怒，
将危险的黑暗和无尽的苦工
加给这个如此虔敬的男人？
诸神竟能如此愤怒吗？[11]

如今的英国还有此类专职诗人，其职责是歌咏重大的公共事件。但可以说，总体而言，西方社会并没有阅读或聆听用高雅的习语颂扬国家意识的长篇诗歌的文化习惯，因此，我们很难领会奥古斯都时代的诗人维吉尔（Virgil）的十二卷史诗对于古罗马人的重要性。这部史诗描绘的是特洛伊的流亡者、英雄埃涅阿斯，漂洋过海来到意大利，建立罗马的故事。维吉尔的《埃涅阿斯纪》（*Aeneid*）在罗马人中迅速成为经典之作，在拉丁文学史上也可谓空前绝后。

诗歌开头，“天庭的女王”指的是女神朱诺。她试图阻止老对手、女神维纳斯的儿子埃涅阿斯，于是卷起风暴让他的船偏离航道，进入了迦太基女王狄多（Dido）的怀抱。后面的诗文将会揭示，让埃涅阿斯偏离自己的命运轨迹的这次尝试失败了，因为朱诺的丈夫、众神之王朱庇特（Jupiter）[1]在守护着他。

维吉尔从一开始就表现出对荷马的希腊史诗《伊利亚特》和《奥

[1] 在罗马神话中，宙斯被称作朱庇特（Jove），又写作Jupiter。——编者注

德赛》的有意识的模仿。这不只体现在主题上——一名英雄在特洛伊陷落之后漂荡在海上，也体现在诗歌的结构上，字里行间，维吉尔的拉丁文清晰地回应着荷马的希腊文。我高祖父的那本波普翻译的《奥德赛》是这样开头的：

缪斯啊！请说说，
那个智慧超群、饱经磨难的人。
他亲手酿成神圣的特洛伊
注定的陷落，毁了她精美的城墙，
从一地到另一地，颠沛迷航，
见识各样风俗，路过各异万邦。
在充满暴风雨的海上经历无尽的跋涉（等等）[12]

读者很容易看出二者的相似之处——男人、缪斯、特洛伊的陷落、流离之苦、暴风雨肆虐的海洋。这些，对于受过教育的罗马人而言一目了然。维吉尔创作《埃涅阿斯纪》时已年过五旬。通过对这首诗与希腊诗歌的细致比较，学者们认为，他当时定然完全沉浸在希腊诗人的滚滚潮水之中，那里不只有荷马，还有一大批写过此类史诗的不那么出名的希腊诗人，对他们的诗歌进行了无穷无尽的“即兴再创作”。

此类诗歌的含义微妙而隐晦，想要解读诗人自己对作品的态度更是不易。罗马读者似乎不太可能把拉丁文《埃涅阿斯纪》对希腊荷马史诗的模仿视作对希腊文化的致敬。尤其是，既然维吉尔的资助人是开国第一君奥古斯都，就更不难想象其间的竞争乐趣：在他们看来，这首罗马诗歌即便没有超越希腊范本，至少也可算旗鼓相当。

奥古斯都的政治影响也由此显现出来。在建立以自身之独特地位为中心的共识过程中，奥古斯都利用了自己的家族背景，而这些都被维吉尔忠实地编入了自己的民族史诗。诗歌把奥古斯都描绘成命中注定的罗马统治者，他乃是特洛伊的埃涅阿斯的传人，因而也就是维纳斯的后裔。奥古斯都能有这样值得炫耀的祖宗，全归功于被尤利乌斯·恺撒收养，后者的祖上自称是埃涅阿斯之孙尤路斯（Iulus）的后代。在维吉尔笔下，正是朱庇特亲自预言了年轻的“尤路斯”的统治：

在特洛伊人的杰出后代中，
看哪，出了恺撒！他的权力如海洋般广大，
他的声名如天空般辽远。他将继承
尤路斯的高贵姓氏，他是，伟大的尤利乌斯。[13]

随着奥古斯都的独裁统治进入第三个、第四个十年，关于内战的记忆已在很多罗马人的脑中渐渐消退，但年迈的皇帝并没有忘记。另一名命途迥异的罗马诗人奥维德，那个对通奸轻描淡写的色情作家，被流放到了外省炼狱般的托米（Tomis）——也就是现在的罗马尼亚康斯坦察（Constantsa）。彼时是公元8年，距老独裁者去世还有六年。

在随后的一又四分之一个世纪里，罗马人对触手可及的希腊文明的态度依旧摇摆不定。有些声望颇高的罗马人觉得，除非他们能提醒自己不忘作为罗马人与作为希腊人的差别——尽管事实上这种差别越来越小，否则，罗马人将不再是地地道道的“罗马人”。

公元14年，奥古斯都去世。他给罗马留下的是一连串四个根基不稳、彼此相关的继承人，他们的统治就像罗曼诺夫王朝（Romanov）的沙皇们一般摇摇欲坠。四人中的最末一个是奥古斯都的曾孙尼禄（Nero）。自从这名皇帝被杀、人们敢于放言无忌之后，古代作家便写了不少关于他的骇人听闻的故事。虽然间或会有历史学家试图帮他洗脱污名，但鉴于传闻之盛、罪名之恶——弑母、杀害兄弟姐妹、杀妻子，历史学家们面临的任务颇具挑战性。

若是没有这些流血事件，尼禄和巴伐利亚（Bavarian）国王、瓦格纳（Wagner）的资助人、于1886年神秘死去的路德维希二世（Ludwig Ⅱ）倒是有几分相似。这两个古怪的年轻人都痴迷于艺术，且因此与当权派发生抵牾。二人均赢得了普通民众的拥戴，虽英年早逝，人们对他们的喜爱之情丝毫不减。

尼禄不仅自视为艺术家的资助人，而且亲自投身表演艺术。他喜欢出现在剧院舞台上，接受罗马平民的喝彩。在上流社会眼中，堂堂一国之君竟从事这种抛头露面的行当，着实有失体统。作为一名希腊风格的吟唱者，他的嗓音虽然沙哑，却与里拉琴相得益彰。

尼禄还是个充满激情的演员。这名罗马皇帝会穿上全副希腊悲剧演员的行头，出现在崇拜他的首都观众的面前。扮演男性角色时，他会佩戴有自己特征的面具。出演女性角色时，面具则是以他的妻子波贝娅·萨比那（Poppaea Sabina）——据说她在怀孕期间被丈夫一脚踢死——为原型。

为了给这些音乐和戏剧演出提供一个公共平台，尼禄设立了一个长期的希腊文化和运动节，每五年举办一次，就像古希腊的奥林匹克盛会一样。这在罗马历史上是一次开山之举，是罗马拥抱希腊文化的踌躇之旅上的里程碑。

不到30岁时，尼禄在热情的驱使下又迈出一步——横渡亚得里亚海去参加真正的奥林匹克盛会。据说后来，他因一名高级将领叛乱而匆匆赶回首都，但为了保护嗓子，竟忽略了向元老们和（更糟糕的是）帝国卫队发表动员演说。走投无路的尼禄自杀身亡，他的对手随即废除了短命的“尼禄大赛”。

作为皇帝，尼禄犯了致命的错误。但作为希腊艺术的观众，他和众多罗马人有着共同的爱好。如今，站在罗马最热闹、最优美的纳沃那广场（Piazza Navona），你仿佛能依稀听到尼禄死后持续不绝的文化碰撞的回响。这处17世纪中叶的细长U形公共空间还保留着古代运动场的痕迹，其废墟一直留存到文艺复兴时期。

死于公元96年的图密善皇帝是该项公共设施的出资人。这座运动场有约1.5万至2万个座席，是罗马第一座永久性的希腊风格体育场。图密善的宏大运动场迎合了大众的趣味。然而，与尼禄不同，图密善在表演过程中只是静静地坐在看台上。

通常认为，哈德良皇帝的统治（公元117—138年）标志着希腊文化在古代意大利发展到了顶峰。哈德良中年即位。与尼禄一样，他对希腊文化的热情也带有个人因素。他委托一个不知名的雕塑家创作了古希腊最著名的面孔之一：一个低着头的英俊少年，头发卷曲，微微噘着嘴。原作虽已失传，但我们仍可从现存的100多尊雕像中领略其容貌。这少年名叫安提诺乌斯（Antinous），是哈德良的希腊男宠，公元130年在尼罗河参加皇家巡游时溺水身亡。

哈德良对希腊化的推动采取的是另一种方式。特别值得一提的是，他对希腊行省的扶持堪比二战后美国为欧洲打造的马歇尔计划——道路、桥梁、公共建筑、土地改良，甚至向他最偏爱的雅典人发放罗马式的年度救济粮。哈德良将这一切统统倾注在帝国的一个衰败不堪、在战略上毫无价值的角落。如今，漫步在雅典城中心普拉卡区（Plaka）——实际上就是土耳其老城——的游客会看到一个接一个的土耳其浴室圆顶，以及一处意义深远的废墟，其正面是一排带有绿色和白色粗波浪纹的大理石柱。这里曾是哈德良为雅典人建造的庞大、奢华的文化中心的一部分，其中还包括一栋图书馆。

回到罗马。元老院的拥护者早就摸透了哈德良的底儿：他是个“哈希腊族”[14]。这种说法实是莫大的侮辱，几乎相当于说他言行举止不像个罗马人。据一名罗马历史学家记述，当他钟爱的安提诺乌斯溺死尼罗河后，他因悲痛而“像个女人一样”[15]长吁短叹，进一步加深了人们的这种偏见。

哈德良送给希腊的礼物引出了下一章的问题：“罗马人为他们自己的帝国做了什么？”在接下来的两章里，我将着重讲述哈德良皇帝极力捍卫的罗马和平，以及公元2世纪的罗马所面对的日益增长的威胁。

第十七章　罗马人为他们的帝国做了什么

如果把这个问题里的“他们的帝国”换成“我们”，那我们可以开玩笑地回答说，感谢自奥古斯都以降的那些被罗马人视为害群之马的皇帝，或者更确切地说，罗马社会的最高层——帝国时代的元老们和骑士们，感谢他们的荒唐之举，给我们提供了无尽的谈资。

奥古斯都把元老院的规模削减为600人，并谨慎地进一步慢慢改变其成员来源，使之不仅接纳具有一定财富、出身高贵的来自意大利的罗马公民，也接纳外省的罗马人。他还从原有的共和国贵族中扶植起一个衰败的核心家族，让他们继续以行政官的身份为国效力，协助维持宪法相关事务的常态。奥古斯都认为此举对于建立起围绕新政治现实的共识很有必要。出于同样的考虑，他选择了一个低调的词汇来描述自己的非官方最高职位——princeps，或称“首席公民”。

1884年，罗马的一处地下墓穴在偶然间被建筑工人发现，但随即遭到毁坏。当时留下的资料极少，根据出土的铭文、大理石半身像和石棺判断，这组群墓的主人们有可能就是那些旧贵族的一支。

据说，如今保存在哥本哈根的那尊有着亚历山大发型的庞培头像也是在此处出土的。雕像创作于庞培去世之后，是为了纪念庞培的后人与另外两个家族——李西尼·克拉苏家族（LicinⅡ Crassi）和卡尔普尼·皮索家族（CalpurnⅡ Pisones）——的联姻。艺术史家们还鉴定了另一尊据信同样是从这里出土的雕像碎片，塑像刻画的那名年轻女性是皇帝克劳狄的女儿，承父母之命也嫁入了这个家族。

另一项考古学发现则更有历史意义。那是一座石质葬礼祭坛，如今保存在以罗马浴室废墟为基础修复而成的罗马国立博物馆里。逝者的后人用工整的拉丁字母刻写了祭文，以“缅怀（卢修斯）·卡尔普尼乌斯·皮索·弗鲁吉·李西尼亚努斯（Calpurnius Piso Frugi Licinianus）”[1]。

“皮索是马库斯·克拉苏（Marcus Crassus）和斯克里波尼亚（Scribonia）之子，因此承袭了两个家族的贵族身份；他的形象、举止都很老派，为人堪称严厉……”[2]几十年后，一名罗马历史学家钦慕地描述了这位皮索的品质，而这也正是公元68年称帝的那名老人看中的。彼时，尼禄统治引发的军官叛乱刚刚过去，政坛动荡之年初始。新皇帝伽尔巴（Galba）想收个养子做继承人，于是从元老院精英中收养了一名德行兼备的同胞作为自己的“恺撒”。他开创的这种做法后来成了公元2世纪时无子嗣皇帝的常规解决方案。

从皮索的墓志铭中看不出他和他的新父亲即将到来的命运。当时，他31岁，刚刚当了四天的恺撒，就和养父双双被伽尔巴的政敌的部下杀死。他们把两颗头颅用杆子挑着，“和军团之鹰并排竖在一起”[3]。这一事件充分表明，在奥古斯都创造的帝国体制里，共和国留下的职业军队才是真正的“国王缔造者”。

刚才提到的那名历史学家塔西佗（Tacitus）也是元老院的成员，生活在公元100年前后。他不无讥讽地讲述了奥古斯都之后的四代帝王统治，以及奥古斯都王朝的末代皇帝尼禄自杀后的所谓“四帝之年”（Year of the Four Emperors）。

我在英格兰读大学预科时，古代史考试指定用书中我最喜欢的一章的标题，其灵感便来自塔西佗论述的一个悲哀的主题："贵族的末日。"[4]塔西佗带着普鲁斯特式的喋喋不休的兴致细数了古老家族的姓氏，回顾了奥古斯都的继承者们对他们接连不断的打压。在这些皇帝眼中，老贵族既与他们在某种意义上能平起平坐——毕竟他们与皇族通婚，也因而成了对手。皮索在公元68年时所拥有的声名虽然最终为他招来了横祸，但也在某种程度上说明，早期皇帝们的担忧不无道理。

帝国精英们可能物色了另一名皇帝候选人，他似乎与皮索一样是个"老派"人物。不幸的是，军队对家族的历史名望不感兴趣。正如我们前面看到的，职业军人想要的是金钱激励。在这一点上，伽尔巴显得相当吝啬，即便对训练有素的禁卫军也过于抠门儿，导致后者最终成了杀死他的凶手的同谋。塔西佗写到了皮索之死，同时还提到他那些死于暴力的近亲："他的兄弟马格努斯（Magnus）被克劳狄处死，克拉苏被尼禄处死。"[5]

皇帝们都免不了对罗马社会顶层人物——比如元老们和杰出骑士们——有所猜忌。一方面，每代帝王都需要他们去履行其在罗马社会中被赋予的使命，要依靠从元老院和骑士阶层中选拔的官员来管理国家。另一方面，这种权力关系的不平等使得元老们沦落成了朝臣，只能靠阿谀奉承来保住或提升地位。反过来，皇帝可能会将猜忌化为残酷的镇压行动，一如对待皮索兄弟那样。又或者，他可能会利用自己惊人的财力换来军队和有钱有势者的忠诚。面对向精英阶层大开杀戒的皇帝，除了孤注一掷地反抗，元老和骑士阶层几乎没有能力保护自己。

从容赴死是选择之一。尼禄皇帝怀疑他的导师、富有的元老塞涅卡（Seneca）参与密谋反对自己，立即决定将他处死。与当时的很多罗马上层人一样，塞涅卡也是斯多葛学派（Stoa）的信徒。该学派发端于雅典，因来自塞浦路斯的创始人自公元前313年之后在"拱廊"

（stoa）下讲学而得名。

冒着失之偏颇的危险，我们可以把斯多葛学派的一系列复杂信条概括如下：在所有动物中，唯独人类具有理性，正确地训练理性可以让人们从生活中获得合乎道德的精神幸福，而物质则无益于此种思维方式，因此由物质激发出的情感，即便是因丧子而生的悲痛，都是有害的。

尼禄派兵包围了塞涅卡的房子。当百夫长闯入他家时，他正与妻子、友人一同进餐。他拒绝在死前写下遗嘱，并对泪水涟涟的朋友们说，他留给他们的最丰厚的遗产是他们对他恪守道德的生活方式的记忆，他还责备他们这么多年来都忘了为对抗“即将到来的邪恶”而投身哲学修习。随后，塞涅卡和他动人的妻子当场用匕首割脉自杀。

死神迟迟没有降临，塞涅卡保持着超常的镇定，回忆起苏格拉底之死，并寻求加速死亡：

> 塞涅卡……恳求自己向来敬重的挚友、医术高超的斯塔提乌斯·阿奈乌斯（Statius Annæus）拿来此前预备给自己的毒药，这种毒药也曾了结了那些被雅典民众公开判处死刑的人的性命。毒药拿来了，他挣扎着喝下，寒意浸透了他的四肢，他的躯体抵抗着毒药的侵袭……接着，他被抬进浴缸，窒息在蒸汽里。[6]

活着的人永远都可以拿起笔。这给受过教育的精英阶层提供了向那些已死去的“恶”君宣战的武器。彼时，大部分同时代或稍晚的作家都是元老（比如塔西佗）或骑士。有现代学者提出，罗马帝国时代的一些离奇故事——比如说，罗马帝国第三任皇帝卡利古拉

（Caligula）封自己的马为执政官——可能并没有真正发生过，用我们今天的话来说是虚假报道。古代君王亚历山大就是个好例子，他无论是活着还是死了，都免不了成为此类诽谤的对象。

皮索死后，他的遗孀又活了约30年，深得世人敬重。当时的一个罗马书信作家记录了坊间流传的这位著名女性临终前的脆弱表现。据说，有个骗子靠着花言巧语来到她的床边，自称是占星家，预言说她会康复，后来又声称某个占卜者通过观察祭祀肝脏得出了与自己一致的结论。被痛苦折磨的遗孀相信了这个说法，她改变主意，招骗子回来，对他百依百顺，但终究难免一死。若是剥离掉那些罗马式的细节，这个骗取遗产的故事同如今那些年老体衰的富人身边上演的遗产闹剧几乎如出一辙。

维拉尼亚（Verania）的出身与丈夫不同。贵族出身的皮索在被伽尔巴选中之前并没有担任公职的记录。就社会背景而言，他的岳父昆图斯·维拉尼乌斯（Quintus Veranius）更符合皇帝治下的元老的典型。公元49年，他因尽忠尽责而赢得了执政官职位。在他的一生中，曾被任命为两个行省的总督，这两个行省处于帝国两极，无论是在历史、文化还是气候上都相去甚远。

近年来，土耳其最长的海滩常常被誉为“未遭破坏的世界”。漫步在西南岸的帕塔拉（Patara）沙滩，我像很多人一样发现了这片沙滩受到严格保护的原因——登岸产卵的赤蠵龟在沙滩上留下了像轮胎印一样的足迹。而在海滩尽头、沙丘之外，则是另一番景致，那里有一座恢宏的古罗马外省城市遗址。

这处废墟拥有公元2世纪前后罗马城镇的一切基础设施。有举办露天演出的大型剧院；有两侧商铺林立的大街，其中一家店铺门口还雕刻着避祸驱邪的勃起的阴茎；有神庙宽阔的入口；有土耳其式的公共浴室；有带屋顶的议事厅；有横跨引道的三重拱；还有依靠喷泉水压将淡水输送到各处的古老的引水渠。

不畏夏日酷暑的游客可以徒步参观两种相当少见的罗马建筑。2011年，我参观了其中一座，那里已是一片荒芜。从沙丘中挖出的废墟原本是个高耸的圆柱形塔楼，内有螺旋上升的阶梯，从残存的青铜铭文判断，此乃以尼禄皇帝之名建造的灯塔。

沿着一片看似沼泽湖泊的边缘前行，就能找到另一座建筑。这里曾是古代港口，如今则被陆地包围。庞大且保存完好的建筑分为若干隔层，正面的拉丁铭文写明了它在古代的用途。

铭文写道，哈德良皇帝在此处建了一个谷仓[7]（公元129年）。哈德良此举是否为了当地外省人的利益，专家们尚无一致意见。或许，他想在这里囤放进口的粮食，又或者是想给当地商人提供可租用的库房，以此刺激商业发展。灯塔和谷仓见证了支撑着罗马城市生活的海运贸易，尤其是在风沙最终掩埋了海港之前，占帕塔拉作为港口的重要地位。

在这里工作的土耳其考古学家尚未完全向世人展示他们的发现。1993年，一场神秘的纵火案点燃了依旧覆盖着大片杂乱废墟的灌木丛。火灾无意间曝光了一堵中世纪时期的墙，砌墙的石块来自一座被拆毁的罗马时期的柱形建筑[8]，上面还刻有文字。

该发现在专家中引起了轰动，因为石刻的内容非常罕见。柱子上的文字呈红色，记录了一个罗马帝国统治的标志性故事——筑路。罗马人沿用希腊人的叫法，将帝国的这一部分称为吕西亚（Lycia），因此这条道路便“贯穿吕西亚全境”。碑文随后罗列了各地区的道路和长度，看上去像是一项协同合作的工程，既有对现有道路的测量，又新修了部分道路。

这座建筑也揭示了罗马人是如何在该地区开始强制实施直接统治的。几乎可以肯定，该建筑原本是克劳狄皇帝（公元41—54年在位）的雕像。在建筑的正面，吕西亚人，或是当时代表他们的人，热情地自称为“热爱罗马、热爱恺撒的忠实盟友”。他们感谢罗马皇帝，称他为“（吕西亚）民族的救星”。

这是因为，这位皇帝曾将吕西亚人从“内乱分裂、无法无天、盗贼横行”中拯救出来。在这场危机中，皇帝派遣的代表将吕西亚城市联盟的控制权从“轻率鲁莽的多数人”手中拿走，转交给了“由最好的人中挑选出的市政官”。不难看出，在这样一个特定时期，帝国在该地区修建道路乃是出于安全考虑。罗马道路的首要意义在于军事和战略意图。

罗马人为帝国做了很多，但不包括推行民主。碑文的措辞掩饰了一场带有反罗马色彩的群众运动，运动的矛头直指统治该地区的亲罗马的上层社会。为了整治混乱局面，公元43年，克劳狄派出了昆图斯·维拉尼乌斯。昆图斯的解决方案是组建一个新的地方寡头议会来统治吕西亚联邦，以此取代具有更广泛的社会基础但已失去罗马信任的前议会。昆图斯作为吕西亚的第一任罗马总督在此驻扎了四年，监督着这种强制性的稳定局面。

维拉尼乌斯重新任命的地方官员都是当地名流。前往帕塔拉的游客可以很容易地在剧院墙壁上找到一段当年的希腊铭文[9]，为了更醒目，刻着铭文的石板一圈还镶上了边框。这是“帕塔拉的公民”维利亚·普罗克拉（Vilia Procla）向当时（公元47年）的皇帝效忠之后，送给本城同胞的一件慷慨大礼。她完成了自其父晚年开始的修复被地震损毁的剧院的昂贵工程。

这两名富有的捐助人称自己既是罗马人也是吕西亚人，也就是说，他们具有罗马和帕塔拉的双重公民身份。二人的名字也是罗马式的，而非本地名字。他们仰慕罗马人的行事风格。铭文里将表示罗马式“遮阳篷”的这个拉丁词汇译成了希腊字母。有个故事可以说明这种色彩明快的装饰物在地中海的骄阳下有多么受欢迎。故事发生在暴君卡利古拉（公元37—41年在位）身上。相传，在首都举行角斗表演时，他下令在太阳最毒辣的时候将遮阳篷收起来，“并命令在场任何人不得离开”[10]。

渡过大半个地中海来到这些罗马时期城市遗址的现代游客会发现，从西班牙到叙利亚，古罗马行省中的人们带着某些相似的生活痕迹。就社会层面而言，地方政府就是帝国精英阶层富豪统治的翻版。符合财富标准的富裕城镇议员们主持着本地政务，包括征收罗马税务。高级官员中的骨干人员则直接由罗马派出，旨在密切监视地方政府，他们有时——但并非总是——有军队做后盾。

在帕塔拉这样的城镇里，贫穷与富有总是共存。外省的富人在这样的小城里从事着维多利亚时期“慈善资本主义”的古老版本。奥古斯都和他的继承人们重建了罗马，让它展现出罗马权力的威严（还是那句话，让罗马“更伟大”）。维利亚·普罗克拉等地方捐赠者则希望通过兴建一个微缩版的城市景观来讨好远在罗马的靠山，特别是皇帝陛下。

她的动机可能还包括对她“最亲爱的祖国”的真实情感，正如她在铭文中把帕塔拉而非罗马称为祖国。不过，斥资将自己的名字刻在大理石上并没能让普罗克拉成为弗洛伦斯·南丁格尔（Florence Nightingale）[1]。虽然帕塔拉的居民们喜欢当地剧院的演出和公共浴室

[1] 弗洛伦斯·南丁格尔（Florence Nightingale）是英国护士，她开创了护理事业，是护士精神的代名词。——编者注

等其他便利设施，但基督教义的仁慈关注的是未来。

2014年，我听了一场芬兰公共卫生专家所做的关于古代卫生设施的富于启发性的演讲。[11]他的主要观点是，希腊人和罗马人都没有水源传染疾病的概念，因此，痢疾、斑疹伤寒和腹泻是当时主要的致命疾病。他指出，罗马城市常常把公共厕所修建在浴室附近或浴室内部，而家用厕所则紧挨着厨房。

除非当局能够源源不断地提供新鲜水源，否则帕塔拉城内那些恢宏的土耳其式罗马浴室实则有害健康。由于不了解疾病风险，他们在修建从12英里外引水的水渠时并没有优先考虑上述问题。对于这座城镇而言，浴室和其他事物一样，乃是地位的象征。总之，我们不应把罗马的卫生设施想象得过于美好，它是否真的提高了帝国城市的生活水平，这还是个有待论证的问题。

结束了吕西亚的任期之后，昆图斯·维拉尼乌斯前往另一个迥然不同的省份赴任，并在下一个皇帝在位期间死在了任上：

> 维拉尼乌斯用几次无足轻重的进攻打击了志留人（Silures）之后，死神阻止了他进一步扩大战果的脚步。他在世时以勇猛独立闻名，然而，他的临终遗言却透露出奉承讨好的弱点；对尼禄极尽恭维之后，他补充说，若是自己能再多活两年，本可以为他攻克该省。[12]

塔西佗对这种阿谀奉承之恶有着独到的见解，认为这是他那个阶层的人为了让皇帝相信自己的忠诚而不得不为的一种掩饰。当年的志留人就是居住在如今威尔士南部蒙茅斯郡（Monmouthshire）的布立吞人（Britons）。对于如今从伦敦来的房主而言，这只不过是一段不足三小时的通勤路，那里的本地商店售卖着和首都商场里相同的奢侈品。我们很难再从当年罗马人的角度去设想。在他们征服此地之前，不列颠曾是那样遥远，宛若传说中的土地。

但他们最终征服了那里。公元43年，奥古斯都的养子克劳狄（非直系后代）为了证明自己无愧于皇帝之尊，决定继续尤利乌斯·恺撒未竟的事业。他死后，他的继承人们继续战斗。公元208年，罗马皇帝打到了苏格兰。彼时，罗马人已经基本占领了如今英格兰和威尔士的大部分地区。

最近，我参观了南威尔士的一处被罗马人称为“志留人的伊斯卡（Isca）”的考古遗址。这里的工作人员近来开展了一系列面向儿童的关于罗马文物的活动。“故事之夏”活动以罗马的要塞和浴室为特色。[13]孩子们可以给罗马戏剧面具上色，或者用贴纸自己制作罗马角斗士，活动现场就设在当地最壮观的历史遗迹——一座土夯的露天剧场。

孩子们的活动的确再现了公元74年前后驻扎在这里的罗马军团的某些生活方式。伊斯卡是一个带有坚固石墙的罗马军营。此处位于如今的英格兰和威尔士交界，附近的乡村景致表明这里土地肥沃——当然也就意味着可以征税，这正是罗马人对该岛的兴趣所在。

罗马人很快便见识到了布立吞人和吕西亚人的真正区别。我们已经知道，后者作为安那托利亚（Anatolian）的原住民，很早就已接纳、吸收了希腊文化。四个世纪之后，罗马人将他们与他们的爱琴海邻居笼而统之，通称为“希腊人”。本地捐助人维利亚·普罗克拉很自然就能意识到罗马式生活的优越。正如我们所见，这一切的核心都是希腊文明。

罗马人和希腊人一样，认为那些尚未受到泛地中海生活方式影响的地方仍然蒙昧不明。近年来出土的文物中有一件特别有趣的发现，是一块在哈德良城墙（我们稍后会说到这个城墙）的罗马垃圾堆里找到的薄薄的木写字板。公元90年左右，一名罗马人用拉丁文在这块写字板上向战友讲述了自己的军事观察："布立吞人不穿盔甲。他们有很多骑兵。骑兵不用剑，Brittunculi也不列队投掷标枪。"[14]在拉丁语里，"Brittunculi"是个贬义词，翻译成现代语就是"讨厌的小布立吞人"。放在如今，这就是所谓的不经意的种族歧视。像大多数希腊人一样，很多罗马人也把世界划分为不同的种族等级。对那些生活方式与他们明显不同的土著人，对那些依旧存在酋长、部落和木质建筑的地方，对他们熟悉的地中海风格的城市之外的世界，很多罗马人都缺乏敬意。

例如，塔西佗就认为应当在此类被罗马征服的领土上大力提倡罗马文明。他的这段叙述值得全文引用：

> 为了让一盘散沙、粗鲁野蛮、因而喜欢战争的族群通过领略奢侈品的魅力而变得平和安稳，阿古利可拉（Agricola）不仅自己鼓励，而且动用公共援助建造了庙宇、法庭和住宅，褒奖充满活力之人，谴责慵懒散漫之举。这样一来，光荣的竞争取代了强制。此外，他还向那些酋长的儿子提供文科教育，对这些相信自然力量的布立吞人的关注更胜于对勤奋的高卢人的关注，终使那些不久前还鄙视罗马方言的人如今却钦慕起罗马人的雄辩。由此，他们也开始喜爱我们的服饰，"托加袍"成了时尚。一步一步，他们被引向了堕落，引向了酒馆、浴室、优雅的宴会。他们无知地将这一切称为文明，其实却是奴役。[15]

这段文字同时也是个极好的例子，可以说明塔西佗的作品为何直至今日仍有很强的可读性。塔西佗生活在帝国体制之内。那个阿古利可拉，公元77—84年的不列颠总督，乃是塔西佗的岳父。塔西佗不仅对岳父尊崇有加，本人也是元老兼执政官。但这并没有让他放弃对由包括他本人在内的官员们实施的帝国统治方式的尖锐批判。我们可以发现，他的批判略带凌驾于布立吞人之上的优越感。在他的笔下，布立吞的大家族都是与占领势力相勾结的保守分子。

一般而言，在一个被统治的社会里，往往是领导者凭借着他们的财富和地位动员起抵抗运动。因此，一如亚历山大之于波斯贵族，罗马人也倾向于在外省推行合作治理模式。一切都是平等的，他们不仅保留了当地的传统等级制度，还与之合作。他们希望那些拥有最多财富地位的人会顺从于新的“事实”，树立起同新来者和平共处的榜样。

英格兰南部奇切斯特镇（Chichester）议事厅柱廊上贴着“禁止骑自行车”的标志，意在保护墙上的展示品。这块损毁严重的索赛克斯（Sussex）大理石板于1723年左右被发现，之后不久便被当地公爵偷走拿去装饰他的庄园，继续着它重见天日后的多姿多彩。

带着那个时代、那个阶层的所谓古典品位，这名公爵修了一座他称为“涅普顿（Neptune）与密涅瓦（Minerva）神庙”的蠢笨建筑来展示这块石板。1907年，当时的公爵拆除了神庙，将石板归还给奇切斯特，据说是因为国王爱德华七世住在庄园时抱怨神庙挡住了卧室窗外的景致。

该石板的历史价值在于其上雕刻的古老而精美的拉丁铭文：

> 献给涅普顿和密涅瓦，为了伟大的不列颠国王提比略·克劳狄·托基都布努斯（Tiberius Claudius Togidubnus）治下的圣所的福祉，铁匠行会及其成员出资修建了这座庙宇，普登提努斯（Pudentinus）之子普登斯（Pudens）敬立。[16]

铭文提到了罗马人信奉的主流神祇、对王室的忠诚祝福、工匠组织行会、市政慈善事业的私人捐献者以及"普登提努斯之子普登斯"这样一个纯粹的罗马名字。从表面上看，这段铭文有可能来自任何一个使用拉丁语的、从属于罗马帝国的西方城镇——奇切斯特曾经就是罗马的诺维奥马古斯（Noviomagus）。

当权者的名字和头衔则是另一回事。以"Togi"开头的名字在古代凯尔特人中相当常见。头衔清晰地表明，他曾是个亲罗马的不列颠首领，后来成了罗马在该地区的代理人。从名字的附加部分可以判断，克劳狄本人曾亲自与他商谈，双方达成了政治交易，在公元43年前后授予他罗马公民的身份。

这个托基都布努斯也依照塔西佗的岳父为不列颠上层家族设计的方式，重塑了自己的文化身份。20世纪60年代，考古学家们在奇切斯特港水域不远处挖掘出了一栋豪华的罗马风格乡村别墅的遗迹。这栋建于公元1世纪70年代的建筑如此令人惊叹而又与众不同，它拥有100多间屋子、很多意大利风格的马赛克地板、带有水上景观的园林，它最初的主人必然是本地某个声名赫赫的大人物，很可能就是托基都布努斯。

罗马人对不平等的社会早已习以为常，他们自己的社会也是如此。得到普遍认可的上层社会地位可以弥合维拉尼乌斯与托基都布努斯之间的文化鸿沟，尤其是，倘若他们能通过共同的兴趣爱好来促进私人关系的话。来自这座被称为菲什本（Fishbourne）的别墅遗址的一件不寻常的发现便证明了这种可能性。

那是一小块原本镶嵌在戒指上的缟玛瑙[17]，玛瑙上雕刻着一匹马和一片棕榈叶。在希腊和罗马世界中，这个图案乃是胜利的象征。鉴于彼时是公元1世纪60年代，挖掘人员不禁会想："它完全有可能属于这座宫殿的假定主人托基都布努斯国王。或许在未来的挖掘中应该留意寻找赛马场的迹象！”至于罗马人，你只要看过电影《宾虚》（*Ben Hur*），就多多少少知道他们对马车赛有多么狂热。

我早年曾帮英国中等教育的大学预科考试出过关于罗马统治时期的不列颠的试题。我最喜欢的一个问题是：“拉丁语在罗马统治下的不列颠的普及程度如何？”此题旨在让考生思考罗马统治对本地人产生的文化影响。奇切斯特的铭文恰恰展示了拉丁语作为某个不列颠部落中心（比如诺维奥马古斯）的通用语言的早期状况。

另一个部落中心位于泰晤士河谷的雷丁镇（Reading）外，工匠们在黏土屋瓦和墙砖上留下了一些拉丁文涂鸦。其中一块破损的砖头上刻着拉丁词汇“puellam”[18]（女孩）。正如一本关于罗马不列颠的书籍委婉地指出，这个“其余部分已经遗失的句子描写的是性爱”。该镇的砖匠里竟有识文断字之人，而且是拉丁语，这是很有趣的，他们或许是从当地行政中心——比如罗马统治下的西尔切斯特（Silchester）——那些说拉丁语的人那里学来的。

只言片字的拉丁语很难证明罗马不列颠的下层社会在与占领者相处时，能有以托基都布努斯为代表的有钱有势的布立吞人同样的感受。有些考古学家指出，当地人在对文化进行“创造性”融合的过程中，可能根本没有采用原本的罗马形式。

饮食[19]方面也是如此。从罗马不列颠遗址出土的厨余垃圾即是古代混合烹饪的明证——当地的羊肉佐以所谓的罗马番茄酱和大批量生产的鱼酱。当然，考古学家们明白，想从食谱推断政治局面绝非易事。

帝国时期，派驻各行省的官员大体上已不像共和国那些糟糕年岁里那般严苛。恺撒基本废除了常令总督们沆瀣一气的包税制度。没有战事时，总督们把大量时间用于主持所辖城镇的定期司法审判。公元100年前后，一名希腊作家精妙地捕捉了发生在亚细亚省（土耳其西部）某个城镇的一年一度的总督巡回法庭的喧闹场景："法庭上……人山人海，会集了各色人等——诉讼当事人、法官、演说家、总督、随从、奴隶、皮条客、骡夫、店主、妓女、工匠。"[20]这种司法体制在字面上看令人印象深刻，但在实践中，就如其他前工业时代的帝国中的情形一样，往往是家境富裕的人才能享受，那些人有时间、有办法千里迢迢前往总督法庭，且有能力承担因出庭而产生的司法开销。

即便在设有巡回法庭的城镇（这样的城镇在一个省中并不多），大多数人或许也只能仰赖本地行政官的大权去处理琐碎纠纷和犯罪。这两类管辖权乃是基于不同的司法体系，一套是本地法规，另一套是罗马法律。司法权力重叠、甚至冲突的混乱并存局面不难想象。不过罗马人对此并不关心，相比之下，他们更在意判处死刑的专属权——那是总督的权力，罗马人冷冰冰地称之为"刀剑之权"。

现代法官在描述自己的一天时很可能会提到案头工作——当天的案件文书、判决书起草等等。埃及古物学家和考古爱好者们在翻找罗马帝国时期的埃及废纸，或者更确切地说是莎草纸时，发现了数千份古代法律文书，由此推开了一扇生动的窗，让我们得以一窥彼时该地区的法庭运作方式。

为了说明这套成熟的体系，我们且以一份公元245年的文件为例。这份文件是一名埃及女性向埃及总督递交的申请的一部分。自公元前30年屋大维征服埃及起，埃及总督便一直坐镇亚历山大里亚：

> 致埃及总督瓦勒留·法穆斯（Valerius Firmus），自奥勒利亚·阿尔西诺伊（Aurelia Arsinoe）。我请求您，大人，按照尤利乌斯和提图斯的法令，以及元老奥勒留·赫米努斯（Aurelius Herminus）的政令，允许我做监护人。

2（年），帕琼月（Pachon），26日（埃及的历法）。第94页，第一卷。[21]

页码确定了该文件在总督档案室中的存放位置。当时的法律文书均按照“页”编号整理，每一页都包含一系列“卷”，一卷的结尾连着下一卷的开头。我们由此可以推断，在亚历山大里亚的这间布满灰尘的总督档案室里，当年一定堆满了莎草纸法律文书。

这名申请人展现出了对罗马法细节的熟悉——她引用了赋予埃及的罗马总督指定监护人的权力的法规。罗马法历来认为，女性缺乏良好的判断力，在法律上不能作为完全行为能力人，因此，未婚的阿尔西诺伊在其父亲去世后需要一名男性监护人处理她的事务。在罗马统治下度过了250多年，像阿尔西诺伊这样的埃及人已经渐渐熟悉了罗马法律体系的运作。

她也必须如此，因为她是罗马公民。到了公元245年，所有埃及人都已成为罗马公民。30年之前，罗马皇帝决定，帝国内所有的自由民都可以拥有该身份（即所谓的安东尼敕令Antonine Constitution）。从长远看，该决定在整个帝国范围内提升了罗马人的身份认同。

阿尔西诺伊生活的那个罗马世界在其他方面也正经历着快速变化。彼时的皇帝虽然有个希腊名字（腓力），却是阿拉伯后裔，来自如今的叙利亚南部。然而，在那个多元性日渐统一的时期，腓力的即位似乎恰恰象征着，帝国的凝聚力开始受到人口大迁移的考验。

罗马人和非罗马人的越来越同质化，以及对帝国安全威胁的考量，这些问题，需要追溯至更久之前。为了更详细地探讨，我现在要回到哈德良皇帝的统治时期（公元117—138年）。

第十八章　门口的“野蛮人”

在本书写作之际，购买一枚品相良好的哈德良银币约需480英镑或600美元。这种银币在罗马铸造，一面是打扮成凯旋将军模样、被塑造成和平缔造者的哈德良皇帝头像，另一面是个亭亭而立的女性，在拉丁传说中代表“PAX”——和平。她手持一只角状容器，里面盛满了自然物产，这个象征着富足与繁荣的古老标志物被称为丰饶之角。

图案的含义不言而喻。作为军事统帅的皇帝凭借自己的武功让帝国免受敌人侵犯，由此而来的和平局面给帝国的居民们带来了繁荣。尽管银币传达出了比单纯没有战争更为积极的和平意象，但同时也强调，是皇帝的军事胜利才使得和平成为可能。

军事胜利彰显了罗马至高无上的权威，其他一切皆源于此——和平的帝国及其带来的有序生活，以及帝国对被征服者展现出的宽容，对胆敢挑战罗马权威的大不敬者的羞辱，等等。

塔西佗写道，奥古斯都“用甜蜜的休憩赢得了所有人的心”[1]。他说的所有人，不只是外省人，也包括罗马和意大利的罗马人。倘若塔西佗更关注外省的情况，他或许还会提到，彼时地中海地区已有约四代人享受了难得的长久安宁，这无疑是古罗马人带给属民们的最大的恩惠。

和平不仅促进了繁荣，还传递了一种心理感受，人们觉得世界在某种程度上变得更加稳定，这种感觉在古代一定从未有过。公元1世纪和2世纪，罗马帝国不少城镇的石碑和建筑上均涌现出大量碑文，这也与和平女神给人们带来的对未来的安全感不无关系。

罗马人从希腊人那里继承了一种“他们—我们”的二元对立世界观。帝国之外是所谓的野蛮人，在被罗马军队征服之前，那些人粗鲁、不开化。公元122年，哈德良皇帝巡视不列颠，做了件在罗马历史上前无古人之举。

我在纽卡斯尔大学任教时教过一门关于哈德良的课程，那时，我曾把学生带到学校的考古学博物馆里。这个博物馆有一些从不到1英里之外的哈德良长城沿线收集来的藏品。我向学生们展示了一块并不起眼的罗马城砖，上面用拉丁文刻着：“恺撒大帝图拉真·哈德良·奥古斯都（Emperor Caesar Trajan Hadrian Augustus）的（工程）。第二军团奥古斯塔（Augusta）奉行省特使奥卢斯·普拉托里乌斯·奈波斯（Aulus Platorius Nepos）之命（建造）。”[2]从措辞中可以看出，这项工程深得哈德良重视，为此委派了私人特使。各军团分段筑起了一条首尾相接的长城，横亘在如今的英格兰北部。在考古学家们看来，这条城墙修得不算好，但整项工程绝不轻松。城墙全长达74英里，其中一半是泥土夯就，另一半是约10英尺宽、12英尺高的石质结构。

在罗马帝国的这个偏远角落，哈德良长城无疑是最受瞩目的遗迹，引得游客们纷纷收集纪念品。在大英博物馆，你可以看到一只精美的青铜碗的现代仿制品（真品由私人收藏），外面一圈是城墙图案的珐琅装饰，上面用拉丁字母拼写着哈德良长城各要塞的罗马名字。这只碗的真品原本属于距此约300英里之外、英格兰西南部一栋罗马别墅的主人。

专家们对哈德良建造城墙的目的各执己见。它是保护该省免遭北方“野蛮人”侵袭的防御工事，还是为了控制人员和货物流动的类似于海关的设施，又或者旨在展示罗马的资源和意志，起到震慑敌人的作用，甚至只是一项为训练边防士兵的纪律而设的工程？

答案或许是其中之一，或许以上都是。我本人认为，哈德良希望关于这座城墙的消息能传回到帝国核心地带，好让外省人相信，罗马皇帝时刻准备着保护他们免遭蛮族侵扰。一代人之后，小亚细亚的一名富有的希腊地主似乎听说了不列颠长城，并在公开演说中赞美了罗马帝国的优势：

> 驻扎于某地的军队就像城墙一般环绕着文明世界……（这种城墙）并非用沥青和砖块筑就，亦非徒有其表。哦，不过，常规意义上的城墙也随处可见——是的，有很多，就像荷马在提到宫墙时所说，“用石头精心修葺，一眼望不到头，铿亮耀眼赛过青铜”。[3]

伟大的荷马的这句话的确适合被希腊权贵引用来颂扬保护其生活方式的罗马边防军和边关屏障。铿亮金属的类比也非常有趣：倘若如某些专家所言，哈德良城墙最初是经过粉刷的，那么这个比喻倒是很贴切。

有迹象表明，哈德良统治时期，有些外省人对罗马给予被征服臣民的安全承诺信心不足。公元117年，人到中年的哈德良从图拉真手中接过王位，这名曾身经百战的将军不得不立即着手恢复“和平”。

哈德良的一系列措施中还包括一件闻所未闻的事——从前任已占领的东部地区撤军。罗马人在幼发拉底河东岸有个麻烦、好战的邻居——帕提亚人，他们那摇摇欲坠的帝国一直延伸到巴基斯坦地区。

在有些人看来，此次撤军似乎意味着罗马承认遇到了劲敌。

哈德良的政策是试图打消民众的顾虑。正如我们在序言中提到的，哈德良的雕像在东地中海地区相当常见。他往往被塑造成一名脚踩战俘的得胜将军，从战俘的“蛮族”裤子和弓箭可以看出，那是个波斯人。众所周知，帕提亚的骑射手可以一边飞驰一边转身向后放箭，在中世纪发明马鞍之前，这是项令人敬畏的骑兵技艺。

罗马当局或许认可了这尊原作已经遗失的雕像，而且明确表示，他们很乐意看到东部省份主动创造出他们自己的雕像版本。哈德良身边的一些人可能希望用以往那种宣传罗马人战无不胜的手段来加强外省人的信心。此外，帝国疆域内也有“敌人”：

> 那些人吃受害者的肉，用他们的肠子做腰带，把他们的血涂抹在自己身上，用他们的皮做衣服；他们还把很多人从头到脚锯成两半，拿一些人去喂野兽，强迫另一些人像角斗士那样搏杀。总共有22万人丧生。他们在埃及和塞浦路斯也实施了很多类似的暴行……[4]

上述文字来自一名罗马历史学家关于流散犹太人暴力起义的描述，这些人居住的地方彼时是罗马的一个行省，现在是利比亚。在希腊人和罗马人眼中，这些暴行说明叛乱者尚未开化，与野蛮人无异。

罗马人这种说法的真实性如今无从证实。但很显然，在哈德良即位前两年爆发的那场犹太起义规模相当大。流散在利比亚、埃及和塞浦路斯的各犹太族群之间或许曾有协同计划。有些学者认为，起义者的终极目标是从罗马人手中夺回犹太教的传统中心耶路撒冷（Jerusalem）。

已被长期统治却依旧拒绝臣服的，除犹太人外再无其二。罗马帝国内的犹太人都有一种独特的、强烈的身份认知。这种认知乃是基于种族、语言、风俗，以及对先王——大卫（David）、所罗门（Solomon）等——统治时期的光辉历史的记忆。这些犹太身份标记无不与其独特的宗教紧密相关，基于所有犹太人皆耳熟能详的神圣经文。

在早年发生在罗马犹地阿行省（Judaea）的一次起义中，罗马人烧毁了犹太圣殿。直到如今，犹太人仍会在每年的斋戒日纪念发生在哈德良登上帝位前半个世纪，即公元70年的那次毁灭性事件。若仅仅说罗马人的这种做法会令身处各地的古犹太人震惊，那实在过于轻描淡写。

哈德良的对策不只是留意犹太人的动向。人们倾向于认为，正是这名才智出众但却让人难以捉摸的皇帝激起了公元132年的犹太起义。哈德良虽然在很多方面都是个地地道道的罗马人，但据说也热衷雕塑和建筑。他对希腊文明的仰慕进而发展成对娈童文化的实践，公元130年他巡视埃及时便带着相貌清秀的希腊青年安提诺乌斯同行。

根据两个世纪后编纂的哈德良时代的罗马史，犹太人发动战争的原因是“他们被禁止行割礼”[5]。希腊人认为割礼有伤风化。“希腊化的”哈德良是否如一名学者所说的，也有这种审美偏见呢?

此外，他还决定在耶路撒冷的废墟上建立一个罗马士兵定居点，消息一出便引起轩然大波。殖民地铸币厂几乎应声而动，发行硬币纪念哈德良在传统的罗马典礼上亲自扶犁驭牛划定农田边界。他此举是想将埃利亚卡庇托利纳（Aelia Capitolina）——他用自己的名字埃利乌斯·哈德良乌斯（Aelius Hadrianus）和朱庇特的名号［卡庇托林努斯（Capitolinus）］重新命名了该地——变成罗马在潜在的敌方领地的桥头堡。

随后的叛乱演变成了全面战争。起义者推选出首领，并声称要独立建国。哈德良不得不统兵亲征。战争以罗马人的疯狂报复告终。根据一则古犹太传说，惩罚地点在耶路撒冷西南的古比塔（Bethar），那里是起义军最后的据点：

> 渎神的哈德良拥有一片占地18平方英里的大葡萄园，差不多相当于从提比利亚（Tiberias）到塞弗瑞斯（Sepphoris）那么大。他把那些在比塔被杀的人钉上十字架，变成了围着葡萄园的篱笆。[6]

在此要重申的是，站在现代人的角度上对古代帝国的这种铁腕统治评头论足无异于事后诸葛。哈德良在平定叛乱的同时似乎也批准了被专家们称为“省级”硬币的新货币。由罗马官方铸币厂发行的各种面额的硬币都有统一的主题和只有最高权力机构才能安排的独特题材。这些硬币的价值在于体现出哈德良的治国思想正走向新的方向。

各类硬币的一面都是同样的哈德良头像，另一面则是帝国的不同地区——据说总共有25个——以及哈德良巡视该地区并赐予礼物的图案。比方说其中一个典型图案是，身着托加袍的哈德良示意一名跪着的女子平身，旁边有一行拉丁文注释：“为了高卢的复兴。”

硬币颂扬的是帝国各地区的多样化以及统治者对各地区一视同仁的关心。相比于外省人对中央政权的感受，此处体现出的罗马统治者形象显得更加仁慈。这是一种官方态度，旨在掩饰长久以来罗马人对公民和非公民的差别对待，体现出皇帝对所有人的关心。正是本着这种罗马帝国乃是一个巨大的整体的理念，后世皇帝于公元212年进一步将公民身份赐予帝国境内的几乎所有自由民。

哈德良对帝国边界防卫的担忧促使他取消了前任实施的一项庞大工程。一个世纪之后，仅存的20座“横跨在如此深、水流如此湍急、河底如此泥泞的大河上”[7]的石拱桥令罗马参观者惊叹不已。这条大河就是多瑙河（Danube）。

近代旅行作家帕特里克·李·弗莫尔（Patrick Leigh Fermor）讲述了沿河旅行时听说的一些故事。据说，曾有可疑入侵者逆流而上，向西直抵维也纳，甚至更远的地方。这些所谓的入侵者包括巨大的鲟类生物，它们真正的家园在“黑海（Black Sea）、里海（Caspian）和亚速海（Sea of Azov）”[8]。不过图拉真和哈德良对这条河的担心并非来自东方，而是来自北方。

大体而言，罗马人对帝国的认知与不列颠人不同，在后者眼里，不列颠帝国就是地图上那一大片粉色的领土。而由于一次又一次的胜利与征服，罗马人的认知更符合他们的军事思想，更看重他们所谓的“统治权”，即对周边族群发号施令的权力。

不过，随着时间的推移，罗马人也渐渐形成了有限地理空间主权的意识。在他们的设想中，北方有多瑙河和莱茵河（Rhine）两条大河，分别从南面与西面隔开了帝国边界外的一片辽阔的未知地区，他们称之为“日耳曼尼亚”（Germania）。

公元100年前后，该地区成了一名20世纪古代史学家所谓的“史上最危险的百本书之一”[9]的主题。这本书吸引近代德国民族主义者——包括纳粹分子——的地方在于，该书作者、罗马人塔西佗将日耳曼人描述成一个独立的、有自己的风俗和道德的、祖祖辈辈居住于此的真正的日耳曼民族。

在此必须及时说明的是，塔西佗并非只是毫无根据地一味赞美，他的叙述完全符合罗马人对日耳曼“野蛮人”的固有印象。这些日耳曼人曾全歼由奥古斯都的亲戚亲自率领的罗马军队：

> 阿累夷人（Har II）除了比刚刚提到的那些部族更强悍，还会借助艺术和时机来展现他们身为野蛮人的天生凶猛。他们拿着黑色的盾牌，身上涂着油彩。他们选择在黑夜里发动进攻，并通过死亡般的恐惧、幽暗的外表，让敌人胆战心惊，无法面对他们怪异的、近乎亡灵的模样。[10]

到了哈德良时期，日耳曼部落迁徙到罗马寻求安身立命之地已有一段时间了。在他们全盛时期，罗马人可能是出于对与来自帝国之外的、未征服的独立族群共享土地的担忧，曾拒绝过他们的要求。而当罗马人最终接纳他们时，采取的是一种接纳属臣的姿态。一名于公元1世纪50年代统治如今的塞尔维亚（Serbia）地区的罗马将军曾吹嘘，自己如何“让10万多名居住在多瑙河沿岸的人连同他们的妻子、孩子、首领和国王集体迁移，并强迫他们缴纳贡品”[11]。

哈德良之后又过了一代人的时间，罗马帝国的皇帝们不得不开始面对来自多瑙河沿岸的重大危机。公元2世纪60年代中期，多瑙河对岸的部落联盟渡河而至，进犯罗马帝国南部领地。形势步步恶化，敌人向南直逼亚得里亚海之滨的意大利城市阿奎莱亚（Aquileia），并包围了该城。首都一片“惊恐”，马库斯·奥勒留（Marcus Aurelius）皇帝甚至从帝国各地召来非罗马祭司各显神通。

1890—1891年，一名法国考古学家在雅典西北50英里处发现了24块在中世纪时期被拆毁充作墙砖的大理石碑。碑上的古希腊文记录了“自愿为伟大的、神圣的恺撒大帝（马库斯）。奥勒留·安东尼乌斯·奥古斯都而战的年轻战士们的名字”[12]，下面附着80名当地人及其医生的名单。这些健壮的年轻人来自一个如今叫塞斯比阿（Thespiae）的乡镇，虽然被称为志愿者，但他们事实上是帝国为了多瑙河之战而大规模征兵时被罗马人征召入伍的。

除了在希腊这样的和平省份征兵，角斗士、强盗和奴隶也被强制服兵役。为了给这支紧急组建的部队提供资金，皇帝马库斯·奥勒留变卖了家族银器，或者准确地说，宫廷奢侈品——“除了服饰、高脚杯和金杯，他甚至还卖掉了金塑像以及伟大艺术家的画作”[13]。

在罗马，一根古老的柱子依旧矗立在原来的地方。这根石柱不如略早的图拉真柱那么出名，被称为马库斯·奥勒留柱。立柱上的螺旋装饰性文字赞颂着这场不可避免的战争的胜利，从中可以看出罗马人希望一劳永逸地恢复北方边界安全的愿望。

除了一眼可见的景象之外，立柱上还刻画了一个更有历史意义的特殊场面。一名长发、留着胡须、体形庞大的神，波涛从他的头上和伸展的手臂间倾泻而下，落在下方的战场上——雕塑家凭借想象描绘出了队列整齐的罗马军团和成堆的日耳曼人尸体。这幅作品表现的是当时皇帝征战北方过程中一个非常著名的场景，罗马军队出其不意地打败了一支日耳曼军队。

在炎炎夏日里被敌军包围，又被切断了水源，干渴难耐的罗马军队眼看就要溃败，“突然间，乌云密布，暴雨倾盆，如有神助”[14]。彼时还是孩童的罗马历史学家卡西乌斯·狄奥（Cassius Dio）后来描述了随皇帝出征的埃及法师施法改变天气的故事。立柱上那个长着翅膀的巨神倾泻下的就是带来胜利的雨水。

还有些人坚信，被当时的人们视作奇迹的事情完全可以用神圣的职责来解释：“跟随他（皇帝）征战的基督徒的祈祷带来了降雨，消除了日耳曼的干旱。”[15]写下这句话的人叫德尔图良（Tertullian），彼时同样是个孩子，后来成了多产的基督教作家。

关于立柱上的这名神祇，最不寻常之处乃是其身份的不确定性。你或许会理所当然地认为，帮助罗马人摆脱困境的是某个知名的罗马神祇，比如朱庇特，但雕塑家似乎刻意避免塑造这样的画面，而是选择了一个难以辨识的神祇形象，让持不同宗教信仰的观看者可以按照自己的设想做出解释。在公元2世纪晚期，古代宗教构成经历了一次大变动，罗马的官方艺术似乎也考虑到了这一点。我们将在下一章里更多地介绍基督教派的兴起。

我在当博士生时曾在希腊南部度过了数周，研究古代斯巴达遗迹。如今的斯巴达城是19世纪的产物，与古代更负盛名的老城有部分重叠。漫步在街巷里弄，你会发现不少建筑工地都因发现了古代遗迹而停工。这些遗迹很有可能属于罗马时代。落满灰尘的塑料布有效地保护了马赛克地面和罗马浴室的地下火炕供暖系统。在铜器时代，早年声名赫赫的斯巴达人的子孙们就生活在这样一个繁华的罗马帝国城镇中。

在这一时期，斯巴达人像希腊省其他城市的人一样喜欢雕刻铭文。如今，穿过城北郊外的橄榄林，便可以看见一座恢宏的、带有当地大理石看台的古代剧院，是罗马奥古斯都时期的建筑。驻足在砖石墙前，你会发现上面刻满了骄傲的市政议员题写的铭文。

专家们把古代世界的这种热衷于在石头上刻字的现象称为“题词风”。与其他地方一样，在斯巴达，这种风气可以反映出时代的氛围。

在罗马人眼中，五位“贤明”君主的统治期是帝国的黄金时代。马库斯·奥勒留死后，王位由他的亲生骨肉继承，这是自提图斯（公元81年辞世）以来的第一次。对于那个时期，罗马元老、历史学家卡西乌斯·狄奥写道：“现在，我们的历史从黄金王国堕落进了铁与锈的时代。”[16]这是狄奥在半个世纪之后的看法。彼时，他刚刚熬过了动荡不安的年代，先是马库斯·奥勒留之子、残暴的康茂德（Commodus）的统治，继而是一场内战，最终迎来了一个混合着北非、叙利亚或许还有意大利血统的新王族。

从现有的遗迹判断，斯巴达的议员们在公元2世纪的头60年里最热衷于通过石刻夸耀自己的地方政治。正如我们刚刚看到的，尽管马库斯·奥勒留很“贤明”，但他治下的罗马帝国动荡不安，斯巴达人的刻碑欲也有所消退，看起来，似乎广阔世界里的黯淡事件挫伤了他们的本地热情。

倘若如此，斯巴达人的情绪或许会随着新皇帝的登基得到改善。在研究中，我重新检视了20世纪60年代在古代斯巴达地区建造现代菜市场过程中发现的两个带有铭文[17]的石块，它们曾经是一座壮观的纪念碑的一部分。该纪念碑的基座约有25英尺长，虽然原本的一排雕像已不复存在，但在当年想必是本地雕塑家的呕心之作。

真人大小的雕像刻画的是一个新的皇室家庭。出生于罗马阿非利加行省（Africa）、于公元193—211年在位的皇帝塞普蒂米乌斯·塞维鲁（Septimius Severus），他的叙利亚妻子尤利亚·多纳（Julia Domna），以及两个儿子和儿媳。皇后的尊号显示出这个新皇室家庭与军队的密切关系——她被称为“军营之母”。

公元235年，年仅十几岁的皇帝亚历山大·塞维鲁（Alexander Severus）和其母被杀，塞维鲁王朝终结于暴力。彼时，小皇帝的将军们以他的名义在东、西两线发动了保卫帝国的战争。事发时，皇帝正和他的军队在莱茵河西岸准备迎击日耳曼军队，一名高级军官——谋杀的煽动者——已被罗马军队拥立为皇帝，罗马帝国由此迎来了一个新统治家族。当时有人尖酸地评述说：

……他的出身以及日常举止与野蛮人无异。他继承了他的祖先和祖国嗜血成性的脾气，一心想要通过暴行来强化统治。他担心元老和臣民们会鄙视他，无视他当下的好运，只盯着他卑微的出身。有传言说，他本是色雷斯（Thracian）山区的羊倌儿，后来凭着体格和力气进了当地的小兵营。他能成为罗马的皇帝，完全是靠运气。[18]

随后的半个世纪，外敌四起，帝国的防御越发吃紧。越来越浓烈的军事危机让有才能的士兵得以平步青云，无论出身如何，都有望达到权力的顶峰。由于缺乏传统的帝国执政体系的认可，特别是得不到元老院贵族和罗马平民的支持，这些借着军事力量登上高位的人要仰赖反复无常的士兵。

正因如此，短短三年之后（公元238年），这个色雷斯的前羊倌儿（如果传言不假）就死在了自己的士兵手里：

这些人胆大包天地在中午走进了马克西米努斯（Maximinus）的帐篷，在其卫士的协助下将他的画像从旗子上扯下来。当马克西米努斯和他的儿子从帐篷里出来试图交涉时，士兵们听都没听就把他们杀了。他们的尸体被扔出去，任凭所有人亵渎、践踏，最后被狗和鸟撕成碎片。[19]

斯巴达市政议员们现在不那么乐观了。在国家不断增加的财政压力下，他们也开始削减开支。以前，他们会在石质基座上安放青铜或大理石全身像来纪念某位显赫人物；现在，当他们不得不塑像时，往往只会在方方正正的石头墩顶部刻一个头像。到了公元3世纪40年代晚期，曾经以刻碑为业的当地石匠几乎都失去了工作。

公元3世纪中叶之后，雅典人也成了这个变化的世界中的戏剧性的标尺。雅典人曾和斯巴达人一样享受着罗马皇帝提供的恩惠。作为罗马时期雅典贵族家族的成员，狄密斯托克利、伯里克利等人的后代们见证了城市的扩张。城里出现了很多新的便利设施，为他们慷慨解囊的也不只有哈德良皇帝。

公元3世纪中期，当罗马皇帝们似乎再无力提供保护时，古雅典晚期的这种相对安逸的感觉消失了。前往卫城的游客在参观过程中首先要通过一个两侧竖着塔楼的古城门，城门的部分石块看上去不太协调，就好像是被古代建造者们反复利用。仔细观察，你会发现他们还做了一些艺术处理，比方说，在入口处的侧面用灰色大理石勾勒出与周围白色大理石形成对比的装饰带。

不过，到公元3世纪晚期才建造防御工事未免为时已晚。近年来，奥地利学者使用数字技术完成了一项壮举：读出了保存在维也纳一家图书馆里的早期希腊手稿。11世纪的抄写员曾循环利用这份手稿，在上面缮写了新文本。学者们在那些字迹之下发现了一段关于公元3世纪60年代初期野蛮人入侵希腊的记录。

通过研究，我们得知，入侵者向南穿过希腊，企图掠夺雅典和其他地区富饶的圣殿。没有了罗马军队的看顾，希腊人选出自己的将军，准备在古温泉关阻击入侵者。一名将军就这次希腊家园保卫战发表了激动人心的演说："你们的祖先曾在此战斗，没有让希腊倒下、失去自由城邦的地位，因为他们在波斯战争中英勇战斗……"[20]这一次，侵略者尚未抵达雅典便撤军了。至于若干年之后，也就是公元267—268年所发生的，我们已经从古代文献中得知：雅典人的运气和胆识没有带给他们胜利。

虽然遇到当地人的顽强抵抗，来自斯堪的纳维亚的移民赫鲁利人（Heruli）最终还是占领了这座城市。现代考古挖掘显示，经历悠悠岁月，满是著名建筑的古城中心市集广场在此时走到了尽头。它被赫鲁利人彻底摧毁，只剩一片断壁残垣。雅典人利用一切可以重新利用的，加固缩小的城市核心地区，其中包括卫城的新防御工事。在帝国其他很多地方，城市格局也相继缩小。

接下来的20多年里，持续不断的军事危机和政治动荡让帝国面临着解体的危险。在罗马东南边陲的行省叙利亚，一个古老的绿洲城市在帝国统治下兴旺起来，这全都得益于它所处的位置恰好在罗马帝国与东方进行奢侈品贸易的商队路线上。这是一个人种、文化和语言的混合之地，说希腊语的人和说闪米特（Semitic）方言阿拉米语（Aramaic）的人毗邻而居。正如教宗方济各（Ppoe Francis）在2014年提醒以色列总理的，这就是耶稣平日里使用的语言。

宏伟的建筑在帕尔米拉（Palmyra）拔地而起，当地显赫家族的野心也在滋长。随着罗马权威在当地的动摇，以及该地区的罗马臣民要求得到保护、免受萨珊（Sasanian）波斯人（Persians）——一股发源于如今的伊朗的危险新势力——侵扰的呼声，他们看到了机会。

就在这样的时代背景之下，泽诺比亚（Zenobia）横空出世。她是帕尔米拉一个王子的遗孀，有着阿拉伯名字，自立为王。通过将希腊智者吸引到自己的宫廷里来，她把帕尔米拉变成了东方的雅典。此外，她又入侵邻近的罗马行省，并于公元270年占领了亚历山大里亚。

后来有罗马作家称，她自比克利奥帕特拉，想必是相当厉害。再加上东方色彩和厌女情绪，她似乎和三个世纪前的那名“埃及女人”一样，也在罗马人中引发了恐慌，最终引来一名军人出身的罗马皇帝出兵镇压。

我们一次又一次地屠杀了成千上万的法兰克人（Franks）和萨尔马提亚人（Sarmatians）。现在，我们要杀死1000个波斯人。[21]

据说，在一名出身卑微的军官率领下击败了法兰克人（罗马人对入侵罗马高卢的日耳曼人的称呼）之后，罗马士兵们唱起了这首歌。作为多瑙河上的守备军司令，奥勒良（Aurelian）还在一天之内杀死了48名萨尔马提亚人——这些人是在日耳曼部落的压力下迁徙的游牧民。还有些关于奥勒良的故事可能不乏夸张，说他恪守最严酷的罗马传统，士兵们都惧怕他。他被军队拥戴为皇帝，随后便出发征讨泽诺比亚。

奥勒良击败并俘虏了泽诺比亚，而后掉头扑灭了帕尔米拉反叛的最后一点火星。据说，这一次奥勒良放弃了屠杀，自问："照此下去，我该将这片土地和城市留给谁呢？"[22]他还下令用泽诺比亚的宝库修复帕尔米拉在战火中损毁的纪念碑，这倒是给当今事务树立了一个奇怪的榜样。

在那个混乱的时代，帝国的另一端也发生了变化，出现了分裂罗马、自立为王的统治者。2010年，英国媒体报道了在萨默塞特（Somerset）的野外偶然发现埋藏的52 000枚罗马-不列颠硬币的故事。最初的报道称，其中近800枚硬币是一个名叫卡劳修斯（Carausius）的人授权铸造的。

罗马资料中对此人的记载不多，说他同样出身行伍。罗马传说称，他奉命"清理法兰克人和撒克逊人（Saxons）出没的海域"[23]，也就是英吉利海峡。据说，为了避免因私吞战利品而遭死刑惩罚，卡劳修斯占领了不列颠尼亚，像泽诺比亚那样自立为王，并统治了这块分裂的领土长达七年之久，直到公元293年被属下杀死。

我们对卡劳修斯知之甚少。在关于他的有限文物中，最有趣的莫过于他发行的硬币。纵观罗马时代的硬币，唯有卡劳修斯的硬币上出现了罗马“民族”诗人的元素。2005年，有人在哈福德郡用金属探测器发现了一枚硬币，上面刻着外貌粗犷的卡劳修斯，以及他自封的头衔“元首”和“奥古斯都”。硬币的另一面是名女性（可能是不列颠人）和一名双手紧握的罗马战士，上面刻的拉丁文为“EXPECTATE VENI”[24]。

这句话从女性口中说出来，意思是：“哦，我期待已久的人啊，来吧！”谙熟维吉尔的长诗《埃涅阿斯纪》的现代专家可以认出，这个铭文似乎是在有意识地回应《埃涅阿斯纪》卷二中特洛伊人在睡梦中听到的问题：“期待已久的赫克托耳（Hector），你从哪个海岸来？”

太有意思了。这说明卡劳修斯想把自己塑造成一个有（罗马）修养的人。我们仔细琢磨一下，究竟是谁有可能对这种优雅展示感到安心，并重要到需要用这种方法来获得保证呢？是罗马不列颠这片富饶的濒海领土的平民主人，他们或许比我们想象的更有教养。

这个无赖皇帝发行的另一种硬币也值得在此一提，因为这种硬币说明，他试图向当时的人们暗示自己在公元3世纪末欧洲大陆出现的新王权构架中的合法地位。硬币的一面是三个（而非一个）部分重叠的留着胡子的皇帝侧像，上面的拉丁文写着“卡劳修斯和他的兄弟们”[25]。卡劳修斯在此恬不知耻地将自己与那些正致力于恢复欧洲大陆帝国稳定的军人皇帝相提并论。

这枚硬币刻意营造出的团队精神让人们想起威尼斯的一个著名景点：总督宫外引得游客驻足拍照的奇特雕像群。那些显然相当古老的雕像之所以吸引了那么多人，乃是因为刻在一种叫斑岩的紫色石头上。罗马的皇帝们喜欢选择这种材料为自己塑像，因为在真实生活中，他们穿的就是象征地位的紫色衣袍。

艺术史家曾经不屑于谈及这些雕塑的风格，认为它们标志着古典艺术的衰落。四个成年男性，外貌相似，都穿着军装，成双成对地站着，如兄弟般两两相拥，全都怔怔地盯着参观者。如今的专家们则认为，雕塑家成功地传达了团结的政治主张和军事勇气。

这组群像刻画的是谁，我们不得而知，但这四人似乎代表了始创于公元293年的一种新政治体系：皇帝团。两名年长的——就是先前与卡劳修斯一同出现在硬币上的——外加两名年轻的皇帝。他们希望向罗马公众展现一幅和谐的画面，每个人都在用自己的行动帮助帝国回到正轨。最先获得皇权的是该体系的创立者，名叫戴克里先（Diocletian）。我们在下一章将会说到，他是名举足轻重的改革者。

在戴克里先倡导的四人团队（即所谓的四帝共治）治理下，罗马当局再次对基督教展开了迫害。现在，是时候探讨一下罗马帝国早期的宗教了，因为其中的一个最终将帝国变成了一神论国家，其深远影响至今仍伴随着我们。

第十九章　基督运动

在我过去任教的那所大学里，大约有12年时间，办公室紧邻着拉丁文教授约翰的办公室，我们俩常常互相串门。令我惊讶的是，相比之下，我的办公室显得整洁得多。他来我的办公室通常是因为他精妙的大脑正飞速运转，需要找个人聊聊。他在五六十岁的时候在《新约》研究上倾注了越来越多的精力。

同伊斯兰教的早期历史一样，基督教的创立之初和早期阶段在专家们中间也引发了很多争议。约翰在此领域的研究亦是如此。我记得有一次去附近一所大学的神学院听他的演讲。一名身着紫色教士服、外罩灰色西装的圣公会资深教长在大部分时间里都眼望上苍，似乎在默默地祈祷自己有力量听完约翰的演说。

早期的基督运动（约翰有时如此表述）围绕着一个能用自然力治疗患者的魅力非凡的犹太人，此人在短短的一生中从未离开过自己的家乡——罗马行省犹地阿。他作为宗教行家的公开身份引起了罗马当局的注意。他们将他视为政治上的威胁并判处其死刑，这可能是因为总督本丢·彼拉多（Pontius Pilate）不愿在疑似煽动性言论的问题上显得不够强硬。

公元30年前后，耶稣被钉十字架，此后不到两代人的时间，他的生平、来世以及首批追随者在罗马各城的传教活动就以希腊文本的形式流传开来。其中五种文稿留存至今，成了《新约》，即《四福音书》（*four Gospels*）和《使徒行传》（*Acts of the Apostles*）。让约翰着迷的是，当年那些阅读或听旁人诵读这些早期基督文本的说希腊语的人“听到”的究竟是怎样的希腊语。

他确信，这些文本并非仅仅是写给能阅读希腊语的犹太人——包括新运动时期的犹太追随者——这类理想读者的。他认为，那些作者使用了一种特别的写作方式，以便引起非犹太世界里受过教育的、说希腊语的人们的兴趣。这些潜在的读者不仅已经熟悉、而且能够欣赏希腊高级文学中的暗喻手法。

人名双关就是此类技巧中的一种。约翰指出，“Iesous”是个希伯来（Hebrew）名字的希腊写法，可译为“耶和华之拯救”。他统计了福音书中“Iesous”与表示“治疗”或“治愈”的希腊动词（iasthai）同时出现的频次。当年的希腊读者们会一次又一次地反复“听到”这个双关语，就好像潜意识广告一样。因此他认为，这个双关语起到的作用是将耶稣生动地描绘成了治疗师，或者更确切地说，远远胜过那些异教治疗师的神一般的治疗师。

约翰的观点在学界不算主流。不过，当时的确存在宗教竞争。正如关于该论题的一本书的书名所示，罗马帝国是“一个充满神明的世界”[1]，帝国各地的城镇都会出资和组织对当地神明的崇拜活动。在土耳其西部的以弗所，使徒塔苏斯的保罗（Paul of Tarsus）曾与一个为生计发愁的银匠有过一次值得一提的碰撞。银匠为该城举世闻名的保护神阿耳忒弥斯塑了像，而保罗恰恰就是在这里公然宣称，那是人造的神。

如今，你仍可以漫步在保存完好的罗马帝国昔日最大的城市之一以弗所的大道上。铺着大理石的街道和广场连接着众多公共建筑，其中最引人注目的是一座经过现代修复的公共图书馆，它的正面是一排华丽的大理石立柱和代表了捐赠者之“智慧”“学识”和“见识”的雕塑。

另一座恢宏的公共剧院的墙上曾刻着至少568行希腊铭文。所有文字都刻在一人身高以上的位置，想必古代石匠是借助了梯子或脚手架完成此项壮举的。看上去，这一大片醒目的红色铭文意在吸引古代路人的注意。

倘若有好奇的陌生人在这个贸易港口向当地人询问其含义，得到的答案可能是：这些文字写的是一个富有的捐资人将这些金银的宗教图像送给以弗所的同胞们，好让他们在盛大的年度游行中抬着它们穿街过巷。

希腊人给这些图像列了份清单[2]。其中大多数（10份）描绘的是最卓越的城市女神阿耳忒弥斯。其余的包括“我们的皇帝大人”（即公元98—117年在位的图拉真）及皇后，“神一般的”奥古斯都，其他希腊神祇，拟人化了的“尊敬的元老院”、罗马人民以及众多市政团体，还有城市的缔造者们。这种异教信仰、对帝国的忠诚、公民爱国主义的混杂交融可以合理地解释，为何帝国的很多居民在参加当地政府举办的盛大宗教庆典时会觉得这里是个“充满神明的世界”。

罗马皇帝的宗教地位值得进一步探讨。不仅在以弗所，而且在整个帝国，到处都有向罗马皇帝致敬的神庙、雕像、祭司、祭坛、祭品和游行，就好像皇帝也是神。学者们认为，对罗马统治者的崇拜可以追溯到希腊人的风俗。

正如我们所见，希腊人被非凡的亚历山大统治后，这种思维方式和行为便迅速出现。亚历山大死后，希腊人转而崇拜他的继任者——那些希腊化时期的国王。随着罗马征服了东方，希腊人开始把这股新势力当作女神罗马（Roma）来崇拜，更是把罗马人——通常是将军们，例如弗拉米尼努斯——视作希腊的“解放者”。屋大维成为奥古斯都之后，他们又开始崇拜他和他的妻子，如此以往。

这里有一段日本信徒在1912年为了嘲讽西方人而写的关于已故明治天皇（Emperor Meiji）之神性的文字：

> 所有的士兵和水手都准备着为他们的天皇而死，将军们也是如此，带着自己对天皇的忠诚指挥着那些士兵和水手……如果穆斯林把他们的灵魂都汇聚在对穆罕默德（Mohammed）的信仰上，如果基督徒们将灵魂都汇聚在对基督的信仰上，那么结果也是如此。我常常遇到嘲笑信教民众之迷信观念或对日本天皇之崇拜的所谓哲学家。无论他们的理性观念多么正确、多么精准，我得说，他们的哲学太肤浅了。他们应该再向前迈一步，想想集中起一整个国家的灵魂将会产生怎样的影响！我们的心、我们的灵魂之汇聚，其本身就是统治着我们的神。[3]

前基督教皇帝治下的罗马属民没有留下什么可以与这种混合了宗教与民族的狂热相匹配的东西。在他们的例子中，有多少是来自上层的鼓励，又有多少是当地政府的自发行为？在整个帝国境内，充当皇家祭司和女祭司的市民们，他们私下里是怎样想的呢？这些人大多与公元前2世纪的波利比阿具有相同的文化背景，而后者曾以惊人的理解力将宗教仪式解读为“大众的鸦片”。民众们“信奉”（比方说）图拉真的神性，也向其他超自然力量祈求奇迹，我们能否知道，这两种“信奉”是不是一回事？从古到今，我们在多大程度上能够概括出个体在一生中对上帝的思考（与言说或行动相对）？上述所有问题以及其他相关种种，都还有待探讨，在此无法阐述。

我们能够确知的是，在罗马帝国的一部分人眼中，对皇帝的崇拜是另一种形式的阿谀奉承；也有人认为，皇帝在各地的神庙象征了罗马的统治，当然，并非总是以好的方式。当不列颠王后布迪卡（Boudicca）率军起义时，起义者就以位于现在的科尔切斯特（Colchester）的“供奉克劳狄的神庙”[4]作为攻击目标：它“始终满足着人们的想象，像座永不终结的暴政的堡垒”。

对于很多人，或许是大部分人而言，他们已习惯于把神性视作理所当然。城镇里用于帝王崇拜的纪念物和仪式也提供了娱乐消遣——角斗士表演、狩猎，以及节庆物品分发、祭祀宴会等等。这些崇拜活动可能令他们切实地感受到那位鲜有人能亲眼见到的遥不可及的统治者，树立人们对“神一般的”权力的信心。

如今，很多人并不把宗教视作国家的基础。但正如我们一再看到的，本书中提到的古代国家并非如此。在罗马，皇帝本人是神一般的人物，同时也是罗马宗教的至高大祭司。他不仅要负责维护罗马神祇与罗马民众之间的良好关系，还要监督其他罗马祭司。这是一项相当严肃的使命。

公元1世纪80年代，负责照管象征国家永恒的神圣之火的六名罗马维斯塔的女祭司（Vestal Virgins），其中一人被控失贞，图密善皇帝觉得有必要施行活埋的传统惩罚。但直到最后，她始终坚持——或者更确切地说，用行动展现了——自己的贞操：

> 无论她是否清白，至少看起来显然是清白的。即使当她被推进可怕的深坑时衣袍被钩住，她仍转身整理好，当刽子手向她伸出手时，她抽身拒绝，带着恐惧回避着，就好像她的贞操和纯洁的身体会被他讨厌的触碰玷污。[5]

除了国家宗教和地方行省多多少少带有官方色彩的崇拜之外，还有很多非官方的、大体不受约束的宗教形式。

19世纪初，一名自称让·德安纳斯塔斯（Jean d'Anastasi）的神秘人物——可能是亚美尼亚人——出现在奥斯曼治下的埃及。他同帕夏交上了朋友，开始向埃及古董商收购古希腊莎草纸文稿。后来，他将藏品拍卖，这些文物最终流入了欧洲各大顶级博物馆。以下是其中的一份莎草纸文稿摘录：

> 取一小枝月桂，在叶子上写下两个名字，其中一个是“[AKRAKANARBA] KRAKANARBA RAKANARBA AKANARBA KANARBA ANARBA NARBA ARBA RBA BA A”；另一个是“SANTALALA ANTALALA NTALALA TALALA ALALA LALA ALA LA A”。再取一小枝有12片叶子的月桂，在上面写下以下心形的名字，同时开始说出神圣的话语（等等）。[6]

J. K. 罗琳（J. K. Rowling）的读者们可能会觉得自己又回到了魔法学校。产生这种感觉并不奇怪。使用该法术（莎草纸上接着还有很多行咒语和相应的命令）的古人也会觉得自己处在既陌生又熟悉的境地——是的，这是古埃及的智慧，但结合了希腊的主神：咒语呼唤的乃是阿波罗和宙斯。

这与21世纪美国心理学家乔纳森·海特（Jonathan Haidt）在揭示道德提升或美与宗教冲动之关系的研究中探讨的那种基于人性的宗教体验不同。我们先前已经发现了公元前5世纪西西里赛利努斯的希腊定居者对鬼魂的畏惧。与如今的宗教信仰和活动不同，罗马帝国早期的“超自然”或“超常”的风俗宗教更多的是一种不间断的宗教谱系的一部分。罗马世界里充斥着自由预言家、魔法师、术士、占星家、释梦者、算命师等等。

官方对这些活动的态度大体上比较宽松。事实上，皇帝们也在自己的宫廷内豢养着此类人物。正如我们在上一章看到的，据说拯救了马库斯·奥勒留的罗马军队的奇迹般的大雨，正是由一名宫廷随从召唤来的。这个名叫阿努庇斯（Arnouphis）的埃及法师召唤了空气之神墨丘利（Mercury），带来了降水。

因此，在某种程度上，基督教创始人被钉十字架之后仅仅一代人的时间，罗马皇帝就开始了迫害基督运动，这显得极不寻常。至少，古人是这么觉得。公元64年，一场大火烧毁了罗马城。与1666年的伦敦大火非常相似，这场火灾同样肇始于商店，肆虐了数天，让城市的部分地区化作一片冒烟的废墟。

两场火灾的另一个相似之处是寻找替罪羊。1681年，伦敦市的高级市政官在克里斯托弗雷恩（Christopher Wren）立柱上添加了一条纪念那场大火的铭文，将灾难归罪于“天主教派的背信弃义和恶意”[7]。而在帝国时代的罗马，火灾的罪过则指向了“基督教徒”。

> 为了平息（纵火）的谣言，尼禄找到了被告，并对那些人施以最适宜的惩罚，那些因其可耻行为而遭人痛恨的人是一帮基督徒……大批人被定罪，其中少数被控纵火，多数被控反人类……他们被裹上兽皮，被狗撕成碎片，或被钉在木桩（或十字架）上，在黑夜中点燃，成为晚间的一道景观。[8]

然而，我们能够单凭一名罗马历史学家的叙述就相信关于尼禄的这件恶行故事吗？该事件发生后过了大约两代人的时间，塔西佗开始记录早期罗马皇帝的历史。与修昔底德一样，他也是一位杰出的古代历史作家，对于任何想感受古罗马历史书写高度的人来说，他的作品都值得一读。

塔西佗无意间写下的，有可能实际上是他那个年代流传的关于该事件的添油加醋的版本。撇开基督徒不谈，尼禄或许的确试图找出“肇事者”，安抚民众。通过对犯人施火刑，他践行了一种罗马式的惩罚。惩罚方式并非如人们通常想象的那样钉十字架，而是对纵火犯以眼还眼——活活烧死。

如果“基督徒”这个元素是后来才被加入故事的，那么有可能是因为在公元2世纪初期，这个新兴教派正渐渐渗透进罗马人的观念中。这是基督教发展的结果，不过不是在罗马城发展，而是在罗马东部地区说希腊语的行省。基督运动早期劝人改宗的使徒们在那里留下了详细的资料，比如先前提到的以弗所的例子。

公元79年8月24日，那不勒斯湾的维苏威火山爆发。目击者中有个罗马博学家，据他外甥的说法，他每天下午都会晒日光浴——这算是日光疗法的早期记载。对火山喷发的痴迷要了舅舅的命，他还没能安全地靠近火山便死于浓烟。

后来（公元110年左右），这名外甥，也就是罗马执政官小普林尼（Pliny the Younger）被派往位于如今土耳其北部的黑海行省出任总督。一些当地人向他告发另一些当地人是“基督徒”，一时间令他不知所措。他对控告的调查为现存最早的关于基督运动的“官方”立场提供了信息。他听说，人们向基督祈祷，发誓遵守诸如不通奸、不说谎之类的道德约束，还共同进餐。

这场运动在城市中产生了一些影响，城镇中的基督徒数量已经多到了足以引起市场祭祀用肉类价格明显下跌的程度。基督徒厌恶动物献祭，拒绝参加任何形式的此类活动。对于罗马帝国的居民而言，无论他们的地方文化传统怎样，祭祀多多少少都是一种共同的宗教实践。在那样一个时代，基督徒的做法显得格格不入。

普林尼认为乡村也有基督徒。他做了个简单的测试，让被告“用酒和熏香祭拜”，他特意带到法庭的一尊皇帝雕像。综合考虑当时罗马社会基于身份地位的法律特权，他处决了没有罗马公民身份并拒绝放弃基督信仰的外省人。

他在不确定是否需要以及该如何处罚这些人时，曾写信给皇帝寻求进一步指示。该信件以及图拉真皇帝的回信都被保存了下来，极具历史价值，在此值得整段引用：

> 为所有此类案件制定一般性规则是不可能的。无须特地去寻找他们。倘若他们真的被带到你面前，且罪证确凿，就必须受到惩罚；但是，若被告否认自己是基督徒，且通过援引我们的神明为证，就让他（虽然之前有嫌疑）在忏悔后得到宽恕。任何起诉都不接受匿名举报，否则将会开一个非常危险的先例，且与我们的时代精神相悖。[9]

你只须想一想那些近代宗教排斥的例子就可以意识到，帝国的这种立场是相对“温和的”。皇帝虽然是国家宗教的总监督人，但似乎并没有从“神学的”方面反对人们成为基督徒。

另一方面，对于那些以个体权威身份出现的、在公众场所“说教”[10]的人，无论他们宣扬的是宗教还是哲学观点，早年的皇帝们都会定期镇压。除了各类法师和其他神棍，异族神明的祭司及其追随者也会时不时成为罗马当局打压的目标。出于相似的原因，新兴的基督运动中的流浪传道者和聚集在他们身边的人们会被视为不受欢迎的人。

此外，由于帝国当局怀疑各类团体聚会具有潜在的颠覆性，更加剧了上述情况。宗教监督的群体性使得早期基督教团体始终缺乏安全感。根据普林尼的记录，在他统治的地方，即如今的土耳其西北部，私人团体被图拉真严令禁止，基督徒甚至不敢举行晨祷会。

另一个涉及政治因素的问题是，皈依基督教的人拒绝承认现有神明的神性。由于皇帝本人也是神，因此在罗马人看来，这种抗拒便带有政治色彩，似乎暗示着对罗马帝国的敌意。

此外，基督徒与他们所在的城市与乡村日渐疏离所带来的危险也不容小觑。人们通过参加宗教节庆等活动来确立对本地神明的认同，这是当时社会构成的不可或缺的部分。正因如此，早期的基督徒会在较大社会范围内不受欢迎。这或许也可以反过来解释，为何人们把基督徒视作“他者”，且向当局检举。

在如今的里昂（Lyon），层层叠叠的道路与建筑环绕着古罗马殖民地卢格杜努姆（Lugdunum）的露天剧场遗址。公元4世纪初，首次为基督教徒作史的一名作者提到了公元177年发生在这里的事情，这则故事也是关于罗马高卢省基督教的最早记录。

记述说道，出于某些不明的原因，一个或多个暴徒袭击了当地一些被认作基督徒的人，把他们拖到首席地方官面前，后者则把他们关押起来等待罗马总督的到来。当这些人被带到总督的特别法庭上时，总督使用普林尼的方法对被告进行测试。把那些不肯放弃信仰的人送去竞技场喂野兽，这是罗马人通常用来惩罚低等种族的方式。这位名叫优西比乌（Eusebius）的作者还描述了令人发指的死亡细节。

这些事件发生之前10年左右，另一名希腊作家——一个非基督徒——曾嘲笑基督教对永生的信仰，“他们因此蔑视死亡”[11]。作为基督徒，优西比乌细致描述了竞技场上的痛苦，因为这证明了受难者作为基督徒的意义——他们宁愿为信仰而死，恰恰可以说明基督徒是怎样的人。

他也笃信，这些英勇的"殉道者"[12]将在往生得到奖赏。因此，基督教传统有理由展示这些迫害。但这种宣传需要并不意味着该故事或其他类似的故事乃是杜撰出来的。直到今天，宗教迫害仍未绝迹，殉道者也依旧相信天国的报偿。

公元249年，新皇帝德基乌斯（Decius）颁布敕令，要求帝国所有居民向神明献祭。接下去发生的事情，我们从埃及尼罗河谷的一处考古现场可以找到一些证据。1904—1906年，挖掘人员在那里发现了大量被当作垃圾丢弃的古代莎草纸。

> 阿莫尼乌斯（Ammonius）和提乌斯（Taeus）之子奥勒留·盖昂（Aurelius Gaion）致奥克西林库斯（Oxyrhynchus）的祭祀长官。我一直都遵照神圣的（即帝国的）法令进行献祭、奉酒、礼敬诸神，现在，我与妻子和儿女们一起，在您面前献祭、奉酒、品尝供奉，由此，请您证明我的陈述。[13]

这份用希腊文书写的证明显示，皇帝的命令要求民众——似乎不仅仅是埃及，而是整个帝国境内的人们——当着地方官的面进行献祭和品尝祭品，并得到相应的官方文件，以证明他们始终用该方式崇拜神明。

除了这份来自古奥克西林库斯的证明以外，还有一些证书来自埃及，这表明整个帝国官僚机构立即执行了皇帝的命令。德基乌斯的敕令是古代国家政权在宗教领域的不寻常的延伸。罗马当局过去通常采取的随和姿态意味着，有组织的宗教基本上属于地方性事务，由城市和乡村里的祭司与女祭司负责。以前从未有哪个皇帝下令在全帝国范围内进行宗教监督，且要求所有人都获得官方的证明文件。

很多基督徒因坚持自己的信仰而吃了苦头。一名叫奥利金（Origen）的基督教智者当时侥幸死里逃生，后来的历史学家提到“他为了基督这个词吃了多少苦，被关在地牢里，套着铁圈，受尽折磨”[14]。就此而言，皇帝的命令给忠诚的基督徒带来的恐惧无可否认。尽管如此，上文奥勒留·盖昂的证明文件中没有任何地方能表明，他和他的家庭乃是因被怀疑为基督徒而特别要求提供宗教证据。因此，学者们不再认为德基乌斯的所作所为仅仅是针对基督教，尽管他当时一定意识到、且不赞成这个人数众多的教派的“非主流思想”。

通过要求帝国的所有居民遵守罗马传统宗教的核心风俗，德基乌斯为彼时新出现的“普遍的”罗马人身份提供了一个宗教维度。回想公元212年，彼时的皇帝将罗马公民身份赐予了几乎所有的帝国居民，无论他们的种族和母语为何。而现在，德基乌斯提出，作为一名罗马人，还要履行向神明供奉动物祭品的仪式。

上一章我们提到了另一名行伍出身的强硬派皇帝戴克里先。作为御敌策略的一部分，这名思想保守的统治者像前任德基乌斯一样，试图通过消除宗教“偏差”来重建罗马人与其神明间的传统纽带。想必，在皇帝看来，基督徒的数量之多已足以构成威胁，于是他在公元303年发动了全面攻击：

> 戴克里先统治的第19个年头……皇帝手谕传至各地，下令将教堂夷为平地，焚烧神圣经典，并宣布，剥夺所有在教内担任高级职务者的公民权，其家人若不放弃基督信仰，则剥夺自由。[15]

这次以一举扫除基督教派为目的的所谓大迫害（Great Persecution），很自然地为早期基督徒中流传的大量殉道故事添加了新内容。被当作垃圾的罗马埃及古莎草纸再一次揭示了埃及普通基督徒——他们是当代处于困境中的哥普特人（Copts）在宗教上的先祖——为逃避敕令惩罚的迂回躲闪。

有一份莎草纸文稿是一名埃及乡村教堂朗读者的宣誓证词。对于大多不识字的教徒而言，这个为他们朗读《圣经》的阿谟尼乌斯（Ammonius）非常重要。他在一份官方誓词中证实，他所在的已被当局拆毁的教堂“既没有金银、钱币、衣物、牲畜、奴隶，也没有房屋和地产，没有礼物也没有馈赠”[16]。

他列举出的这一串内容点明了当时官方本指望在教堂里找到的东西——哪怕只是个小小的埃及乡村教堂。然而，他们一无所获。这可能意味着该教堂比较穷；同时也说明，阿谟尼乌斯至少隐藏了一些更有价值的动产，比如教堂用的器皿；更有甚者，可能有同谋官员对此睁一只眼闭一只眼。

尽管身为教堂朗读者，阿谟尼乌斯却声称自己“不识字”，让别人替他在誓词上签名。朗读者自己是个文盲，这倒也不是不可能——阿谟尼乌斯或许是靠记忆背诵。

不过，或许自称文盲只是他要的花招，好让自己不必按照要求对皇帝起誓。倘若如此，则这份文件的字里行间就暗藏着对全能的罗马皇帝的小小反抗。此类事件有多普遍，取决于当时基督徒的数量，具体情况无从知晓。

正如我们所见，戴克里先建立了四帝共治的体系，由两名高级统治者（奥古斯都）和两名次级统治者（恺撒）共同承担治理罗马帝国的重任。公元305年，已60岁出头的戴克里先做了一件帝国统治史上没有先例的事情：退位。由于健康状况不佳，他隐退到为自己准备的位于如今克罗地亚斯普利特（Split）——现在的新城就坐落在老城废墟之上——的深宫里，并于七年之后死在了床榻上。

缺少了他的主导，权力共享的新体制滑向了内战。战争由公元306年的一名奥古斯都之死引发。他麾下的军队立即宣布由该皇帝的儿子、一名30多岁的军官担任继承人。六年之后，也就是公元312年，这名如今赫赫有名的君士坦丁（Constantine）在率军出征时经历了一次超自然事件。

> 他眼前的天空中呈现出异象，如果是发生在其他人身上，一定令人难以置信。但既然这是由获胜的皇帝本人在很久之后、已然获得朋友和社会的尊崇之时亲口对史家所说，且发了誓，又有谁能怀疑呢？更何况，后来的证词已经确认了此事的真实性。他说，那个中午，天色开始变暗，他亲眼看见天空中出现一个明亮的十字，就在太阳上方，上面还有“征服”的字样。他和随他出征的整个军队都目睹了这个奇迹，惊诧不已。[17]

这个传说中的景象抛给历史学家的问题与其他所有关于奇迹的断言如出一辙。不久前，我参观了位于现代叙拉古的圣母之泪教堂。这座绚丽的石头和大理石建筑乃是为一尊廉价的圣母马利亚（Madonna）石膏像而建，此像就封存在主祭坛上方。

据说，1953年的时候，那尊像原本挂在一对年轻的叙拉古夫妇家的卧室里。妻子的眼睛部分失明。某天早上，她醒来，发现自己痊愈了，看见的第一件东西就是马利亚的像在哭泣。据目击证人证实，石膏像继续哭了一会儿。专家们对眼泪样本进行了分析，称其成分与人类分泌物一致。次年，教宗庇护十二世（Pius Ⅻ）公开承认该事件的真实性。

1995年，一名意大利化学家自己制作了一个类似的石膏像，试图揭穿叙拉古流泪的马利亚的真相。他指出，如果在石膏像眼睛周围不透水的釉彩上弄出划痕，被石膏吸收的水分就会像水滴一样凝结在那里。此前两年，也就是1993年，一名德高望重的德国学者指出，君士坦丁看到的景象乃是自然现象，是一种日晕，尽管这并不能解释天上出现的文字。

上面那段皇帝见闻的作者是我们上文提到过的优西比乌教士。彼时，君士坦丁已开始招募基督徒为自己出谋划策，而此人就是君士坦丁的随从之一。为了强调记录的真实性，优西比乌开篇以退为进，先承认此事难以置信。接着，他将皇帝本人作为不容置疑的消息源，更何况，皇帝还对自己的回忆发了誓。君士坦丁的幕僚显然意识到让罗马人相信这个奇迹有多么重要，因为它表明，他的崛起乃是上帝之力。

当时的人们并不知道究竟发生了什么。在优西比乌之前，另一名基督教作家已经提到了故事的另一个版本。根据他的记述，君士坦丁侵入意大利，向对手发动战争。他沿着罗马的主干道从北向南进军，打算在古城新近重建的城墙之外交战，距那里不远便是跨越台伯河的老桥米尔维亚大桥（Milvian Bridge）。他在睡梦中被告知，要让士兵们在盾牌上刻上“上帝的神圣标志”[18]。他照做了，继而克服了种种不利条件，大获全胜。

君士坦丁显然开始相信，自己的胜利当归功于基督教的上帝。就某种意义而言，他本人也成了基督徒。此举带来了历史性的影响。他首次向基督徒提供官方支持，取消先前的迫害。公元324年第二次击败对手之后，他成了帝国唯一的皇帝，并开始动用国家资金修建教堂。

有一本作于公元6世纪早期、题为《宗座之书》（*Book of the Pontiffs*）的作品称，正是君士坦丁下令建造了罗马城的第一座教堂圣彼得大教堂（Saint Peter）[19]。教堂选址在城墙外的某处，当时的基督徒相信，这里就是埋葬使徒彼得的地方。

建筑师们采用了一种久经考验的、被称为巴西利卡的罗马公共建筑形式。巨大的矩形大厅由内部的立柱支撑，适合大型聚会，能满足基督教徒的集会需要。那本作品里还记载，君士坦丁和他同样信奉基督教的母亲海伦娜（Helena）向教堂捐赠了刻有他们名字的金十字架。

海伦娜的名字在历史上鲜为人知。作家伊夫林·沃夫（Evelyn Waugh）以她的名字创作了一部同名历史小说。他在书中赋予了她布立吞人的身份，并依照自己的朋友、诗人约翰·贝杰曼（John Betjeman）之妻佩内洛普（Penelope）的性格将她描绘成一个不苟言笑的人。小说里，年迈的太后前往耶路撒冷朝圣，在梦中得知了圣十字（True Cross）的埋藏地点。她派人举着火把挖掘，终于让十字架重见天日，还"带着一截木梁"[20]。

今天的历史学家们认为，海伦娜发现圣十字的传说源于公元4世纪后期。真相是，她在公元327年前后访问了当时仍称为埃利亚卡庇托利纳的基督教遗址。那是哈德良皇帝在安置了军团老兵后给耶路撒冷起的名字。海伦娜听说自己途经圣地，便告知儿子，后者下令在那里建造另一座巴西利卡风格的教堂，即虽经改造但至今犹存的圣墓大教堂（Holy Sepulchre）。

至此，罗马帝国的宗教轨迹已发生了变化。与此同时，戴克里先和君士坦丁时期的改革则为帝国统治带来了全新的氛围。我们将在下一章就此展开探讨。

第二十章　合则兴——最后的世纪

20多岁时，我被敬爱的博士生导师派去希腊亲眼见识我当时正研究的地方。于是，有一天，在希腊南部的偏远地区，我一边吃着午餐，一边检视着被用来建造漂亮的中世纪教堂的古代石料。

这些残片具有重大的历史价值。建造大门的石料来自昔日的一块巨型石碑，它曾经矗立在这一带的一个叫格隆垂（Geronthrae）的罗马外省小镇市场里。我可以认出上面刻的一些古希腊文。比如，有几行文字列出了亚麻头带的三个等级，每个等级后面都以件为单位标明了各自的价格。

事实上，这是罗马皇帝的一次尝试。从小扁豆到狮子，他试着为帝国中1000多种商品和服务规定最高价格。人们在别的地区也发现了此敕令的其他部分，这就意味着，虽然专家尚不能肯定该敕令是否通行帝国全境，但至少其适用的地区很广。

行此尝试的是戴克里先，以四帝的集体名义发布。公元293年，他创立了四帝共治的制度，8年之后又颁布了这条敕令。这是他帝国改革的一部分，旨在让过去60年处于军事危机中的帝国恢复稳定。正如我们在上一章看到的，昔日的军事危机给经济生活造成了严重影响。一连串（大多）短命的皇帝们曾通过提高税收、减少新铸币中稀有金属的手段，艰难维持着无休止的战争。相应地，这些手段使得民众开始囤积品质较好的旧币，甚至宁愿采用实物交换的方式，也不愿接受现金支付。

有一名差不多可算是同时代的作家认为，法令试图控制的物价失控状况乃是由戴克里先自己的政策造成的，特别是他进一步提高税收以支付军费，再加上因四名皇帝在帝国不同地区实施统治而需要新建首都的开销。同样是这名作家声称，该法令彻头彻尾地失败了，不得不被废除。不过，由于他是基督徒，对戴克里先怀有敌意，因此其说法未必可信。

另一方面，与现代政坛上演的把戏类似，彼时的统治集团也将经济困境归咎于商人的贪婪。在此问题上，他们尤其关注经济困境给某个特定社会群体带来的痛苦：

> 人尽皆知，在为满足公共福祉而派驻军队的所有地方——不仅是乡村和城镇，还有各条公路沿线——到处都有谋害社会利益、牟取暴利的胆大妄为之徒……有时候，单是一项条款，士兵的奖金和军饷就都要被剥削，举国上下为维持军备所付出的统统进了可恶的掠夺者的腰包，以至于似乎士兵们整个军事生涯、整个服役期间的贡献，都被这些到处大发横财的奸商窃为己有……[1]

罗马帝国在公元3世纪末的军事复兴清楚地说明了一件事：在罗马先民们将地中海变为“我们的海”（mare nostrum）几个世纪后，罗马的战争机器仍然具有压倒性的优势，且军队的福利是国家事务的重中之重。关于君士坦丁看望老兵的交流记录恰好还留存至今，向我们展示了彼时皇帝和士兵之间的亲密关系：

> 聚在一起的老兵们大喊："君士坦丁·奥古斯都！要不是为了特别待遇，我们何苦熬到退伍？"君士坦丁·奥古斯都回答："我定会让老兵们越来越幸福，而不是越来越困窘。"[2]

现代塞尔维亚第二大城市诺维萨德（Novi Sad）坐落在多瑙河南岸，该城的制高点有一处曾经守卫着这一带帝国边境的罗马堡垒遗址。在当地博物馆，你可以看到一顶出自那个时代的精美的罗马头盔。这是一顶镀银的铁盔，镶嵌着玻璃和宝石，是考古学家们所说的"山脊式头盔"的豪华版。

当时的军事反击引发了大规模的军事改革。新装备的应用是诸多革新的一部分，其中就包括这种由中间的所谓山脊连接两个半碗形的甲片构成的头盔。由于结构简单，这种头盔适合大批量生产。此外，军队也进行了重组：

> 君士坦丁还推行了其他一些举措，结果却使得野蛮人可以毫无阻挡地长驱直入。正如我已经提到的，由于戴克里先的先见之明，帝国各处边境都有可以驻扎整支军队的城市、要塞和堡垒。这样一来，野蛮人就无法越过边境……君士坦丁却把大部分军队从边境撤回，屯集在并不需要驻防的城市，毁了这道防线。[3]

此处的宗教偏见意味颇浓。这段文字摘自另一名作家的罗马史，对异教徒的同情使得他对基督徒皇帝带有成见。当然，从戴克里先到君士坦丁，军队建制确实发生了变化。野战部队，即驻扎在帝国境内、由皇帝亲自指挥的精锐部队，和驻扎在诸如哈德良城墙等边境地区的卫戍部队，二者之间出现了明显区别。这些机动部队的任务是对帝国安全防线上的任何漏洞做出快速军事响应。

所谓的山脊头盔或许是罗马人从东方邻居的盔甲中借鉴来的。"库萨和之拱"[4]（Arch of Khosrau）——或者用阿拉伯语称为Tāq i Kisrā——是位于巴格达以南约15英里的一处古代遗址。网络上有一幅标注为2009年的照片，显示的是美国军官和伊拉克官员站在遗址前讨论战后重建问题。

这座拔地而起的烧砖拱门被穆斯林作家誉为世界奇迹，曾装点着公元3世纪在罗马东部边境崛起的伟大帝国的宫殿。有着波斯血统的萨珊王朝的国王们与罗马人一样野心勃勃。君士坦丁做出的另一项至关重要的决定在一定程度上就是为了反制他们的威胁，而正因为这个决定，他的名字至今仍被传颂。

在伊斯坦布尔老城，搭电车来到火焚柱广场（Çemberlitaş Square），你便能看见成群的鸽子围着一根古老立柱的基座啄食。立柱的下部嵌在奥斯曼时期的石礅里，被火熏黑的上半部于20世纪70年代被套上了铁质的加固圈，唯有石柱的材质暗示着这根残破不堪的纪念柱本来的荣耀——斑岩，这种来自埃及的紫色硬质石料深得恺撒们的青睐，乃是地位的象征。

这几乎是君士坦丁堡的创建者留给世人的唯一可见的记忆。立柱的顶端原有一尊君士坦丁的金像。公元324年，他在原希腊定居点拜占庭（Byzantium）的基础上重建了该城，并使之成为罗马的新首都。彼时，经过多年内战，戴克里先的四帝共治制度已不复存在，君士坦丁成为帝国的唯一统治者。

除了彰显荣耀，新城的名字也清晰地体现出皇帝彼时在战略上的考虑。博斯普鲁斯海峡两岸的军事要道连通了君士坦丁堡与易受攻击的罗马北部边界（多瑙河）和东部边界（萨珊人在那里虎视眈眈）。对于帝国军队而言，此处既是基地又是堡垒。长矛在手，君士坦丁亲临城墙沿线，希望这道屏障可以保护西侧易受攻击的新基地。

君士坦丁对自己的形象也有新设想。罗马古代艺术宝库之一保守宫（Palazzo dei Conservatori）的庭院里摆放着一排巨型人体部件，其大小约为真人尺寸的八倍，均由大理石雕刻而成，其中包括一只手、一只手肘和一个引人注目的成年男性头部，神色平静而威严。

这尊巨大的君士坦丁雕像脸部光洁，他是继一长串喜欢以髭须短发的硬汉形象示人的军人皇帝之后第一个重新启用这种面貌的皇帝。或许，他希望人们联想起罗马帝国的缔造者、没有胡子的奥古斯都。后者的形象与此处的君士坦丁一样，梳着刘海儿，一副青春永驻的模样。又或者，他想自比亚历山大，第一位没有胡子的青年天才。不过，君士坦丁雕像的眼睛与众不同，硕大的双眸似能洞察一切，向上凝望的目光又好似暗示着他的绝对统治权源自某个更高的领域。

君士坦丁稳定国家的手段包括常见的权力世袭。继承王位的是他的一个儿子君士坦提乌斯（Constantius，公元337—361年在位）。从古代文献记载来看，君士坦提乌斯无疑想在现实中承袭其父的全能形象。

公元356年，39岁的君士坦提乌斯独自驾着一辆金色战车出现在罗马大街上，周围是身着盛装铠甲的士兵。根据文献作者记载，皇帝本人“身上的各种宝石闪烁耀眼，好像向四周散发着光芒”[5]。在2009年凡尔赛宫（Versailles）的一次展览上，时装设计师卡尔·拉格斐（Karl Lagerfeld）对类似的镶嵌珠宝的旧时法国宫廷服饰如此评价：“使民众感到眼花缭乱是与他们保持距离的最佳方式[6]。此类服饰制造了几乎无法逾越的障碍。”在君士坦提乌斯的那次表演中，真正富有戏剧性的是他在此场合下的奇怪举动。像如今的某些国家首脑一样，要不是因为民众对他的畏惧，场面会显得非常滑稽：

> 尽管他身材矮小，在通过高大的城门时却弯下腰。他目光笔直地盯着前方，就好像脑袋被钳住了似的。他既不向左看也不向右看，车轮震动时也不摇晃，一路上没吐唾沫，没擦擦脸，没揉鼻子，两手纹丝不动，活脱脱如一尊雕像。[7]

在城门下弯腰这个细节尤其有趣，似乎小个子君士坦提乌斯因为拥有了至高的权位便认为自己如超人般高大。这名公元4世纪的罗马皇帝还展现了一个新形象：尖顶王冠。早先的皇帝们都谨慎地避免佩戴这种冠冕，因为它过于明显地标榜个人统治，很可能与罗马传统价值观发生冲突。

公元3世纪的军事动荡催生了激进的解决策略。在戴克里先和君士坦丁统治下，新的罗马帝国出现了。这个改革后的国家需要变得更强大、更集权，以便应对更大的挑战，保障罗马人的安全。为此，旧有的行省被重新划分成百余个较小的单位，以便安置大规模扩编的官僚队伍——据估计约有3万至3.5万人，并从各省征缴更多税收。

这些官员主要来自旧元老院贵族之下的阶层，也就是骑士阶层。骑士们比元老院贵族更开放，人数更多，也更能适应快速成长过程中的国家所需要的管理思想，因此在某种程度上取代了元老，成为帝国管理队伍中的一个专门职业阶层。

增加的税收为帝国所需的更大国防预算提供了资金。为了让日益膨胀的国家权力合法化，就需要重新塑造位于体制顶端的统治者的形象。他被诠释为专制君主，拥有无限的、普世的、神圣的权威。

正如我们已经看到的，君士坦丁的皈依为罗马的国家核心价值带来了一种全新的东西——排他性的一神教。君士坦丁召开了几次主教会议，试图让所有基督徒在信仰问题上达成一致。第一次宗教会议于公元325年在尼西亚（Nicaea）——即现在土耳其西北部的伊兹尼克（Iznik）——召开，与会的300多名教长就基督教义问题形成了一份总体声明。这就是如今被称为尼西亚信经（Nicene Creed）的最初版本。他的儿子、继承人君士坦提乌斯也是基督徒。

基督教徒在宫廷里和社会上的大量涌现对于罗马的其他宗教绝不可能毫无影响。公元2—3世纪，成群结队的朝圣者涌向了土耳其西岸的一栋巨型建筑。据说，阿波罗神可以通过这座神殿里的女祭司发出神谕。如今的参观者仍然能领略这座昔日的希腊神殿的精美方石走廊和宽敞的庭院。到了君士坦丁初登大位之时，这座恢宏的神殿已经建造了五百年，却仍未完工。

在那之前几年，犹豫不决的戴克里先曾在迪迪玛（Didyma）就是否该继续打压基督徒之事询求阿波罗的神谕。此后不久，一名基督教作家描述了这个故事，称神谕对皇帝派去的占卜者的回答正是“与上帝的宗教为敌者会说出的话”[8]。

10年之后，情况发生了史无前例的逆转——基督徒展开了报复。公元313年，基督徒煽动逮捕了迪迪玛的一名高级祭司，他是能将女预言家神秘难解的话语翻译成优雅的希腊语的人之一。彼时，包括他在内的一众预言家“在罗马法庭的残酷折磨下供称，那一切只不过是人类的欺诈妄想，是场精心策划的骗局”[9]。

这同样也是另一名基督徒的看法。此人就是为君士坦丁效力的优西比乌。他自然会将迫害视作针对基督徒的阴谋的一部分，而传统神谕则纵容了这种阴谋。事实上，无论迪迪玛的祭司们在严刑之下给出了怎样的供词，实情很可能是，他们只不过是依照自己对世界的传统看法回复了戴克里先寻求的神谕。

当社会规范有可能受到威胁时，罗马当局就会采取行动。在君士坦丁时代，“规范”就是基督教信仰。皇帝已经正式认可了基督教，并用帝国的资金修建基督教堂。在这个对于基督徒而言的革命阶段，大多数人可能对宗教领域的纷争并不感兴趣，但即便是少数狂热者也能制造出不少麻烦。随着公元4世纪的到来，旧宗教的践行者中开始出现一种新的防范心理。

爱琴海东部的希腊帕特莫斯岛（Patmos）上有座11世纪的希腊东正教修道院，是为了纪念早期的基督教圣人、传福音的约翰（John Evangelist）而建。据说，他于公元90年在附近的一个岩洞里写作了《新约・启示录》（*Book of Revelation*）。

除了其他景观之外，来到这座修道院的人还可以参观一所陈设精美的博物馆。展馆里满是盖有金印的帝国法令文件和皇帝敕令、中世纪的手稿和各种做礼拜仪式用的物件，相比之下，角落里摆放的该岛前基督时代的文物显得有些不太协调。在这其中，有一件铭文的历史价值远远胜过旁边的其他残片。

贴着博物馆的墙壁，一块多少算是完好无损的石板上刻着16行古希腊文诗歌。铭文的时间难以确定，但从字体判断可能不晚于公元4世纪早期。作者是个不知名的诗人，赞颂的是一个名叫维拉（Vera）的女性为侍奉女神阿耳忒弥斯所做的杰出工作，后者在该岛上有座圣殿。

根据碑文记载，她是某个名医之女，出生在这个岛上，在距此不远的小亚细亚大陆长大成人。此后，她回到帕特莫斯，当了女神的祭司。诗歌生动地讲述了她的首要责任是“在祭坛向帕特莫斯的女神献上用适当的方式屠宰的、仍在抽搐着的小羊胎”[10]。诗文中没有详细提及，但维拉大约是亲自操刀，这是古老的宗教崇拜中作为祭司的传统职责。这段碑文不同寻常之处在于，它在开篇如此强调这项在希腊和罗马世界中极其寻常的宗教活动。

有些学者推测，之所以要以这种方式强调维拉的行为，乃是因为在诗歌创作的那个年代，血祭已不再如过去那般寻常。维拉和她的宗教伙伴们有可能正是由于不敢在小亚细亚大陆的城镇里进行血祭，才一路来到相对封闭的帕特莫斯。根据古代作品记载，在君士坦丁统治时期，帝国东半部地区的异教寺庙曾被基督狂热分子袭击，有时罗马官方也参与其中。

若某个罗马统治者引起了小说家的兴趣，通常意味着此人的生平可圈可点。美国作家戈尔·维达尔（Gore Vidal）在1964年发表的小说里就写到了皇帝尤利安（Julian，公元361—363年在位）。有书评家这样定义历史小说，说此种体裁的作品“不是历史，而是富于想象力的再创作，是一座梦想的大厦”[11]。这后半句话恰好可以用来描述尤利安本人，他也相当勤奋地致力于建立“某种梦想的大厦”。

君士坦丁的侄子尤利安也是个“小个子”。他在位仅短短16个月，就在公元363年与波斯人的战斗中被杀，时年32岁——与亚历山大大帝死在美索不达米亚时同龄。在其他方面，尤利安与哈德良更相似。他接受过良好的教育，崇尚古典希腊文化，包括斯巴达文化，尤其热爱雅典文明。

尤利安是个怀抱理想主义的年轻统治者，有心打破等级壁垒。当时的一名作家，也是他的崇拜者，描述了他依照罗马的老式道德传统，抨击奢靡生活、消减宫廷太监的奢侈品、恢复军队纪律的行动。出乎意料的是，他还想干涉宗教事务，维护罗马诸神。这个成长在基督教家庭中的秘密异教徒，直到登上宝座才“原形毕露”。

由于他的登位完全是凭借出身，专家们无法确定他的罗马宗教复兴计划究竟有多少支持者，甚至无法确定这个计划究竟是怎样的。据说，他颁布了一些法令，“下令重开神殿，为祭坛奉上贡品，恢复对诸神的崇拜”[12]。通过古代文献，我们可以从此次宗教反击中得出这样一种明确的印象：彼时基督教对古代宗教的蚕食越发严重。

例如，尤利安被告知，基督徒们将基督教圣徒的遗物带到了神谕宣示所附近，甚至带入神殿中，显然是想以此干扰神性，让神谕者沉默。对此，他下令烧毁迪迪玛阿波罗神殿附近的教堂里为此目的而存放的遗物。

所谓的宗教不宽容在双方都有。就连可敬的罗马历史学家阿米亚努斯·马塞利努斯（Ammianus Marcellinus）也认为，与他同时代的尤利安禁止基督徒教授文学或公共演说的命令有些过火。尤利安此举背后的目的似乎是为了限制基督教对社会精英阶层年轻人的影响。

专家们想知道，他是否有野心更大的“改革”异教的计划。关于这个问题的争论还伴随着他秘而不宣的个人宗教态度，对于后者，我们通过留存下来的他本人的文字有了不少了解。这么说吧，那个年代，在尤利安这样心思缜密的人看来，旧宗教已发生了很大的变化。公元前7世纪，希腊中部某个虔诚的信徒在献给阿波罗的青铜像上刻下铭文：“曼提克洛斯（Mantiklos）让我作为第十个向神射手、银弓的持有者献祭的人。福波斯（阿波罗），请给予回报吧。”[13]这种不加掩饰的“我献祭你赐福”的想法是旧宗教的核心理念，献祭的东西各种各样，包括维拉献上的无数动物及其胎儿。到了尤利安时代，则有“身着长斗篷、举止高傲的人”[14]为少数受过教育的人提供更深奥的表演。

根据公元4世纪的基督教作家对典型的古代哲学家外貌的描述，破烂的披风——这是为了向苏格拉底的破衣烂衫致敬——几乎成了他们的职业制服。

一名古代作家遇见了曾教导过年轻尤利安的哲学家马克西穆斯（Maximus）。彼时，他已垂垂老矣，却仍令人印象深刻，尤其是他的演说：

> 他的声音……宛如发自荷马史诗中的雅典娜或阿波罗。他的眼眸一闪一闪，好似在说话；他蓄着长长的花白胡须，目光中流露着灵魂的灵动……与他交谈时，就连最见多识广、最能言善辩的人也不敢反驳，只能默默地屈从、认可他所说的，就如同那话语来自神谕；他真是妙口生花。[15]

从那个时代的风格判断，这个马克西穆斯是名哲学圣人。他致力于当时在异教徒智者中非常流行的对柏拉图哲学的神秘改编。他也表演奇迹，比如这名古代目击者所记述的：

> 他点了一支香，默默念诵着某种赞歌，他的法术如此强大，女神像起初开始微笑，继而甚至大笑起来。我们都为这一幕惶惶不安，但他说："别害怕，很快，连女神手持的火炬也会点燃。"他话音未落，那火炬就开始燃烧。然后，我们带着对戏剧般的奇迹的惊叹离开了。[16]

尽管年轻的尤利安被此类高级智慧深深吸引，但他在宗教领域举足轻重。他对基督教典籍知之甚多，完全可以指出《圣经》中的上帝缺乏善的神性。作为皇帝，他逆转宗教潮流的尝试将会导致怎样的结果？这很难说。因为成为罗马最高统治者后不到六个月，他便开启了谋划已久的对帝国东部萨珊波斯的战争。

与罗马将军们早年在东部边境的多次尝试一样，此次军事行动也一败涂地，总司令本人亦丧了命。根据当时在尤利安军中效力的阿米亚努斯记载，波斯人出其不意地伏击了皇帝。“忘了”[17]穿盔甲的皇帝没有骑马，只拿了一面盾牌投入战斗，结果被敌人的长矛刺穿“肝脏下部”。

尤利安死在了军帐里。这次挫折给帝国安全带来的影响远比他对罗马宗教的短期修补严重得多。为了让剩余军队安全地撤退，罗马屈辱地同意将底格里斯河东岸的五个省割让给波斯国王。被移交的罗马城堡中包括唯一一个两国商人均可合法进行贸易的城市尼西比斯（Nisibis），也就是今天位于土耳其和叙利亚边境的库尔德（Kurdish）城镇努赛宾（Nusaybin）。罗马人再也没能夺回该城。

大约在同一时期，生活在黑海北部的一个游牧民族越过了罗马帝国的多瑙河边界，开始令他们的西方邻居寝食难安。当时的罗马历史学家、来自伟大的罗马城市安条克——即如今位于土耳其东南部的安塔基亚——的儒雅绅士阿米亚努斯，向读者们生动地描绘了这些草原上的麻烦制造者。

他们的衣服是用田鼠皮缝制而成的。他们在马背上生活，甚至睡觉也不下马。他们吃“任何动物的”生肉，骑在马上把肉放在两腿间切割、温热。他们在男孩一出生时就划破他们的面颊，好让伤疤在青春期长了胡子之后也能显露出来。这些人自然是“丑得可怕”“野蛮得超出想象”。此处登场的是Huni，也就是我们如今所说的匈奴人，一个喜欢“沿途掠夺、毁坏一切”[18]的蒙古部族。

匈奴人的暴力推进打破了欧洲东南部地区的平静。生活在那里的人们被罗马人称为哥特人（Gothi），是我们所知的最早说“日耳曼”

方言的民族。哥特难民们在首领的带领下开始涌向多瑙河北岸。他们向罗马皇帝发出了寻求安宁生活的庇护的信息，承诺若被允许进入帝国并在位于如今保加利亚的地方安顿下来，就将为罗马而战。

瓦伦斯（Valens）皇帝默许了。不过，这种默许更多的是因为懦弱，而非实力。接着，便出现了悲惨的一幕：

> 他们连续好几天夜以继日地利用船只、木筏、空心树干过河。由于这条河是迄今为止所有河流中最危险的，且连续的降雨导致河水上涨，加之人太多，很多人都在与波涛搏斗、试图游过对岸的过程中淹死了。[19]

皇帝下令给这数万难民提供食物和可耕种的土地。然而，官员们未能有效执行命令，新来者受到了恶劣的对待。两名负责的罗马将军甚至借机大发横财，用狗作食物换取哥特儿童为奴。难民们被赶到荒废的土地上。一系列事件最终使得瓦伦斯亲自率领帝国军队开赴“世界上争夺最激烈的地区”[20]。

此话出自当代一位著名的军事史学家之口，他提到了在土耳其欧洲部分的埃迪尔内（Edirne）附近发生的15场战斗或围攻。沿着河谷的三条“行军大道”在大平原的一侧会合，另一侧就是伊斯坦布尔——彼时的君士坦丁堡。哥特人顺着其中一条大道而来，他们的营地或许就在埃迪尔内——即彼时罗马的亚德里安堡（Adrianople）——之外，如今名为马拉查里（Muratçali）的村庄里。为了保护妇女和儿童，他们用马车组成了车阵。

公元378年8月的一天，哥特人占了上风。这名并不擅长指挥的罗马皇帝没有听取等待援军的建议。哥特人放火焚烧庄稼，烟熏敌人，接着趁罗马人阵脚未稳便发动进攻。罗马军队有至少三分之二阵亡，连皇帝本人也丢了性命。

在随之而来的紧急形势下，新皇帝狄奥多西一世（Theodosius Ⅰ）接过了对哥特人的作战指挥。尽管战争又持续了四年多，但他仍无法有效击败哥特人。交战双方于公元382年签署协议。协议的内容正如瓦伦斯最初承诺的那样，罗马人给哥特人部分土地——很有可能是如今保加利亚的某个地方，换取后者的军事效忠。

亚德里安堡的军事惨败意味着，罗马的兵力无法再以过去那种方式彻底征服、统治哥特人。在政治上，哥特人有了属于自己的领地，他们在自己的首领的统治下保留着自己的风俗习惯，包括蓄胡子、穿长裤和兽皮衣，以及其他非罗马式的衣着。

当这场移民危机在欧洲东南部平原上演之际，另一个古老世界的车轮仍在滚滚向前。希腊南部，两个十几岁的兄弟正手缠皮革带为他们生活中的重要时刻进行训练。九个世纪前，雅典陶罐绘师首次描绘了这些年轻人孜孜以求精通的两种格斗运动：搏击（拳击与摔跤的结合体），以及单纯的拳击。

得益于1994年在奥林匹亚发现的一块带有铭文的铜片，我们对这两个年轻人略有了解。铭文记载，兄弟二人先后成为青年奥林匹克冠军。不过，该发现真正的价值在于其明示的年代。铜片上的希腊铭文记载的是第290届和第291届古代奥运会，也就是公元381年和公元385年[21]。当时古代奥运会仍在举办。若干年后，也就是公元391年，上文提到的狄奥多西一世，另一个基督教皇帝，颁布了如下禁令：

> 所有人，无论来自哪个阶层，无论多么体面，无论是否有权有势或享有荣耀，无论出身高贵还是卑贱，无论其法定

地位或财富如何，皆不得在任何地方或在城内向毫无意义的形象献祭无辜的牺牲。[22]

自古以来，血祭就是古代世界集体和个人崇拜众神的核心仪式。现在，这条新敕令明确晓谕全帝国的贵族与良民，崇拜旧神就是支持失败者。狄奥多西并没有特别针对某个庆典，但在奥林匹亚举办的竞技会终止了，那里的很多祭坛上也不再有祭品，包括宙斯的大火山锥。长久以来由当地地主家庭供养的祭司也消失了。

就在这条敕令颁布前，皇家随行人员已经目睹了教会新势力令人惊叹的公开展示。公元390年，同样是这个脾气暴烈的狄奥多西皇帝，让自己的军队肆意攻击居住在如今希腊北部塞萨洛尼基的平民。此举是对民众暴动的报复。在那次暴动中，当地人私刑处死了一名“军队首领”、帝国的最高级将领之一。

据说，有7000人在这场不受法律约束的大屠杀中丧命。之后，伪善的皇帝像往常一样去教堂祷告，却被主教斥责，不被允许进入教堂，也就是说，被逐出了教会。当世俗的与精神的两股势力最终达成协议时，便出现了中世纪的另一个征兆——帝王忏悔的不寻常场面：

皇帝鼓起勇气走进神圣的教堂，心中充满信仰，既没有站着也没有跪着祷告，而是扑倒在地。他撕扯着自己的头发，捶打着前额，泪流满面，恳求上帝的宽恕。[23]

对将军的私刑为我们推开了另一扇可以窥探那个变化中的世界的窗户。他的名字——布特里克（Butheric）——暗示他具有日耳曼血统。公元5世纪，一名撰写历史的罗马律师声称，他的死是由他早先囚禁的一名颇受欢迎的马车夫引发的，后者偶然遇到并勾引了将军的酒侍[24]。塞萨洛尼基的热情车迷们在马车赛前嚷嚷着要求释放车夫，将军的拒绝引发了暴乱。

大体而言，在如将军这样的精英家庭中，酒侍通常由长相俊秀的年轻人担任，以效仿宙斯的酒侍、传说中的甘尼米（Ganymede）。有些现代作家从中看到了正直的“日耳曼人”（将军）与堕落的“希腊人”（马车夫）之间的文化冲突。又或者，将军仅仅是出于嫉妒，因为他自己也中意那年轻人。

关于布特里克其人，更可信的一点是，从他身上可以看出罗马野战部队对“野蛮人”兵源的依赖程度日益增加。在尤利安皇帝治下，此类军队往往只在不超出阿尔卑斯山的范围内才会为罗马而战。罗马帝国居然会接受来自军事辅助者的这种带有羞辱性的约定，想必当时的形势相当绝望。

围绕使用外国军队的历史趋势，虽然多年来一直争论不断，但我们并没有多少了解。正如一名历史学家所言，“谁可以携带武器是个相当严肃的问题，对该问题的决定涉及微妙、复杂的考量”[25]。

例如，帝国招募“野蛮人”是由于人力短缺，还是恰恰相反，是由于帝国不想招募自己的臣民，好让他们有健全的身体从事税收所依赖的农业生产？皇帝的贫穷属民们不愿参战，是因为长久以来已习惯了地中海核心省份的文明生活，还是对帝国日益增长的威权主义和控制有了清醒的认识，又或者是因为基督教具有让更多人关注来世的副作用？

与此同时，那些不速之客，也就是哥特定居者们，并不满意。我们现在就来说说他们的事。

第二十一章　分则亡——双国记

在现代伊斯坦布尔，还保存着另一座罗马帝国后期的宏伟纪念物，那是一座方尖碑。很显然，皇帝们对这种以阿斯旺花岗岩为材料，高大、挺拔而又充满古埃及异国情调的塔形建筑情有独钟。在狄奥多西一世统治时期，一如400多年前奥古斯都时代那样，将方尖碑运回罗马重新搭建，乃是对帝国实力的宣示。

这座特殊的方尖碑被安置在一个石质基座上，基座一周雕着图案，上面的拉丁铭文写着“一切属于狄奥多西和他永恒的后代”[1]。一侧的画面中，狄奥多西一世出现在君士坦丁堡竞技场的皇家包厢里，身边是他“永恒的后代”，即他的两个儿子。彼时是公元390年，两个男孩尚未成年。

支撑这种帝国统治想象的乃是一种普遍存在的罗马式观念，即罗马人居住的文明帝国以外有个“野蛮人”的危险世界。这种根源于希腊思想的古老观念直到公元4世纪晚期也未有丝毫淡化，彼时的皇帝们像其前辈一样对此津津乐道、热情不减。

在同样是这个狄奥多西统治时期发行的金币上，全副武装的罗马皇帝——在拉丁传说中被描述成“我们的主”——手持胜利女神像，脚踩被征服的野蛮人。此处似乎意在传达一种信息，即罗马皇帝的世代统治是对抗屡屡进犯帝国边界的非罗马人的最好防御。

这种罗马人对抗野蛮人的修辞越来越背离现实情况。正如我们所见，公元4世纪，罗马帝国已欣然接纳“野蛮人”加入军队，在罗马领土内安置的野蛮人数量也超出了以往。通过跻身军官阶层，诸如布特里克这样的人可以在帝国名利双收，他已然用自己的方式成了罗马人。显然，公元4世纪西部的罗马社会的种族和人口结构正在改变。

公元395年，狄奥多西在去世前安排好了后事，让他的两个儿子联合执政，12岁的长子统治东半部，11岁的次子统治西半部。出于现实考虑而实行的这种分而治之的方式以前也曾有过，结果不一而足。此次，这样的安排将要受到严峻考验，借用英国首相哈罗德·麦克米伦（Harold Macmillan）的话说，“大事啊，亲爱的孩子，要出大事了”。

短短12年内，日耳曼入侵者屡屡进犯帝国的欧洲各行省。对罗马帝国的认知促使日耳曼各部族采取联合行动，罗马军队失去了抵抗能力。专家们提出，这些部族或许已经感受到了一种共同的“日耳曼人”身份。虽然从早期的日耳曼方言考量，各部族之间的沟通难度不一，但他们显然能够彼此理解。

公元407年，大批被罗马人称为汪达尔人（Vandals）、阿兰人（Alans）和苏维人（Suevi）的部族越过莱茵河，令罗马高卢陷入混乱。趁着灾难之机，一名在不列颠的罗马将军自立为帝。对不列颠继而陷入混乱的担忧似乎是促成将军自立为王的原因，因为这个篡权者接着便率领不列颠野战部队越过海峡，向入侵者发动攻击，将他们赶到了南方。

不幸的是，时年20多岁、体弱多病的西罗马皇帝的左膀右臂已被其他地区的军事危机弄得焦头烂额。狄奥多西时代迁入帝国、在如今保加利亚一带定居下来的哥特人也不安分。此外，东西罗马两个朝廷之间争执不断，因此，当时东罗马不可能向西罗马伸出援手。

哥特人发现自己在罗马帝国不受欢迎，在此压力之下，他们联合其他日耳曼部族，组成了一个较大的政治组织。最早将这些合并在一起的人称为“西哥特人”[2]（Visigoths）的是公元6世纪的一名罗马作家。已故的皇帝曾利用这些军事定居者充当最前线的炮灰。随着实力的增强，西哥特人不愿再履行当年与狄奥多西一世签订的一纸协定，冲突由此而生。

西哥特人的首领名叫阿拉里克（Alaric）。他既是“罗马人”也是“哥特人”，曾指挥自己的民众为罗马军队效力。如今，他想拥有更多荣耀，想成为一名真正的罗马将军。突破莱茵河边境一年之后，他率部族越过了阿尔卑斯。

公元5世纪初的罗马城拥有数十万人口，是艺术和建筑的宝库，且数百年来积累了大量公共和私人财富。处于社会阶层顶端的是元老，他们的议事厅由于后来演变成中世纪教堂而得到了完好保存，至今仍矗立在罗马广场的废墟中。

皇帝们早已不再就国家大事向罗马的元老们寻求意见。因此，到了公元410年，这个多少有些被遗忘的机构发现自身陷入了真正的危险境地中。约有四万之众的西哥特军队在罗马城外安营扎寨。谈判失败后，愤怒的围城者破城而入。

现代学者们认为，历史夸大了接下去发生的事。重读古代作家的记录，他们发现了建筑受到有限度破坏、大量抢劫和部分强奸行为的证据。当时德高望重的教士、后来的圣人奥古斯丁（Augustine）为这些受害的基督徒女性提供了冰冷的安慰：“上帝的审判凡人难测，他允许某些最骇人听闻的、最邪恶的欲望肆意上演。”[3]

然而，西哥特人的破坏并没有带来决定性的转折。作为一个城市，罗马似乎重新复苏了。有些富人逃走了，以难民的身份来到非洲和埃及海岸。另一些人留了下来，比如当时一名叫阿西留斯·格拉布里奥·西比狄乌斯（Acilius Glabrio Sibidius）的资深元老一家[4]。我们在此不得不叹服古老门第的生命力。这个名字的头两部分说明，该家族从理论上可以追溯到我们在本书第十四章提到的罗马将军、公元前191年担任执政官的马尼乌斯·阿西留斯·格拉布里奥。公元480年，西哥特人洗劫罗马之后又过了70年，罗马元老院里依旧有西比狄乌斯后代的一席之地。

此役之后，精明干练的西罗马帝国总司令招募西哥特人入伍，以对抗来自莱茵河对岸的入侵者，并在这些日耳曼人的帮助下将后者赶回了罗马治下的西班牙。公元418年，经双方协议，他将西哥特人以军事移民的形式安置在罗马的高卢省，其首府就在如今的波尔多（Bordeaux）以南。

这些定居者究竟是如何生活的？这是个尚有争议但相当重要的问题，答案将会进一步揭示西哥特人究竟希望从帝国得到什么。有些人被分配与当地居民一起生活，由后者提供食物、衣服和钱饷。一名古代作家言之凿凿地称，部分人甚至得到了耕地。我们尚不清楚这些土地是取自罗马的土地所有者手中，还是被遗弃的荒地。但至少可以说，西哥特人在罗马帝国内寻求的是安定的生活。由于他们没有留下特别的考古线索，有些专家推测，他们想必采用了罗马人的生活方式。

与此同时，罗马人强有力的反击促使莱茵河对岸的日耳曼游牧部族强化自身的组织。彼时，他们已经离开了高卢，转战西班牙。他们的天才领袖认为，眼下最好的选择是率领部族在罗马的阿非利加北部生活。这片区域在公元429年所覆盖的领土相当于从今天的加迪斯到摩洛哥（Morocco）。据一名东罗马作家记载，这个好战的、被罗马人称为汪达尔人的部族约有八万人。另一名作家则出人意料地用敬重的笔调留下了对其首领盖塞里克（Gaiseric）的描述：

> ……（他）中等个头，因从马上摔下来跛了足。他是个深思熟虑、少言寡语的人，不喜奢靡，能克制怒火，不贪婪，精于笼络野蛮人，善于播下仇恨的种子。[5]

在漫长而成功的一生中，盖塞里克及其追随者击败了罗马的北非军队，为自己夺取了土地和财富，并逐渐形成了一个以现代突尼斯为中心的稳定的国家。公元439年，他们征服了该地区的罗马重镇、自重建以来长期作为罗马殖民地的迦太基港。

这使得他们拥有了入海口。利用这条曾对古腓尼基的迦太基人而言至关重要的通往西西里的捷径，盖塞里克可以乘着新近获得的船只进入意大利。公元455年，他率领部下，效仿当年的阿拉里克攻入罗马。这一次，他们做得更彻底，洗劫了皇宫宝库，掠走了三名皇室女性。

公元6世纪的一名东罗马作家无情地揭露了汪达尔人占领期间平民的经历：

> 他（盖塞里克）掠夺了剩余利比亚人（即罗马帝国的阿非利加人）的大片大片肥沃的土地，分给汪达尔人，结果这些土地直到现在仍被称为“汪达尔人的土地”。很多曾经拥有土地的人如今都变得极度贫困，同时也成了自由人，可以想去哪儿就去哪儿。[6]

正如这名历史学家暗示的，现在，来自阿非利加的罗马难民们开始向北涌入西西里和意大利。盖塞里克的野心对欧洲各省构成了新的威胁。那些年，为了重新建立中央对北方边境的控制，西罗马将军们一直照例招募野蛮人入伍。这一次，他们招募的是匈奴人。联合部队击败了另一支日耳曼部族勃艮第人（Burgundi）。骁勇的匈奴首领阿提拉（Attila）也照例在接受罗马命令的同时索取大量钱饷作为军事佣金。

公元441年，尚不满足的阿提拉率领久经沙场的匈奴人渡过多瑙河。彼时，东西罗马帝国正设法合作抵御阿非利加汪达尔人的入侵，该计划只能草草搁置。这些匈奴人已不再是公元4世纪罗马人噩梦中那些穿着鼠皮的野人。他们有了攻城车，占领了罗马的要塞，甚至包围了君士坦丁堡，但巨大的岸壁证明——且不是最后一次证明——此城几乎坚不可摧。

种种迹象表明，阿提拉的部下大多被劫掠的欲望所驱使。当时的一名作家记述了阿提拉如何世故地派遣朋友为使节前往君士坦丁堡，因为他们指望东罗马宫廷会送上大量礼物。这名作家叫普利斯库斯（Priscus），是东罗马的外交官，他留下了一份相当有趣的关于公元449年君士坦丁堡使节拜访阿提拉的亲身经历。

普利斯库斯和他的使节同伴们渡过多瑙河，被引领着穿过陌生的地区，来到阿提拉的驻地。此处位于如今的匈牙利和塞尔维亚边境。他是这样描述这名大人物的："他个子不高，胸膛宽阔，大脑袋，胡子稀疏、花白，鼻子扁平，肤色黝黑。"[7]

正如普利斯库斯注意到的，尽管阿提拉的木质宫殿里堆满金子，他却只用木碗喝水。这一幕让罗马外交官觉得，正如几个世纪前马其顿的亚历山大，这个匈奴首领本人渴望的不是财富，而是权力和领土。有传言说，他盯上了萨珊波斯。不过事实上，在与东罗马人达成协议，接受君士坦丁堡的每年进贡之后，阿提拉将目光转向了西罗马。

然而，意外地，他在这里遇到了对手。当时的西罗马皇帝是狄奥多西一世的无能孙子，帝国的实权掌握在他的总司令手中。这名干练的军人将罗马军队整合在一起，其中也包括来自法兰西西南部的西哥特人，后者当时已发展成一个有自己的国王的国中之国。接着，他在如今法国东北部的香槟区（Champagne）大败阿提拉，那是公元451年。两年后，匈奴首领意外地死于自然原因，而他的帝国也如亚历山大的帝国一样，立刻分崩离析。

西罗马的其他地方也随之与阿非利加一样进入了次罗马世界。罗马文献中提到，自公元407年莱茵边境地区被攻破之后，西罗马皇帝放弃了罗马不列颠行省，那里既没有中央派遣的官员，也没有野战部队。大英博物馆保存的一份中世纪手稿描绘了接下去发生的事情。该手稿原封不动地引用了公元5世纪中叶的拉丁编年史，其中，公元441年的条目是这样写的："到目前为止已遭遇了各种灾难与不幸的不列颠省现在落入了撒克逊人的统治。"[8]

这些撒克逊人是日耳曼人的一支，他们早在两个世纪前便首次渡过海峡，给不列颠人带去了麻烦。为了了解公元5世纪时不列颠的情形，考古学家们试图寻找该时期生活的蛛丝马迹。生活在英格兰东南部多切斯特（Dorchester）及其周边地区的罗马不列颠人有可能直到公元450年依旧在使用其独特的粗陶制作工艺。[9]专家们认为，到公元5世纪早期，哈德良长城[10]的要塞里仍有人居住。至于那是些什么人，目前无从判断。

至于公元5世纪的意大利，则不断朝中世纪迈进。在如今巴西利卡塔（Basilicata）的山村地区，从那不勒斯南部沿海平原的帕埃斯图姆（Paestum）希腊神庙向内地进发，考古学家们找到了大量那个时期遗留下来的乡村房屋。这片考古发掘现场叫圣乔万尼迪罗提（San Giovanni di Ruoti），从中出土的精美的马赛克地砖如今就保存在附近的博物馆里。

不过，挖掘者们也惊讶地发现了一些非罗马风格的元素。

看上去像是餐厅的房间又细又长。这样的房形适合就餐者坐在矩形桌边进餐，而非如当时的罗马上等人那样，懒洋洋地躺在半圆形长榻上，面前摆着餐桌。此外，这里的居民们没有受过家务训练的罗马奴隶为他们清理垃圾，只是将垃圾倒在大门外，甚至堆在空房间里。考古学家们认为，这些居民是新来定居的日耳曼人，他们一方面希望像罗马贵族那样生活，但同时仍在一定程度上保持着自己的风俗。

西罗马帝国虽在战场上节节败退，但软实力依旧不可小觑。若干年前，我参观了一所位于拉文纳（Ravenna）的公元5世纪的小教堂，那里距我当时所在的威尼斯只有一天路程。我还记得仰望教堂穹顶时看到的那令人炫目的景象——数百颗金色的星星环绕着一个金质十字架，在深蓝的夜空中闪耀。整座建筑内部贴满了美丽的马赛克，置身于其中就如同走进阿拉丁的藏宝洞。

这一瑰宝的出资人是一名公主，狄奥多西一世的女儿。她在拉文纳度过了短暂的一生，于公元450年香消玉殒，仅40岁上下[1]。在那个动荡不安的年代，西罗马宫廷搬迁至此，偏安于波河的沼泽三角洲，由此经海路可以逃往东罗马帝国。这位加拉·普拉西迪阿（Galla Placidia）公主的出身和个人品质令她成为政治上举足轻重的人物，尽管——一如希腊和罗马那些著名的女性一样——她是借助与有权势的男性的关系才获得了塑造历史的机会。

罗马遭洗劫后，她在西哥特人的军营中当了三年人质，此后嫁给了阿拉里克的继承人、西哥特的新领袖，并生下一子，可惜幼年早

[1] 加拉·普拉西迪阿公主据史出生于公元390年，因此过世时应是60岁。此处恐为作者讹误。——编者注

逝。外交官普利斯库斯详细描述了这段婚姻，从中看不出任何强迫的迹象。如今的专家们认为，尽管罗马人可能反对皇帝的女儿与同死敌阿拉里克沾亲带故的野蛮人结合，但她的婚姻是出于自愿。丈夫去世后，她再婚，这一次嫁给了罗马人，并以摄政王的身份辅佐儿子长达12年。这个儿子就是公元425年继承王位的瓦伦提尼安三世（Valentinian Ⅲ）。

阿提拉死后，有一两个短命的西罗马皇帝继续率领罗马军队对抗野蛮人，试图夺回高卢或阿非利加。但在彼时的形势下，成功反击绝非易事。失去了这么多行省，尤其是阿非利加的财富，意味着西罗马帝国的战争经费和兵员储备急剧缩水，这一点，从西罗马利用野蛮人对抗野蛮人的习惯便可略知一二。虽然具体情况尚不清楚，但到了公元5世纪70年代，西方的罗马军队已开始瓦解。

引发西罗马帝国衰落的移民时代尚未结束。早期的入侵者和他们已成为定居者的后代开始在过去罗马的土地上建立起自己的国家，其他人则陆续不断地涌来。更有甚者，大批被罗马人称为东哥特人（Ostrogoths）的哥特族群也在多瑙河以南集结。

在此背景之下，一名西罗马的蛮族人罢黜了皇帝。此人叫奥多亚克（Odoacer），是罗马军队的指挥官。公元476年，

> 他进入拉文纳，罢黜了奥古斯都路斯（Augustulus）的王位，但出于对年幼的皇帝的怜悯，没有夺其性命。鉴于小皇帝长相俊美，他又给了他6000金币，送他去坎帕尼亚（Campania），让他以自由民的身份和家人生活在一起。[11]

奥多亚克的部下们希望在意大利安顿下来。不过，奥多亚克没有

称帝，只是满足于做个“意大利王”。在随后的那个世纪里，东罗马的作家们把这一时刻描绘成西罗马帝国的“灭亡”。该说法是为了呼应公元6世纪东罗马皇帝对“野蛮人的”意大利的重新征服。我们接下来详述。

在当时的意大利，年轻的罗穆路斯——这个“小奥古斯都”的名字——被罢黜之事似乎并不意味着与过往的决裂。几年之后，也就是公元5世纪80年代，拥有高贵血统的阿西留斯·格拉布里奥·西比狄乌斯的三个曾孙成了罗马执政官。尽管如此，西罗马皇帝宝座的世代相传终于还是走到了尽头。继奥多亚克之后出现了另一名意大利王，这一次，是个罗马化了的东哥特人。

移民时代的到来也给东罗马人带来了巨大压力。不过，地缘政治对他们更有利。公元4世纪的匈奴人将日耳曼邻居们赶到了多瑙河和莱茵河沿岸的罗马边境地区。阿提拉的匈奴人可以从陆上逼近君士坦丁堡，但始终未能获得从巴尔干向富饶的罗马行省小亚细亚、叙利亚和埃及发动进攻的海上力量。这一切都保证了君士坦丁堡皇帝们的财政基础，并为抵御东线的萨珊波斯提供了必要的资源。

这些皇帝中有一名堪称公元6世纪地中海地区的杰出人物，或许也是所有罗马统治者中遭下属口诛笔伐最甚者。

> 这个皇帝虚假、诡计多端、伪善、善于掩饰自己的怒火、两面三刀、精明，是个装模作样的高手，甚至能假惺惺地流泪。他的眼泪不是出于喜悦或悲伤，而是形势所需，没有半点真诚。[12]

在当时写下这种抨击性的文字相当危险，因为被攻击者仍然大权在握。这篇秘密文字在君士坦丁堡精英阶层的小圈子中流传。看来，这名统治者不仅在普通民众中引发了不满，在精英阶层中也受到批评。

有趣的是，该作者一开头就明确表示，他的抨击对象直指皇帝和皇后，绝不留情：

> 常常在剧院里，在众目睽睽之下，她脱下衣服，赤身裸体地在众人之中穿行，只在私处和大腿根系上一条腰带，不过，这也不是因为她羞于将这些部位展示给民众，而仅仅是因为任何人不得全裸进入剧场，至少得缠条腰带。她就这副打扮，摊开四肢仰面朝天躺在地上。一些奴隶将麦粒撒在她的私处，而特意准备好的鹅则一颗一颗地将麦粒啄起来吃掉。[13]

和如今一样，情色表演者在那个年代很难不出名。历史上那些登上社会顶层的女性鲜有能免遭我们如今所说的性别攻击。在这名作者——一个为皇室效力的东罗马帝国男性——眼中，这则故事真正骇人之处在于卑微的出身和高贵的命途之间的反差：皇后早年曾是社会地位低微的演员。

当上皇后的她并没有完全依附于丈夫，她在公共生活中的独立活动则进一步加深了那名作者的不满。这个名叫普罗科匹厄斯（Procopius）的作者还试图歪曲皇后——用我们今天的话说——对公益事业的支持，比如对妓女的帮助。或许是凭借对社会环境的个人认知，她认为出卖情色是由贫穷导致，并用一种相当现代的方式来处理：

> 西奥多拉（Theodora）还亲自制定对出卖肉体之罪的惩罚。比如，对500多名在集市中央以3个银币——刚刚够维持

> 生存——的价钱做交易的妓女，她把她们集中送往对面的大陆，并将她们监禁在所谓的忏悔院里，试图强迫她们以新的方式生活。有些妓女在夜晚从高处跳下，以此逃脱这种不情愿的转变。[14]

尽管名声受到古代作家的抹黑，但西奥多拉的丈夫、精力旺盛的统治者查士丁尼（Justinian，公元527—565年在位）同样是名大胆的改革者。怀俄明大学收藏了一份长达4521页的文稿，是一名1971年逝世的美国法官花费数年时间，根据查士丁尼执政头几年间委托编纂的罗马法原本翻译的[15]，这份未出版的英译稿是现代人对查士丁尼在古罗马生活领域取得的成就的致敬。

据说，查士丁尼亲口解释了自己雇用一批专业人员做此努力的原因：

> 在一切领域中，没有什么能如法律权威这般值得研究，法律在神圣与世俗两方面都树立了良好的秩序，清除了所有不公。然而，我们发现，我们的整个法律体系从罗马建城和罗穆路斯时代已落到了如今这般混乱的地步，过分冗长，超出了任何人的理解能力。[16]

自我们早先提到的古老的十二表法以来，罗马法已走过了漫长的发展道路。查士丁尼的浩大工程旨在厘清经数世纪的立法活动而变得相当庞大的法律体系中的矛盾。此举在实践中的益处是加快了罗马法庭的运行，并为当时东罗马帝国两所法律学校的学生提供了可靠的教科书。罗马遗产不是本书的主题，但以此为主题的书籍定会对查士丁尼的这项工作大书特书，因为他的法典影响了中世纪及以后的欧洲法律体系。

查士丁尼的另一项不朽工程是位于如今伊斯坦布尔老城的索非亚博物馆（Ayasofya Müzesi），在查士丁尼时代，这座建筑被当时的人们称为“大教堂”，且因其“高悬天宇的金色穹顶”[17]而被赞为奇迹。查士丁尼的大手笔让人们回忆起哈德良皇帝，这不仅是因为二者都资助了大胆、新颖的建筑，比如这座索非亚大教堂（Haghia Sophia），也因为二者都修筑了防御工事。

我20多岁攻读博士学位时，为了研究古代碑文，曾进入科林斯考古博物馆布满灰尘的储藏室，也因此经常路过博物馆庭院内一堵墙上的刻着希腊文的石板，石板上写着：“光芒中的光芒，真神中的真神，守护查士丁尼皇帝和他忠诚的仆人维克托利努斯（Victorinus），以及那些按照神的旨意居住在希腊的人。”[18]这块石板原本可能是镶嵌在横跨科林斯地峡的近5英里长的防御墙上的，该墙是一项规模浩大的军事防御工程的一部分。罗马诸行省中，希腊是比较幸运的地区之一，在查士丁尼统治时期几乎没有受到侵犯，且保持了相对繁荣。

碑文开头的文字引自尼西亚信经，这条准确无误的基督教义陈述最初是在君士坦丁时期的大公会议上确定的。彼时的基督徒们和如今的一样，在信仰方面无法达成一致，因而那次会议显得相当必要。作为一名热诚的基督教皇帝，查士丁尼想通过用行政手段干预神学辩论的方式推动宗教的统一。

在基督教的影响下，他还介入了性道德问题，一如奥古斯都曾经做的那样，只不过二人的出发点完全不同。查士丁尼法典重申了罗马首任皇帝定下的一项法律，即，任何“胆敢与男性发生可耻性行为的”[19]公民都将被判处死刑。事实上，帝国当局以往对男性间的同性关系采取放任态度。如今，由于查士丁尼以前所未有的手段进行打压，情况有所改观。“皇帝下令，但凡被发现鸡奸行为，一律阉割。当时很多人被查处，受阉刑而死。从此，那些渴望与其他男性发生性关系的人都生活在恐惧之中”[20]。

在军事上，查士丁尼不满足于单纯防御，而是主动大规模进攻。他的将军们从汪达尔人手中“夺回”了北非，从东哥特人手中“夺回”了意大利和西西里。如此规模的战役正符合数百年来罗马皇帝们为帝国定义的传统角色，但查士丁尼的个人选择也在其中起到了推动作用，尤其是阿非利加之役，尽管位高权重的顾问们惴惴不安，他还是冒险发动了战争。

公元565年查士丁尼死后，不断涌入的移民使得他的大部分军事努力付诸东流。公元568年，日耳曼族群伦巴第人（Lombardi）迁入意大利，并迅速在中部和北部建立了自己的国家。在接下来的60年里，单单在希腊就发生了12次蛮族袭击，拉开了当地漫长的“黑暗时代”的序幕。查士丁尼死后几年，一个婴儿在大马士革（Damascus）呱呱坠地。此人后来成了修士，在他的有生之年，一股爆炸性的力量将永远改变罗马在东方的统治。

若干年前，当我第一次参观直到19世纪一直作为奥斯曼哈里发的宫殿的托普卡帕宫（Topkapi Palace）时，见到了如今被称为圣迹室的房间。在这里，我见到一大堆各式各样的据说是与先知穆罕默德（Prophet Muhammad）有关的藏品，比如他的胡子、牙齿，以及宝剑和弓箭。倘若这些东西是真迹，那么那些剑和弓大约就是伊斯兰圣训（*Islamic hadith*）或传说中提到的，先知死前为数不多的财产中的“武器”。

撇开真实性不谈，当时令天真无知的我深感震撼的是此处的军事藏品和传说中的基督遗物的对比，后者显然着重于被动的苦难——十字架上的钉子和木头、荆棘冠等等。我当然没有资格去谈论促使首批穆斯林对罗马帝国发动攻击的宗教手段。但毫无疑问，伊斯兰教的军事化几乎可以视为这个新宗教的原始特征。

公元632年，先知在麦地那（Medina）去世，他最亲密的伙伴之一成了宗教上的继承人和新的穆斯林领袖。在英语里，我们把表述该角色的阿拉伯术语译为“哈里发”。次年，首任哈里发阿布·伯克尔（Abū Bakr）率领穆斯林阿拉伯士兵发动了决定性的战役，并最终于公元637年攻占了耶路撒冷。

这场迅速颠覆罗马统治的战争首先在君士坦丁堡和萨珊波斯之间的战略要地爆发。那两个世仇在不久前刚刚打了一场恶战。波斯国王一度（公元622年）横扫巴勒斯坦和埃及，并包围了君士坦丁堡，直到罗马将其赶回美索不达米亚。因此，此次穆斯林袭击的已是一个疲惫不堪的东罗马帝国。公元642年，首任哈里发攻占了埃及，并以此为据点开始攻打查士丁尼从汪达尔人手中“夺回”的土地。

阿拉伯军队行动迅速。他们都是勇敢的贝都因（Bedouin）战士，轻装行军，以马和骆驼为坐骑，下了马背便能投入战斗，包括弓箭手也是如此。本书不打算详细描述早期穆斯林征服地中海地区的过程，但可以这么说，在短短一代人的时间里，东罗马帝国就被夺去了最富饶的领地。如此一来，这个在地中海与迅速壮大的穆斯林国家竞争的东罗马就只不过是个地区国家而已。

我记得曾和一所英格兰知名的独立学校的古典系主任共度过一段时光。当时，我看见他正在信封的背面潦草地涂画着什么，便好奇地询问，于是他给我看了那首他正写到一半的古希腊文短诗，“我以前的一名学生问我可否写点什么，好让他在商业晚宴上朗读”。

我还是学生时，在古希腊诗歌写作上白费了不少力气。在21世纪初期，拥有这种技巧的人着实凤毛麟角。但回到公元7世纪初，受过良好教育的东罗马人仍能训练有素地以古典方式创作希腊诗歌。如果我们可以信赖阿拉伯文献，前文提到的那名出生在大马士革的修士、后来耶路撒冷的大主教，也是这些业余诗人中的一员，他在阿布·伯克尔的继承人亲自到访新攻占的耶路撒冷城时（公元637年）便写下了一首希腊诗歌。

这位名叫索夫罗纽[21]（Sophronius）的大主教用古体诗的形式留下了三行关于耶路撒冷一处圣地的警句。那处被他称为岩石的圣地也叫各各他（Golgotha）：

> 三次蒙福的岩石，接受了上帝流出的血液，
> 天堂里火一般的孩子护卫着你，
> 国王和世间万民都歌颂着你。[22]

就这样，在本书的结尾，哈里发遇到了写希腊诗歌的基督教罗马教士，而后者的韵文可以追溯到古风时期的希腊挽歌传统。对于两个同样拥有长久未来的世界人的首次相遇而言，这无疑是个好兆头。

后 记

21岁那年，我在约克教堂（York Minster）开始了有生以来的第一次挖掘工作。教堂需要加固中世纪地基，这给了考古学家们一个探索更深层地基的机会。我接过别人递来的鹤嘴锄正要凿下去，在沟壕上方查看的饱经风霜的指导突然大叫："住手！你差点毁了撒克逊人的地板！"

但或许我无须受到如此指责。罗马时期的约克教堂地板使用的是原始马赛克工艺，也就是用很多混合了黏合剂的小片地砖浇筑成一整片坚硬、光洁的地板，即便我的鹤嘴锄也奈何不得，但居住在约克的盎格鲁-撒克逊人则用夯土取而代之。考古学家们认为，不仅是不列颠，在后罗马时代的西方其他地区，人们的生活水平都出现了实质性下滑。

即便如此，那个时代依旧有可圈可点之处。在那个贫乏的世界里，仍有少数人试图阅读古罗马作品。法国东北部一个城镇的市政图书馆里保存着一本最早的英语辞典[1]。这份形成于公元8世纪的珍稀手稿在一栏中列出了生僻的拉丁词汇，旁边对应着拉丁文或古英文同义词。经过仔细研究这些拉丁词汇，专家们可以推断出这份手稿的最初编纂者——很可能是英国僧侣们——所读或试图阅读的作品，主要是罗马地中海世界的基督教文献，但也有一些异教文稿，比如罗马奥古斯都时代的伟大诗人维吉尔的杰作。

中世纪的世界从未与古希腊和罗马断绝联系。当时的缮写员和学者们制作的抄本和译本至少为我们留下了一小部分古代希腊人和罗马人的作品。在西方，这在很大程度上要归功于罗马帝国的后继王国里的修道士团体。而在遥远的东方，公元9世纪的巴格达，一个名叫马蒙（Ma'mūn）的开明哈里发则召集了最好的译者，将希腊哲学和科学作品翻译成阿拉伯语，在伊斯兰世界里传播。这一伟大的知识转移也有利于作品的保存，如今，有些作品完全是通过阿拉伯译本才为人所知。

在中世纪君士坦丁堡（也称拜占庭）的那些说希腊语的“罗马人”中，古典希腊作家的作品一直是高等教育的主要内容，直到1453年奥斯曼土耳其人攻陷该城。通过这种方式，古代作家的作品得以以手稿的形式随着拜占庭难民进入文艺复兴时期的意大利。也正因如此，诸如荷马、亚里士多德、修昔底德、欧里庇得斯、柏拉图等大师才能被当今世界认识。

文艺复兴是一场由求知欲和天赋推动的，得到开明人士资助的，发生在意大利中部和北部共和国与公国的文化运动，其特点是开放的新意识以及对古希腊、古罗马异教文明的推崇。不久前，我领略了建于17世纪50年代的法国沃勒维孔特城堡（Vauxle-Vicomte），站在气势恢宏的绘画穹顶下，我清楚地意识到，对古代世界的重新发现在当时产生了多么深远的影响。

城堡最初的建造者是个野心过于膨胀的法兰西财政大臣。他想借新房子的装饰布局来炫耀自己和自己为国王的服务，于是很自然地将目光投向了那个时代唯一可能的灵感之源。在其中一个天花板上，我们可以看到英雄赫拉克勒斯［但其实是沃克斯（Vaux）领主尼古拉斯·福克（Nicolas Fouquet）］驾着马车升上天庭，他的苦功将令他在那里成神，荣耀之神为他加冕，声望之神吹起号角，讲述他的丰功伟绩。他的马车前有个拉丁词汇“ascendet”，暗示着主人自我夸耀的格言：“Quo non ascendet?”即“有哪里非他所能及？”

不少游客可能会像我一样，难以领会创造出此类形象的那个时代的文化潮流。在17世纪的欧洲，受过教育的人们痴迷于——我用这么强烈的词是经过慎重考虑的——希腊和罗马神话。“从智识角度而言，17世纪的人们生活在神话世界里。他们的想象力被当时住宅、花园里随处可见的神明缠绕着。”[2]

关于古典文明的遗迹是如何、又是如何为中世纪和现代社会早期带来了灵感，本书暂且不予讨论。在此，我们只须说，自文艺复兴以降，对希腊和罗马艺术遗产的重新发现满足了对宏大叙事的永恒需求，正如我们在沃克斯以及欧洲、北美和其他地方的无数教堂、宫殿、豪宅和公共建筑的外观和内部装饰所见的那样。

如今呢？我还记得大学里那尊按照著名的古典雕塑浇筑的石膏像的悲惨状况，它早已不再受艺术系讲师们的青睐，被弃置一边任由精力过剩的学生们破坏。自20世纪初以来，西方审美情趣发生了朝现代主义的突然转向。尽管如此，古代艺术家的形象塑造能力和古代建筑师的古典和谐感似乎仍能取悦广大公众。

占满了停车场的大客车直观地体现出名胜古迹的受欢迎程度，比如西西里亚美利纳广场（Piazza Armerina）附近罗马大别墅的令人眼花缭乱的马赛克。在这个充斥着自拍和自我设计的世界里，古希腊和古罗马人用大理石和青铜完美呈现的躯体拥有惊人的魅力，这一点，从雅典国立考古学博物馆的阿提米西安（Artemisium）裸体宙斯像周围啧啧赞叹的人群便可见一斑。多年来，我目睹着名胜古迹和博物馆里的大众反应，不禁在想，不可抗拒的魅力是否可以用来衡量某个伟大文明的成就。

为了满足观众，如今的作家、导演和演员们不断地将古希腊和罗马文学搬上舞台。2017年，我参加了在伦敦某个剧院上演的一部发人深思的独角戏的首演[3]。这出剧探讨的残酷主题在如今被称为弑子行为——即母亲杀死自己的孩子，一种在现代社会广为人知的罪行。

整出戏剧长80分钟，没有中场休息，穿着华丽的长袍和夸张的舞台鞋的男演员全身心地投入到美狄亚（Medea）这一角色的塑造中。在希腊神话里，美狄亚是个女巫，或者可以用现代话来说，是名蒙受冤屈的女性。公元前5世纪的雅典剧作家欧里庇得斯以她的名字创作了一出悲剧。在剧中，美狄亚——最初也是由男性扮演——的丈夫为了一名更年轻的女性而抛弃了她，为了报复，美狄亚杀死自己的两个孩子。我观看的是受这个古老故事启发重新编写的当代版本。激烈的剧情冲突让我的脑海中盘桓着某种以前从未真正理解的东西——嫉妒可以将人推向极度的撕裂状态。

在写作本书过程中，我往往毫不犹豫地避开古希腊和古罗马的一些明显令人不安的故事，虽然我也知道，古老的奴隶制和古人对待女性及性行为的态度，是从历史角度去考量人类行为变化的不错的着眼点。但总体而言，仅仅因为某个文明的基础既体现了人类的力量又体现了人性的弱点，就对回顾这一伟大文明给我们带来的喜悦视而不见，我觉得是不恰当的。

毫无疑问，古人留给我们的既有美，也有人性。那是令希腊和罗马艺术家们能够捕捉到形象与效果的美学上熠熠发光的细节——马赛克鸟图案的明亮羽毛，或大理石肢体的冰冷线条，至今仍让我们屏息；那是古代作家对人的理解，对构成人类短暂一生之元素的敏锐认知。正是这些，让我们对人类本性的弱点不再绝望。它们带来了欢乐，带来了希望。

大事年表

公元前	公元前
约7000—3000年 希腊新石器时代	
约3200—2000年 基克拉泽斯文明	
约2000年 最古老的美索不达米亚史诗吉尔伽美什	
约2000—1370年 克里特岛的米诺斯“宫殿”	
约1575—1200年 希腊迈锡尼文明	
约1473—1458年 哈特谢普苏特统治埃及	
约1550年 “阿伽门农”的黄金面具	
约1500年 皮洛斯勇士墓	
约1300年 乌鲁布伦沉船	
约1200年 赫梯首都被毁	
1183年 特洛伊陷落	
约1050—700年 希腊几何纹样陶器	
约1000年 勒夫坎第墓葬	
	约825—730年 西方第一批希腊移民地建立
	814/813年 腓尼基人建立迦太基古城（如今的突尼斯）
776—491年 希腊古风时代	
776年 首届奥林匹克运动会	
	753年 罗马建城
约740年 基于腓尼基字母的新希腊字母表	
	约720年 皮提库萨（如今的伊斯基亚）的“涅斯托耳之杯”
	约700—500年 伊特鲁里亚文明在意大利兴起

续表

	约700年　腓尼基人在西西里岛摩提亚建立殖民地
664—610年　希腊人在埃及瑙克拉提斯设立贸易站	
约650年　德列罗斯铭文法	
约610—575年　萨福的活跃期	
594/593年　梭伦在雅典进行改革	
	约570—549年　阿克拉加斯的僭主法拉里斯统治期
565年　泰勒斯预言日	
约560—510年　僭主庇西特拉图斯及其子统治雅典	
约560—546年　吕底亚王克洛索伊斯统治期	
约557—530年　居鲁士大帝建立波斯帝国	
约510年　雅典出现红彩陶工艺	
	509年　罗马末代国王遭放逐
508年　克里斯提尼在雅典进行政治改革	
499年　爱奥尼亚的希腊人反抗波斯统治	
约499—458年　埃斯库罗斯的活跃期	
	494年　第一次罗马平民分离运动
	493年　罗马人与拉丁人的条约
490—336年　希腊古典时代	
490年　波斯入侵希腊，马拉松战役	
480年　波斯第二次入侵希腊，温泉关战役和萨拉米斯战役	480年　希米拉战役，西西里的希腊人击败迦太基人
479年　普拉提亚战役	
478/479年　雅典人建立希腊海上联盟对抗波斯人	

续表

	474年　库迈战役，叙拉古的希伦击败伊特鲁里亚人的舰队
约468—406年　索福克勒斯的活跃期	
约460—430年　希罗多德的活跃期	
约455—408年　欧里庇得斯的活跃期	
454年　雅典人将希腊海上联盟的财富从提洛移至雅典	
	约450年　罗马第一部法典十二表法颁布
447—432年　修建雅典帕特农神庙	
431年　伯罗奔尼撒战争开始；伯里克利的葬礼演说	
约431—400年　修昔底德的活跃期	
约427—388年　阿里斯托芬的活跃期	
415年　雅典俘获并惩罚米洛斯岛民	
415—413年　雅典军队远征西西里	
404年　雅典向斯巴达投降	
399年　审判并处死苏格拉底	
	390年　高卢人袭击罗马
371年　留克特拉战役；底比斯的波俄提亚人击败斯巴达	
359—336年　马其顿国王腓力二世当政	
347年　柏拉图辞世	
338年　喀罗尼亚战役；腓力大败希腊联军	
336—323年　马其顿的亚历山大当政	
335年　亚历山大摧毁底比斯；亚里士多德创立吕克昂学园	
334年　亚历山大入侵波斯帝国	
333年　伊苏斯战役；亚历山大击败大流士三世	

续表

331年　亚历山大里亚建城；高加米拉战役；亚历山大第二次击败大流士三世	
323—30年　“希腊化”时代	
323年　亚历山大准备进攻阿拉伯；亚历山大在巴比伦辞世	
323—约281年　亚历山大的将军们分裂帝国	
323年　德摩斯梯尼辞世	
	321年　考丁峡谷战役
约300年　在阿伊哈努姆（如今的阿富汗）建立希腊城市	
285—246年　卡利马库斯的活跃期	
	280年　皮拉斯王侵入意大利南部
279年　凯尔特人入侵希腊	
	约271—216年　叙拉古王西耶隆二世统治
	264—241年　第一次布匿战争
241—197年　帕加马国王阿塔罗斯一世	241年　迦太基人在西西里的领地成为第一个罗马行省
	218—201年　第二次布匿战争
	216年　坎尼战役；汉尼拔歼灭罗马军队
	211年　罗马人占领叙拉古；阿基米德辞世
	202年　札马（如今的突尼斯）战役；罗马人击败汉尼拔
197年　希腊西诺色发莱战役；罗马军队战胜马其顿的腓力五世	
192—188年　罗马和塞琉古的安提阿古三世间的叙利亚战争	
184年后　帕加马祭坛	

续表

168年　希腊皮德纳战役；弗拉米尼努斯击败马其顿的珀尔修斯	
166年　罗马将提洛岛变为自由港	
	约150—100年　普莱内斯特的福耳图纳圣殿
146年　罗马摧毁科林斯；希腊成为罗马的行省	146年　罗马摧毁迦太基
	133年　提比略·格拉古的土地改革
	123年　盖乌斯·格拉古的土地改革
约118年　在罗马跃升为大帝国之际，希腊历史学家波利比阿辞世	
	107年　执政官马里乌斯的军队改革
	91—89年　罗马和意大利同盟间的战争（“同盟者战争”）
	81年　苏拉独裁
	73—71年　斯巴达克斯起义
约70年起　希腊哲学家菲洛德谟斯活跃在罗马	
69年　日后的埃及艳后克利奥帕特拉诞生	
	63年　庞培平定东部；末代塞琉古国王遭罢黜；叙利亚成为罗马行省；本都国王米特拉达特斯辞世
约60年　安提基西拉沉船	
	58—51年　恺撒战高卢
	55—54年　恺撒两次攻打不列颠
	48年　希腊法萨卢战役；恺撒击败庞培
	44年　恺撒成为终生独裁官；恺撒遇刺
	43年　安东尼、屋大维和雷比达组成（“二代”）三头；西塞罗遇刺
	42年　腓力比战役；安东尼和屋大维击败共和派

续表

	31年 阿克提姆战役；屋大维击败安东尼和克利奥帕特拉
30年 克利奥帕特拉自杀；埃及成为罗马行省	30年 屋大维独掌大权
	27年 屋大维宣布恢复共和制；元老院授予其奥古斯都称号
	19年 维吉尔辞世
公元	公元
	8年 奥维德流亡托米（如今的罗马尼亚）
	14年 奥古斯都辞世
约30年 耶稣在耶路撒冷辞世	
	37—41年 盖乌斯（“卡利古拉”）在位
	41—54年 克劳狄在位
43年 吕西亚（土耳其西南部）成为罗马行省	43年 克劳狄攻打不列颠
	54—68年 尼禄在位
	64年 罗马大火
	65年 塞涅卡自杀
66—68年 尼禄巡游希腊	
	68—69年 四帝之年
	79年 维苏威火山喷发；庞贝和赫库兰尼姆城被毁
	81—96年 图密善在位
	98—117年 图拉真在位
	约100—120年 历史学家塔西佗的活跃期
约110年 普林尼就基督教徒一事与图拉真通信	
115年 犹太人在北非和塞浦路斯起义	

续表

	117—138年 哈德良统治；不列颠建起哈德良长城
132—135年 哈德良在犹地阿平定起义；耶路撒冷被更名为埃利亚卡庇托利纳	
147年 维利亚·普罗克拉重修吕西亚帕塔拉的剧场	
	161—180年 马库斯·奥勒留在位
	177年 卢格杜努姆（里昂）的基督徒审判
	192—211年 塞普蒂米乌斯·塞维鲁在位
	约202年 卡西乌斯·狄奥开始写作罗马史
	212年 “安东尼敕令”将公民身份授予帝国境内的大部分居民
	235—238年 马克西米努斯在位
246年 萨珊家族在波斯掌权	
	249年 德基乌斯命令所有罗马人进行异教献祭
267／268年 赫鲁利人摧毁雅典	
270年 帕尔米拉的泽诺比亚攻占亚历山大里亚	约270—275年 奥勒良在位
	284—305年 戴克里先在位
	293年 四帝共治；不列颠的篡位者卡劳修斯被杀
	301年 戴克里先的限价敕令
	306—337年 君士坦丁一世称帝
	312年 密尔文桥战役
324年 君士坦丁重建拜占庭，改名君士坦丁堡	
325年 尼西亚会议；尼西亚信经	

续表

约327年 海伦娜太后到访耶路撒冷	
	337—361年 君士坦丁二世在位
363年 尤利安击败好战的萨珊波斯	
378年 阿德里安堡战役；哥特人击败并杀死罗马皇帝瓦伦斯	
	379—395年 狄奥多西一世在位
约393年 阿米亚努斯·马塞利努斯写作历史	
	395年 罗马帝国东西部分裂
	410年 西哥特人洗劫罗马
	429年 汪达尔人进入罗马阿非利加
	450年 加拉·普拉西迪阿辞世
	451年 罗马军队战胜阿提拉（法兰西东北部）
	476年 奥多亚克罢黜末代西罗马皇帝
527—565年 查士丁尼在位	
632年 先知默罕穆德辞世	
637年 阿拉伯人攻克耶路撒冷	

注 释

注：此处列出的仅限本书中直接引用的文献资料。

序言

1 “再现的人类经历”：小说家希拉里·曼特尔在BBC广播四套《睿思演讲》第四期中的表述，2017年7月4日。
2 “奇异的事物虽多”：Sophocles, Antigone, line 332.
3 “起来，希腊人！”：Aeschylus, Persians, lines 402–5.
4 自由是“文明的现代化标尺”. David Kelly and Anthony Reid editors, Asian Freedoms: the Idea of Freedom in East and Southeast Asia (Cambridge, 1998), p. 11.
5 “如果让所有人……选出”：Herodotus 3, 38, 1.
6 “全体希腊人……的纽带”：Herodotus 8, 144, 2.
7 “超文化”：Christopher Dawson, The Dynamics of World History (New York, 1956), p. 402.
8 “他完全沉浸在……研究”：Pseudo–Aurelius Victor, Epitome de Caesaribus 14, 2.
9 “能有什么……更危险”：Maximus Confessor, Letters 14 (PG 91, 540A–541B).

第一章　希腊文明的曙光

1 “既艰苦又简朴”：Aelius Aristides, On Rome 1, 31–38 (165–168D), trans. Charles Behr.
2 “米诺斯是第一个”：Thucydides 1, 4.

第二章　古希腊人的崛起

1 “如今这个被称为希腊的国家”：Thucydides 1, 1.
2 “没有艺术，没有文学”：Thomas Hobbes, Leviathan, chapter 13.

3 从仪式上“杀死了”（勒夫坎第的建筑）：参见Angélique Labrude in Anastasia Dakouri-Hill and Michael J. Boyd, eds, Staging Death (Berlin, 2016), pp. 307–8.

4 “阿喀琉斯的怒火”：Homer, Iliad 1, 1–8. 引自Alexander Pope, The Iliad of Homer, vol. 1 (London, 1801), p. 4, lines 1–8.

5 “好似树上的叶子”：Homer, Iliad 6, 146–148. 引自Alexander Pope, The Iliad of Homer, vol. 1 (London, 1801), p. 177, lines 181–3.

6 “精良的头盔”：Homer, Iliad 10, 261–265. 引自Alexander Pope, The Iliad of Homer, vol. 1 (London, 1801), p. 296, lines 309–12.

7 “这些翩翩起舞的舞者中的翘楚”：Rosalind Thomas, Literacy and Orality in Ancient Greece (Cambridge, 1992), p. 58, 引用Lilian Jeffery, Local Scripts of Archaic Greece, 2nd edn, revised Alan Johnston (Oxford, 1990), p. 76, no. 1.

8 “首领留下众人”：Homer, Iliad 23, 257–260. 引自Alexander Pope, The Iliad of Homer, vol. 2 (London, 1801), pp. 324–5, lines 321–5.

9 “海伦的后代”：Hesiod, Catalogues of Women, fragment 4.

第三章　新事物

1 “墨涅拉俄斯的海伦”：Hector Catling and Helena Cavanagh, Kadmos 15 (1976), pp. 145–57. 希腊文翻译Robert Parker: www.academia.edu/22684765/The_Cult_of_Helen_and_Menelaos_in_the_Spartan_Menelaion (accessed 7 October 2016).

2 “愿天神保佑”（德莱洛斯铭文）：Russell Meiggs and David Lewis, A Selection of Greek Historical Inscriptions to the End of the Fifth Century BC (Oxford, 1969, revised edn 1988), no. 2.

3 “那些善使长矛的优卑亚贵族”：Archilochus fragment 3.

4 “几乎所有战争都是两个城邦之间的单打独斗”：Thucydides 1, 15.

5 “参加安菲达玛斯的葬礼”：Plutarch, Moralia 153f.

6 “我给予庶民”和“减负”：Plutarch, Solon 18. 4 and 16. 3.

7 “传令官跑在他们前面”：Herodotus 1, 60.

8 “他们（希腊人）发明了数学”：Bertrand Russell, History of Western Philosophy (London, 1962), p. 25.

9 “事物由何处生”：‘Anaximander (c. 620–546 b.c.e.)’, by Dirk L. Couprie, The Internet Encyclopedia of Philosophy, ISSN 2161–0002, http://www.iep.utm.edu/ (accessed 8 October 2016).

10 “大营中的泰勒斯”：Herodotus 1, 75.

11 “雅典人科洛厄布斯”：Pliny, Natural History 1, 7, 56.

12 “现在地面已洁”：Xenophanes, fragment 1 (Diels), trans. John Burnet.

第四章　像克洛伊索斯一样富有

1 “你等待着”：Hesiod, Works and Days, lines 630–640.

2 “万军之主……这样说”：Jeremiah 7, 21.

3 “现任的首席执法官”：Inscriptiones Graecae 12, 5, no. 647, lines 6–16.

4 “之后，在焚烧祭品的过程中”：Porphyry, On abstinence from animal food, 4, 15, trans. Thomas Taylor.

5 “以巴比伦盟军的身份作战时”：Alcaeus, fragment 350 (Lobel–Page).

6 “白昼突然间变为黑夜”：Herodotus 1, 74, 2.

7 “像头……母狮”：Epic of Gilgamesh: Gilgamesh 8, 61–2.

8 “这雄狮”：Homer, Iliad 18, 318–323. 与吉尔伽美什史诗的比较，参看 Johannes Haubold, Greece and Mesopotamia (Cambridge, 2013), pp. 22–3.

9 “当普萨美提克斯王来到”：Russell Meiggs and David Lewis, A Selection of Greek Historical Inscriptions to the End of the Fifth Century BC (Oxford, 1969, revised edn 1988), no. 7.

10 “但你不停地叨念”（萨福新译）：Dirk Obbink, Zeitschrift für Papyrologie und Epigraphik, 189 (2014), pp. 32–49.

11 “卡拉克索斯”和“洛多庇斯”：Herodotus 2, 135.

12 “雕刻立柱——精美的作品”：Apollo–temple inscription in Gillian Shepherd in Nick Fisher and Hans van Wees, eds, Aristocracy in Antiquity (Swansea, 2015), pp. 367–70.

13 “吕底亚人……是我们所知的最早”：Herodotus 1, 94, 1.

14 “瓦外特”：Koray Konuk in William Metcalf, ed., The Oxford Handbook of Greek and Roman Coinage (Oxford, 2012), p. 47.

15 以弗所的KROIΣOΣ（克洛索伊斯）：BM GR 1872.4–5.19, discussed in Brian Cook, Greek Inscriptions (London, 1987), pp. 17–18.

16 “在吕底亚盛宴上听了”：Pindar, fragment 125 (Snell).

17 “从吕底亚人那里学来的精致方式”：Xenophanes, fragment 3 (Diels).

18 米利都附近的雕塑：Berlin inventory 1664; Erich Kistler在讨论吕底亚之奢华时有过论述，Linda Marie Gunther and Paolo Filigheddu, eds, Tryphe und Kultritualim archaischen Kleinasien (Wiesbaden, 2011), p. 60.

19 “克利尔库斯说……波利克拉特斯”：Clearchus of Soli, fragment 44 (Wehrli) cited by Athenaeus, Deipnosophists 12, 540f.

20 “与马利亚海角保持十英里”：www.cruiserswiki.org/wiki/Elafonisos (accessed 25 January 2018).

21 “一边直通亚洲”：Strabo 8, 6, 20.

第五章　大希腊人

1 “大希腊”：Strabo 6, 1, 2; Pliny, Natural History 3, 95 (‘Magna Graecia’).
2 “地震、火山喷发”（皮提库萨）：Strabo 5, 4, 9.
3 “涅斯托耳的美酒杯”：此处题字的译文参考Rosalind Thomas, Literacy and Orality in Ancient Greece (Cambridge, 1992), p. 58.
4 “光秃秃的山坡……泛着黄色”：Giuseppe Tomasi di Lampedusa, trans. Archibald Colquhoun, The Leopard (London, 1988), p. 55.
5 默干提纳的ΠΙΒΕ：Carla Antonaccio and Tim Sgea in Laura Manicalco, ed., Morgantina duemilaquindici: La ricerca archeologica sessant’anni dall’avvio degli scavi (Palermo, 2015), pp. 59–67.
6 “在阿克拉加斯人”：Polyaenus, Stratagems 5, 1, 3.
7 60塔伦的黄金：赛利努斯神庙铭文，Russell Meiggs and David Lewis, A Selection of Greek Historical Inscriptions to the End of the Fifth Century BC (Oxford, 1969, revised edn 1988) no. 38, 如今保存在重新开放的巴勒摩考古博物馆。
8 赛利努斯的鬼魂：Michael H. Jameson, David R. Jordan and Roy D. Kotansky, A Lex Sacra from Selinous (Durham, North Carolina, 1993), pp. 15 and 17 (translation). 参见Robert L. Fowler, Early Greek Mythography Ⅱ. Commentary (Oxford, 2015), pp. 70–1 with n. 267.
9 古西西里的迦太基“港口”：Justin 18, 7.
10 “迦太基人控制下的西西里部分地区”（公元前509年）：Polybius 3, 22, 10.
11 “最杰出的喜剧诗人”：Plato, Theaetetus 152e.
12 “规划和规模”：Polybius 9, 27, 9.
13 “西西里之主”（盖隆）：Herodotus 7, 157.

第六章　遭遇（西方）邻居

1 农业指南的罗马译本：Columella, De re rustica 1, 1, 12.
2 “此刻，一个……人”：G. Flaubert, Salambô, trans. May French Sheldon (London and New York, 1886), p. 354.
3 “每个落入其手的孩童”：Diodorus Siculus 20, 14, 6.
4 亚伯拉罕：Genesis 22, 1–19.
5 关于迦太基孩童献祭的争论：Paolo Xella, Valentina Melchiorri and Peter van Dommelen, Antiquity 87 (2013), pp. 1199–207; Maria Giulia Amadasi Guzzo and José Ángel Zamora López, Studi Epigrafici e Linguistici, 29–30 (2012–13), pp. 159–92.

6 迦太基的政治稳定：Aristotle, Politics 2, 1272b.

7 “判断力与素养”：Cicero, On the Republic 1, fragment 1, trans. David Fott.

8 古迦太基的双耳细颈瓶：Babette Bechtold and Roald Docter in Motya and the Phoenician Ceramic Repertoire (Rome, 2010), pp. 85–116; Laura Portas and five others, Journal of Biological Research 88 (2015), pp. 166–9.

9 “他们行军必经的郊野”：Diodorus Siculus 20, 8, 3–4.

10 Supplies from Sardinia (480 bc): Diodorus Siculus 11, 20, 4.

11 “如今”：Pseudo–Aristotle, ‘On marvellous things heard’（原拉丁书名为‘De mirabilibus auscultationibus’）, 100, trans. L. D. Dowdall, in J. Barnes, ed., The Complete Works of Aristotle: The Revised Oxford Translation (Princeton, NJ, 1984), vol. 2, p. 1282.

12 撒丁岛的调查结果：Andrea Roppa and Peter van Dommelen, Journal of Roman Archaeology 25 (2012), pp. 49–68.

13 “在伊特鲁里亚”：Pseudo–Aristotle, ‘On marvellous things heard’（同上）, 93, trans. L. D. Dowdall, in J. Barnes, ed., The Complete Works of Aristotle. The Revised Oxford Transla– tion (Princeton, NJ, 1984), vol. 2, p. 1284.

14 索斯特拉图斯铭文：Supplementum Epigraphicum Graecum 26 (1976), no. 1137.

15 “无人可及”：Herodotus 4, 152, 3.

16 “伊特鲁里亚人有一项法律规定”：Theophrastus fragment 204 cited by Athenaeus, Deipnosophists 12, 517d–e (trans. C. B. Gulick).

17 “在罗马取得霸权之前”：Livy 5, 33, 7–8.

18 “狄诺米尼斯之（子）西耶隆和叙拉古人”（西耶隆的头盔铭文）：Russell Meiggs and David Lewis, A Selection of Greek Historical Inscriptions to the End of the Fifth Century bc (Oxford, 1969, revised edn 1988), no. 29.

19 战争时间：Diodorus Siculus 11, 51.

20 “罗穆路斯和雷穆斯过着”：Dionysius of Halicarnassus, Roman Antiquities 1, 79, 11.

21 “默默无闻、地位卑微”：Livy 1, 8, 5–6.

22 “罗穆路斯的糟粕”：Cicero, ad Atticum 2, 1, 8.

23 “用不可抗拒的激情为借口”：Livy 1, 9, 16.

24 “自由民的母亲”：Livy 1, 9, 14–15.

25 “惊讶不已”：Livy 1, 1, 8.

26 瓦尔奇的陶罐：Munich, Antikensammlungen, 1546.

27 “无损于（罗马）统治下的拉丁人”：Polybius 3, 22, 11.

第七章 “万众之主”

1 “万众之主”：Aeschines, Against Ctesiphon 132, trans. C. D. Adams.
2 “……希腊领袖”：Thucydides 1, 132, 2–3.
3 “看哪，我必挑动”：Isaiah 13, 18.
4 “我乃大流士，伟大的国王”：Behistun inscription (DB): § 1–4, trans. Maria Brosius, The Persian Empire from Cyrus Ⅱ to Artaxerxes I (London, 2000), p. 30.
5 皇家墓地的王座平台铭文：Amélie Kuhrt, The Persian Empire (London, 2007), vol. 2, pp. 483–4.
6 “天下最富庶的城市”：Diodorus Siculus 17, 70, 2.
7 “钩心斗角的舞台”：Madawi al-Rasheed, A History of Saudi Arabia, 2nd edn (Cambridge, 2010), pp. 77–8.
8 “当他们到达时”（阿思达特斯）：Xenophon, Anabasis 7, 8, 9–16.
9 “珍宝总计”：Strabo 15, 3, 9. USA figures: http://minerals.usgs.gov/minerals/pubs/commodity/silver/mcs-2012-silve.pdf.
10 “搜刮者”：Herodotus 3, 89, 3.
11 “历史之父”：Cicero, Laws 1, 5.
12 “你越深入研究他”：J. L. Lazenby, The Defence of Greece 490–479 bc (Warminster, 1993), p. 15.
13 “波斯人看见（雅典人）”：Herodotus 6, 112, 2–3.
14 “欧弗里翁之子塞涅吉鲁斯”：Herodotus 6, 114, 1.
15 “我不希望有人”：Naqš-i Rustam inscription (DNb) § 4, trans. Maria Brosius, The Persian Empire from Cyrus Ⅱ to Artaxerxes I (London, 2000), p. 64. 参见 Thomas Harrison in A. Fitzpatrick-McKinley, ed., Assessing Biblical and Classical Sources for the Reconstruction of Persian Influence (Wiesbaden, 2014), pp. 3–11.
16 “木质的墙”神谕：Herodotus 7, 141, 3–4.
17 “陌生人，去告诉”：Herodotus 7, 228, 2.
18 “想在国王面前大显身手的”：Herodotus 8, 89, 2.
19 “波斯人与他有亲缘关系”：Herodotus 8, 136, 1.
20 “凭着勇气和不懈的努力”：Herodotus 9, 70, 2.
21 “他们的自由”：Herodotus 7, 147, 1.
22 “因此，若说雅典人”：Herodotus 7, 139, 5.

第八章 同中存异

1 “那堆死气沉沉的大理石废墟中”：Nancy Mitford cited in Charlotte Mosley, ed., A Talent to Annoy (London, 1996), p. 107.

2 陶质餐具：Ann Steiner, Classical Antiquity, 21 (2002), pp. 347–90; 斯坦纳教授慷慨地让我参阅了他关于圆形建筑中的陶器的未发表的论文。

3 “把民众拉拢进自己的圈子”：Herodotus 5, 66, 2.

4 “nébuleuse”：Jean Duma, Les Bourbon–Penthièvre (1678–1893) (Paris, 1995), p. 14.

5 “米太亚德之子西蒙”：Supplementum Epigraphicum Graecum 46 (1996), no. 79.

6 “它也被用来剪除”：?Aristotle, Athenian Constitution 22, 6.

7 “蝉形金色饰针”：Thucydides 1, 6, 3–4.

8 “倘若是其他人”：Plato, Protagoras 319b–d, trans. W. R. M. Lamb, adjusted.

9 伯里克利的“能力”和“个人声望”：Thucydides 2, 65, 8.

10 “伯里克利的杰作”：Plutarch, Pericles 13, 3.

11 “平等对待每个人”：Thucydides 2, 37, 1.

12 “贫穷”“优秀的”：Thucydides 2, 37, 1.

13 “你们就是值得赞美的”：Thucydides 2, 45, 2.

14 “好女人的名声”：Plutarch, Moralia 242e.

15 “像……驴子”：Tyrtaeus, fragments 6–7 West.

16 “最勇猛”：Thucydides 4, 80, 3.

17 夜间杀戮：Plutarch, Lycurgus 28.

18 “在任何时候都是按照……来安排”：Thucydides 4, 80, 3.

19 “约有八千名男性”：Herodotus 7, 234, 2.

20 “不足一千”：Aristotle, Politics 2, 1270a.

21 “因为在斯巴达人中”：Polybius 12, 6b, 8.

22 “自幼”：Thucydides 2, 39.

23 “结果，有些斯巴达人”：Aristotle, Politics 2, 1270a.

24 “他（吕库古）一方面把……设为一种荣誉”：Xenophon, Spartan Constitution 2, 9.

25 “最可耻”：Xenophon, Spartan Constitution 2, 13.

26 “拥抱和躺卧在一起”：Cicero, On the Republic 4, 2a (trans. David Fott).

27 面具：Jonah Lloyd Rosenberg, ‘The Masks of Orthia: Form, Function and the Origins of Theatre’, Annual of the British School at Athens 110 (2015), pp. 247–61.

28 “你没看见吗？”：Alcman, Partheneion lines 50–57, trans. Gregory Nagy: http://chs.harvard.edu/CHS/article/display/5294 (accessed 10 January 2017).

第九章 “空前的灾难”

1 “迈西普尼亚人”：lines 10–16 of Inscriptiones Graecae, vol. 1, 3rd edn, no. 259; translation in Robin Osborne and P. J. Rhodes, eds, Greek Historical Inscriptions 478–404 bc (Oxford, 2017), p. 97.

2 “在狄俄尼索斯节的舞台上”：Isocrates, On the Peace 82.

3 “无疑有损于希腊的形象”：Plutarch, Pericles 12, 2.

4 帕特农神庙的资金：参见Robin Osborne and P. J. Rhodes, eds, Greek Historical Inscriptions 478–404 bc (Oxford, 2017), p. 262.

5 “伯里克利对民众说”：Plutarch, Pericles 12, 3.

6 “你们从来没有考虑过”：Thucydides 1, 70, 1–3.

7 与特洛伊战争的比较：Simon Hornblower, The Greek World 479–323 bc, 4th edn (London, 2011), p. 156.

8 “我打心底里讨厌斯巴达人”：Aristophanes, Acharnians lines 509–12.

9 “你们和我们一样清楚地知道”：Thucydides 5, 89.

10 “杀死了所有俘获的成年男性”：Thucydides 5, 116, 3–4.

11 “最重要的行动”：Thucydides 7, 87, 5.

12 “领略异邦风物的渴望”：Thucydides 6, 24, 3. 比较 www.quora.com/What-made-you-join-the-military (accessed 14 January 2017).

13 “极有军事野心”：Thucydides 6, 15, 2.

14 “沽名钓誉”：Thucydides 6, 15, 3.

15 “大多数人的热情支持”：Thucydides 6, 24, 4.

16 “超过两万名奴隶”：Xenophon, Ways and Means 4, 14.

17 “被阿谀奉承腐化”：Xenophon, Spartan Constitution 14, 2.

18 希妮斯卡：Palatine Anthology 13.16; Sayings of Spartans, Agesilaus 49 (Apophthegmata Laconica 212b).

19 “想将那些完全公民生吞活剥”：Xenophon, Hellenika 3, 3, 6.

20 “仅仅一场战斗的冲击”：Aristotle, Politics 2, 1270a.

第十章 审慎的生活和金玉良言

1 “很多平安返乡的雅典人”：Plutarch, Nicias 29.3 (Syracuse).

2 “突然离场”：Plutarch, Pelopidas 29.

3 “多么悲伤，多么悲伤”：维也纳保存的残片，翻译、配乐Eric Csapo and William J. Slater, The Context of Ancient Drama (Ann Arbor, MI, 2001), Plate 21A.

4 那不勒斯的花瓶：博物馆的网站有相关图片和英文说明http://cir.campania.beniculturali.it/museoarcheologiconazionale/thematic-views/image-gallery/RA84/view (accessed 25 January 2018).

5 “大家公认”：Aristophanes, Knights, lines 1384–1386 (contrasted translations of Gilbert Murray (1956) and Kenneth Dover (1978).

6 “咱俩的主人”：Aristophanes, Knights, lines 40–49, trans. Jeffrey Henderson.

7 “只要交钱，老师就会教你”：Aristophanes, Clouds, lines 98–9.

8 “是你们自己……看来了”：Plato, Apology 19c.

9 “要不是我相信”：Plato, Phaedo 63b–c.

10 “某些适合灵魂去孕育、去生产的东西”：Plato, Symposium 209a.1–2, ed. C. J. Rowe.

11 “我认为”：Plato, Symposium 209c.1–5, ed. C. J. Rowe.

12 “恰当的男性之恋”：Plato, Symposium 211b.6, ed. C. J. Rowe.

13 “试图抓住真正美好之物”：Plato, Symposium 218c.6–219a.1, ed. C. J. Rowe.

14 “阿卡德米”：Diogenes Laertius, Lives of Eminent Philosophers, Life of Plato 3, 9, trans. Mark Joyal and others, Greek and Roman Education: A Sourcebook (London, 2009), p. 110, no. 5.15a.

15 “我看见……一群男孩”：Epicrates, fragment 10 Kassel–Austin, trans. Mark Joyal and others, Greek and Roman Education: A Sourcebook (London, 2009), p. 112, no. 5.17.

16 “在相当长一段时间里隐瞒”：Themistius, Oration 33, 295c–d, trans. Mark Joyal and others, Greek and Roman Education: A Sourcebook (London, 2009), pp. 111–12, no. 5.16b.

17 “他口齿不清”：Diogenes Laertius, Lives of Eminent Philosophers: Life of Aristotle 5, 2.

18 “通常而言，软体动物”：Aristotle, Historia Animalium 544a, 16–22.

19 “同一件事……听来是不一样的”：Aristotle, Rhetoric 2, 1377b30–1378a2 and 1378a 20–2, trans. Terence Irwin and Gail Fine, Aristotle: Selections (Indianapolis, 1995), pp. 534–5.

20 长矛头：Pat Foster, Greek Arms and Armour (Newcastle upon Tyne, 1982), p. 13. See John Ma, ‘Chaironeia 338: Topographies of Commemoration’, Journal of Hellenic Studies, 128 (2008), pp. 72–91.

第十一章　“闪电之光”

1 “腓力……进行军事训练”：Polyaenus, Stratagems 4, 2, 10.

2 “无论冬夏”：Demosthenes, Philippic 3, 50.

3 关于地产的铭文：Miltiades Hatzopoulos, Une donation du roi Lysimaque (Athens and Paris, 1988).

4 “他们不在乎拥有的”：Theopompus, History of Philip, fragment 225b cited by Athenaeus, Deipnosophists 6, 260d–261a.

5 喀罗尼亚：Polyaenus, Stratagems 2, 1, 9.

6 “他没有骑马”：Plutarch, Artaxerxes 24, trans. Timothy Duff.

7 “被攻陷，遭劫掠”：Plutarch, Alexander 11, 5.

8 “一道耀眼的闪电之光”：Appian, Roman History Preface 10.

9 “对扩大领地的永不知足的渴望”：Arrian 7, 19, 6, trans. Aubrey de Sélincourt.

10 “他们（即阿拉伯人）国家的财富”：Arrian 7, 20, 2, trans. Aubrey de Sélincourt.

11 “从巴比伦得到的资料”：Simplicius, Commentary on Aristotle's De Caelo 2, 12.

12 “……燃起没药”：Ephippus fragment 5 = Athenaeus, Deipnosophists 12, 538a.

13 亚历山大装扮成阿耳忒弥斯：Ephippus fragment 5 = Athenaeus, Deipnosophists 12, 537e–f. 我最早在一份在线杂志上对这种所谓的异装癖提出了新的解释(http:// research.ncl.ac.uk/histos/HISTOS62012.html, accessed 25 January 2018):‘The pamphleteer Ephippus, King Alexander and the Persian royal hunt’, Histos, 6 (2012), pp. 169–213.

14 “对于国王而言，剩下来的就唯有成神了”：Isocrates, Letters 3, 5.

第十二章　权力的游戏

1 “在孩童时代”：Ai–Khanoum inscription: M. M. Austin, The Hellenistic World, 2nd edn (Cambridge, 2006), no. 192.

2 “那些种田的人”：Aristotle, Politics 7, 1330a, 25.

3 “城里有”：Strabo 17, 1, 8.

4 “这座博物馆也是皇宫的一部分”：Strabo 17, 1, 8.

5 “很明显”：Dionysius of Halicarnassus, Dinarchus 1, trans. Gladys Shoesmith.

6 “希洛菲卢斯和埃拉西斯拉图斯”：Cornelius Celsus, On medicine, Proem 23–24, translated in James Longrigg, ed., Greek Medicine: From the Heroic to the Hellenistic Age: A Source Book (London, 1998), no. VⅡ, 2.

7 “他们鄙视我”：M. M. Austin, The Hellenistic World, 2nd edn (Cambridge, 2006), no. 245 (dated around 255 bc).

8 “埃及亚历山大里亚的马其顿人”：Livy 38, 17, 10 (invented speech of a Roman general supposedly in 189 bc).

9 “托勒密爱上了”：Pausanias 1, 7, 1.

10 “和妹妹的策略”：M. M. Austin, The Hellenistic World, 2nd edn (Cambridge 2006), no. 61 (dated between 268 and 265 bc).

11 “做得好，符合”：William Shakespeare, Antony and Cleopatra, Act 5, Scene 2, lines 320–321.

12 帕加马祭坛：Andreas Scholl in Carlos Picón and Seán Hemingway, eds,

Pergamon and the Hellenistic Kingdoms of the Ancient World (New Haven and London, 2016), pp. 44–53.

13 “他们屠杀了所有男性”：Pausanias 10, 22, 2.

14 “君子协定”：R. T. Pritchard,‘Cicero and the Lex Hieronica’, Historia 19 (1970), p. 357.

15 “适合……一切用途的机械”：Plutarch, Lucullus 14, 9.

16 “更强大、更坚定”：Pausanias 6, 12, 3–4.

17 “他一生的大部分时间里”：Plutarch, Marcellus, 14, 9.

第十三章　“罗马的元老院与人民”

1 西庇阿和保拉·科尼利亚的墓志铭：Inscriptiones Latinae Selectae nos 1, 4 and 10.

2 “可你像她那样生过孩子吗”：Plutarch, Caius Gracchus 4, 6.

3 按照博物馆官方网站上的说法，被称为托加图·巴伯里尼的雕像虽然很古老，但其头部是后来添加上去的：http://www.centralemontemartini.org (accessed 23 January 2018: click on‘Collezioni’, then on‘Tutte le Opere’, then on ‘Togato Barberini’).

4 恺撒的肖像：http://museoarcheologico.piemonte.beniculturali.it. (accessed 22 February 2017). Discussion in John Pollini, From Republic to Empire: Rhetoric, Religion and Power in the Visual Culture of Ancient Rome (Norman, OK, 2012), pp. 51–2.

5 “他们撤退到……圣山”：Livy 2, 32, 2–4.

6 “所有人的权利一律平等”：Livy, 3, 34, 3.

7 “折断自由民的骨头”以及十二表法的其他条款：M. H. Crawford, Roman Statutes Ⅱ (London, 1996), pp. 607 (Tabula I, 14), 681–2 (Tabula VⅢ, 3), 707 (Tabula X, 4).

8 “时至今日，它们仍是一切公法和私法的源头”：Livy 3, 34, 6.

9 “奈维乌斯早就”：Pseudoasconius in T. Stangl, Ciceronis Orationum Scholiastae (Vienna and Leipzig, 1912), p. 215.

10 “没有人……能够断言”：Polybius 6, 11.

11 “一切的主人”：Polybius 6, 12.

12 “大体而言，每个变成公众八卦的谣言”：?Quintus Cicero, Commentariolum Petitionis, trans. D. W. Taylor and J. Murrell as A Short Guide to Electioneering (London, 1974), p. 5 (17).

13 “对于……的居民”：Livy 38, 36, 7–9.

14 “斯巴达和雅典之所以覆灭”：Tacitus, Annals 11, 24.

15 卢修斯·奥勒留·赫米亚的墓碑：大英博物馆1867,0508.55，可在线访问，并附有馆长的译文http://www.britishmuseum.org/research/ collection_

online/collection_object_details.aspx?objectId=465522&partId=1 (accessed 25 January 2018).

16 “由于山里还有大量逃兵”：Appian, Civil War 1, 120.

17 西塞罗的“骑士”身份：Pro Murena 17.

18 “不是新近靠运气挣来的”：Ovid, Tristia 4, poem 10, line 8.

19 “靠血汗钱”：Ovid, Amores 3, 8, 10.

20 “我认为，在其他国家会被摒弃的东西”：Polybius 6, 56.

21 “新的宗教畏惧”：Livy 30, 2, 9–13.

22 “我认为，他们的目的是利用它”：Polybius 6, 56.

23 “真实与不真实的区别”：William James, The Principles of Psychology, vol. 2 (New York, 1890), p. 290, 引自Henk Versnel, Coping with the Gods: Wayward Readings in Greek Theology (Leiden, 2011), p. 470.

第十四章　调兵遣将

1 格兰德藏品：Jana Horvat, ‘The Hoard of Roman Republican Weapons from Grad near Šmihel’, Arheološki vestnik 53 (2002), pp. 117–92.

2 “只是拿短棒……”：Polybius 6, 37.

3 “有时候……”：Polybius 6, 37.

4 “按照惯例，外事祭司”：Livy 1, 32, 13.

5 “将矛投掷到”：Livy 1, 32, 14.

6 “你难道从来没读到过吗”：Pliny, Letters 2, 3, 8.

7 “首先……执政官”：Livy 9, 6, 1–2.

8 “在罗马人取得的各场胜利中”：Livy 9, 15, 8.

9 “关于结盟”：Suetonius, Vespasian 8, 5.

10 “……永保和平”：Dionysius of Halicarnassus, Roman Antiquities 6, 95.

11 “适宜地点……帝国堡垒”：Cicero, De lege agraria 2, 73.

12 “希望自己也能重演那场胜利”：Pausanias 1, 12, 2.

13 “你或许可以叫他们野蛮人”：Plutarch, Pyrrhus 16, 5.

14 “最长、最胶着”：Polybius 1, 63.

15 船鼻：参见Francesca Olivero, ‘Bronze rams of the Egadi battle,’ Skyllis 109 (2012), pp. 117–24; Jonathan Prag, ‘Bronze rostra from the Egadi islands off NW Sicily: the Latin inscriptions’, Journal of Roman Archaeology 27 (2014), pp. 33–59.

16 “他每日操练水手”：Polybius 1, 59.

17 “眼见迦太基人”：Polybius 1, 10.

18 “盗窃行径”：Polybius 3, 30, 4.

19 “决绝的勇气……没有宗教顾忌”：Livy 21, 5–9.

20 “还是单打独斗”：Polybius 18, 32.
21 “（希腊人）厌倦了……欢呼”：Plutarch, Flamininus 11.1.
22 色诺斯铭文（拉丁文）：L'Année Épigraphique 624 (2006).
23 “埃托利亚人进一步掂量了”：Polybius 20, 9 with Álvaro M. Moreno Leoni, Histos 8 (2014), pp. 146–79, reasserting the traditional interpretation.
24 “埃托利亚的人民”：Livy 38, 11, 2.
25 “……竞争异常激烈”：Sallust, Bellum Catilinum 7.6.
26 “……记录变得毫无意义”：Livy 8, 40, 4.
27 “推选”：Livy 35, 10, 4.
28 “凯旋仪式”：Livy 35, 10, 5.
29 “向民众展示的金钱数量”：Plutarch, Flamininus 14.
30 “我，盖乌斯之子、执政官马尼乌斯·阿西留斯”：关于格拉布里奥的雕像基座，参见Dylan Bloy, ‘Greek war booty at Luna and the afterlife of Manius Acilius Glabrio’, Memoirs of the American Academy in Rome 43/44 (1998/9), pp. 49–61.
31 德尔斐胜利纪念碑，陈列在德尔斐考古博物馆：see now Michael J. Taylor, Hesperia 85 (2016), pp. 559–76.
32 “阴谋诡计”：Polybius 37, 1.
33 “保持着自己那套未受玷污的习惯和原则”：Polybius 18, 35.

第十五章　恺撒万岁

1 “在提洛岛上经商的意大利人和希腊人”：Inscriptiones Latinae Selectae nos. 8961a–b.
2 “提洛岛……可以接收和发送”：Strabo 14, 5, 2.
3 “野蛮人”奴隶：Plutarch, Tiberius Gracchus 8, 7.
4 “那些为意大利而战、而死的人们”：Plutarch, Tiberius Gracchus 9, 5.
5 “在柱廊上……张贴告示”：Plutarch, Tiberius Gracchus 8, 7.
6 “据说这是……第一次……骚乱”：Plutarch, Tiberius Gracchus 20, 1.
7 提比略·格拉古：Plutarch, Tiberius Gracchus 19–20, 1.
8 “……维持生命的必需品”：Aulus Gellius, Attic Nights 9, 14, 16–17.
9 “他以最大的热情投身于”：Plutarch, Gaius Gracchus 7.
10 “120年前”：Velleius Paterculus, Roman History 2, 15.
11 “罗马人慷慨回报了他的忠诚”：Velleius Paterculus, Roman History 2, 16.
12 在游戏中的位置：Gaius Julius Victor, Ars rhetorica, p. 402, lines 12–15 in C. Halm, ed., Rhetores Latini Minores (Leipzig, 1863), trans. Andrew Wallace-Hadrill, Rome's Cultural Revolution (Cambridge, 2008), p. 446.
13 “荷莫洛考斯和阿纳西达莫斯”：Plutarch, Sulla 19, 5. Jeremy McInerney

and others, American Journal of Archaeology, 96 (1992), pp. 443–55.

14 “哦，墙壁啊，我真是惊诧”：Corpus Inscriptionum Latinarum 4, 1904 translated in Jennifer Baird and Claire Taylor, eds, Ancient Graffiti in Context (New York, 2011), p. 2.

15 “他的头发……微微翘起”：Plutarch, Pompey 2.

16 “所有的高卢人都被分成三种”：Caesar, Gallic War 1, 1.

17 “……虽然不满10年”：Plutarch, Caesar 15, 3.

18 “他发动了五次内战”：Suetonius, Divus Augustus 9.

19 “……很多人因失去法律保护而被屠杀”：Cassius Dio, Roman History 47, 3.

20 “19岁那年”；“全意大利”；“约3500头野兽”；“我提议通过了一些新的法令”；“元老院命令”：Peter M. Brunt and John M. Moore, Res Gestae Divi Augusti, 2nd edn (Oxford, 1967), sections 1, 1; 25, 2; 22, 3; 5; 34, 2.

21 “文明的本质”：‘Empedocles on Etna’, Inquirer (27 August 1853), pp. 548–9, an anonymous article attributed to Walter Bagehot by Robert H. Tener, Biographical Society of the University of Virginia 29 (1976), pp. 349–53.

第十六章　“凶猛的罗马被俘获了”

1 “进餐”/“酒会”：Alan Wardman, Rome's Debt to Greece (London, 1976), p. 144.

2 “陋室”：Palatine Anthology 11, 44.

3 “没有什么……更能展现一个人的性格”：Benjamin Disraeli, Tancred: Or, the New Crusade (Leipzig, 1847), book Ⅱ, chapter 1.

4 “好人善言”：Quintilian, Institutio Oratoria 12, 1, 1.

5 “以阿提卡风格说（拉丁语）”：Quintilian, Institutio Oratoria 12, 10, 26.

6 “战争荣耀”：Cicero, Pro Flacco 64.

7 纽约大都会艺术博物馆的德摩斯梯尼肖像：www.metmuseum.org/collection/the-collection-online/search/257882 (accessed 25 January 2018).

8 一目了然的笑话：Michael Fontaine, Funny Words in Plautine Comedy (Oxford, 2010), p. 41.

9 “在我的第六届任期内”：Augustus, Res gestae 20, 4.

10 “我……修建了复仇者战神马耳斯的神庙”：Augustus, Res gestae 21, 1.

11 “我要歌咏，那最初的开拓者和他的双臂”：Virgil, Aeneid 1, lines 1–11.

12 “那个智慧超群、饱经磨难的人”：Homer, Odyssey 1, lines 1–5 (lines 1–7 in the 1801 edition of Alexander Pope’s translation).

13 “在特洛伊人的杰出后代中”：Virgil, Aeneid 1, lines 290–293.

14 “哈希腊族”：Scriptores Historiae Augustae, Hadrian 1, 5.

15 “像个女人一样”：Scriptores Historiae Augustae, Hadrian 14, 5.

第十七章　罗马人为他们的帝国做了什么

1 “缅怀（卢修斯）·卡尔普尼乌斯·皮索”：Corpus Inscriptionum Latinarum 6, 31723.

2 “皮索是马库斯·克拉苏和斯克里波尼亚之子”：Tacitus, Histories 1, 14.

3 “和军团之鹰并排竖在一起”：‘side by side with the eagle of the legion’: Tacitus, Histories 1, 44.

4 “贵族的末日”：chapter 32 of Ronald Syme, The Roman Revolution (Oxford, 1939, reprinted from 1960 on), pp. 490–508.

5 “他的兄弟马格努斯”：Tacitus, Histories 1, 48.

6 “塞涅卡……恳求”：Tacitus, Annals 15, 64.

7 帕塔拉的谷仓：Marie-Brigitte Carre in Javier Arce and Bertrand Goffaux, eds, Horrea d’Hispanie et de la Méditerranée (Madrid, 2011), pp. 28–30.

8 帕塔拉纪念柱：Mustafa Adak and Sencer Şahin, Stadiasmus Patarensis. Itinera Romana Provinciae Lyciae (Istanbul, 2007). 英文摘要参见Professor Nalan Eda Akyürek Şahin (with bibliography) on the website of Akdeniz University, Antalya, Turkey: http://adkam.akdeniz.edu.tr/sp-en-text (accessed 22 March 2017).

9 帕塔拉剧院铭文：Tituli Asia Minoris 2, no. 420.

10 “并命令在场任何人不得离开”：Suetonius, Caligula 26, 5.

11 关于卫生设施的演讲：Heikki Vuorinen of Helsinki University at the Finnish Institute at Athens (20 March 2014).

12 “维拉尼乌斯……打击了志留人之后”：Tacitus, Annals 14, 29.

13 伊斯卡网站：威尔士政府官网上关于罗马要塞和浴室的内容http://cadw.gov.wales/daysout/Caerleon-roman-fortress-baths/?lang=en (accessed 21 March 2017).

14 “布立吞人不穿盔甲”：A. K. Bowman and J. D. Thomas, The Vindolanda Writing Tablets (Tabulae Vindolandenses Ⅱ) (London, 1994); Vindolanda Tablets Online, tablet 164: http://vindolanda.csad.ox.ac.uk/4DLink2/4DACTION/WebRequestQuery?searchTerm=164&searchType=number&searchField=TVⅡ (accessed 22 March 2017).

15 “为了让……变得平和安稳”：Tacitus, Agricola 21.

16 “献给涅普顿和密涅瓦”：这段奇切斯特铭文的最新版本参见Roman Inscriptions of Britain Online, no. 91: https://romaninscriptionsofbritain.org/inscriptions/91 (accessed 22 March 2017).

17 缟玛瑙戒指：John Manley and David Rudkin, ‘Fishbourne Roman Palace Final Interim 1995–9’: https://sussexpast.co.uk/wp-content/uploads/2011/08/FBE-95-99.pdf (accessed 25 January 2018).

18 “女孩”：Francis Haverfield, The Romanization of Roman Britain, 4th edn (Oxford 1923), p. 30 with Figure 2.

19 饮食：Gillian Hawkes, ‘Beyond Romanization: The creolization of food. A framework for the study of faunal remains from Roman sites’, Papers from the Institute of Archaeology 10 (1999), pp. 89–95.

20 “法庭上……会集了各色人等”：Dio Chrysostom, Oration 35, 15–17.

21 “致……瓦勒留·法穆斯”：James Keenan and others, eds, Law and Legal Practice in Egypt from Alexander to the Arab Conquest (Cambridge, 2014), no. 3, 3, 5.

第十八章　门口的“野蛮人”

1 奥古斯都“用甜蜜的休憩赢得了所有人的心”：Tacitus, Annals 1, 2, 1.

2 “恺撒大帝……的（工程）”：Roman Inscriptions of Britain Online, no. 1638: https://romaninscriptionsofbritain.org/inscriptions/1638 (accessed 29 March 2017).

3 “驻扎于某地的军队”：Aelius Aristides, Oration 14 (Dindorf), 219–20.

4 “那些人吃受害者的肉”：Cassius Dio 68, 32.

5 “他们被禁止行割礼”：Scriptores Historiae Augustae, Hadrian 14, 1–2.

6 “渎神的哈德良”：Jerusalem Talmud Taan 4, 8, folio 69a.

7 “横跨在如此深……的大河上”：Cassius Dio 68, 13.

8 “黑海、里海”：Patrick Leigh Fermor, A Time of Gifts (London, 2004), pp. 183–4.

9 “史上最危险的百本书之一”：Arnaldo Momigliano, Studies in Historiography (London, 1966), p. 112.

10 “阿累夷人”：Tacitus, Germania 4.

11 “……迁移，并强迫他们缴纳贡品”：Latin inscription in Inscriptiones Latinae Selectae no. 986.

12 “……年轻战士们的名字”：Greek inscription in Paul Roesch, Les Inscriptions de Thespies, Fascicule I (2007, revised 2009), no. 37: www.hisoma.mom.fr/sites/ hisoma.mom.fr/files/img/production-scientifique/IT%20I%20%282009%29.pdf (accessed 25 January 2018).

13 “除了服饰、高脚杯”：Scriptores Historiae Augustae, Marcus 21, 9.

14 “突然间，乌云密布”：Cassius Dio 71, 8.

15 “消除了日耳曼的干旱”：Tertullian, Apologeticus 5. 关于马库斯奥勒留柱的神学解释，我采用的是Ido Israelowich, ‘The Rain Miracle of Marcus Aurelius: (Re-)Construction of Consensus’, Greece & Rome, 55 (2008), pp. 83–102.

16 “我们的历史从黄金王国堕落进了”：Cassius Dio 72, 36, 4.

17 斯巴达铭文：Antony Spawforth, ‘A Severan Statue Group and an Olympic Festival at Sparta,’ Annual of the British School at Athens 81 (1986), pp. 313–32.
18 “他的出身以及日常举止”：Herodian 7, 1, 2.
19 “这些人胆大包天”：Herodian 8, 5, 9.
20 “你们的祖先曾在此战斗”：Vienna manuscript translated by Christopher Mallan and Caillan Davenport, ‘Dexippus and the Gothic Invasions: Interpreting the New Vienna Fragment (Codex Vindobonensis Hist. gr. 73, ff. 192v–193r)’, Journal of Roman Studies 105 (2015), p. 206 (7).
21 “我们……屠杀了成千上万的法兰克人和萨尔马提亚人”：Scriptores Historiae Augustae, Aurelian 7, 2.
22 “照此下去……留给谁呢”：Scriptores Historiae Augustae, Aurelian 31, 5.
23 “清理法兰克人和撒克逊人出没的海域”：Carausius: Eutropius, Breviarium 9, 21.
24 “EXPECTATE VENI”：这枚硬币在可移动文物计划（英国）中的唯一识别号为BH–059652. Virgil, Aeneid 2, lines 282–3.
25 “卡劳修斯和他的兄弟们”(CARAVSIUS ET FRATRES SVI)：参见N. Shiel,‘Carausius et fratres sui’, British Numismatic Journal 48 (1978), pp. 7–11.

第十九章　基督运动

1 John Moles, ‘Jesus the Healer in the Early Gospels, the Acts of the Apostles, and Early Christianity’, Histos 5 (2011), pp. 117–82.
2 金银图像清单：参见Guy Rogers, The Sacred Identity of Ephesos (London, 1991), pp. 83–5, 包含在长篇希腊铭文中的详细信息见Die Inschriften von Ephesos no. 27.
3 “所有的士兵和水手都准备着为他们的天皇而死”：New Zealand’s The Northern Advocate (Tuesday 24 September 1912), p. 2, 引自爱德华时代侨居伦敦的日本艺术家、作家Yoshio Markino给《每日邮报》的信件https://paperspast.natlib.govt.nz/newspapers/NA19120924.2.3 (accessed 25 January 2018).
4 “供奉克劳狄的神庙”：Tacitus, Annals 14, 31.
5 “无论她是否清白”：Pliny, Letters 4, 11, 8–9.
6 “取一小枝月桂”：H. D. Betz, The Greek Magical Papyri in Translation (Chicago, IL, 1986), p. 14, citing PGM Ⅱ, 65–8.
7 “天主教派的背信弃义和恶意”：John Timbs, Curiosities of London: Exhibiting the Most Rare and Remarkable Objects in the Metropolis; With Nearly Sixty Years’ Personal Recollections (London, 1867), p. 571.
8 “为了平息（纵火）的谣言”：Tacitus, Annals 15, 44. The translation is that of Brent D. Shaw, ‘The Myth of the Neronian Persecution,’ Journal of

Roman Studies 105 (2015), pp. 73–100, whose larger argument I follow.

9 “为所有此类案件制定一般性规则是不可能的”：Pliny, Letters 10, 97.

10 以个体权威身份出现的早期基督徒：Heidi Wendt, ‘Ea superstitio: Christian Martyrdom and the Religion of Freelance Experts’, Journal of Roman Studies, 105 (2015), pp. 183–202.

11 “他们因此蔑视死亡”：Lucian, On the Death of Peregrinus 13.

12 里昂的“殉教者”：Eusebius, Ecclesiastical History 5, 1.

13 “致奥克西林库斯的祭祀长官”：Alan Bowman, Egypt after the Pharaohs, 332 bc – ad 642: From Alexander to the Arab Conquest (London, 1986), p. 191, citing P. Oxy. 1464.

14 “他……吃了多少苦”：Origen: Eusebius, Ecclesiastical History 6, 39, 5.

15 “戴克里先统治的第19个年头”：Eusebius, Ecclesiastical History 8, 2, 4.

16 “既没有金银、钱币”：P. Oxy. 33, 2673 with the discussion by Annemarie Luijendijk in Journal of Early Christian Studies 16 (2008), pp. 341–69.

17 “他眼前的天空中呈现出异象”：Eusebius 1, 28, 2.

18 “上帝的神圣标志”：Lactantius, De morte persecutorum 44, 5.

19 圣彼得大教堂：Liber Pontificalis (Book of the Pontiffs), trans. Raymond Davis (Liverpool, 1989), pp. 16–24.

20 “带着一截木梁”：Evelyn Waugh, Helena (Penguin, 1963), p. 154.

第二十章　合则兴

1 “人尽皆知”：Edict of Diocletian, trans. Roland G. Kent, University of Pennsylvania Law Review 69 (1920), p. 43.

2 “聚在一起的老兵们大喊”：Theodosian Code 7, 20, 2, trans. N. Lewis and M. Reinhold, Roman Civilization: Sourcebook Ⅱ: The Empire (New York, 1966), p. 530.

3 “君士坦丁还推行了其他一些举措”：Zosimus 2, 34.

4 库萨和之拱：https://commons.wikimedia.org/wiki/File:Arch_of_Ctesiphon_assessment_DVIDS221914.jpg (accessed 6 June 2017).

5 “各种宝石闪烁耀眼”：Ammianus Marcellinus 16, 10, 6.

6 “使民众感到眼花缭乱”：Karl Lagerfeld in Fastes de Cour et cérémonies royales (Paris, 2009), p. 13.

7 “尽管他身材矮小”：Ammianus Marcellinus 16, 10, 10, cited by Rowland Smith in A. Spawforth, ed., The Court and Court Society in Ancient Monarchies (Cambridge, 2007), p. 210.

8 “与上帝的宗教为敌者会说出的话”：Lactantius, De morte persecutorum 11.

9 “在……残酷折磨下”：Eusebius, Praeparatio Evangelica 4, 2.

10 “在祭坛……献上……小羊胎”：lines 4–5 of the Vera inscription, with new readings by Tibor Grüll: Supplementum Epigraphicum Graecum 39 (1989), no. 855. 英译本及注释参见Patmiaka (Budapest, 1989). 另见George Deligiannakis in The Dodecanese and the Eastern Aegean Islands in Late Antiquity, AD 300–700 (Oxford, 2016), pp. 318–20.

11 “不是历史，而是富于想象力的再创作”：Dudley Fitts's review of Gore Vidal, Julian (1964) in the New York Times, www.nytimes.com/books/98/03/01/home/vidal–julian.html (accessed 25 January 2018).

12 “下令重开神殿”：Ammianus Marcellinus 22, 5.

13 “曼提克洛斯让我”：John Boardman, Greek Sculpture: The Archaic Period (London, 1991), p. 30, no. 10.

14 “身着长斗篷、举止高傲的人”：Eusebius, Praeparatio Evangelica 4, 2.

15 “他的声音……宛如”：Eunapius, Lives of the Sophists 427.

16 “他点了一支香”：Eunapius, Lives of the Sophists 435.

17 “忘了”：Ammianus Marcellinus 25, 3, 3.

18 “任何动物的”；“丑得可怕”；“野蛮得超出想象”；“掠夺、毁坏一切”：Ammianus Marcellinus 31, 2, 1–3.

19 “他们……过河”：Ammianus Marcellinus 31, 4, 5.

20 “争夺最激烈的地区”：John Keegan, A History of Warfare (London, 2004), p. 70.

21 公元381年和公元385年的奥林匹克冠军：Supplementum Epigraphicum Graecum 45 (1995), no. 412.

22 “所有人，无论来自哪个阶层”：Theodosian Code 16, 10, 12.

23 “皇帝……心中充满信仰”：Theodoret, Ecclesiastical History 5, 17–18, trans. William Stearns Davis, ed., Readings in Ancient History: Illustrative Extracts from the Sources (Boston, 1912–13), vol. 2: Rome and the West, pp. 298–300.

24 布特里克和酒侍：Sozomen, Ecclesiastical History 7, 25 with the discussion of Robert M. Frakes in Robert M. Frakes and others, eds, The Rhetoric of Power in Late Antiquity (New York, 2010), pp. 47–62.

25 “携带武器是个相当严肃的问题”：Moses Finley in Journal of Roman Studies 48 (1958), p. 159.

第二十一章　分则亡

1 “一切属于狄奥多西”：Latin inscription on the Obelisk of Theodosius: Inscriptiones Latinae Selectae no. 821.

2 “西哥特人”：Jordanes, Getica 5, 42.

3 “某些最骇人听闻的、最邪恶的欲望”：Augustine, City of God 1, 28.
4 阿西留斯·格拉布里奥·西比狄乌斯一家：Alan Cameron, Journal of Roman Studies 102 (2012), pp. 148–50.
5 “（他）中等个头”：Jordanes, Getica 168.
6 “他（盖塞里克）掠夺了剩余利比亚人的”：Procopius, History of the Wars 3, 5.
7 “他个子不高，胸膛宽阔”：R. Blockley, The Fragmentary Classicising Historians of the Later Roman Empire, vol. 2 (Liverpool, 1983), Priscus fragment 12.
8 “……不列颠省”：Gallic Chronicle of 452, Chronica minora 1, 660 (c. 126).
9 多切斯特陶器：James Gerrard in Britannia, 41 (2010), pp. 293–312.
10 哈德良长城：Rob Collins, Hadrian’s Wall and the End of Empire (New York and Abingdon, 2014), chapter 2.
11 “他进入拉文纳，罢黜了奥古斯都路斯”：Anonymus Valesianus 8, 38.
12 “这个皇帝虚假”：Procopius, Secret History 8, 24; 17, 5–6.
13 “常常在剧院里”：Procopius, Secret History 9, 20–21.
14 “西奥多拉还亲自”：Procopius, Secret History 17, 5–6.
15 美国翻译：Timothy G. Kearsley, Law Library Journal 99 (2007), pp. 525–54.
16 “在一切领域中”：Alan Watson, The Digest of Justinian, revised edn, vol. I (Philadelphia, PA, 1998), p. xxxⅢ.
17 “高悬天宇的金色穹顶”：Procopius, On Buildings 1, 1, 46 (Great Church).
18 “光芒中的光芒”：Timothy Gregory, Isthmia, vol. 5 (Princeton, NJ, 1993), pp. 12–13, no. 4.
19 “胆敢与男性发生可耻性行为的”：Institutions 4, 18, 4.
20 “皇帝下令，但凡被发现”：Malalas, Chronographia 18, 168 (PG 97: 644).
21 索夫罗纽和哈里发：Phil Booth, Crisis of Empire. Doctrine and Dissent at the End of Late Antiquity (Berkeley and Los Angeles, CA, 2011), pp. 234–5.
22 “三次蒙福的岩石”：Alan Cameron, Classical Quarterly 33 (1983), pp. 284–92 (translation and commentary).

后记

1 最早的英语辞典：关于维吉尔诗作的术语表，参见Michael Lapidge in Malcolm Godden and others, eds, Anglo–Saxon England (Cambridge, 2007), p. 44.
2 “从智识角度而言，17世纪的人们”：Henri Lamonnier, L'art français au temps de Louis XIV (Paris, 1911), p. 226, cited by Jean Cordey, Vaux–le–Vicomte (Paris 1924), pp. 48–9.
3 《美狄亚》：Jean–René Lemoine，由Neil Bartlett翻译、改编、导演，由舞蹈家、歌唱家François Testory出演，我观看的是2017年10月5日在伦敦世贸天阶的首演。

致　谢

本书的写作得到了各界人士多年来的帮助与支持，在此，我要感谢卡拉·安东纳西奥（Carla Antonaccio）、约瑟芬·巴尔默（Josephine Balmer）、鲍勃·巴博（Bob Barber）、理查德·比特古德（Richard Bidgood）、曼弗雷德·比耶塔克（Manfred Bietak）、约翰·博德曼（John Boardman）、雅典的不列颠学校（第十一章就是基于我2014年以访问学者身份在不列颠学校研究所获的成果）、已故的赫克托耳（Hector）和伊丽莎白·卡特林（Elizabeth Catling）、艾瑞卡·戴维斯（Erica Davies）、埃斯特·埃丁诺（Esther Eidinow）、尼尔森·费尔南德斯（Nelson Fernandez）、阿纳斯塔西娅·加多罗（Anastasia Gadolou）、大卫·基尔（David Gill）、海因里希·豪尔（Heinrich Hall）、保罗·霍尔斯特德（Paul Halstead）、安德鲁·霍布森（Andrew Hobson）、西蒙·霍恩布洛尔（Simon Hornblower）、莫妮卡·休斯（Monica Hughes）、露西娅·亚科诺（Lucia Iacono）、伦敦的古希腊罗马研究协会联合图书馆及其员工、彼得·琼斯（Peter Jones）、诺塔·卡拉马乌纳（Nota Karamaouna）、玛丽-克里斯汀·基斯（Marie-Christine Keith）、斯蒂芬尼（Stephanie）和奈杰尔·肯奈尔（Nigel Kennell）、玛利亚·拉高基尼（Maria Lagogianni）、约拿·兰德林（Jona Lendering）、克里斯·曼（Chris Mann）、已故的克里斯·米

（Chris Mee）、迈克尔·梅特卡夫（Michael Metcalfe）、已故的约翰·摩尔斯（John Moles）、利维亚·摩根（Lyvia Morgan）、安德鲁·帕金（Andrew Parkin）、德里克·菲利普斯（Derek Phillips）、科里索拉·萨索格娄–帕里亚德里（Chrysoula Saatsoglou–Paliadeli）、罗兰·史密斯（Rowland Smith）、艾奈尔·斯多史密斯（Allaire Stallsmith）、安·斯坦纳（Ann Steiner）、鲁克雷齐亚·恩加罗（Lucrezia Ungaro）、曼纽尔·瓦森（Manuel Vason）、拉尼雅·瓦西里亚多（Rania Vassiliadou）、莎莉·维特尔（Sally Waiter）、苏珊·沃克（Susan Walker）、詹妮弗·韦伯（Jennifer Webb）和约翰·威尔克斯（John Wilkes）。

我要特别感谢保罗·卡特利奇（Paul Cartledge），他不仅仔细审阅了我的初稿，还给了我很多启发。我也要感谢耶鲁大学各位匿名读者的睿智且审慎的评论，对于他们的意见和建议，我已尽最大努力去消化。此外，我也吸收、借鉴了很多学者的著作和研究，且绝不仅限于本书参考文献中列出的那些，在此一并感谢。

至于本书存在的不足，则都是我一人之过。

我很幸运地有机会担任由文化旅游公司、马丁兰德尔旅行社、彼得萨默旅行社和雅典不列颠学校英国友人社团组织的文化之旅的代言人，并在此期间就本书的构思进行了一些尝试。我要感谢参加这些旅行的客人的耐心、兴趣和细致入微的观察，他们的观察往往很有价值。

感谢本书的编辑、耶鲁大学出版社的玛丽卡·来山德（Marika Lysandrou），她的建议使本书的结构得到了明显改进；还有瑞切尔·朗斯戴尔（Rachael Lonsdale），她在整个出版过程中始终鼎力相助。感谢邀请我写作本书并鼓励我完成的海瑟·麦卡伦（Heather McCallum）。

感谢安德鲁·罗尼（Andrew Lownie）在精神上和实践中的双重支持。最后，我要像以往一样，对李·斯坦纳德（Lee Stannard）表示衷心的感谢。

托尼·斯保福斯（Tony Spawforth）

2018年1月

马上扫二维码，关注“**熊猫君**”

和千万读者一起成长吧！